佐伯有清著

新撰姓氏録の研究 拾遺篇

吉川弘文館 刊行

序

本書は、京都大学附属図書館所蔵の菊亭文庫本『新撰姓氏録』写本、および国学院大学図書館所蔵の旧武田祐吉博士本『新撰姓氏録』写本の基礎的研究を中心とする。「菊亭文庫本」、ならびに旧武田祐吉博士本の『新撰姓氏録』写本の研究は、年来の希望であったが、ここに私の『新撰姓氏録の研究』の第十巻目にあたる著書として研究の成果を刊行できるはこびとなったことの幸運を喜びをもって嚙みしめている。

京都大学附属図書館所蔵の菊亭文庫本『新撰姓氏録』写本（以下「菊亭文庫本」と称する）に注目したのは、およそ二十年前のことであった。それというのは、永禄四年（一五六一）六月に校合したとする奥書をもつ写本は、現存の『新撰姓氏録』写本のなかにあって稀有の古写本であったからである。

そこで往年、京都大学の故岸俊男博士門下の井上満郎氏に「菊亭文庫本」の調査をお願いし、井上氏による調査報告と、提供してくださった同本の鮮明な写真とにもとづいて、「菊亭文庫本」の研究をまとめたのである（『新撰姓氏録の研究』考證篇第六、昭和五十八年八月）。

それから十三年後、平成八年九月に田中卓氏の高著『新撰姓氏録の研究』（『田中卓著作集』9）が刊行され、この大著のなかで田中氏は、「菊亭文庫本」の書誌研究にあわせて、「佐伯校本と菊亭本・延良本との厳密な対校」をおこなって、「新校・新撰姓氏録」を完成、発表されたのである。

田中卓氏の研究によって「菊亭文庫本」の貴重な実態があきらかとなり、『新撰姓氏録』の校訂が一段と進展したのである。なかでも驚かされたのは、「菊亭文庫本」の奥書によって、本写本が小槻兼治（?—一四二八）の自署本であろうとする新しい見解をしめされたこと、そして「菊亭文庫本」が「所在不明」となっているということであった。もし「菊亭文庫本」が兼治の自署本ならば、本写本は、南北朝の後期、室町時代の初期のものとなり、近世初頭以降の写本しか現伝していない『新撰姓氏録』写本の存在が、一挙におよそ二百五十年も昔にさかのぼる最古の写本となってしまうのである。かくして田中氏は、「既知の全ての姓氏録写本の中で、近世以前に遡る、唯一最高の古写本」（傍点は田中氏）という高い評価を「菊亭文庫本」にあたえたのである。

ここに私が、あらためて「菊亭文庫本」の基礎的研究をおこなうことになったのは、田中氏が、「今一度、白紙の立場から、菊亭本に代表される〈建武系本〉の価値を、再検討せられることを願って」いると、私に奨められたことによる。時あたかも機が熟し、年来、閲覧できることを願っていた故武田祐吉博士旧蔵の建武二年系本、それも未知の同系本一点をあわせ加えて詳細に検討することができたのである。

新たに検討しえた建武二年系の二本とは、武田祐吉博士旧蔵善本として国学院大学図書館に所蔵されている「有不為斎本」と「橋本経亮本」とである。前者は、すでに武田祐吉著『国文学研究』萬葉集篇二、柿本人麻呂攷によって知られていたものである。しかし後者は、未知の写本であり、国学院大学図書館でもこれが橋本経亮（一七五九—一八〇五）の手沢本であったとは把握していなかった貴重な写本である。こうして思いもかけない建武二年系の写本「橋本経亮本」を加えて、「菊亭文庫本」と「有不為斎本」、それにかつて「校訂新撰姓氏録」（『新撰姓氏録の研究』本文篇）を作成するにさいし副本として採用した「柳原紀光本」の建武二年系四本の写本の比較考察をおこなったのである。その結果、「近世以前に遡る、唯一最高の古写本」であると田中卓氏によって評価されたとおり、まさしく「菊亭文庫本」は、傑出した稀有な古写本であることが実証できたのである。

本書には、「菊亭文庫本」を軸として、建武二年系の諸本の基礎的研究をはじめ、同写本の写真、および翻刻・校訂、そして延文二年系の写本「林読耕斎本」の研究に加えて、『新撰姓氏録』とは、かかわりの深い「系図」についての小論数編を収めた。最後に高句麗系氏族である「背奈氏」の氏称は、実は「肖奈氏」とするのが正しいことを論証した論考を収録した。

思えば、田中卓氏の「新撰姓氏録撰述の次第」（『国語・国文』第十八巻第三号、昭和二十四年八月）と関晃氏の「新撰姓氏録の撰修目的について」（『史学雑誌』第六十編第三号、昭和二十六年三月）のすぐれた論説に導かれて、関氏の論文が発表されたその年の夏から冬にかけて私の最初の『新撰姓氏録』に関する論文「新撰姓氏録成立後の氏族の一動向——冒名冒蔭者の追放をめぐって——」（この論文の一部は「新撰姓氏録編纂理由に関する一考察――冒名冒蔭の盛行をとおして――」『史学雑誌』第六十六編第六号、昭和三十二年六月に発表）を執筆しているので、私の『新撰姓氏録』の研究は、本年まで、まさに半世紀の歳月を閲していることになる。

最後に「菊亭文庫本」の調査・発表に便宜を賜わった京都大学附属図書館、ならびに同図書館情報サービス課雑誌・特殊資料掛の司書官の方々、および「有不為斎本」「橋本経亮本」「林読耕斎本」の閲覧・調査を快く許可してくださった国学院大学図書館、ならびに同図書館渋谷メディアサービス課レファレンス担当の司書職員の方々に厚く御礼申しあげる。また「菊亭文庫本」の調査・研究に助力いただいた京都産業大学の井上満郎氏、および宮内庁書陵部の小森正明氏、そして「有不為斎本」などの閲覧にあたって紹介の労をとってくださった国学院大学の鈴木靖民氏に、あらためて御礼申しあげたい。

なお「所在不明」であると伝えられていた「菊亭文庫本」は、私が昨年十一月末に京都大学附属図書館を訪れて、現に当本が無事所蔵されていることを確認しえたことを申し添えておく。

平成十三年（二〇〇一）六月

佐伯有清

目次

第二　新撰姓氏録写本の研究

第三　菊亭文庫本　新撰姓氏録

第四　菊亭文庫本　新撰姓氏録翻刻

第二帙

第三帙

第五　新撰姓氏録記事編年

第六　古代氏族の系図と新撰姓氏録

第一　新撰姓氏録研究序説

一　新撰姓氏録概論

1　新撰姓氏録編纂の歴史

『新撰姓氏録』は、単に『姓氏録』ともいい、平安京、および五畿内（山城・大和・摂津・河内・和泉の五カ国）に居住する古代氏族の系譜書である。

万多親王（桓武天皇の第五皇子）、藤原園人、藤原緒嗣、阿倍真勝、三原弟平、上毛野頴人らが撰修にあたり、実務は、石川国助、伊予部年嗣、越智浄継、高志正嗣、大伴根守、大田祝山男足、味部広河、内蔵御富ら八名が担当した。

本書は、上表、序、本文三十巻、目録一巻で構成されていたが、完本は伝わっておらず、目録一巻は欠失し、抄録された本のみが現存している。弘仁六年（八一五）七月二十日に上表が進上されて完成をみた。

本書編纂の発端は、延暦十八年（七九九）十二月二十九日に、諸氏族に本系帳の提出を命じたことにある。(1) さらにその前史として、天平宝字五年（七六一）の『氏族志』の編纂があげられる。(2)『氏族志』については、『新撰姓氏録』の序に、

　宝字之末。其争猶繁。仍聚㆓名儒㆒。撰㆓氏族志㆒。抄案弗㆑半。逢㆓時有㆒㆑難。諸儒解体。輟而不㆑興。

とあるように、「逢二時有一レ難」、すなわち藤原仲麻呂（恵美押勝）の乱によって完成をみなかった。

また延暦十八年に諸氏族に提出を命じた本系帳の進上もすすまず、桓武天皇が崩御するにいたって、本系帳の撰勘は停滞を余儀なくさせられた。

本書の本格的な編纂は、嵯峨天皇が即位してからまもない弘仁元年（八一〇）九月以降に始まったようで、同五年六月に、いちおう完成した。そのことを『日本紀略』弘仁五年六月丙子朔の条は、

先レ是。中務卿四品万多親王。右大臣従二位藤原朝臣園人等奉レ勅撰二姓氏録一。至レ是而成。上表曰。云云。

と伝えている。このときの上表文は、今日みることができない。

その後、弘仁六年（八一五）六月十九日に左京に貫附された源朝臣と良岑朝臣の本系を加えて、同年七月二十日に再上表され、ここに『新撰姓氏録』が最終的に完成した。

『新撰姓氏録』が弘仁五年六月一日に一旦完成し、上表文を添えて進上されたにもかかわらず、ふたたび翌六年七月二十日に、上表文を付して奉進されたのは、なぜなのであろうか。『新撰姓氏録』が再進上された理由が、ただ源朝臣と良岑朝臣の条を追加するだけのことであったとは思われない。延暦十八年十二月に諸国の氏族に本系帳を献じさせ、それによって『新撰姓氏目録』という書が撰修されたと伝える、この書には、「引二神胤一為レ上。推二皇裔一為レ下」という問題のあったことが『弘仁私記』の序において指摘されている。『新撰姓氏録』の編纂当時にも、神胤を上とし、皇裔を下とする観念がつよく残っていて、弘仁五年進上の『新撰姓氏録』は、そのような観念のもとに「神別」を上とし、「皇別」を下に諸氏族の本系を排列したものと考えられる。現に弘仁五年次の序とされている『新撰姓氏録』の序文に、「天神地祇之冑。謂二之神別一。天皇々子派。謂二之皇別一」とあるのは、まさに『弘仁私記』の序

にいう「引二神胤一為レ上。推二皇裔一為レ下」と同様な観念の表出である。「皇別」を上に、「神別」を下に排列しなおすために弘仁六年、再度の進上となったわけである。

2　新撰姓氏録の構成と内容

『新撰姓氏録』は、「天皇々子派」の「皇別」、「天神地祇之冑」の「神別」、「大漢三韓之族」の「諸蕃」の「三体」に大きく分類し、次に「三例」と称して、「出自」「同祖之後」「之後」を各氏族の本系の書きだしにもちいて、序文にいう「弁二遠近一示二親疎一」す標識としている。そして諸氏族が貫附されている地を、平安左京、右京、山城、大和、摂津、河内、和泉の順に、そしてそれぞれ皇別、神別、諸蕃の順に記述している。

本文三十巻のうち第一巻から第十巻までを皇別氏族に割り振り、三百三十五氏の本系を掲げてある。第十一巻から第二十巻までを神別氏族に割り当て、四百四氏の本系がならべられている。第二十一巻から第二十九巻までは、諸蕃の氏族三百二十六氏の本系が排列され、そして最後の第三十巻には、「未定雑姓」として百十七氏が、第二十九巻までと同様、左京、右京、山城などの順に、かつ皇別、神別、諸蕃の順に整然とならべられている。収載氏族の総数は、千百八十二氏であって、現行の抄録本にあっても、その総数に違いはない。なお上表文には、「并レ目卅一巻」、序文には、「其諸姓目列二於別巻一」とあるが、諸氏姓の目録は現存していない。

収録氏族の系譜内容を現行の抄録本、および逸文によってみると次のごとくである。

㈠　各氏族の出自が「三例」、すなわち「出自」「同祖之後」「之後」の区分にもとづいて書きはじめられている。

㈡　次に姓氏名の由来、賜名、賜氏姓名にかかわる事柄が記述されている。

㈢　本宗の人名と別祖の人名、および別祖より出た枝流の人名と、その後裔の氏族名、ならびに居住の地が記され、京畿外に居住する氏族名も掲げている。

㈣　本書完成直前までの改賜氏姓のことが時代を追って記述されている。

ただし現行の本書は、抄録本であるから、右にあげた㈠から㈣までの内容すべてを完備しているわけではないが、本書が古代史研究にとって重要な史料の一つであることは周知のとおりである。

本書は、京畿内居住の氏族の本系を集成したものである。しかし右に掲げた㈢にみられるように、京畿外に居住する氏族名も、

(ア)　男。諸石臣。次。麻奈臣。是近江国野洲郡曰佐。……等祖也。(山城国皇別、曰佐条)

(イ)　孫。小田々足尼。次。大等毗古。是伊賀国鴨藪田公祖也。小田々足尼子。宇麻斯賀茂足尼子。御多弖足尼。是伊予国鴨部首祖也。次。須多弖足尼。次忍蹏足尼。是酒人君。大和。阿波。讃岐等国賀茂宿禰。幷鴨部等祖也。次。小蹏足尼。是役君。遠江。土佐等国賀茂宿禰。幷鴨部等祖也。須多弖足尼子。意富禰足尼。次。乎禰足尼。意富禰足尼八世孫。小乙中勝麻呂。是伊予国賀茂伊予朝臣。賀茂首等祖也。(大和国神別、賀茂朝臣条逸文)

(ウ)　爾時。阿智王奏。建㆓今来郡㆒。後改号㆓高市郡㆒。而人衆巨多。居地隘狭。更分㆓置諸国㆒。摂津。参河。近江。播磨。阿波等国漢人村主是也。(右京諸蕃上、坂上大宿禰条逸文)

(エ)　弟腹。爾波伎是也。山口宿禰。文山口忌寸。……幷大和国吉野郡文忌寸。紀伊国伊都郡文忌寸。文池辺忌寸等。八姓之祖也。(右京諸蕃上、坂上大宿禰条逸文)

(オ)　駒子直之第四子。小桙直。参河国坂上忌寸祖也。(右京諸蕃上、坂上大宿禰条逸文)

とあるように、いくつかの逸文から拾いだすことができる。その数は少ないけれども、東海道の伊賀国、参河国、遠江国、東山道の近江国、山陽道の播磨国、南海道の紀伊国、阿波国、讃岐国、伊豫国、土佐国といったように京畿外居住の氏族名についての記載は、かなりの国々に及んでいることが知られる。

なお右の(ウ)の記事は、「大鷦鷯天皇諡仁徳。御世。挙レ落随来」した人々が諸国に分置されたことを伝える記事であって、他の記事とは違って、渡来した阿智王の後裔氏族の諸国への分布を意味しているものではない。これに類似する記事を『新撰姓氏録』から掲げれば、

己等是日本武尊平二東夷一時、所レ俘蝦夷之後也。散二遣於針間。阿芸。阿波。讃岐。伊豫等国一。仍居二此等州一氏也。後改為二佐伯。一（右京皇別下、佐伯直条）

とあるのが、それにあたるであろう。

このように京畿外に居住の諸氏族の記載がある『新撰姓氏録』の原本が、今日に伝えられていたならば、地方氏族の実態を知るのに貴重な史料を豊富にうることができたであろう。もともと延暦十八年（七九九）十二月の本系帳の撰勘の目指すものは、「宜下布二告天下一。令上進二本系帳一。三韓諸蕃亦同」とあることから知られるように「三韓諸蕃」をふくむ全国の諸氏族に対してのことであった。そして、その勅に、「来年八月卅日以前。惣令二進了一。便編入レ録」（『日本後紀』延暦十八年十二月戊戌（二十九日）条）とあるごとく、翌十九年八月三十日、すなわち八ヵ月という短期間に勘奏期限を設定して本系帳の提出を全国の諸氏族に義務づけたのである。

そのことは、貞観九年（八六七）二月十六日付「讃岐国司解」引用の「（因支首）秋主等解状」に、

依二太政官延暦十八年十二月廿九日符旨一。共二伊豫別公等一。具注下為二同宗一之由上。即十九年七月十日進二上之一矣。(3)

とあって、讃岐国那珂、多度両郡の因支首氏が、提出期限内の延暦十九年七月十日に本系帳を進上していることによって確かめられる。また『皇字沙汰文』下に、

延暦十九年八月廿日大神宮禰宜公成本系帳題目云。(4)

とあって、伊勢国度会郡の荒木田神主氏も、提出期限の十日前の延暦十九年八月二十日に本系帳を作成している。(5)

このように諸国の氏族は、本系帳の作成に応じたのであるが、(6)『新撰姓氏録』の序に、延暦の本系帳について「皇統弥照聖明（桓武天皇）。……廼降二綸綍一。撰二勘本系一。緗帙未レ畢。鳳輿登遐」と述べられているごとく、本系帳の編修は未完に終ってしまった。ともかく全国の諸氏族から本系帳の提出を求めることは、困難なことであった。

この事業の完成を目指して諸氏族からの勘奏を期待したにもかかわらず『新撰姓氏録』の序は、

是以雖レ欲レ成二之不日一。而猶十二歳於茲一。京畿本系。未レ進二過半一。今依二見進一。以類銓矣。

と記し、また、

唯京畿未進。幷諸国且進等類。一時難レ盡。闕而不レ究。

と述べているように、京畿内の氏族でさえ本系帳の提出をしたものは過半に達しなかったのであって、当初『新撰姓氏録』は、全国の氏族の本系帳を集成することを目途としていたのにもかかわらず、その半分も達成できなかったのである。(7)

3　新撰姓氏録撰修目的の新見解

『新撰姓氏録』の上表文に、「有下偽レ會冒レ祖。妄認二膏腴一。證レ神引レ皇。虚託中黻冕上」とあり、序文に、「多違二故

実㆒。或錯㆓綜両氏㆒。混為㆓一祖㆒。或不㆑和㆓源流㆒。倒錯㆓祖次㆒。或迷㆓失己祖㆒。過入㆓他氏㆒。或巧入㆓他氏㆒。以為㆓己祖㆒。新古煩乱。不㆑易㆓芟夷㆒。彼此謬錯。不㆑可㆓勝数㆒」とあることにより、『新撰姓氏録』撰修の目的は、氏姓の紛乱を正し、出自を明確にすることにあったと考えられてきた。

　ところが第二次世界大戦後、逸早く『新撰姓氏録』の撰修目的について新しい見解を提起したのは関晃氏であった。関氏は、『新撰姓氏録』の撰修者が実際になにをしたかを究明することが必要であるとし、『新撰姓氏録』本文の批判と、一群の『新撰姓氏録』逸文と現行本とを比較検討することによって、「㈠撰修者は各氏の出自に対する吟味を積極的に行つていない。㈡撰修者は諸氏の主張を相互に殆んど調整していない。このような態度から、出自の明確化、諸伝承の統制というような成果を求めることは明らかに不可能であり、従つてまたそのようなことが撰修者の第一に意図する所であつたというのも甚だ肯きにくいことである」[8]と述べて、『新撰姓氏録』の撰修の主眼が、はたしてどこにあったのかを唐の太宗の貞観十二年（六三八）に選進された『氏族志』、および高宗の顕慶四年（六五九）の『姓氏録』の撰修事情と比較することによって探り、斬新な見解をだされたのである。

　すなわち唐におけるそれらの氏族、姓氏書の編纂方式は、南北朝以来の伝統的なものを変更し、「強度の唐室中心的立場をとることによつて、旧族の地望を否定している」ことに「氏族志の劃期的な性格を認めなければならない[9]」としたのである。

　関氏は、『新撰姓氏録』が「真人姓を一括して皇別の首巻に置き、皇別・神別・諸蕃の順序に従い、神別諸蕃は更に細分して、整然たる分類を行つていると共に、諸氏の配列順序は大体に於て朝廷に占める地位に準拠して定められているもののようであ」り、「この配列を通じて、皇族、次いで外戚を高く位置付けようとする意図が看取できるであろう[10]」とし、『新撰姓氏録』にあっては、分類、配列の仕事の持った意義をかなり大きく見てよいだけではなく、むしろ撰修の主眼はそこに置かれていたと考えてよいのではないかと論じている。そして関氏は、「律令体制下における旧勢力の後退、皇室権の伸張、官僚世界の形成というように諸勢力交替の経緯に照らしてみると、撰修の根本的な事情をこの方面に探ることが、氏族志及び新撰姓氏録の歴史的位置づけを真に正しく行いうる途であるように[11]」思われるとする画期的な見解を開陳されたのであった。これは、まさに『新撰姓氏録』の撰修目的についての新見解であって、その意義は重かったのである。

4　唐の氏族志の編纂理由

唐の『氏族志』や『姓氏録』については、関晃氏がふれているように、古く谷川士清が『日本書紀通證』巻十八、允恭天皇四年戊申条で、「唐太宗修二氏族志一。高宗改為二姓氏録一[12]」と注記し、平田篤胤は『古史徴開題記』の「新撰姓氏録の論」において、「谷川士清云《ク》。唐大《(ママ)》宗《ノ》修《ル》二氏族志《ヲ》一。高宗改《メテ》為《ス》二姓氏録《ト》一と云《へ》り。書名《ノ》はいかにも是《レ》に倣《なら》はれたると聞えたり[13]」と注を加えている。

また栗田寛は『氏族考』巻下、撰新撰姓氏録の条で、

さて此姓氏録の書名、また体裁なども、李唐の制を倣ハれたるにや、彼太宗と云ける王か時に、其臣高士廉と云ふに、氏族志を撰ばしめて、皇族を首に置き、外戚を次とし、門族を以て世に聞えたる崔氏を第三とし、高宗と云が時に、氏族志を改めて姓氏録と号けたる（この間、『続文献通考』の記事引用の細注があるが省略する）事の、大炊天皇の朝に撰ばしめたる氏族志を、弘仁の度に姓氏録と改め給ひ、第一に皇別を記し、第二に外戚なる藤原氏

を首に標て、第三に諸蕃を載たると、全く同しけれハなり。(14)

と述べ、右の文中で省略した『続文献通考』の記事に、「専以㆓今朝品秩㆒為㆓高下㆒。于㆑是以㆓皇族㆒為㆑首。外戚次㆑之。降㆓崔民幹㆒為㆓第三㆒」とあるのをふまえて、書名のみならず、その体裁までも唐の氏族書に倣ったものであることを論じたのであった。降って村尾次郎氏は、淳仁天皇朝の『氏族志』の編纂に関して、その名称について谷川士清の『日本書紀通證』での唐の『氏族志』、および『姓氏録』の注記にふれ、「氏族志といふ名が、この辺から参照されて来たであらう事は考へられる事である」(15)と言及するにとどまっている。

ところが村尾氏の論文よりも早く、時まさに第二次世界大戦が始まった昭和十四年（一九三九）九月に発表された仁井田陞氏の論考では、唐の『氏族志』、および『姓氏録』と日本の『氏族志』、および『新撰姓氏録』とのかかわりについて、

唐でも貞観氏族志の後に姓氏録の如きが成ったのであるが、これらには我が奈良時代及び平安時代初期の氏族志や新撰姓氏録の名称、又はその書成立事情と共通性がないではない。(16)

と言及している。

仁井田氏は、『新撰姓氏録』の書名の共通性ばかりでなく、その成立事情にも共通するところがあったのではないかと示唆されているのは、いままでになかった指摘である。しかし、仁井田氏の所論は、もちろん唐の『氏族志』が本題であったから、わが『新撰姓氏録』の成立事情には、これ以上踏み込んではおられない。仁井田氏は、後に唐の『氏族志』の成立に関する記事で、もっとも参考になるのは、『貞観政要』巻七、論礼楽の記事であるとされた(17)、その記事とは、

貞観六年。太宗謂二尚書左僕射房玄齢一曰。比有二山東崔。盧。李。鄭四姓一。雖二累葉陵遅一。猶恃二其旧地一。好自矜大。称為二士大夫一。毎レ嫁二女他族一。必広索二聘財一。以レ多為レ貴。論レ数定レ約。同二於市賈一。甚損二風俗一。有レ紊二礼経一。既軽重失レ宜。理須二改革一。乃詔二吏部尚書高士廉。御史大夫韋挺。中書侍郎岑文本。礼部侍郎令狐徳棻等一。刊二正姓氏一。普責二天下譜諜一。兼拠二憑史伝一。剪二其浮華一。定二其真偽一。忠賢者褒進。悖逆者貶黜。撰為二氏族志一。士廉等及三進二定氏族等第一。遂以二崔幹一為二第一等一。太宗謂曰。我与二山東崔。盧。李。鄭一。旧既無レ嫌。為二其世代衰微一。全無二官爵一。猶自云二士大夫一。婚姻之際。則多索二財物一。或才識庸下。而偃仰自高。販二鬻松檟一。依二託富貴一。我不レ解二人間何為重一レ之。且士大夫。有能立レ功。爵位崇重。善事二君父一。忠孝可レ称。或道義清素。学芸通博。此亦足下為二門戸一。可上レ謂二天下士大夫一。今崔。盧之属。唯矜二遠葉衣冠一。寧比二当朝之貴一。公卿已下。何暇多輸二銭物一。兼与二他気勢一。向レ声背レ実。以得レ為レ栄。我今定二氏族一者。誠欲三崇二樹今朝冠冕一。何因崔幹猶為二第一等一。祇看二卿等一不レ貴二我官爵一耶。不レ論二数代已前一。祇取二今日官品人才一。作二等級一。宜三一量定。用為二永則一。遂以二崔幹一為二第三等一。至二十二年一書成。凡百巻。頒二天下一。

というものである。

仁井田氏は、この記事にもとづいて、

山東の崔・盧・李・鄭の様な旧族は、政治的社会的地位の変遷の中にありながら、尚且、その門地をほこり自ら士大夫と称し、之が女を求めて通婚せんとする者に対しては、莫大な聘財を要求し、宛も売婚に等しかつた。そこで貞観六年、太宗はこれ等の弊を矯正せんとし、史実を根拠に姓氏を刊正し、氏族志編纂を吏部尚書許国公高士廉等に命じた。これが貞観第一次の氏族志であるわけである。かくて出来た氏族志を見るに、門閥尊重の点に至つては、旧態依然たるものであつた。士廉等の氏族志編纂態度は、天下の譜牒（諜）を集め、史伝を参考し、譜牒史伝の浮華を去り、真偽を定め、忠賢を進め、悖悪を退け、更に高倹伝によると、宗室を先とし、外戚を後とし、新門を退け、旧望を進め、膏粱（富門）を右とし、寒畯（寒門）を左としたものであり、殊に山東の崔氏を以て天下の冠族となし、唐帝室の出自たる隴西の門地の如きは、その下風に立たしめたので、太宗は之に甚だ不満の意を表し、之が改編を命じ、唐朝より与へられた官爵を基準として、氏族の等級を立てしめ、かの山東の崔氏をして第三等に位置せしめた。これが第二次の氏族志一百巻であつて、貞観十二年に成つて天下に頒下せる所である。(18)

と説明している。すなわち唐の『氏族志』編纂の経緯について、山東の旧族である崔、盧、李、鄭のごとき氏族は、政治、社会的地位の衰微にもかかわらず、なお家柄を誇り、士大夫と称し、女を他の氏族に嫁がせるさいに、多くの結納を要求し、まるで売婚に等しかった。そこでそうした弊風を改革するために『氏族志』を撰修することになったというのである。これが唐の『氏族志』成立の事情であった。

この成立の事情を、いっそう具体的に記しているのは、敦煌で発見された『氏族志』の残簡である。その残簡の末尾には次のようにある。

以前太史因レ尭置二九州一。今為二八千五郡一。合三百九十八姓一。今貞観八年五月十日壬辰。自今已後明加二禁約一。前件郡姓出処。許三其通二婚媾一。結婚之始。非二旧委怠一。必須三精加二研究一。知二其譜囊相承不一レ虚。然可レ為レ疋。其三百九十八姓之外。又二千一百雑姓。非二史籍所一レ載。雖レ預二三百九十八姓之限一。而或媾官混雑。或従賤入良。営門。雑戸。慕容。商賈之類。雖レ有レ譜。亦不レ通。如有二犯者一。剔二除籍一。光禄大夫兼吏部尚書許国公士廉等奉

レ勅令二臣等一定二天下氏族一。若不レ別二条挙一。恐無レ所レ憑。准二令詳事一訖。件録如レ前。勅旨依レ奏。

この文では、㈠貞観八年（六三四）五月十日以後、八千五郡の郡姓（郡の大姓）である三百九十八姓のものは、その三百九十八姓のあいだだけでの通婚を許すこと。㈡通婚にさいして、かならずその姓を系譜によって確かめ、そのうえで通婚すべきこと、㈢三百九十八姓以外の史籍には載っていない二千一百の雑姓は、三百九十八姓のものと通婚してはならないこと、㈣三百九十八姓のうちにいるものでも、購官によって姓氏がいりまじって区別がつかないもの、あるいは、もと賤民であって良民となったものとの通婚はすべきでないこと、㈤営門（兵士あがりの雑姓の戸という）、雑戸、慕容（鮮卑出身の氏族）、商賈の類も、たとえ系譜があっても、三百九十八姓のものとの通婚は認めないこと、㈥もしこの禁約を犯すものがあれば、郡姓の籍を削除すること、などが謳われており、そして光禄大夫兼吏部尚書許国公の高士廉らが、勅を奉じて天下の氏族を定めるとある。

前に掲げた『貞観政要』の記事にみるように、山東の崔、盧、李、鄭の四姓の問題が俎上に載せられているのは、この記事だけではなく、『旧唐書』高士廉伝に、

是時。朝議以二山東人士一好自矜夸。雖二復累葉陵遅一。猶恃二其旧地一。女適二他族一。必多求二聘財一。……太宗曰。我与二山東崔。盧。李。鄭一。旧既無レ嫌。為二其世代衰微一。全無二冠蓋一。猶自云二士大夫一。婚姻之間。則多邀二銭幣一。才識凡下。而偃仰自高。販二鬻松檟一。依二託富貴一。

とあり、また『新唐書』高倹（高士廉）伝に、

初。太宗嘗以二山東士人一尚二閥閲一。後雖レ衰。子孫猶負二世望一。嫁娶必多取レ貲。故人謂二之売昏一。……帝曰。我於二崔。盧。李。鄭一無レ嫌。顧二其世衰一。不二復冠冕一。猶恃二旧地一。以取レ貲。不肖子。偃然自高。販二鬻松檟一。

とあり、さらに『資治通鑑』唐紀、貞観十二年正月乙未条に、

先レ是。山東人士崔。盧。李。鄭諸族。好自衿二地望一。雖二累葉陵夷一。苟他族欲三与為二昏姻一。必多責二財幣一。或捨二其郷里一。而妄称二名族一。或兄弟斉列。而更以二妻族一相陵。

とあるごとく、つねに山東の崔、盧、李、鄭の四姓の動きが問題にされ、それが『氏族志』撰修の理由として大きく取りあげられている。

しかし山東の四姓の家だけが、『旧唐書』高士廉伝に、「猶恃二其旧地一。女適二他族一。必多求二聘財一」とあり、また『貞観政要』に、「猶恃二其旧地一。好自矜大。称為二士大夫一。毎レ嫁二女他族一。必広索二聘財一」とあるような行為にでたために、姓氏を刊正する必要が生じ、『氏族志』の編纂にまで及ぶことになったのではなく、『氏族志』の残簡にみられるように、ひろく「三百九十八姓」の「郡姓」出身者の問題が存在していたからであった。その情況は、貞観十二年の『氏族志』撰進より四年後のことになるが、『貞観政要』巻七、論礼楽、『唐会要』巻八十三、嫁娶、『冊府元亀』巻百五十九、帝王部、革幣、および『唐大詔令集』巻百十、政事、誡諭などに載せてある同十六年六月己酉の詔に、

氏族之盛。実繫二於冠冕一。婚姻之道。莫レ先二於仁義一。自二有魏失レ御。斉氏云亡一。市朝既遷。風俗陵替。燕趙右姓。多失二衣冠之緒一。斉韓旧族。或乖二徳義之風一。名不レ著二於州閭一。身未レ免二於貧賤一。自号二膏粱之胄一。不レ敦二匹敵之儀一。問名惟在二於窃レ貲。結褵必帰二於富室一。乃有二新官之輩。豊財之家一。慕二其祖宗一。競結二婚媾一。多納二貨賄一。有レ如二販鬻一。或自貶二家門一。受二屈辱於姻娅一。或矜二其旧族一。行二無礼於舅姑一。積習成レ俗。迄レ今未レ已。既紊二人倫一。実虧二名教一。朕夙夜兢惕。憂二勤政道一。往代蠹害。咸以懲革。唯此弊風。未レ能二尽変一。自レ今以後。明加二告示一。使レ識二嫁娶之序一。務合二礼典一。称二朕意一焉。

とあることからも知られる。かつての山東の名族崔、盧、李、鄭の四姓だけの問題ではなく、この詔に、「乃有二新官之輩一。豊財之家一。慕二其祖宗一。競結二婚媾一。多納二貨賄一。有レ如二販鬻一」ということにもとづく氏族の紛乱は、ひろく諸郡の旧族、著姓のあいだでの問題であった。

したがって、「定二天下氏族一」めるために『氏族志』の編纂をおこなったのであった。『新唐書』の高儉（高士廉）伝に、「進二忠実一。退二悖悪一。先二宗室一。後二外戚一。退二新門一。進二旧望一。右二膏粱一。左二寒畯一。合二百九十三姓。千六百五十一家。為二九等一。号曰二氏族志一」とあるのによると、『氏族志』の編成方針は当初から唐の宗室を重んじて、先に置き、外戚を次に置くとする氏族の配列が意図されていたようである。

しかし、仁井田陞氏が「最も参考となる」(19)と高く評価された前掲の『貞観政要』の『氏族志』関係の記事には、『新唐書』に相当する部分が「忠賢者褒進。悖逆者貶黜。撰為二氏族志一」とだけしか記されておらず、また『旧唐書』高士廉伝にも、「忠賢者褒進。悖逆者貶黜。撰為二氏族志一」と『貞観政要』の記事とまったく同文が記されていて、『新唐書』の関係記事にあるような「先二宗室一。後二外戚一。退二新門一。進二旧望一。右二膏粱一。左二寒畯一」という配列、秩序づけに関することはみられない。(20)もし改編前の『氏族志』に、「先二宗室一。後二外戚一」という確固とした編成方針がすでにあったとしたら、定州博陵郡出身の山東のかつての名族、黄門侍郎崔民幹を第一等に格づけするようなことはしなかったであろう。(21)唐代に編纂された『貞観政要』の記事こそ信用できるのである。

進上された『氏族志』を見た太宗が、山東の崔家が最上位に格づけされていたのを怒り、あらためて『氏族志』の撰修のやりなおしを命じたのである。それについて『資治通鑑』唐紀、貞観十二年正月乙未条に、

乃更命二刊定一。専以二今朝品秩一為二高下一。於レ是以二皇族一為レ首。外戚次レ之。降二崔民幹一為二第三一。〈九等之次。皇

族為㆓上之上㆒。外戚為㆓上之中㆒。崔民幹為㆓上之下㆒。〉凡二百九十三姓。千六百五十一家。頒㆓於天下㆒。

とあるので、この第二次『氏族志』撰修にあたって、はじめて、「以㆓皇族㆒為㆑首。外戚次㆑之」という序列が立てられたとみられるのである。したがって『新唐書』の「先㆓宗室㆒。後㆓外戚㆒」という『氏族志』での配列は、再撰修を命じた太宗の意向を、最初の撰修時の編纂方針のなかに、当初からのものとして持ち込んだ後世の所産であろう。

宮崎市定氏は、貞観の『氏族志』の編纂について、

太宗は国内貴族の家格評価を統一せんがために高士廉に命じて氏族志を編纂せしめたが、山東貴族群の代弁者たる彼は天下第一の名族として崔氏を推し、帝室たる隴西の李氏は反って第四におかれた。太宗は怒って、官爵を標準として分類し直し、崔氏を抑えて第三に置いたが、これが貞観氏族志と呼ばれるものである。[22]

と述べて、第一次の『氏族志』で山東の貴族崔氏を第一等に推したのは、「山東貴族群の代弁者」である高士廉——宮崎氏は、唐朝治下の貴族群の一つが「旧北斉領内の山東貴族群であり、唐初朝廷におけるその代弁者は北斉王室の流れを汲む高士廉である」[23]と記している——とされた。当時、吏部尚書の任に就いていた高士廉をあげることも然ることながら、『貞観政要』に、「貞観六年。太宗謂㆓尚書左僕射房玄齢㆒曰。比有㆓山東崔。盧。李。鄭四姓㆒。雖㆓累葉陵遅㆒。猶恃㆓其旧地㆒。好自矜大。称為㆓士大夫㆒。毎㆑嫁㆓女他族㆒。必広索㆓聘財㆒」云々とあるように、『氏族志』編纂の発端は、山東の崔氏など四姓のものが、他族に女を嫁がせ、多くの聘財を求め、これが「同㆓於市賈㆒。甚損㆓風俗㆒。有紊㆓礼経㆒」という問題を改革しなければならないことを、太宗が尚書左僕射の房玄齢（五七八—六四八）に語ったことにあった。

房玄齢は、『旧唐書』房玄齢伝によると、貞観四年（六三〇）に長孫無忌（?—六五九）に替わって尚書左僕射の要職に任

じ、同時に「国史」の監修にあたった。つまり吏部尚書の高士廉の上官であり、しかも山東の斉州臨淄の出身である房玄齢は、『新唐書』高倹（高士廉）伝に、

後房玄齢。魏徴。李勣。復与昏。故望不レ減。然毎姓第二房望一。雖二一姓中一。高下縣隔。

とあり、また『資治通鑑』唐紀、顕慶四年十月丙午条に、

而魏徴。房玄齢。李勣家。皆盛与為レ婚。常左二右之一。由レ是旧望不レ減。或一姓之中。更分二某房某眷一。高下県隔。

とあるように、魏徴や李勣とともに、さかんに山東の名族と通婚していたのであるから、第一次の『氏族志』に山東の名門崔民幹の家を第一等に格づけしたのは当然であった。山東博陵の崔氏を重んじたのは、高士廉の意向ではなく、その上官であった房玄齢の指示が反映しているのではないか。あるいは房玄齢は、崔民幹家と通婚関係にあったのかもしれない。

いずれにしても、当初『氏族志』は、門地の高下の格づけをおこなったことがあったにせよ、「強度の唐室中心的立場をとることによって、旧族の地望を否定し[24]」ようと図ったとは思われない。初進の『氏族志』に、皇族の隴西李氏が下位に位置づけられていたのを太宗が問題にして、「以二皇族一為レ首。外戚次レ之」という格づけを再進の『氏族志』でおこなったのは、『氏族志』の撰修目的からすれば、皇族、外戚を重んじる太宗の恣意から発した副次的なものであった。

やはり唐の貞観『氏族志』の撰述目的は、没落に瀕しつつあった旧貴族が、新たに抬頭してきた官僚や富裕な庶民との通婚によって経済力の挽回を図り、また逆に門閥制を利用しながら勢力を得ようとした富裕な庶民や唐朝で地位を得た新官僚が、旧名族の子女を家に娶り、あるいは名族を仮冒することによって生じた姓氏の混雑を正すにあった

とみるのが妥当であると思う[25]。

5　氏族志と新撰姓氏録

その後、仁井田陞氏は、スタイン文献のなかにある唐の『氏族志』（または『氏族譜』）と思われる四個の断片総計三十行のもの（Stein Collection No. 5861）を取りあげ、それら四つの断簡を整理し、「後書」にあたる第三断簡の末尾二行の部分と第一断簡とを次のごとく掲げられた。

…………………

太史因堯置九州令（今?）分□

□月十日

（後闕）

（前闕）

定偶其三百九十八姓□

並非史籍所載或？□

戸商價（賈）之類上柱國?□

甫等　奏勅令□

各別為條?擧？□

聽　進□[26]

（後闕）

そしてこの記事の部分について仁井田氏は、貞観の『氏族志』（北京文献）の「後書」とのあいだに差がないではないが、類似しているところも多いとして、次の四つの句を指摘された。

(一)「太史因堯置九州」

(二)「其三百九十八姓」

(三)「並非史籍所載」

(四)「戸商價之類」(27)

確かに(一)は、貞観の『氏族志』の「後書」の「以前太史因堯置九州」と同文であり、(二)は、『氏族志』の「其三百九十八姓之外」のところに相当する。また(三)は、「非史籍所載」とある『氏族志』の文と同じであり、(四)は、「営門。雑戸。慕容。商賈之類」と傍点を付した部分が同文である。そして仁井田氏は、(三)の「並非史籍所載」の上には、「又二千一百雑姓」のような句があったろうし、(四)の「戸商價之類」は、「雑戸商賈之類」であろうとして、「結局、この断簡の後書も、前記の貞観氏族志と同様に、唐代の身分的内婚制に関係したものと思われる」と述べ、身分的内婚制にかかわることについて、「類似の資料があることだけはこの氏族志断簡（佐伯注・スタイン文献）の出現で確実となった(28)」と指摘したのである。

ところが貞観の『氏族志』断簡とされてきた「北京文献」、および「スタイン文献」について、それらが『氏族志』の断簡ではないとする画期的な説が、池田温氏によって提出された。

これまで北京図書館所蔵の氏族関係資料（位字七九号）、およびブリティッシュ・ミュージアム所蔵の資料（S五八六一号）をともに貞観の『氏族志』の断簡とされてきたのを、池田氏は両資料の全文を移録され、さらに『太平寰宇記』所載の郡姓記事などとあわせて、詳密な検討を加え、(29)「北京文献（池田氏はAと略称）」や「スタイン文献（池田氏はBと略称）」が『氏族志』などの断簡ではなく、「郡望表」と呼ぶべきものとされたのである。(30)

池田氏の論考に対して、仁井田陞氏は、「これは池田氏のつぶよりの論文のうちでも、きわだってすぐれている。敦煌文献の評価、そのもつ歴史的意味についての理解のしかたは参考すべき点が多い(31)」と高い評価をあたえられた。もはや池田氏の研究によって「北京文献」や「スタイン文献」が、貞観の『氏族志』そのものの断簡ではなくなったとはいえ、『氏族志』の編纂についても示唆に富むところ多大である。

たとえば、「以二皇族一為レ首。外戚次レ之。降二崔民幹一為二第三一」や、「先二宗室一。後二外戚一。退二新門一。進二旧望一。右二膏粱一。左二寒畯一」といったような諸氏族の配列、秩序づけ、あるいは等級わけは、唐の朝廷の興隆にともなって、はじめて貞観の『氏族志』によってなされたのでないことは、池田温氏による次の記述にあきらかである。

南北朝以降における国家的立場よりする姓族分定（即ち天下の姓族の等級的秩序付け）の有つ意義を考慮に入れねばならない。北魏の孝文帝が太和十九年（496）詔を発して行つた姓族分定においては、漢人姓族を四海大姓・郡姓・州姓・県姓の四段階に秩序づけたとされる（隋書巻三三経籍志二）。先に古今姓氏書辯證所引の郡姓を列挙した際〝魏太和姓族品〟として「滎陽四姓」「河東三姓」が見えることに触れたが、当時各郡でかような一定数の郡姓が定められたものらしい。南朝や北周・隋・唐各朝においても夫々の立場で氏族政策が展開され姓族の決定をみた。この事情は八世紀の柳芳の氏族論に、

〝江左定氏族、凡郡上姓第一則為右姓。太和、以郡四姓為右姓。斉浮屠曇剛類例、凡甲門為右姓。周建徳（572

〜577）氏族、以四海通望為右姓。隋開皇（581〜600）氏族、以上品茂姓則為右姓。唐貞観氏族志、凡第一等則為右姓。路氏（敬淳）著姓略、以盛門為右姓。柳沖姓族系録、凡四海望族則為右姓。云々〃（新唐書巻一九九柳沖伝所引）

と述べられた僅かな言葉から推察される。……これは一面において社会変動の激しさ即ち門閥の急速な昇降・地位の不安定を示すと共に、他方国家権力の側から積極的にその時点に即応した氏族政策が実施され、門閥貴族社会の独自性・自立性が制約されることの大きかつた事情を示唆する。(32)

池田氏が述べられている「門閥の急速な昇降・地位の不安定」の様子は、

姓望として固定化された彼等の出身の郡名が、流移などによつて現実性を夫（ママ）うやそれ自体が一個の抽象的価値に転化し……現実には族は房を生じ次々と細分化してゆくし、移住も行われ盛衰常ないものである。特に顕赫なる貴族的存在は消滅するのも早い。それ故譜学者はいざ知らず一般人にとつて個々の家系が長く記憶されることは不可能であり、郡望といつた漠然たる存在がクローズアップされて来る。一方本貫に族居を続ける豪族にあつても、族内における代表的家系は決して安定しておらず、常に同郷に多数居住する同姓人の中から有力者を輩出してゆくのが一般である。従つて世代を経るにつれて個々の家系から抽象された姓だけが際立つた存在となるのは自然の勢といわねばならない。特に家譜類の編纂などを機に系図が粉飾され、著名な同姓人とは家系を異にするにも拘わらず通譜が行われ、時代と共に所伝が歴史的事実と意識されて来るからなおさらである。(33)

という池田氏の所論によって、つぶさに知られる。

ちなみに池田氏が、わが『新撰姓氏録』に関して、

我が国が八・九世紀において唐土の諸情勢に極めて敏感であつたことはいうまでもなく、初唐の実録や貞観政要

の如きは夙に輸入されたばかりでなく、天平五年（733）には実録十巻の抄写も行われている（同年八月十一日皇后宮職移）（大日本古文書第一巻四七六頁。編者は〝太宗実録〟に比定。）。従つて貞観年間における定氏族事業の如きも為政者の知悉する所であつたに相違なく、氏族志（C. 760）・姓氏録（815）の編纂計画においても書名・体裁に顕著な影響を留めている点は夙に指摘されている（栗田寛　氏族考）。更に降つた貞観十二年（870）省試の策問に〝明氏族〟が出題されているのも、唐の貞観十二年に貞観氏族志が完成頒布された事情を念頭に置いてのことであろう。けれども両社会における氏族問題のあり方は著しい懸隔を有する。それ故影響・類似は外形的な面に限定されている。[34]

と述べていることは、ここに書きとめておく意義があろう。

『新撰姓氏録』が、皇別、神別、諸蕃、未定雑姓の順に、そして各氏族がその著姓、卑姓の序列によって配列されていることは確かなことである。しかしそのような秩序づけが本書編纂の第一の目的であったのではなく、かつて論じたように、冒名冒蔭による氏姓の混乱、混雑を正すのが本来の目的であったと考えられる。[35]

6　新撰姓氏録の写本

『新撰姓氏録』の写本で、今日伝えられているものは、二十数本を数える。

これらの写本のうち建武二年（一三三五）八月七日の本奥書がある系統本と延文五年（一三六〇）七月の本奥書を記す系統本とがある。

前者の建武二年系の写本が、多く伝えている書写奥書は、次のようである。

已上卅一巻　　兼治判

以二吉田前内府御本一重校合了。両方点付之。

建武二年捌月七日　判

天下衆庶之姓氏録者。官中古令（今）之肝心抄也。大内左京兆令二一覧一給。被レ写二置之一。而依二彼尊命一。加二此奥書一矣。

文明七年乙未十月日　造東大寺次官正四位下左大史小槻宿禰判

この奥書のはじめに記されている「兼治」は、小槻（壬生）兼治（?—一四一八）であって、貞治五年（一三六六）五月に左大史に任じ、同六年二月、装束使となり、応安元年（一三六八）二月、備前権介を兼ねている。同年十二月二十四日、参院上北面に任じ、その後、記録所勾当、同開闔、修理東大寺大仏長官などを歴任し、位階は正四位下にまで昇っている。応永二十五年（一四一八）十月十五日に卒している。(36)

兼治の著書には、康安二年（一三六二）成立の『貞治改元定記』と明徳四年（一三九三）の『石清水放生会記』とが知られている。また永徳二年（一三八二）閏正月と嘉慶三年（一三八九）正月の記録で、文明年間の書写であるとされている『兼治宿禰記』が伝わっている。また兼治は歌人としても名を残し、『新後拾遺和歌集』に一首（九九七番）、『新続古今和歌集』に二首（七一三番・一九二五番）の歌が収録されている。ちなみに小槻兼治にとってふさわしい彼の作歌を『新続古今和歌集』から一九二五番の歌を掲げておこう。その詞書に、「代々の家記を見て今も志るし置く事のありけるついでによめる」と記して、兼治は、

仕へこし道こそ絶えね代々を経て今も書き置く水茎の跡

と詠んでいる。

次の行の「吉田前内府」は、吉田（藤原）定房（一二七四—一三三八）である。定房が内大臣に任ぜられたのは、建武元年

（一三三四）九月九日であり、上表して内大臣を退いたのが翌二年二月十六日であった。したがって奥書に、建武二年八月七日の日付にかかわって「吉田前内府」とあるのは、その表記に矛盾はない。

定房は、多くの書籍を架蔵し、ときには手もとにない本の書写を所蔵者に依頼し、また折りにふれて架蔵の本を希望者に貸与して書写することをゆるした。

定房が他者の所蔵本を書写することを請うた件で著名なのは、真福寺本『古事記』下巻の奥書に、

借二請親忠朝臣一。一本吉田大納言定房卿被二所望一之間。

依二家君御命一書写進畢。又一本書二写之一。止レ之。

とあるのがそれである。他方、定房の所蔵本を他者が借覧して書写したことが知られるものでよく知られているのは、金沢文庫旧蔵本『百錬抄』（現伊勢神宮文庫架蔵本）の奥書に、

嘉元二年三月一日。以二大理定房卿本一。書写挍合畢。（第五）

嘉元二年二月卅日。以二大理定房卿之本一。書写挍合畢。（第七）

嘉元二年四月廿六日。以二大理定房本一。書写挍合畢。又以二権右中辨宣房朝臣之本一。見レ合訖。（第八）

嘉元二年四月廿六日。以二大理定房卿之本一。書写挍合畢。亦以権右中辨宣房朝臣之本一。見レ合而已。（第九）

嘉元二年正月十五日。以大理定房卿本一。書写挍合畢。（第十七）

とあるものである。定房の官職「大理」は、検非違使別当の唐名である。嘉元二年（一三〇四）、時に定房は三十一歳。

さらに定房自らが書写した本で、知られているものには、『除目祕抄』と『餝抄』とがある。前者の奥書には、

徳治二（三イ）年二月廿三日。見二除目祕抄等一之次書二写之一。

とあり、後者の奥書には、

此抄者通方卿抄也。元亨二年五月五日。以二六條前中納言之本一。書写畢。不レ可二外見一。

権中納言定房―

権大納言判（定房）

と記されている。

さて「建武二年捌月七日」の下に「判」とあるのは、いかなる人物なのか、もちろん確定はできない。ただ建武二年（一三三五）という年代から考えると小槻兼治の父匡遠《ただとう》である可能性が強い。(37)

小槻匡遠も兼治と同様に『新後拾遺和歌集』（八〇一番）、『新続古今和歌集』（一三一〇番）などに歌が収録されているが、『新千載和歌集』巻第十、神祇歌（九五二番）に、「貞和元年豊受大神宮遷宮奉行の時神宝御装束など検知して思ひつゞけ侍りける」という詞書を添えて、

君が代に又めぐりあふ小車のにしきぞ神の手向なりける

という歌一首が載録されていることだけを、ここに掲げておく。

次に文明七年（一四七五）十月の日付を記す「天下衆庶之姓氏録者」云々の奥書にみえる「大内左京兆」は、大内政弘（一四四六—一四九五）であり、日付の下に「造東大寺次官正四位下左大史小槻宿禰判」とあるのは、小槻晴富（一四三三—一五〇四）である。(38) 大内政弘と小槻晴富との関係については、かつて詳細に述べたことがあるので、それにゆずりたい。(39)

さきに掲げた建武二年系本の奥書の多くは、

已上卅一巻　　兼治判

とある部分が、

已上卌一氏

兼治

となっている菊亭文庫本に注目された田中卓氏は、他の同系本が「兼治判」と記すのに、ここに「兼治」とだけ記して「判」の字がないのは、「兼治」の自署の可能性のあること、また他の同系本が、「已上卌一巻」とあるところが、「已上卌一氏」となっており、その前に、「不レ載二姓氏録一姓」として列挙されている氏姓は、四十一氏を数えることができるので、「已上卌一氏」とある記事は正確とみてよいとされたのである。(40)

建武二年系本のなかで、田中卓氏の考察によって『新撰姓氏録』の最古の写本として光彩をはなつにいたった菊亭文庫本については、かつて私もふれたことがあるが、(41)本書の後章において、この写本についての田中氏のすぐれた研究に導かれて、あらためて検討を加え、詳細な紹介をおこなうことにした。

次に延文五年系の写本の本奥書には、

已上三十一氏不レ見之歟。四百三十六姓云々。現在四百三十二姓也。

安那公　同上

讃岐公　大足彦忍代別天皇々子

建部公

別　同上

此條々延文五年庚子七月。以二他本一書二加之一。

神祇大副兼豊判

とある。

この奥書の末尾に署名してある「神祇大副兼豊」は、卜部（吉田）兼豊（一三〇五―一三七六）である。兼豊は、乾元二年（一三〇三）に『日本書紀』神代巻（国宝）を書写したことで名高い卜部兼夏の男で、正四位上、神祇大副を先途とする。著書には、暦応元年（一三三八）の『兼豊記抄』、康安二年（一三六二）の『宮主秘事口伝編』、永和元年（一三七五）の『大嘗会次第』などがある。

父の兼夏が書写した『日本書紀』神代紀二巻を兼豊が父から授けられたのは、元応二年（一三二〇）の二月十一日と四月二十九日のことであった。巻第一の本奥書には、

元応二年二月十一日。授二兼豊一訖。

太常大卿（兼夏）（花押）

とあり、巻第二の奥書には、

元応第二暦仲呂廿九日。授二兼豊一訖。

正四位上行神祇権大副卜部（花押）(42)

とある。

父兼夏から授けられた神代紀巻第一の奥書に、

延文元年申歳四月十九日修補畢。

正四位上行神祇大副卜部兼豊（花押）

於二此本一者。不レ可レ持二参諸方一。不レ可二出菌一矣。(43)

とあるように、兼豊は延文元年（一三五六）四月に、修補している。この年、兼豊は『続日本紀』『文徳実録』『三代実録』などをも修補しているが(44)、なかでも神代紀巻第一を修補した前々日には、『古語拾遺』を修補している。その裏書の識語には次のようにある。

延文元年申歳四月十七日。修二補之一。雖二片時一。
不レ可レ出二他處一。仍餘本一両所レ令二用意一
者也。
正四位上行神祇大副卜部兼豊(45)（花押）

延文五年系の写本のなかには、「此條々延文五年庚子七月。以二他本一書二加之一。神祇大副兼豊判」の本奥書につづいて、「右之一帖者。以二卜部家之正本一書写畢」という奥書のあるものが、伊勢神宮の神道学者による書写本に多い。

かつて「校訂新撰姓氏録」を作成するにあたり底本としてもちいた神宮文庫架蔵の御巫清直本には、

右之一帖者。以二卜部家之正本一書写畢。
慶安二年九月書写了。
右本。誤字落字繁多也。

という奥書がある。奥書の「慶安二年」云々の左下と「右本」云々の右下のあいだに書写者の署名があったようであるが、これが削りとられているので(46)、この写本の書写者は不詳である。

慶安二年（一六四九）に書写されたことを伝える本奥書が記されている狩谷棭斎（一七七五―一八三五）の自筆謄写本には、

右之一帖者。以二卜部家之正本一書写畢。

慶安二年己丑五月廿三日書写焉畢。

従五位下度會貞親判

とある(47)。度會貞親の手になる原本は現存していないが、静嘉堂文庫所蔵の山田以文重校本の奥書に墨筆で、「慶安二年己丑五月廿三日書写焉畢　従五位下度會貞親判」と記され、この貞親書写本を山田以文（一七六一—一八三五）が校合にもちいたことが知られる(48)。

度會（檜垣）貞親（一六三一—一六五三）は、伊勢国度會郡山田原沼木郷西河原の人で、檜垣常廉の男。著作に『参宮儀式』がある(49)。貞親は承応二年（一六五三）六月二十八日、二十三歳で没したとされているから、『新撰姓氏録』を書写した慶安二年（一六四九）には、弱冠十九歳であることになり、このとき「従五位下」という位を奥書に記しているのは疑わしい。貞親が寛永八年（一六三一）に生まれたという伝えに誤りがあるのではなかろうかという疑問が生じるのである。また『新撰姓氏録』の度會貞親本が原本ではなく、いずれも謄写本ないし校合本にみられる奥書なので、「従五位下」という位階に誤写があるのではないかという疑いをかけることもできる。

しかし、この位階表記に誤りがないことは、神宮文庫所蔵、旧宮崎文庫本の『続日本後紀』巻第十二の奥書に、

慶安二己丑年六月下旬書写畢。

筆者外宮五祢宜従五位下度會神主朝和

従五位下度會貞親校合了

とあり、さらに巻第十九の奥書に、

慶安二己丑年六月下旬書写了。

筆者権祢宜従五位下度會神主貞親

五祢宜度會朝和一挍合了

とあって、『新撰姓氏録』を書写した同じ年の翌月に『続日本後紀』の巻第十二を校合し、また巻第十九を書写していることが知られ、このときの位階も「従五位下」であるので、『新撰姓氏録』の度會貞親本に記されている位階「従五位下」が正しいものであることがわかる。

しかも、度會貞親が慶安二年に校合、書写した『続日本後紀』の巻第十四の奥書に、

慶安二己丑年季夏念一書写了。

筆者岩出氏末清

同廿四日一挍了。

挍者度會　延良

とあり、また巻第二十の奥書に、

于㆑時慶安二年林鐘十八日書写了。

筆者権祢宜従五位下度會神主　延良□（朱印印文度會延良）

廿四日挍合了　　橘　秀治

と校合、書写者として記されている度會延良（出口延佳、一六一五―一六九〇）は、元和六年（一六二〇）に、わずか六歳で外宮権禰宜となり、その年十二月従五位下に叙され、延良の次男延経（一六五七―一七一四）は、寛文二年（一六六二）十一月二十一日に

外宮権禰宜に任じ、その三日後の二十四日に従五位下に叙されており、そのとき延経もまた六歳という幼年であった。したがって十九歳の度會貞親が当時、従五位下の位階を帯びていても不都合ではない。

ところで慶安二年六月、『続日本後紀』の校合、書写に度會貞親とともに加わっている度會延良は、後章で取りあげる田中卓氏が、はじめて世に紹介した度會延良書写の『新撰姓氏録』写本の奥書には、

右之一帖者。以㆓卜部家之正本㆒書写畢。
正保五年閏正月廿七日書写了。権祢宜従五位下度會延良（自署）
右本。誤字落字繁多也。以㆓異本㆒可㆑挍而已。

とあるので、[49] 延良が正保五年（慶安元年、一六四八）閏正月二十七日に『新撰姓氏録』を書写していたことが、はじめて知られたのである。これが延文五年系の写本では、書写の年紀が明記されているものでは、もっとも古いものである。[50]

慶安二年六月、度會貞親、同延良らとともに『続日本後紀』を書写した人物のうち、巻第二の奥書に、

慶安二己丑年林鐘下浣
勢陽度會郡山田原沼木郷西河原
异邨弘正書写焉
高橋利忠一挍了[51]

とみえる异邨弘正、すなわち与村弘正（?—一六五九）は、慶安元年（一六四八）に度會延良、岩出末清らと豊宮崎文庫を創建した神官として知られ、また慶安二年に『伊勢太神宮参宮儀式』『神道辨疑集』を編纂するなど著作も多い。

与村弘正の名前は、また『新撰姓氏録』の黒瀬益弘本の奥書にも、次のごとくみることができる。

右之一帖者。以二卜部家正本（ママ）一書写畢。与邨弘正

同写レ之一挍畢。

于レ時寛文二壬寅年季穐日　度會神主益弘(52)

この奥書からすると与村弘正は、「右之一帖者。以二卜部家之正本一書写畢」とある神宮関係者による『新撰姓氏録』のいくつかの写本の本奥書を記した人物、つまり卜部家の「正本」によって『新撰姓氏録』を書写した最初の人物であったように思われる(53)。

さらに伊勢神宮関係者にかかわる一群の『新撰姓氏録』の写本以外に、「此條々延文五年庚子七月。以二他本一書二加之一。神祇大副兼豊判」とある本奥書だけを記したいまひとつのグループがある。このような延文五年系本には、岩瀬文庫本、井上頼圀本、脇坂安元本などがある(54)。従来、検討がなされていなかった武田祐吉博士旧蔵の林読耕斎本（国学院大学図書館所蔵）は、この種の写本であり、今回検討する機会をえたので、その考察を後章で論述することにした。

注

（1）『日本後紀』延暦十八年十二月戊戌条に、「勅。天下臣民。氏族已衆。或源同流別。或宗異姓同。欲レ拠二譜牒一。多経二改易一。至レ検二籍帳一。難レ弁二本枝一。宜下布二告天下一。令レ進二本系帳一。三韓諸蕃亦同。但令レ載二始祖及別祖等名一。勿レ列二枝流幷継嗣歴名一。若元出二于貴族之別一者。宜取二宗中長者署一申レ之。凡厥氏姓。率多二假濫一。宜レ在二確実一。勿レ容二詐冒一。来年八月卅日以前。惣令二進了一。便編入録。如事違二故記一。及過二厳程一者。宜下原レ情科処。永勿中入録上。凡庸之徒。惣集為レ巻。冠蓋之族。聴二別成レ軸焉」とある。

（2）『中臣氏系図』所引の「延喜本系解状」の糠手子大連公の譜文に、「案下依二去天平宝字五年撰氏族志所之宣一勘造所レ進本系帳上云」とあるのを参照。

（3）竹内理三編『平安遺文』第一巻、一二七頁。築島裕『仮名』（『日本語の世界』5）に、「平安時代において、現存する最古の仮名文の文献は「讃岐国戸籍帳端書」である」

（九九頁）と記されているが、この文書は、「改姓人夾名勘録」であって戸籍帳ではない。

（4）『皇字沙汰文』下（『続群書類従』神祇部一、所収）一三五頁。

（5）荒木田神主公成が延暦十九年（八〇〇）に作成した本系帳については、『皇字沙汰文』上に、「延暦公成。……勘奏本系」（前掲注(4)書、八八頁、および九九頁）とある。また同書下には、「公成本系。延暦十九。」（前掲注(4)書、一一六頁）とみえる。なお公成については、田中卓『古典籍と史料』（『田中卓著作集』10）、六七六頁、および六八七頁参照。

（6）延暦十八年の勅に応じた本系帳とみられるものに田中卓氏が考察された延暦十九年（八〇〇）九月十六日撰述の『丹生祝氏本系帳』がある（田中卓『日本国家の成立と諸氏族』〈『田中卓著作集』2〉、四六〇―四七六頁参照）。ちなみに丹生祝氏は、紀伊国伊都郡に本貫をもつ氏族である。

（7）近時、田中卓氏によって発表、紹介された「六人部連本系帳」について、「弘仁八年に、更にこの六人部連家が本系帳を上進してゐるのは、弘仁六年以降にあつても、朝廷ではなほ継続して姓氏録の完成を期してゐた事実を示すものと思はれる」（「『六人部連本系帳』の出現」『太田善麿先生追悼論文集　古事記・日本書紀論集』、七〇六頁）と指摘し、また「新撰姓氏録の原資料とされた本系帳の姿が、この「六人部連本系帳」によつて初めて知られることは、何ものにもまさる価値である」（七一〇頁）と高い評価をあたえられた。田中氏は、「延暦十八年勅にもとづいて、作成されたと認められる珍しい本系帳の写本」（六九一頁）と述べ、この山城国乙訓郡の六人部連氏の本系帳作成の端緒が延暦十八年の勅にあったことを認められている。なおこの「六人部連本系帳」の跋文に、「右撰二進本系一之事。度々雖レ被二召問一。家運遇二不祥一。及二遅滞一矣。去弘仁三年。更仰レ官頻促二諸社神主本系一。於レ是。抛二家牒旧記一。速雖レ欲二撰進一。或漏脱而難レ知。或祝部。葛野両氏混淆難レ辨。漸就二両社本記一撰定撰定（ママ）之。進上如レ件。謹解。／弘仁八年七月廿八日／無位六人部連良臣」とあるのが注目される。この跋文に、「去弘仁三年。更仰レ官頻促二諸社神主本系一」とあることについて田中氏は、「「弘仁三年」の諸社神主に対する本系の催促といふことも、本帳のみが伝へる貴重な史料である」（七〇六頁）と述べているが、弘仁三年（八一二）は、『新撰姓氏録』の第一次進上の二年前のことであって、同書の撰修中に、本系帳の撰進をうながしていた事実の一端が知られるわけである。このことに関連して天長元年八月五日付の「太政官符」に、「応レ令二諸国郡司譜図諜一紀一進一事／右得二式部省解一偁。撿二案内一件図諜経二数十年一一進。或五六年間頻進。因レ茲短祚早死者。子孫懐レ漏レ図之憂一。数好二改換一者。官司有二勘会之煩一。望請。下二知諸道一。令レ進二件図諜一以二一紀一為レ限。務存二実録一。不レ致二仮濫一。但依二去弘仁二年二月廿日詔書一応レ進二譜図一之状。三年九月四日下二知諸国一訖。而諸国所レ進図諜零畳。年限不レ同。如レ此之国始進レ図年計二其程限一。謹請二官裁一者。右大臣《藤冬嗣》宣。依レ請」とあるのに注意しなければならない。この「太政官符」は、諸国郡司の譜図牒（諜）の撰進に関するものであるが、なかでも「但依二去弘仁二年二月廿日詔書一応レ進二譜図一之状。三年九月四日下二知諸国一訖。而諸国所レ進図諜零畳。年限不レ同」とあるのは、「六人部連本系帳」の跋文に、「去弘仁三年。更仰レ官頻促二諸神社神主本系一」とみえることとかかわっていると考えてよいであろう。「太政官符」にみえる「弘仁二年二月廿日」の詔は、「譜図」を進上させることに関してのものであるから、「類聚三代格編年索引」の弘仁二年条に、「二・二十詔　郡司之擬先尽譜第遂无其人後及芸業　三〇三」の次に「同上詔　（天長元・八・五官符）　三〇五」（『新訂増補国史大系』類聚三代格後篇、巻末二三頁下段）として、天長元年八月五日「太政官符」の「依二弘仁二年二月廿日詔書一。応レ進二譜図一之状」と弘仁二年二月二十日の「太政官符」にみえる詔とを同じものとみなしているのは誤りである。『類聚三代格』郡司事条に載せている弘仁二年二月二十日の詔は、「逮二于延暦年中一偏取二才良一。永廃二譜第一」ということを問題にしていて、「譜図」の問題とは別のものである。しかも、この詔は、『日本後紀』では弘仁二年二月己卯（十四日）条に掲げ、また『令集解』選叙令、郡司条には、「弘仁二年二月七日詔」とあって、それぞれ詔のだされた日が異なっていて、はたして弘仁二年二月二十日の日付が正しいものかどうか疑わしく、「譜図」に関する弘仁二年二月二十日の詔とは、まったく別の詔と解すべきである。天長元年八月五日「太政官符」の「依二弘仁二年二月詔書一。応レ進二譜図一之状。三年九月四日下二知諸国一訖」は、諸国郡司に対するだけのものでなく、諸神社神主をもふくんで、天下諸氏族に対して「譜図」「本系帳」の撰進、提出の促進を命じたものであろう。しかし、「而諸国所レ進図諜零畳。年限不レ同」とあるのは、『新撰姓氏録』の序文に、「京畿本系。未レ進二過半一。今依二見進一。以類銓矣」とあり、「唯京畿未進并諸国且進等類。一時難レ尽。闕而不レ究」とあるのを裏づけてもいる。

(8) 関晃「新撰姓氏録の撰修目的について」(『史学雑誌』第六十編第三号)、一二頁、および『日本古代の政治と文化』(関晃著作集第五巻)、二一二―二一三頁。

(9) 関晃、前掲注(8)論文、一四頁、前掲注(8)書、二一六頁。

(10) 関晃、前掲注(8)論文、一七頁、前掲注(8)書、二一九―二二〇頁。

(11) 関晃、前掲注(8)論文、一八頁、前掲注(8)書、二二一頁。

(12) 谷川士清著、小島憲之解題『日本書紀通證』二、一二〇一頁。

(13) 平田篤胤著、山田孝雄校訂『古史徴開題記』(岩波文庫)、二〇七頁。

(14) 栗田寛『氏族考』下(『続史籍集覧』)、一三―一四頁。

(15) 村尾次郎「氏姓崩壊に現はれたる帰化人同化の一形相――新撰姓氏録編纂に至るまで――」(『史学雑誌』第五十二編第八号)、四三頁。

(16) 仁井田陞「六朝及び唐初の身分的内婚制」(『歴史学研究』第九巻第八号)、一五―一六頁、および『中国法制史研究 奴隷農奴法 家族村落法』第二部第九章「六朝および唐初の身分的内婚制」、六一三頁。

(17) 仁井田陞「スタイン敦煌発見の天下姓望氏族譜――唐代の身分的内婚制をめぐって――」(『石濱先生古稀記念東洋学論叢』)、四〇六頁、および前掲注(16)書、第二部第十章「敦煌発見の天下姓望氏族譜――唐代の身分的内婚制をめぐって――」、六三二頁参照。

(18) 仁井田陞、前掲注(16)論文、一五頁、前掲注(16)書、六一三頁。

(19) 仁井田陞、前掲注(17)論文、四〇六頁、前掲注(17)書、六三二頁。

(20) 池田温「唐朝氏族志の一考察――いわゆる敦煌名族志残巻をめぐって――」(『北海道大学文学部紀要』十三ノ二)には、唐代の氏族志(『氏族志』『姓氏録』『大唐姓族系録』)の体例について現在知ることのできる要点を表示し、「三氏族志の本質的且つ特徴的諸傾向は、これらを通じて把握され得るであろう」(四八頁)として、貞観の『氏族志』初奏本の体例を『新唐書』高倹伝、『貞観政要』などにもとづいて、

「普責天下譜諜、抛憑史伝、剪浮華、定真偽。忠賢者褒進、悖逆者貶黜。退新門、進旧望。右膏粱、左寒畯。崔民幹為第一等」と表示し、また貞観の『氏族志』定本の体例を『資治通鑑』巻一九五などによって、「皇族為首。外戚次之。不須論数代以前、止取今日官品人才、作等級。崔民幹為第三等。分為九等、以甄士庶」と記している。定本の体例のあたまに「皇族為首。外戚次之」をあげているのに対して、『新唐書』高倹伝などによって作成された初奏本の体例には、『新唐書』高倹伝に、「先㆓宗室㆒。後㆓外戚㆒」とある体例が排除されている。池田氏作成の初奏本の体例は、高倹伝以外に『貞観政要』の記事にもとづいたところがあり、その記事によって『新唐書』高倹伝の「先㆓宗室㆒。後㆓外戚㆒」とあるのは疑わしいとする立場から取り除いたのであろう。

(21) 崔民幹という人物について『新唐書』巻七十二下、表第十二下、宰相世系二下に、第二房崔氏「鬱。後魏濮陽太守。生挺」の表に、「幹字道貞。黄門侍郎。博陵元公」とある。

(22) 宮崎市定『九品官人法の研究――科挙前史――』(『宮崎市定全集』6、九品官人法)、六七頁。

(23) 宮崎市定、前掲注(22)書、六七頁。

(24) 関晃、前掲注(8)論文、一四頁、前掲注(8)書、二一六頁。

(25) 佐伯有清『新撰姓氏録の研究』研究篇、一二七頁参照。

(26) 仁井田陞、前掲注(17)論文、四〇八―四〇九頁、前掲注(17)書、六三八―六三九頁。

(27) 仁井田陞、前掲注(17)論文、四一〇頁、前掲注(17)書、六三八頁参照。

(28) 仁井田陞、前掲書(17)論文、四一〇頁、前掲注(17)書、六三八頁。

(29) 池田温「唐代の郡望表(上)――九・十世紀の敦煌写本を中心として――」(『東洋学報』第四十二巻第三号)、五八頁以下参照。

(30) 池田温「唐代の群望表(下)――九・十世紀の敦煌写本を中心として――」(『東洋学報』第四十二巻第四号)、四一二―四一四頁参照。

(31) 仁井田陞、前掲注(17)書、六三三頁。

(32) 池田温、前掲注(30)論文、四二三頁。

(33) 池田温、前掲注(30)論文、四二四頁。

(34) 池田温、前掲注(30)論文、四二八―四二九頁。

(35) 佐伯有清、前掲注(25)書、一四一頁以下参照。

(36) 佐伯有清『新撰姓氏録の研究』本文篇、三五頁参照。

(37) 佐伯有清、前掲注(36)書、二九頁、および三六頁参照。

(38) 佐伯有清、前掲注(36)書、三〇頁、および三六—三七頁参照。

(39) 佐伯有清『新撰姓氏録の研究』考證篇第六、三四七—三五三頁参照。

(40) 田中卓『新撰姓氏録の研究』（『田中卓著作集』9）、二三一—二三二頁参照。

(41) 佐伯有清、前掲注(39)書、三三一—三四七頁参照。

(42) この奥書にみえる「正四位上行神祇権大副卜部（花押）」とある人物について、『新訂増補国史大系』の『日本書紀』前編には、「卜部（花押）」の右傍に「兼凞」と注記している（一〇五頁）。しかし卜部兼凞（一三四八—一四〇二）は、貞和四年（一三四八）の生まれであり、『古語拾遺』嘉禄本裏書に、「応安第六之暦仲春十一之夕重読合／従四位上行左京権大夫卜部宿祢兼凞」とあって応安六年（一三七三）当時の位階は従四位上であった。したがって元応二年（一三二〇）」は、兼豊の子兼凞が生まれる二十三年前のことであり、「正四位上行神祇権大副卜部（花押）」は、兼凞ではありえない。『天理図書館善本叢書和書之部』編集委員会編『古代史籍集』所収の乾元本、卜部兼夏筆『日本書紀』巻第一の奥書にみえる兼夏の花押（一七六頁）とこの「花押」同上、三三九頁）とを比べてみると、まさしく同筆のものであることがわかり、「兼凞」ではなく、「兼夏」と注記を訂すべきである。ちなみに卜部（吉田）兼敦本の『日本書紀』巻一に、「永徳元年十一月卅日以二家之秘説一授二嫡男兼敦一訖／正四位上行神祇権大副卜部朝臣（兼凞）（花押）」（同上『日本書紀』前篇五一頁）とみえ、また「同（永徳）年黄鐘第三日加点校合而已／正四位上行神祇権大副卜部朝臣兼凞」（同上『日本書紀』前篇、五三頁）とあって、永徳元年（一三八一）十一月当時の位階は正四位上であったことがわかる。

(43) 前掲注(42)所載の『古代史籍集』、一七六頁。

(44) 佐伯有清、前掲注(36)書、二六頁参照。

(45) 前掲注(43)書、四九八頁。

(46) 田中卓、前掲注(40)書、七一二頁参照。

(47) 佐伯有清、前掲注(36)書、四二頁参照。

(48) 佐伯有清、前掲注(36)書、一一六頁参照。

(49) 田中卓、前掲注(40)書、二二四—二二五頁参照。

(50) 田中卓、前掲注(40)書、二二五頁、および二四七頁参照。

(51) 『続日本後紀』（『新訂増補国史大系』）、一九頁。本書には、与

村（邨）弘正の名前を「与廾邨弘正書写焉」と記されているが、このあとの本文でもふれる神宮文庫所蔵の『新撰姓氏録』写本の黒瀬益弘本の奥書には、「𢍁邨弘正」とある（佐伯有清、前掲注(36)書、四〇頁参照）。したがって、神宮文庫所蔵、旧宮崎文庫本の『続日本紀』奥書には、「與」の異体字「㪅」の字の草体「𢍁」とあったものを「与廾」と解釈したものらしい。

(52)　佐伯有清、前掲注(36)書、四〇頁参照。

(53)　佐伯有清、前掲注(36)書、四一頁参照。

(54)　佐伯有清、前掲注(36)書、五二―五三頁参照。なお『新撰姓氏録』の写本には、建武二年系と延文五年系の両系統本を合成した一群の写本があり、この系統本を、かつて「混成本」として類別したが（佐伯有清、前掲注(36)書、六四頁以下参照）、この「混成本」については、本書の第二「新撰姓氏録写本の研究」の二「林読耕斎本の研究」の一二五頁を参照。

二　新撰姓氏録逸文の再検討

1　新撰姓氏録逸文の累積

われわれが手にすることができる『新撰姓氏録』は、原本そのままの内容のものでなく、抄録本であることを、今日疑う者はいない。

それでは『新撰姓氏録』の原本は、どのような体裁のものであり、その内容は、いかなるものであったのか。これらの問題を解明するためには、逸文の蒐集と分析が必要である。

逸文の蒐集と紹介をおこない、現在伝わっている『新撰姓氏録』が抄録本であることを明確にしたのは、伴信友の「多米宿禰本系帳考附新撰姓氏録本編抄本考」(1)が最初であった。それ以後、栗田寛の『新撰姓氏録考證』(2)、和田英松の『国書逸文』(3)、田中卓氏の「新撰姓氏録の基礎研究――原本と抄本とに関する諸問題――」(4)などで逸文の蒐集と紹介とが積みかさねられてきた。なかでも田中卓氏の逸文研究は精緻をきわめ、『新撰姓氏録』の原本の姿と内容とが、どのようなものであったのかを鮮明にされた点において、『新撰姓氏録』の研究を飛躍的におしすすめた画期的なものであったということができる。(5)

2　太子伝玉林抄引用の逸文

最近、谷沢修氏が「姓氏録（校異・拾遺・参考・覚書）」、および「姓氏録（拾遺・参考・覚書）」の二篇の論文を発表されて、いくつかの逸文をあらたに加えられた。(6) とくに注目されるのは、『太子伝玉林抄』巻第十の「推古天皇六年戊午　太子廿七歳」の条に、

㈠橘抄云、新撰姓氏録第一巻、中務卿四品葛多等奉勅撰、橘豊日天皇諡用明云々(7)

㈡新撰姓氏録第一巻、中務卿四品臣葛《萬》多等奉勅撰、橘豊日天皇諡用明云々

㈢姓氏録第二巻云(9)　○

とある三ヵ条を、谷沢修氏が逸文として取りあげられたことである。

これらの逸文のうち㈠、㈡の「新撰姓氏録第一巻」から「奉勅撰」までの文は、谷沢氏も指摘しておられるように、あきらかに『新撰姓氏録』第一巻の巻首の記載であって(10)、原本の各巻首の記載を復元するのに貴重な逸文であるといわなければならない。また㈠、㈡の「橘豊日天皇諡用明」、「橘豊日天皇諡用明」は、現伝抄録本の第一巻、左京皇別の登美真人条に、「出レ自二諡用明皇子。来目王一也。続日本紀合也」とみえ、同じく蜷淵真人条に、「出レ自二諡用明皇子。殖栗王一也」とあり、また右京皇別の當麻真人条に、「用明皇子。麿古王之後也。日本紀合也」とある、そのいずれかの原文の逸文部分であって、現伝抄録本の第一巻、左京皇別のうちでは、「出レ自二諡用明皇子。来目王一也」云々としてみえる登美真人条の逸文である可能性が濃い(11)。

㈢の「姓氏録第二巻云　○」は、右の「新撰姓氏録第一巻」云々の記載に準じていえば、「新撰姓氏録第二巻、中

務卿四品臣萬多等奉勅撰」とあった箇所の部分であって、「〇」のところは、第二巻、左京皇別上の高橋朝臣条の記事の省略記号をしめすものと考えられる。

『太子伝玉林抄』が『新撰姓氏録』第二巻の記事の記載を省略した条は、その前後で聖徳太子の妃膳氏のことに関して、膳臣氏についての諸文献の記事を引用している箇所であるので、左京皇別上の高橋朝臣の本系であったと考えてよい。(12)すなわち高橋朝臣条の現伝抄録本に、

阿倍朝臣同祖。大稲輿命之後也。景行天皇巡二狩東国一。供二献大蛤一。于レ時。天皇喜二其奇美一。賜二姓膳臣一。天渟中原瀛真人天皇諡天武。十二年。改二膳臣一賜二高橋朝臣一。

とあって、この文では、「供二献大蛤一」や「賜二姓膳臣一」の主語が省略されていて不完全なものである。もし『太子伝玉林抄』に、この記事の全文が引用されていれば、現伝抄録本の「景行天皇」のところは、「大足彦忍代別天皇諡景行」となっていたし、また「賜二姓膳臣一」のことにかかわって、膳臣氏の祖の磐鹿六獦命の「供二献大蛤一」伝承が、やや具体的に語られていたはずである。第二巻の高橋朝臣条の原文が『太子伝玉林抄』に引用されなかったのは残念であった。

もっとも『太子伝玉林抄』の記事そのものは、この書の著者訓海（一三八六―一四五七）の手になるものではなく、「姓氏録第二巻云　〇」の前後の記事は、

又同寺勘文ニ云日本記（ママ）第七景行天皇本記（ママ）曰〇

補闕伝序云得二調使膳臣等ノ二家ノ記一文

日本記（ママ）第七景行天皇本記（ママ）云　〇

御井寺法名法林寺流記曰　○

姓氏録第二巻云　○

官秘抄云　大膳職《ヲホカシハテノツカサ》　光禄寺　司膳寺

已上勘文在之間不能書載可見彼文(13)

此是臣家女也。

とあるように、「同寺勘文」「勘文」からの引用であった。「同寺勘文」「勘文」は、「橘寺勘文」「橘抄」などともいう法空の『聖徳太子平氏伝雑勘文』であって、その「勘文」についてみると、「挙二膳太娘一為レ妃事」の条に、

補闕伝序云。得二調使。膳臣等二家記一。文御井寺。法名。法林寺縁起曰。

平伝下巻奥云。舎人近江膳臣清国。能書被レ寵。○賜二大仁位一。文

日本記(ママ)第十九巻云。欽明天皇三十一年五月。遣二膳臣傾子《タカムコヲ》於越一。文

在二平群郡夜麻郷一。

上宮太子起居不レ安。于レ時。太子願二平複(ママ)一。即令二山背大兄王。竝由義王等一。始立二此寺一也。所以高橋朝臣預二寺事一者。膳三穂娘為二太子妃一矣。太子薨後。以レ妃為二檀越一。今此高橋朝臣等。三穂娘之苗裔也。(14)文

とある。この記事を『太子伝玉林抄』所引の「勘文」と比べてみると、かなりの出入りがある。

『太子伝玉林抄』に記載されていて、『聖徳太子平氏伝雑勘文』にない記事は、

(一)「日本記第七景行天皇本記曰○」。

(二)「日本記第七景行天皇本記云　○」。

(三)「姓氏録第二巻云　○」。

(四)「官秘抄云　大膳職　光禄寺　司膳寺」。

である。一方、『聖徳太子平氏伝雑勘文』に記載されていて、『太子伝玉林抄』にない記事は、

(ア)「此是臣家女也」。

(イ)「日本記第十九巻云。欽明天皇三十一年五月。遣二膳臣傾子於越一。文」。

(ウ)「平伝下巻奥云。舎人近江膳臣清国。能書被レ寵。○賜二大仁位一。云」。

(エ)「在二平群郡夜麻郷一」以下の「法林寺縁起曰」の記事。

である。この『聖徳太子平氏伝雑勘文』の(ア)から(ウ)までの記事は、実は『太子伝玉林抄』巻第十の「推古天皇六年戊午太子廿七歳」の条に、「橘抄」と右傍に小書して、

拾遺云私云。膳者《ト》。彼妃姓氏也。凡太子五妃中《ニ》膳《ノ》両妃者。本是臣家《ノ》女也。何可レ云二下賤《ノ》卑女一。芹《せり》採妃。或月輪《ノ》降化等一乎。一向是虚妄不実《ノ》憶説《ナリ》。都不レ足二信用《ニ》一者歟。

と書きおこし、『聖徳太子平氏伝雑勘文』の「挙二膳太娘一為レ妃事」の条に列挙してある(イ)、(ウ)の記事に相当する文——(ア)の記事に相当する語句は、右の「拾遺云」に、「本是臣家女《ノ》也」とある——を、

又同(ウ)伝下巻《ノ》奥云。舎人近江《ノ》膳《ノ》臣清国。能書《ニ》被《ル》レ寵《ヲ》○賜二大仁《ノ》位《ヲ》一。文。……(イ)日本記第十九巻云。欽明天皇卅一年五月《ニ》

遣《ス》二膳《ノ》臣傾子《タカンコヲ》於越一。文

と記している。文頭の「拾遺」は、法空の『上宮太子拾遺記』で、その第三「廿七才。同六年。戊午。」の条文からの引用文である。『太子伝玉林抄』は、すでに(ア)、(イ)、(ウ)に相当する記事を『上宮太子拾遺記』によって掲げたので、「勘文」

の記事は省いたのであろう。

また『聖徳太子平氏伝雑勘文』の(エ)の「上宮太子起居不レ安。于レ時。太子願二平複(ママ)一」云々の記事は、『太子伝玉林抄』では巻第十三「法林寺事」条に、「目録抄云」、すなわち『古今目録抄』(『聖徳太子伝私記』)に「云わく」として同書の「法林寺事」条に記載されているものの全文引用のなかに、

上宮太子起居不レ安。于レ時。太子願二平複(ママ)一。即令《シテ》二男山背大王一。并由義王等一。始立二此寺一也。所以高橋朝臣預二寺事一者。膳《ノ》三穂娘《ヲ》為二太子妃一矣。太子薨後。以レ妃為(ママ)二檀越一。今斯高橋朝臣等《ハ》三穂娘之苗裔也。(15)

とみえる。『太子伝玉林抄』が「拾遺云」の右傍に「橘抄」とあるのは、「拾遺」、すなわち『上宮太子拾遺記』の記事が引用されている「橘抄」、すなわち『聖徳太子平氏伝雑勘文』から引用したことを意味する注記ではなく、「橘抄」にも部分的に相当する記事が、「挙二膳太娘一為レ妃事」条にあることをしめすための注記であろう。

3　抄本としての聖徳太子平氏伝雑勘文

『太子伝玉林抄』巻第十の「推古天皇六年戊午　太子廿七歳」条に、「已上勘文在レ之間不レ能二書載一可レ見二彼文一」と明記されているにもかかわらず、『聖徳太子平氏伝雑勘文』には、さきに掲げた『太子伝玉林抄』の(一)から(四)までの記事が記載されていないのは、なぜなのであろうか。その理由は、現に伝わっている『聖徳太子平氏伝雑勘文』が原本のままのものではなく、抄録本であるからであろう。(16)

現に、『太子伝玉林抄』の「已上勘文在レ之間不レ能二書載一可レ見二彼文一」につづいて記載されている「膳姓　高橋姓事」の条に引用されている『新撰姓氏録』の逸文も、「已上勘文引之」とあるのに、『聖徳太子平氏伝雑勘文』には、

左に掲げる逸文は見あたらない。

姓氏録第八巻云。高橋朝臣本系。

阿倍朝臣同祖。大彦命之後也。孫磐鹿六獦命。大足彦忍代別天皇諡景行。御世。賜姓膳臣。十世之孫。小錦上国益。天渟中原瀛真人天皇諡天武。御世。改高橋朝臣姓。三世孫。五百足男。従八位上犬養。次鷹養。裔孫。従五位上祖麻呂。従七位下石畠等也。[17]

さらに『太子伝玉林抄』巻第十に、「橘勘文伝」とあって、『聖徳太子平氏伝雑勘文』にはみえない記事をあげるならば、以下にあげるようなものがある。

橘勘文云。貢一烏駒四脚白者。[18]

とある記事は、『聖徳太子平氏伝雑勘文』上三の「命左右求善馬事」の条に当然あるべきなのに見あたらない。

また『太子伝玉林抄』巻第十一に、

橘勘文云。彼経者二三紙歟。具云仏説安宅神咒経。仏住給孤独薗。千二百五十阿羅漢○等文。[19]

とある記事は、『聖徳太子伝暦』上巻、推古天皇十一年春二月条を勘案すれば、『聖徳太子平氏伝雑勘文』下一の「絵于旗幟事」条の前になければならないけれども、『仏説安宅神咒経』にかかわる記載は、それにはない。

このような例は他にも指摘できるが、[20]いずれにしても『太子伝玉林抄』が引用する『聖徳太子平氏伝雑勘文』は、現伝の「勘文」とは異なって、さらに記事が豊富なものであったということができる。したがって、前掲した『太子伝玉林抄』が引いている「勘文」記事は、『聖徳太子平氏伝雑勘文』の抄録以前の原本によるものと考えなければならない。

そういえば、「橘抄云」として引用した「新撰姓氏録第一巻」云々の記事も、『聖徳太子平氏伝雑勘文』上一の「豊日尊事条」のところにあってしかるべきであるが、そこには、単に「日本記第一巻云。至貴曰レ尊。自余曰レ命。竝訓二美挙等一也。文」とあるのみである。

4　高橋朝臣本系の原文の推定

さて「已上勘文在レ之間不レ能二書載一可レ見二彼文一」とあるにもかかわらず「勘文」には記載されていない㈠から㈣までの記事（四三～四四頁参照）のうち㈢の「姓氏録第二巻云　〇」は、前述したように左京皇別上の高橋朝臣の本系原文が「勘文」に記載されていたのを省略したものであるが、㈠と㈡の「日本記景行天皇本紀」云々と『日本書紀』景行天皇紀のことが重ねて記されているのを、どのように解したらよいか。『高橋氏文』に、

掛畏巻向日代宮御宇。大足彦忍代別天皇。五十三年癸亥八月。詔二群卿一曰。朕顧二愛子一。何日止乎。欲レ巡二狩小碓王〈又名倭武王〉。所レ平之国一。是月。行二幸於伊勢一。転入二東国一。

とあって、『日本書紀』景行天皇五十三年八月条に相当する記事を掲げていることによれば、おそらく㈠の景行天皇紀には、同天皇五十三年八月丁卯朔、および是月条の記事が記載されており、また㈡の同紀には、同年十月条の「至二上総国一。従二海路一渡二淡水門一。是時。聞二覚賀鳥之声一。欲レ見二其鳥形一。尋而出二海中一。仍得二白蛤一。於是。膳臣遠祖磐鹿六鴈。以レ蒲為二手繦一。白蛤為レ膾而進之。故美二六鴈臣之功一。而賜二膳大伴部一」という記事があったものと考えられる。

そして㈣の「官秘抄云[21]」のもとに「大膳職」のことを、とくに記しているのに注意してみると、㈢の「姓氏録第二

巻云　○」以下の省略部分には、左京皇別上の高橋朝臣の本系原本の膳臣の氏姓を賜わったことをはじめ、大膳職の前身である膳職に属する伴造や膳部になったこと、また大膳職膳部や内膳奉膳などに任じられた後孫の人名のことも、あわせて記載されていたと推測できるのである。

5　阿刀宿禰条の逸文

ここに貴重な逸文が断片的なものであるにせよ、あらたに発見されたことは、飯田瑞穂氏の詳密な解説を付した法隆寺蔵、尊英本『太子伝玉林抄』の影印本が刊行され、研究者がその原典利用に多大の便宜を得ることになったところが大きかったのである。

私も影印本の『太子伝玉林抄』を手にしたとき、谷沢氏が追加された逸文が、『新撰姓氏録』の原本復元に貴重なものであることに気づいていた。それと同時に、これまで知られていた『太子伝玉林抄』に引用されている『新撰姓氏録』の逸文について、新しい知見を得たのである。周知のように、『太子伝玉林抄』には、さきに掲げた第八巻の高橋朝臣条の逸文のほか、第十二巻の大伴宿禰条の逸文といわれているものとが引用されている。

これらの逸文を、はじめて世に紹介した栗田寛は、その著『新撰姓氏録考證』において、第十二巻の大伴宿禰条の逸文とされているものについて、

太子伝玉林抄四巻に、新撰姓氏録第十一巻云、金村連《ノ》、是大和《ノ》国城上《ノ》郡椿市村《ノ》阿部《（ママ）ノ》等祖也、とあれど、今本に此事なきは抄本の第一証なり。(22)

と述べ、「古本と今本と大に詳略あること」(23)の第一証としたのである。ついで栗田寛は、この逸文について次のよう

に論じている。

今按に、今本姓氏録第十一巻には、大伴氏の事見えずして、十二巻に大伴宿禰、佐伯宿禰、大伴連、榎本連、神松造と連ね挙けたり、金村連は大伴氏の族なれは、此氏々の条内にありし文なるべし、さらば本文の十一は十二の誤なるべし。(24)

この栗田寛の「今按」で注意してよいのは、『新撰姓氏録』の第十一巻は十二巻の誤りとしたが、第十二巻にあげられている大伴宿禰の条の逸文と限定しているのではなく、大伴宿禰をはじめ佐伯宿禰、大伴連、榎本連、神松造の「氏々の条内にありし文なるべし」と範囲をひろく取っていることである。

また田中卓氏は、『日本思想家史伝全集』第一巻所収の『太子伝玉林抄』巻第四によって、

新撰姓氏録第十一巻云、金村連、是大和国城上郡椿市村、阿部連等祖也、云。(25)

という逸文を引用し、

金村連に関する記事は現行抄本に全然見えないのであり、推定すれば、之は大伴氏の一族であるとの理由から、抄本巻十二左京神別中の「大伴宿禰」の条の逸文と考へるのが妥当であらう。……逸文に「第十一巻云」とあるが、之は「第十二巻」の誤写と思はれる。(26)

と指摘し、この逸文を第十二巻、左京神別中の大伴宿禰条のものとされたのである。

ところが、前記した影印本の『太子伝玉林抄』で、この逸文をあらためて検討してみると、

新撰姓氏録第十一巻云、金村連、是大和国城上郡椿市村、阿刀連等祖也、文。(27)

とあって、これまで「阿部連」と読まれてきた氏姓名が、「阿刀連」であることに気づいたのである。左に掲げた影

印本の写真にみられるように、「阿刀連」（二行目十一字以下）の「刀」の字は、「ア」とあって、確かに「部」の字の略体字である「ア」に近似しており、「阿部連」と読まれてきたのは、当然のことであった。

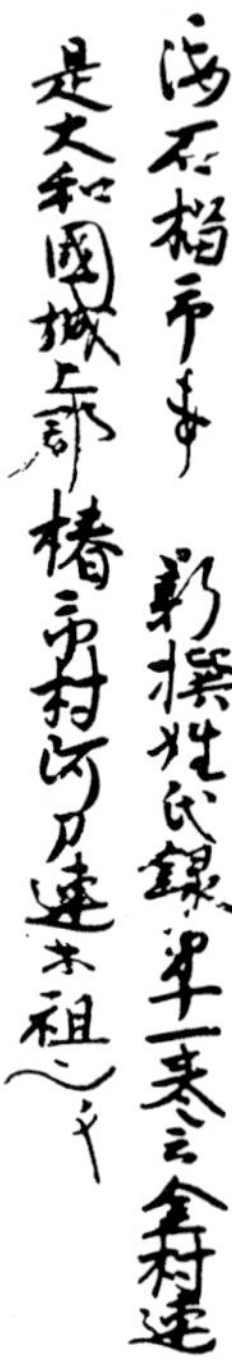
海石榴市事　新撰姓氏録第十一巻云金村連
是大和国城上郡椿市村阿刀連等祖

しかし、素直に読むかぎり「阿部連」ではなく、「阿刀連」である。他にその氏姓名のところを「阿刀連」と読んでいる文献はないものかと調べてみたところ、はたして『大日本仏教全書』聖徳太子伝叢書に収められている法空撰の『上宮太子拾遺記』第二、裏書に、

海石榴市事。新撰姓氏録[傍]第十一巻云。金村連。是大和国城上郡椿市村。阿刀連等祖也。文[28]

とあった。ここでは、ただしく「阿刀連」と読まれていたのである。

この逸文にみえる「阿部連」とこれまで読まれてきたのが誤りであり、まさしく「阿刀連」と原本にあったのであれば、「新撰姓氏録第十一巻云」の「第十一巻」が、これまで指摘されてきていたように「第十二巻」の誤写ではなく、また大伴宿禰条などの逸文でもないことになる。まぎれもなく現行抄録本の第十一巻、左京神別上には、阿刀宿禰の条がある。

6　金村連という人物への誤解

いままでこの逸文が大伴宿禰条にかかわる逸文であり、「第十一巻」が、「第十二巻」の誤写であるとされてきたのは、逸文のなかに「金村連」の人名がみえることにもとづいていた。「金村連」といえば、すぐさま武烈から宣化朝にかけての大連として活躍し、『日本書紀』欽明天皇元年九月己卯条に、「大伴大連金村。居二住吉宅一。称レ疾不レ朝」とあるように、この時点で政界を退いた著名な人物と結びつけ、彼と此とを同一人物と速断したためである。同名別人がいても不思議ではないから、この逸文の「金村連」は、大伴金村連とは別人であって、記述されているとおり「阿刀連」の祖先で、物部氏の一族中の人物とみるべきである。かつ逸文に冠せられている「第十一巻」は、けっして誤写ではなく、この逸文こそ阿刀宿禰条の貴重な逸文としなければならない。

したがって太田亮が『姓氏家系辞書』の「阿倍氏大和【大伴氏族】」の項で、「太子伝玉林抄、第四巻引用新撰姓氏録第十一巻云、金村連、是(ママ)大和城上郡椿市村阿倍(ママ)等祖也、と見ゆ(29)」とし、また『姓氏家系大辞典』の「阿倍　アベ」15の項で、「大伴氏流　太子伝玉林抄第四巻に『新撰姓氏録第十一巻云、金村連は、是れ大和城上(ママ)郡椿市村阿倍等祖(ママ)也、』と見ゆ、他に所見なし(30)」とした記述は削除を要することになる。

7　阿刀連氏と椿市村

現行の抄録本『新撰姓氏録』第十一巻の阿刀宿禰条には、わずかに「石上同祖」とあるだけである。第十六巻、山城国神別にも阿刀宿禰が登載されているが、その条には、「石上朝臣同祖。饒速日命孫。味饒田命之後也」とある。原本における第十一巻の阿刀宿禰条の書きだしは、第十六巻のそれと同様に、「三体」のうちの「同祖之後」の形でもって、「石上朝臣同祖。饒速日命孫。味饒田命之後也」とあったであろう。饒速日命の孫味饒田命の後裔であるという阿刀連については、『先代旧事本紀』天孫本紀に、「(饒速日命)孫味饒田命。阿刀連等祖」とあり、また石上朝臣については、同紀に、「(饒速日命)十七世孫。物部連公麻侶。馬古連公之子。此連公。浄御原朝〔天武〕御世。天下萬姓改定㆓八色㆒之日。改㆓連公㆒賜㆓物部朝臣姓㆒。同朝御世。改賜㆓石上朝臣姓㆒」とあって、阿刀連、のちの阿刀宿禰氏は物部連氏の直系石上朝臣氏の同族で、物部系の氏族であった。

そうした系譜伝承をもつ阿刀連氏、のちの阿刀宿禰氏が、かつて大和国城上郡椿市村(奈良県桜井市金屋)に本拠をもっていたのは、注目に値する。椿市村は、古代における市として知られている海石榴市のあった地である。[31]問題にしている「新撰姓氏録第十一巻云」の逸文も、『太子伝玉林抄』、および『上宮太子拾遺記』第二の裏書では、いずれも「海石榴市事」のもとに記載されている。

右に物部氏の同族であるという阿刀連氏が椿市(海石榴市)村に居住していたことが注目されると述べたのは、海石榴市のことがみえる『日本書紀』武烈天皇即位前紀の次のような伝承にかかわってのことである。

太子(武烈天皇)思㆑欲㆑聘㆓物部麁鹿火大連女影媛㆒。遣㆓媒人㆒。向㆓影媛宅㆒期㆑会。影媛曾奸㆓(平群)真鳥大臣男鮪㆒。鮪。此云㆓茲寐㆒。恐㆑違㆓太子所㆑期。報曰。妾望。奉㆑待㆓海柘榴市巷㆒。由㆑是。太子欲㆑往㆓期処㆒。(下略)

ここでの話は、武烈天皇が皇太子のとき、物部麁鹿火の女、影媛を娶ろうとして、仲人を影媛の家に遣わし、会うことを約束させた。ところが影媛は、かつて平群真鳥の男、鮪に犯されたことがあったが、太子との期待に背くことを心配しつつ海石(柘)榴市の巷で待っていると返事したので、太子は約束の場所に出かけようとしたという場面の箇所である。いまこの物語が『古事記』清寧天皇段にみえる歌垣の場での平群臣の祖、志毗臣と菟田首らの女、大魚とのあいだをめぐる伝承を改作したものであるといわれている[32]ことは問わないとして、とくに注目してよいのは、物部麁鹿火の女、影媛が太子と会う約束の場所として指定したのが、他ならぬ海石(柘)榴市の巷であったことである。

物部影媛が海石榴市の巷と会う場所を指定したのは、『万葉集』巻第十二に、

海石榴市の八十《やそ》の衢《ちまた》に立ち平《なら》し結びし紐を解かまく惜しも（二九五一）

紫は灰さすものぞ海石榴市の八十の衢に逢へる児や誰（三一〇一）

とあるように、海石榴市が歌垣がおこなわれる場所でもあったのである。

確かに太子と会うため影媛が約束した場所である海石榴市の「巷に集う人々」を『日本書紀』の物語でも、「歌場衆《うたがきのひとなか》」と表現している。したがって海石榴市が歌垣の場であったから、影媛が、その「巷」で待つと答えたのは物語の筋からして当然であるが、しかし実は物部麁鹿火の女、影媛の「宅」が海石榴市の地にあったので、その地の「巷」を会う場所にしたのであるとみることもできるであろう。物部氏の同族である阿刀連氏が椿市（海石榴市）村に居住していたことが、『新撰姓氏録』左京神別上の阿刀宿禰の条の逸文によって確実となったいま、物部影媛が海石（柘）榴市の巷で太子と会う約束をしたのは、けっして偶然のこととは思われない。

『日本書紀』敏達天皇十四年三月丙戌条に記されている仏教禁断にかかわって、物部弓削守屋大連が、佐伯造御室を遣わし、蘇我馬子宿禰が、ねんごろに持てなしていた善信らの尼たちの法衣をはぎとり、身体を縛って、海石榴市の亭《うまやたち》で鞭うったのも、物部氏と海石榴市の地との関係の深かったことを示唆している。

物語にみえる「影媛宅」というのは、父の物部麁鹿火の「宅」ではなく、おそらく母方の「宅」であって、影媛の母は、椿市村の阿刀連の一族であったという臆測も可能であろう。『新撰姓氏録』逸文一条の再検討は、このような問題にまで達することができることになった。

注

(1) 伴信友「多米宿禰本系帳考附新撰姓氏録本編抄本考」(『伴信友全集』第四)、三〇八—三一一頁参照。

(2) 栗田寛『新撰姓氏録考證』上、五〇—五七頁参照。

(3) 和田英松「姓氏録」(『国書逸文』)、二四六—二四九頁、および国書逸文研究会編『新訂増補国書逸文』、二四六—二四九頁参照。

(4) 田中卓「新撰姓氏録の基礎研究——原本と抄本とに関する諸問題——」(『大阪社会事業短期大学研究紀要』Ⅱ)、九二—九五頁、および同『新撰姓氏録の研究』、三五—三八頁参照。

(5) 田中卓、前掲注(4)論文、一〇一頁以下、および前掲注(4)書、四六—六一頁参照。

(6) 谷沢修「姓氏録(校異・拾遺・参考・覚書)」(『国書逸文研究』創刊号)、六八頁、および同「姓氏録(拾遺・参考・覚書)」(『国書逸文研究』第二号)、七七頁参照。

(7) 法隆寺編『法隆寺蔵尊英本太子伝玉林抄』上巻、巻第一、一冊三四ウ、七〇頁。

(8) 法隆寺編、前掲注(7)書、巻第四、四冊三四ウ、三三〇頁。

(9) 法隆寺編『法隆寺蔵尊英本太子伝玉林抄』中巻、巻第十、九冊二ウ、一四六頁。

(10) 谷沢修、前掲注(6)創刊号論文、七一頁参照。

(11) 佐伯有清『新撰姓氏録の研究』考證篇第一、七—八頁参照。

(12) 谷沢修、前掲注(10)論文では、「省略された本文をその巻数から考えるならば、そこには恐らく膳大伴部条か高橋朝臣条本文が引かれていた可能性が考えられるが、巻数のみでは如何ともしがたい」(七一頁)としている。

(13) 法隆寺編、前掲注(9)書、巻第十、九冊二オ、一四五—九冊ウ、一四六頁。

(14) 仏書刊行会編『大日本仏教全書』聖徳太子伝叢書、一九六頁。

(15) 仏書刊行会編、前掲注(14)書、一一六頁。

(16) 田中卓、前掲注(4)論文、一〇一頁、および前掲注(4)書、四六頁に、現行の『聖徳太子平氏伝雑勘文』が抄本であることの指摘がある。

(17) 法隆寺編、前掲注(9)書、巻第十、九冊二ウ、一四六—九冊三オ、一四七頁。

(18) 法隆寺編、前掲注(9)書、巻第十、九冊七ウ、一五六頁。

(19) 法隆寺編、前掲注(9)書、巻第十一、十冊一〇オ、二二九頁。
(20) 法隆寺編、前掲注(7)書、巻第六、「崇峻天皇元年戊申太子十七歳」条に、「橘寺勘文云。玉篇云。眸《ハ》莫候反。目瞳子也。瞳目珠子也」（六冊一〇ウ、四三六頁）とある「勘文」からの引用文、および前掲注(9)書、巻第九、「推古天皇五年丁巳　太子廿六歳」条に、「橘寺勘文裏書云。領客者コウロカンノ唐土《ノ》人《ニ》対面《スル》人也云々」（八冊二九ウ、一三二頁）とある「裏書」記事も、現行の『聖徳太子平氏伝雑勘文』には記載されていない。
(21) 『官秘抄』という有職故実書は、今日、逸書となっているが、「大膳職」のもとに唐名の「光禄寺」と、唐の則天武后光宅元年（六八四）、光禄寺を改名した「司膳寺」とがあげられているのは、北畠親房の『職原鈔』上に「大膳職唐名大官署」、あるいは二条良基の『百寮訓要抄』に「大膳職大官署」とあるのと違って、『官秘抄』成立の古さを物語っている。大膳職の唐名「大官署」は、明、清代になって呼称された官司名である。
(22) 栗田寛、前掲注(2)書、五〇—五一頁。
(23) 栗田寛、前掲注(2)書、五〇頁。
(24) 栗田寛、前掲注(2)書、五一頁。
(25) 訓海撰『太子伝玉林抄』（岩橋遵成、補永茂助、鷲尾順敬、藤原猶雪、佐伯有義編『日本思想家史伝全集』第一巻）、一二二頁。
(26) 田中卓、前掲注(4)論文、一〇五頁、および前掲注(4)書、五一頁。なお田中氏は、「新注」として、「後に佐伯有清氏の指摘により「阿部連」は、「阿刀連」の誤植であることが判明した」（四二頁）と記されている。
(27) 法隆寺編、前掲注(7)書、巻第四、四冊二八ウ、三〇八頁。
(28) 仏書刊行会編、前掲注(14)書、三〇六頁。なお飯田瑞穂「松下見林旧蔵の『新撰姓氏録』写本」（『神道大系月報』15）で、「附」として、「近時、玉林抄尊英本によつて、文中の「阿部連」が「阿刀連」の誤りであることが、佐伯博士によつて指摘された。ところで、実は、玉林抄は、この文を『上宮太子拾遺記』から孫引きしたものと思はれ、拾遺記第二、裏書（仏教全書本六〇ページ。書陵部架蔵写本にも異同無し）には、「海石榴市事、新撰姓氏録第十一巻云、金村連、是大和国城上郡椿市村、阿刀連等祖也文」と、すでに正しく「阿刀連」とあつたのである」（一二頁）と付記している。飯田氏のこの付記は、佐伯有清「原典での発見」(『朝日新聞』昭和五十四年十一月三十日付夕刊、および法隆寺編、飯田瑞穂解説『法隆寺蔵尊英本太子伝玉林抄』上・中・下巻三冊のパンフレット)を読まれて記述されたものである。なお飯田氏の「松下見林旧蔵の『新撰姓氏録』写本」が掲載されている『神道大系月報』15には、佐伯有清「新撰姓氏録逸文の再検討」と題する小論も載っており、そこでは、すでに法空撰の『上宮太子拾遺記』第二、裏書にも『新撰姓氏録』の第十一巻逸文が記載され、「阿刀連等祖也」と明記されていることに気づき指摘しておいた。飯田氏の高論と同時掲載の小論に同様の指摘が偶然なされたのである。近時、刊行された『古代史籍の研究』下(『飯田瑞穂著作集』4)に、「松下見林旧蔵の『新撰姓氏録』写本」も再録されている(二九八—三〇三頁)。

(29) 太田亮『姓氏家系辞書』、七三頁。

(30) 太田亮『姓氏家系大辞典』第一巻、一七六頁。

(31) 大和国城上郡椿市村、および海石榴市の地は、奈良県桜井市金屋に比定するのが通説であるが、前田晴人『日本古代の道と衢』では、海石榴市衢を桜井市慈恩寺(旧追分)の旧街道の交会点辺りと考えている(一八頁)。

(32) 津田左右吉『日本古典の研究』下に、「武烈紀の影媛の歌垣の物語が、古事記の菟田大魚の話から転化したもの」(五〇頁)、「武烈紀の影媛の物語の如く、古事記の話を改作したもの」(六四頁)とある。

第二　新撰姓氏録写本の研究

一　菊亭文庫本の研究

1　田中卓氏の菊亭文庫本研究

かねて永禄四年（一五六一）に校合したという『新撰姓氏録』の写本が京都大学附属図書館に所蔵されていることに注目していた。それは現存している同書の写本では、もっとも古い校合時の年紀があることによるものであった。

そこで昭和五十七年（一九八二）秋、京都産業大学の井上満郎氏に同写本の調査を仰いだ。井上氏は、その『新撰姓氏録』写本を詳細に調べられ、それが大正十年（一九二一）十月、および同十二年（一九二三）十二月に、侯爵の菊亭公長氏より京都帝国大学附属図書館に寄託された図書のなかの一冊であること、そしてそれにかかわる寄託文書の内容の全文写しを示され、加えて写本の写真を、同図書館文献複写室に依頼されて、八十六葉の複写写本を私に寄せられたのであった。

早速、私は井上満郎氏が調査された写本の形状についての報告、および写本の写真によって、その写本を菊亭文庫本と名づけて、『新撰姓氏録の研究』考證篇第六の口絵として同写本の写真十六葉を掲げ、また付論「新撰姓氏録研究補遺」の一「新撰姓氏録の写本」に、「菊亭文庫本」「菊亭文庫本と菊亭文庫」などの節をもうけて、建武二年系の写本に属する当本が、他の同系写本と比べて誤字、脱字が少なく、本写本が建武二年系の写本ではもっとも古いものの一つであり、かつ良質で貴重なものであるとしたのである。[1]

ところで昭和二十年代に「新撰姓氏録撰述の次第」「日本紀弘仁講書と新撰姓氏録の撰述」「新撰姓氏録の基礎研究」など、『新撰姓氏録』関係のすぐれた論文をあいついで発表され、『新撰姓氏録』の基礎的研究の指針を私にあたえてくださった田中卓氏は、平成六年（一九九四）五月以来、京都大学附属図書館所蔵の菊亭文庫本の『新撰姓氏録』写本に注目され、同写本の写真版をもとに詳密な書誌と校訂とを完成されたのである。[2]

田中氏が写真によって判断した菊亭文庫本（田中氏は、菊亭本と呼称している）の書誌は、次のようである。

袋綴一冊。第一丁オモテの右下に「菊亭家蔵書」の長方形の印記あり。本文は八十三丁、一面六行。内、上表（三丁。その第三紙のウラに「左伝」云々の九行異筆の書込あり。）・序（第四紙より六丁オモテまで。）は一行十四字〜二十二字（平均十八字）詰。第九紙ウラの前半は白紙、中程に「新撰姓氏録抄」と記し、次行に「第一帙」、その次行に「右京皇別《ママ》」と続く。標目の氏姓（大字長行）の下の記事は小字で二行割書。記事の長い場合は小字を長行一段で書くが、大抵は二段に分けて記す。[3]

右の書誌中、「右京皇別」は、「左京皇別」の誤植であるが、田中氏は、菊亭文庫本の書誌を正確に記述されている。そして「本文の末尾（第八十三紙オモテ）に四行、裏表紙の見返し右下に一行、次の奥書がある」[4]と述べて、奥書各行の上欄に数字をカッコ内に示し、次のごとくに同写本の奥書を掲げられた。

（1）　已上冊一氏

（2）　　　　兼治

（3）　以二吉田内（ママ）府御本一重校合了（ママ）両方点付之

（4）　建武二年捌月七日　判

……………………

（5）　永禄四年六月七日校合了（ママ）(5)

田中氏が掲げられた菊亭文庫本の奥書は、右のごとくであるが、（3）の「吉田内府御本」は、「吉田前内府御本」が正しく、「内府」の上の「前」の字を逸している。これは校正のさいにおける単なる見落としであることは、田中氏は右の奥書の説明で、「吉田前内府御本」と述べ、また「新校・新撰姓氏録」の「菊亭本奥書」に、「以二吉田前内府御本一」云々と記していることによってわかる。(6)

田中卓氏が、この奥書でまず注目されたのは、（5）の「永禄四年六月七日校合了」とある校合の年時であり、その筆蹟が永禄四年（一五六一）のものとみて間違いないと判断できるとしている。次に標目の氏姓につけられている仮名が、「セ」（サ）・「爪」（ス）・「ア」（ミ）・「禾」（ワ）などと書かれていることは、永禄当時、またはそれ以前の古体とみてよいであろうとする。さらに（3）（4）の奥書によって、菊亭文庫本も「建武系本」であることを確認したうえで、田中氏は、（4）の奥書に「判」とのみ記されている人物を、かつて奥書（2）に記載の「兼治」とみなしてきたのを、私の推定説にしたがって小槻匡遠であった可能性が高いとされた。(7)

田中氏の菊亭文庫本奥書の研究で、もっとも注目されるのは、（2）の「兼治」の名のもとに「判」の字のないことに気付かれて、従来知られている「建武系本」には、すべて「兼治判」とあるのとは異なり、ただ「兼治」とだけ記していることの意義を究明されようとした点である。

田中氏は、他の「建武系本」とは違って、「兼治」とだけ記しているのは、「兼治」の自署とみてよいのではないかという瞠目すべき見解をだされたのである。つまり菊亭文庫本は、小槻兼治（？—一四一八）の自署本であると推定し、たとえそうでなくても、「この写本が吉野時代の末から室町時代の初期にかけての古写本であることは動かないであらう」[8]と述べ、「既知の全ての姓氏録写本の中で、近世以前に遡る、唯一最高の古写本なのである」[9]と、きわめて高い評価を菊亭文庫本にあたえられたのである。

私が菊亭文庫本について公表したのは、昭和五十八年（一九八三）八月[10]であったから、田中卓氏が右の高説を成稿された平成七年（一九九五）九月[11]まで十二年にして、「建武系本」の最古の写本である菊亭文庫本が再検討され、『新撰姓氏録』の写本研究は新しい段階に入ったのである。

なお田中卓氏の『新撰姓氏録』写本の新しい研究は、「姓氏録、延良本の出現と菊亭本の意義」と題する論考においてなされているように、菊亭文庫本の研究ばかりでなく、和歌山大学附属図書館所蔵の度会延良（延佳、一六一五—一六九〇）が正保五年（一六四八）閏正月二十七日に書写した本、田中氏が名づける「度会延良本」の研究も、あわせおこなわれている。[12]しかし、この本についての田中氏の考察については、当写本が建武二年系本ではなく、延文五年系本であるため、ここでは触れないでおく。ただ、かつて私が『新撰姓氏録』写本の校訂にあたって底本とした慶安二年（一六四九）九月書写の御巫清直本[13]よりも、田中氏が取りあげた度会延良本は、御巫清直本を遡ること一年八ヵ月前の正保五年（一六四八）閏正月二十七日に書写された延文五年系本で書写年代の知られる最も古い写本であることだけに注目しておきたい。

2　建武二年系の二つの写本

私は『新撰姓氏録』の写本の研究をおこなったさいに、「現存すると考えられる写本、また所在があきらかではあるが披見できなかった写本[14]」、すなわち㈠黒川眞頼本、㈡植木直一郎所蔵本、㈢佐佐木信綱所蔵本、㈣武田祐吉所蔵甲本、㈤武田祐吉所蔵乙本、㈥前田家甲本、㈦前田家乙本のうち、その後、披見できた写本は、尊経閣文庫所蔵の㈥、㈦の両写本であった。この両写本の書誌と内容については、すでに発表しておいた。[15]

また㈣武田祐吉所蔵甲本と㈤武田祐吉所蔵乙本については、故武田祐吉博士の御遺族に閲覧を依頼したが、「御申越しの本見当りませぬ」ということであった。[16] それ以後も、この両写本について気に懸けていたが、たまたま昭和六十年（一九八五）十二月に刊行された『國學院大學図書館蔵武田祐吉博士旧蔵善本解題』を繙いていて、「故武田祐吉教授寄贈図書目録」のなかに、私が年来、心のなかに留めていた㈣武田祐吉所蔵甲本と㈤同乙本とが著録されていることが目に入った。その寄贈目録には、

288・1　6
新撰姓氏録抄
写　54丁　30糎　帙入　和
有不為斎旧蔵手沢本
288・1　10
新撰姓氏録

写〔寛政五（一七九三）以後〕　58丁　29糎　和

288・1　11

新撰姓氏録

写　98丁　27糎　帙入　和

林読耕斎旧蔵　有不為斎手沢本

とある(17)。

ここにあげられている「288・1　6」の有不為斎旧蔵手沢本は、私のいう㈤武田祐吉所蔵乙本に相当する。この写本について武田祐吉博士は、柿本朝臣の本系前後の写真を掲載して、その説明として、「新撰姓氏録抄有不為斎旧蔵本　写一冊／新撰姓氏録抄文明七年左大史小槻宿禰奥書本の一写本である。図は、第七巻大和国神別の一部分、柿本朝臣の条附近である。先師有不為斎先生旧蔵。現、家蔵(18)」と述べている。この写本は、建武二年系本である。

また「288・1　11」の林読耕斎旧蔵　有不為斎手沢本」は、㈣武田祐吉所蔵甲本にあたる写本である。武田博士は、この写本について、「新撰姓氏録抄読耕斎旧蔵本　写一冊／新撰姓氏餘（ママ）抄延文五年神祇大副兼豊奥書本の一写本でちる（ママ）。図は、第七巻大和国神別の一部分、柿下朝臣の条附近である。読耕斎旧蔵。先師有不為斎先生旧蔵。現、家蔵(19)」と記している。この写本は、武田博士の解説からあきらかなように、延文五年系本である。

国学院大学図書館での分類記号「288・1　10」の『新撰姓氏録』写本を除く二部の写本は、いずれも武田博士の記す「先師有不為斎先生旧蔵」のものである。

有不為斎は、伊藤介夫（一八三三―一九二二）であり、貴重な古唐本や和刻本をはじめ、数万点におよぶ蔵書を所蔵した名立たる人物であった。有不為斎の没後の昭和十四年（一九三九）六月十二日、十三日、その蔵書の売立まえの入札がおこなわれるのに備えて作成された『有不為斎文庫善本入札目録』の第四「古文書、古写本類之部」の三五八番には、「新撰姓氏録抄　写一冊／古写本」(20)と記載されている。武田博士の有不為斎旧蔵の写本は、この入札売立会のさいに入手されたものと思われる。

ところで入札目録に登載されている「新撰姓氏録抄　写一冊／古写本」は、㈣武田祐吉所蔵甲本なのか、あるいは㈤武田祐吉所蔵乙本なのか、そのいずれに該当するものなのであろうか。

右の引用した武田祐吉博士のかつて所蔵されていた写本の説明文では、㈣の甲本、㈤の乙本ともに「新撰姓氏録抄」としている。(21)ところが、「故武田祐吉教授寄贈図書目録」では、分類記号の「２８８・１　６」の写本のみ「新撰姓氏録抄」の書名を掲げ、「２８８・１　１１」のほうは、「新撰姓氏録」としている。(22)

これによれば、「新撰姓氏録抄」と題する分類記号「２８８・１　６」の写本が、入札目録に記載されている「新撰姓氏録抄」であるように思われる。しかし、分類記号「２８８・１　６」の「有不為斎旧蔵手沢本」の表紙外題には、単に「新撰姓氏録」とあるので、入札目録に登載の「新撰姓氏録抄」とは、別の写本である可能性が高い。入札目録には、「古写本」とあるから、むしろ分類記号「２８８・１・　１１」の写本ではなかろうか。

分類記号「２８８・１　１１」の写本は、私のいう㈣武田祐吉所蔵甲本である「林読耕斎旧蔵　有不為斎手沢本」である。

林読耕斎（一六二四—一六六一）は、林羅山（一五八三—一六五七）の四男であって、名は守勝、のちに靖と称する。寛永十一年（一六三四）十一月、父羅山のいる江戸に移り、同十六年（一六三九）、父から読耕斎の号を授けられた。同十八年（一六四一）、父に代って『豊臣秀吉譜』を、また翌年、『中朝帝王譜』の晋朝から明朝までの項の撰修にあたった。そのほか『異国往来書』『本朝遯史』など著作が多数ある。正保四年（一六四七）の春、父羅山から蔵書七百余部を分けあたえられた。[23]

正保元年（一六四四）の春から編修がはじまった『本朝編年録』の文武天皇から桓武天皇朝までを読耕斎は、分担執筆している。読耕斎は、日本古代史にも精通していたのであって、『新撰姓氏録』の写本を所蔵していたことも納得できる。あるいは、この写本は、父羅山の蔵書を分与された七百余部のなかにふくまれていたものであろうか。

この「林読耕斎旧蔵　有不為斎手沢本」は、単に、「此條〻延文五年庚子七月以他本書加之／神秪《ママ》大副兼豊判」という奥書があるように延文五年系の一本である。同じく延文五年系の諸本の奥書には、右の記載につづいて、「右之一帖者以卜部家之正本書写畢」と記されているものが多いが、岩瀬文庫本、井上頼圀本などの数本は、「此條〻延文五年庚子七月以他本書加之　神祇大副兼豊判」とあって「林読耕斎旧蔵　有不為斎手沢本」の奥書と同様である。

ただし、延文五年系本には、「新撰姓氏録序」の全文の記載が漏れているという特徴がある。ところが「林読耕斎旧蔵　有不為斎手沢本」には、「新撰姓氏録序」が弘仁六年（八一五）七月二十日付の「（上）新撰姓氏録表」につづいて記載されているので、純然たる延文五年系本とはいえない。かつて延文五年系本、ならびに建武二年系本とは別に、「混成本」という写本の存在を指摘したことがある。「混成本」とは、「延文五年系本を底本としながらも、けっしてその一異本とみなすことができないこと、すなわち建武二年系本との異同を単に傍注によって示すにとどまらず、建武二年系本の特殊な誤字が、そのまま……諸本の本文語句中に混在していること」[24]という特徴をもっている写本である。しからば「林読耕斎旧蔵　有不為斎手沢本」は、右にあげたような「混成本」に固有な特色のすべてを備えた写本なのであろうか。当本の詳細な検討は、後章にゆずることにする。

次に分類記号「288・1　10」の『新撰姓氏録』写本を取りあげることにしたい。当写本は、分類記号「288・1　6」の「有不為斎旧蔵手沢本」と同様、建武二年系本に属する写本であるからである。

さて『有不為斎文庫善本入札目録』に掲載されている「古写本」の『新撰姓氏録抄』が「林読耕斎旧蔵　有不為斎手沢本」であれば、分類記号「288・1　6」の「有不為斎旧蔵手沢本」は、入札目録に登載されていないことになる。おそらく入札目録の末尾に、「其他和本、唐本、古写本、古文書、法帖、拓本、書画めくり、短冊手簡、洋装本類数万点略之」[25]とあるので、目録に載せていない「数万点」のうちに「有不為斎旧蔵手沢本」はあったのであろう。それを武田博士は、「林読耕斎旧蔵　有不為斎手沢本」とともに購入されたのである。

武田祐吉博士は、柿本朝臣の氏名の表記について、

柿本を柿下とも書くかの問題は第二段として、新撰姓氏録としては、もとどちらかであつたものであらうと考へられる。さうして日本書紀に柿本を用ゐてあるに依れば、姓氏録にも、多分柿本とあつたものであらう。家蔵の写本を検するに、読耕斎旧蔵本には柿下朝臣とあり、有不為斎旧蔵本には柿本朝臣とあつて、この方面からは、いまだ結論を抽き出し得ない。[26]

と述べ、読耕斎旧蔵本と有不為斎旧蔵本の両写本についてふれているが、ここでは分類記号「288・1　10」の『新撰姓氏録』写本のことに言及しておられない。武田博士が柿本朝臣の表記について記しているのは、「柿本人麻呂伝」の章のなかである。この章は、もと雑誌『アララギ』の「昭和十六年一月号から掲載した」[27]ものであって、分類記号「288・1　10」の写本のことにふれていないのは、あるいは、まだ武田博士の架蔵するところとなっていなかったためかもしれない。

いずれにせよ、この写本には、

　已上卌一巻　　　　兼治判

　以吉田前内府御本重挍合了　両方（ママ）占付之

　建武二年捌月七日　　判

天下衆庶之姓氏録者官中古令肝（ママ）心抄芒（ママ）
大内左京兆令一覧給被写置之而依彼尊
命加此奥書矣
文明七年乙未十月　日　造東大寺次官正四位下左大史小槻宿祢判

という本奥書があるので、当本は、現存する数少ない建武二年系の写本である。さらに校合奥書には朱筆で、

寛政五年七月以板小本挍之了　　経亮

とある。「故武田祐吉教授寄贈図書目録」の「288・1　10」の写本説明には、「写（寛政五（一七九三）以後）[28]」と記されているのは正確ではない。右掲の校合奥書には、寛政五年七月に「板小本」を以て校合を終えたとあるから、この写本は、「寛政五年以前」のものとしなければならない。校合奥書に、「寛政五年七月以板小本」云々とある「以板」を「以後」と見誤ったのであろうか。

校合奥書の「以板小本」とは、「木板本の小形本を以て」という意味であって、「小本」は、寛文九年（一六六九）十月に刊行された松下見林（一六三七—一七〇三）校訂の板本を指している[29]。

また校合奥書に署名している校合者の「経亮」は、和学者として知られ、古典の考証にも力のあった橋本経亮《つねあきら》（一七五九―一八〇五）とみなして間違いない。経亮と交遊のあった国学者に山田以文（一七六二―一八三五）がいたが、[30] 大和国神別の大神朝臣の条の箇所に「以文ノ話云」として「大神」の訓みについて注記した付箋のあることによって、「経亮」が橋本経亮であることの傍証となろう。

ここでは、橋本経亮が松下見林の校訂板本によって校合した建武二年系の写本の存在が出現したことのみを記し、その詳しいことは、次節の書誌のところで再び説くことにしたい。

3　建武二年系の三写本の書誌

この節では、建武二年系の三つの写本、すなわち菊亭文庫本、有不為斎旧蔵本、橋本経亮本についての書誌を取りあげることにする。

㈠菊亭文庫本　この写本の書誌と研究については、すでに十七年前刊行の拙著においておこなったが、そこでの書誌は、次のごときものであった。

菊亭文庫本　京都大学附属図書館蔵。袋綴一冊。第一面の右下に「菊亭家蔵書」の長方形印がある。縦二十二・七糎、横十八糎。本文八十三枚。一面六行、上表・序は一行十七―二十字詰。本文は二段に書かれている。表紙に「新撰姓氏録」とあり、本文の冒頭に「新撰姓氏録抄」とある。本文最末尾に、

已上卌一氏

兼治

以吉田前内府御本重挍合了両方点付之

建武二年捌月七日　　判

という奥書があり、また裏表紙見返し右隅下に、

永禄四年六月七日挍合了

という奥書がある。(31)

本章の第一節で注目した田中卓氏の近時における菊亭文庫本（田中氏は、菊亭本と呼称している）の研究で、当写本の所在状況についての記述をみて驚かされたのは、目下所在不明であるということであった。

田中氏は、京都大学附属図書館で菊亭文庫本の「複写」にあたった所功氏の報告を次のように記している。

所氏によると、これは菊亭文庫本（菊・シ・一〇五）の一冊で、今出川家伝来の写本であるといふ。図書カードには存在するが、原本は目下紛失し、図書館側でも極力手を尽して調べてきたが、現在は行方不明。ただ幸にも昭和四十五年頃（不確実）に撮影した写真のフイルムが保存されてをり、これだけが唯一の実在証拠である、といふことであつた。(32)

さらに田中氏は、貴重な『新撰姓氏録』写本の紛失を憂えて、

それにしても、なぜこの貴重本が、国立大学で所在不明になつたのか、そして写真のフイルムだけが何故残されてゐたのか。仄聞するところによると、京大当局は学園紛争の当時、貴重書を守るため、それらの写真撮影をして原本を分散保護したといふ話であるから、全くの臆測だが、或いはその際の写真のフイルムが残り、原本はど

こかに秘蔵されて、そのまま忘れ去られてゐるのではあるまいか。私のこの報告を機縁として、貴重な菊亭本姓氏録の原本が陽の目を見る時の早からんことを祈つてやまない。[33]

と述べている。

田中氏の伝えるところによると、原本は「現在は行方不明。ただ幸にも昭和四十五年頃（不確実）に撮影した写真のフイルムが保存されてをり、これだけが唯一の実在証拠である」[34]という。菊亭文庫本を写真撮影したのは、不確実ながらも昭和四十五年（一九七〇）ごろといわれている一方、「京大当局は学園紛争の当時、貴重書を守るため、それらの写真撮影をして原本を分散保護したといふ話」[35]であるという。しかし、これら菊亭文庫本の写真撮影と京都大学附属図書館所蔵の貴重書の写真撮影との時期の伝聞には、やや矛盾があるのに注意する必要がある。

なんとなれば、大学闘争が全国的に熾烈化したのは昭和四十三年（一九六八）からであって、翌年秋までには、ほとんど終息し、その後も余燼が残ったものの昭和四十五年ごろに菊亭文庫本の『新撰姓氏録』写本を写真撮影したとは考えられないからである。また京都大学での闘争が燃え盛った時期に貴重書の写真撮影と分散保護とがあったとしても、菊亭文庫本の『新撰姓氏録』写本が、はたして当時貴重書の扱いを受けていて、写真撮影と「疎開」の対象となっていたかどうかは疑わしいのである。[36]

私が井上満郎氏に菊亭文庫本の調査を依頼した昭和五十七年（一九八二）当時、菊亭文庫本の『新撰姓氏録』写本そのものが京都大学附属図書館に存在していたことは間違いない。真摯で着実で、すぐれた日本古代史研究者である井上氏は、周到な調査を菊亭文庫本についておこない、『新撰姓氏録』の写本のみならず菊亭家所蔵の図書の寄託に関する基本文書までも調べ、詳細な報告をしていただいたのである。

田中卓氏は、所功氏よりの伝聞として、井上満郎氏の話では、「昭和五十六・七年頃、佐伯氏よりの依頼により、京大に出向いてこの菊亭本の写真送付の斡旋をした事実があるが、自分自身はその原本を見てゐない、とのことである」[37]と述べている。さらに田中氏は、「佐伯氏論文によると、原本の寸法が明記（2）されてゐる。現存のフィルムには撮影の際の縮尺が示されてをらず、また菊亭文庫本の図書カードにも原本の寸法は記入されてゐないので、現在のところ、原本の形を知り得るのは、この佐伯氏の記述によつてのみである」[38]と記している。

菊亭文庫本の現存写真フィルムには、撮影のさいの縮尺がしめされていないこと、図書カードにも原本の寸法が記載されていないことは、私がかつて菊亭文庫本の書誌でしめしておいた「縦二十二・七糎、横十八糎」[39]の寸法は、原本によらなければ知りえないものである。

この原本の寸法も、井上氏の調査報告にもとづいて記したものである。したがって井上氏の「自分自身はその原本を見てゐない」[40]という話は、すでに十数年もの歳月が経過したのちの時点のことなので記憶違いもあるのであろう。井上満郎氏が京都大学附属図書館での菊亭文庫本調査の折、すでに原本が紛失していれば、井上氏は、その事情を私に伝えなかったはずはない。また菊亭文庫本のフィルムに縮尺がしめされておらず、また図書カードにも原本の寸法の記入がなければ、どうして井上氏は、原本の「縦二十二・七糎、横十八糎」という寸法を知ることができたのであろうか。この寸法記載は、井上氏が原本について測ったものであるはずである。また菊亭文庫本の写真も井上氏が京都大学附属図書館文献複写室に依頼して撮影してもらったものに違いない。田中卓氏が京都大学附属図書館の好意によって入手された菊亭文庫本の写真も、井上氏が撮影を依頼したさいのフィルムであろう。

ちなみに菊亭文庫本の寸法である「縦二十二・七糎、横十八糎」が正しいものであることは、井上氏から送られた菊亭文庫本の所蔵写真の表紙部分の寸法である縦十三糎、横十一・一糎の対角線を延長して、原本の寸法縦二十二・七糎、横十八糎の対角線の接点を求めると、まさしく原本の縦横の寸法と一致することによって確かめられる。

田中卓氏がしめされた菊亭文庫本の書誌によって、さきに記した拙著での書誌で、訂正すべきところは、「上表・序は一行十七—二十字詰」とした箇所である。これに対して田中氏の書誌では、「上表(三丁。その第三紙のウラに「左伝」云々の九行異筆の書込あり。)・序(第四紙より六丁オモテまで。)は一行十四〜二十二字(平均十八字)詰」となっていて、その記述は詳細である。なかで私が「上表・序は一行十七—二十字詰」としたのは訂正しなければならない。

田中氏は上表・序を「一行十四字—二十二字詰」としたが、上表の最終行は、六字詰であるから厳密に言えば、「一行六字—二十二字詰」とするのが、より正しいであろう。なお十八字詰の行が二十四行あって、これがもっとも多い字詰の行数であり、十六字詰の十四行がこれにつづき、十八字詰の行数がずば抜けて多い。

さて田中卓氏の菊亭文庫本の考察で、もっとも重要な指摘は、次のごとくである。

(一) 菊亭文庫本の奥書には、他の建武二年系本に「兼治判」とあるのと違って、「兼治」の名の下に「判」の字がないこと。

(二) 「兼治」の二字は、自署とみてよいのではないかということ。

(三) 「兼治」の字と、本文中の「兼」と「治」の字との比較検討をすると、写真のために筆勢などの対比は困難であるが、少なくとも書体は類似するように思われること。

(四) 兼治自署説にとって大きな支えとなったのは、「兼治」の名の前行に記されている「已上卌一氏」の五文字であって、他の建武二年系本には、ひとしく「已上卌一巻」とあり、延文五年系本では、「已上三十一氏不レ見レ之歟」と書かれており、その前に「不レ載二姓氏録一姓」として列挙されている姓氏名は、確かに「四十一氏」を数えることができるのであるから、「已上卌一氏」という記事は、正確とみてよく、「兼治」自署説の裏づけとなること。

(五)「兼治」の署名の左に、「以二吉田前内府御本一重校合了。両方点付之／建武二年捌月七日　判」とある二行にわたる本奥書が「兼治」の自署と同筆か異筆かの判断は、写真では困難のようであるが、この二行は、「兼治」自署本が書写されたのちに、書写した元の本の奥書を、兼治か、もしくはその身辺の者が念のため「本奥書」として書き添えたもののように考えられる。「判」というのが、兼治の父である「匡遠」であれば、「匡遠判」とわざわざ父の名を書かなくても、「判」の一字だけで匡遠ということが知られるから、実名を省いて「判」の一字を記したのではないかということ。(43)

このように田中氏は論じて、菊亭文庫本（田中氏は菊亭本と呼称することは前述した）は、おそらく小槻兼治の自署本ではないかと推定し、仮にそうでなくても、「この写本が吉野時代の末から室町時代の初期にかけての古写本であることは動かないであろう(44)」としたことは、本章の第一節でも述べておいたとおりである。

田中氏の右のような注目すべき指摘のうち(三)と(五)の見解を、あらためて私なりに検討してみたい。まず(三)の「兼治」の字と、本文中の「兼」と「治」の字との比較検討によって両者の書体は類似しているかどうかの問題である。左に掲げる「兼治」の字の書きぶりと、序文中の『新撰姓氏録』撰者の名を列挙したなかで藤原朝臣園人に冠せられている官職位階の「右大臣従二位兼行皇太弟傅」の「兼」の字、および上毛野朝臣穎人に冠せられている位階官職の「従五位上行大外記兼因幡介」の「兼」の字の書体、ならびに左京皇別下、治田連の条の「賜二治田連姓一也」の

「治」の字の書体を比較してみると、きわめてよく似ていて、同一人物の筆跡とみなして間違いないと思われる。

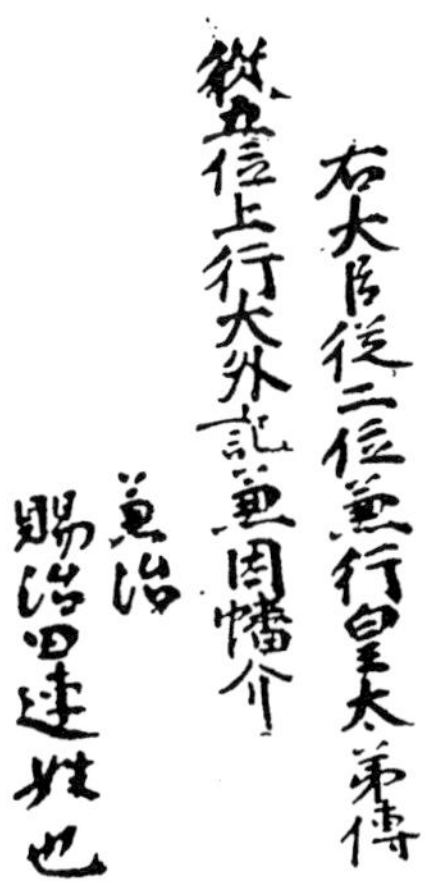

また㈤の「兼治」の署名の左に、「以二吉田前内府御本一重挍合了両方点付之／建武二年捌月七日　判」とある本奥書の書体と「兼治」の署名書きとが同筆か異筆かの判断については、同じ字が両者にないので直接きめることはできないが、本奥書の「吉田前内府」の「吉田」の字は、左京皇別下の吉田連の条の標目「吉田連」の書体に通じ、また「建武二年」の「建」の字は、右京皇別下の建部公の条の標目「建部々（公）」の「建」、および別公の条の記事の「建部公」の「建」の字の書体「建」と類似し、また「建武二年」の「武」の字は、「建部々（公）」条にみえる「日本武尊」の「武」の字に酷似している。さらに「二年」の書風は、左京皇別下の吉田連の条の本文に記されている「今上弘仁二年改賜二宿祢姓一也」の「二年」の書体とそっくりである。

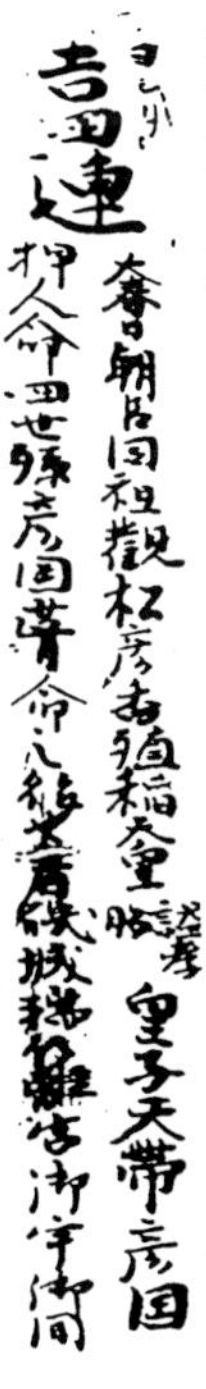

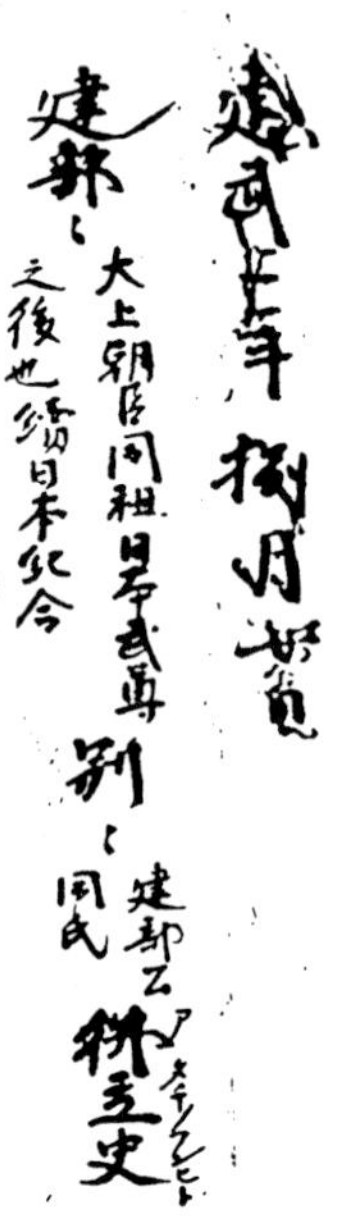

「以二吉田前内府御本一」云々の本奥書は、やや崩して書かれているものの、右の諸字の書体は、本奥書のいくつかの字と酷似していて、これも本文と同一人物の筆跡とみなしてよい。なお『新撰姓氏録』の巻末第三十巻につづいて「正六位上行治部省少丞臣石川朝臣國助」以下八名の人物が列挙されている。彼らは実際に『新撰姓氏録』の編纂に従事した人びとと考えられるが、その末尾に名前が記されている「散位従七位下臣内蔵忌寸御富」の「内」の字は、菊亭文庫本でみられるとおり、

「内」と記されていて、この書体は、まさしく本奥書の「前内府」の「内」の字に似ていて、これまた菊亭文庫本の本文と、本奥書とは同一人物が書いたものであることをしめしている。

宮内庁書陵部の日本中世史研究者小森正明氏の教示によると、菊亭文庫本の写真のコピーを見るかぎりでは、「筆跡等からみてやはり南北朝期から室町前期にかかる書写のものとしてよいのではないかという印象をも」ったといい、「同書の写本としては善本といえるかと思」(45)うという。

なお小槻兼治に関して言えば、宮内庁書陵部所蔵の応永十一年（一四〇四）七月十三日付の「山城国主殿寮田預所職補任状案」に、左掲のごとく、

とある二箇の花押は、兼治のものであって、小森正明氏によれば、この案文そのものも、兼治の自筆ではないかと推定されるとのことである。しかし、この案文の筆跡は、菊亭文庫本の『新撰姓氏録』の筆跡とは比較できそうにないとも小森氏は指摘されている。

菊亭文庫本の『新撰姓氏録』は、小槻兼治の書写したものとは断じられないが、南北朝期から室町前期にかけて作成された古写本とみて問題ないようである。したがって本写本は、『新撰姓氏録』の写本では、田中卓氏が強調しておられるように、「現存最古の写本[46]」と位置づけてよいのである。菊亭文庫本が、すぐれた性質をもつ写本であることについては、他の建武二年系本との比較によって、あらためて次節で検討するであろう。

㈡有不為斎本　国学院大学図書館蔵。有不為斎旧蔵。武田祐吉旧蔵。袋綴一冊。表紙見返に「国学院大学図書館印」の朱印、および「寄贈 故武田祐吉教授」の貼り紙を中央に貼付。第一面右上に「国学院大学図書館印」の小方形朱印がある。五十四丁裏に「昭和40年5月1日受」の小長方形の受入印を押す。縦二十九・五糎、横二十二糎。本文

五十四丁。上表・序は一面十二行、一行六―十九字詰。本文は二段に書かれている。表紙に「新撰姓氏録」の外題。帙入で帙題は「新撰姓氏録抄。」その右下に「有不為斎旧蔵」とあり、帙の裏見返に「失師有不為斎先生手沢／万（ママ）葉史生」とある。本奥書に、

已上卅一巻　　兼治判

以吉田前内府御本重挍合了　両方点付之

建武二年捌月七日　判

天下衆庶之姓氏録者官中古令（ママ）之肝心抄也

大内左京兆令一覧給被写置之而依彼尊

命加此奥書矣

文明七年乙未十月日　造東大寺次官正四位下左大史小槻宿祢

判

とある。本写本も他の建武二年系本と同様に右の本奥書以外に、書写の経緯、年代を示す書写奥書はない。筆跡は端正。近世における写本であろう。次節で述べるごとく、本写本は、岩瀬文庫蔵の柳原紀光本の系統に属するものと考えられる。

㈢橋本経亮本　　国学院大学図書館蔵。武田祐吉旧蔵。袋綴一冊。表紙見返に「寄贈　故武田祐吉教授」の貼り紙を

中央に貼付。蔵書印の押印なし。五十六丁裏に「昭和40年5月1日受」の小長方形の受入印を押す。縦二十八・五糎、横二十一・五糎。遊紙一枚。本文五十六丁。上表・序は一面九行、一行七―二十字詰。本文は二段に書かれている。表紙に「新撰姓氏録」の外題。帙入で帙題は「新撰姓氏録」。本奥書は、すでに前節に掲げたが、ここに重ねて記せば、次のごとくである。

已上卅一巻

兼治判

両方（ママ）占付之

以吉田前内府御本重挍合了

建武二年捌月七日　判

天下衆庶之姓氏録者官中古令（ママ）肝心抄芒（ママ）

大内左京兆令一覧給被写置之而依彼尊

命加此奥書矣

文明七年乙未十月日　造東大寺次官正四位下左大史小槻宿祢判

さらに本写本には、朱筆による校合奥書がある。この校合奥書も前節で取りあげたが、ふたたび掲げれば、次のごとくである。

寛政五年七月以板小本挍之了　経亮

この校合奥書に記されている「板小本」は、既述のように松下見林（一六三七―一七〇三）校訂の『新撰姓氏録抄』の小形板本、「経亮」は、橋本経亮（一七五九―一八〇五）である。

橋本経亮が古典の考証につとめていたことは、経亮の著書『梅窓筆記』に、

誤字ヲ容易ニ改ムベカラザルコト、臥雲日件録、宝徳二年四月十七日。大光明寺来話次。及二内外書中一。不レ可三軽二改誤錯文字一之事。般若理趣分中有二若地方所流行一。此経之文或改レ地作レ他不可乎。此品於二欲界頂他化自在天一所レ説。故指二下方一為二地方一耳。況大般若一部中又有二地方字一。今現流布理趣板行本已改レ他畢云々。(47)

とあり、また「仮名日本紀」について、

仮名日本紀ト云モノハ、仮名ニテカキタルモノトオモフベカラズ。仮名ヲツケシモノナリ。釈日本紀十八、任那日本府《ミマナノヤマトノミコトモチ》。日本紀私記曰。案。仮名日本紀作二任那之倭寧《ヤマトノミコトモチ》一。トアルニテ知ルベシ。寧ノ字ハ、宰ノ字ノ誤ナルベシ。(48)

と述べていることによって、その一端がうかがえる。

また経亮の著書『橘窓自語』に載せる「聖徳太子真跡の旧事紀、津国四天王寺に在しをつたへて、田舎にもちたりしを」にはじまる文に、

うたがはしきことのはなはだしきものなれば、とゞめて全篇をもみず、たゞかりそめに国造本紀をよみたりしに、いさゝかづゝいまの板本とは異同あり。其一ツをあぐ。

丹波国司、諸良朝御世、和銅六年割　丹波国　置　丹後国とみへて、丹波の文を脱し、丹後の字もなし、みな異同此類にて、誤字脱字のみおほし。これにて全篇をもおしはかりしるべし。(下略)(49)

とあって、経亮の校合に対する態度をつぶさに読み取ることができる。

橋本経亮は、この建武二年系の写本で、その校合奥書にしめされているとおり、本文の随所に松下見林の板本（小

本）によって校合書き入れを朱筆でおこなっている。

たとえば「上新撰姓氏録表」の冒頭の「巳」を板本によって「臣」と校訂し、また「陰陽」の右に「阴阳」と記していることくである。さらに「新撰姓氏録序」の下に「此者第一巻之序也」云々の二行割書があるが、経亮は、松下見林の板本によって、「板本云此下二行後人抄姓氏録者之所書也」と朱書している。

序の末尾左には、

亮云続日本後紀承和四年六月己巳八多真人清雄言姓《ス》氏録所載始祖錯謬《メ》非レ実私門之大患也詔令《メ》レ刊二改之《ヲ》一

と墨書で自身の引用を記している。

経亮自身の説といえば、経亮が校合書き入れした当写本の左京皇別下、商長首の条に、「献於天皇其中有呉権天皇勅之勿令他人同」とある記事の「同」の字の右傍に、朱筆で「恐当作用」と注記し、この記事の上に、

校本文有錯置今試属文如件

献於天皇其中有呉権久比奏曰呉国以懸定

萬物令為交易天皇勅此物其名云波賀理也天

皇勅之令《勿》〇他人用云々

と記した付箋が貼付されている。

橋本経亮が校合にもちいた松下見林の校訂板本には、商長首の条文は、

献《リ》‐物令レ為二交易《ヲ》一其《ノ》名《ヲ》云二彼賀理《ハカリト》一於《テス》レ天皇《ニ》其中《ニ》有二呉権《ノハカリ》一天皇勅《リ玉》二此《ノ》物《ヲ》一也久比奏曰呉‐国《ハ》以懸《ケ》二定《ムト》一萬《ヲ》一天皇勅之勿レ令《ル》二他《ヒトヲメ》一人同《カラ》

となっている。松下見林の校訂本より一年早い寛文八年（一六六八）刊行の白井宗因（生没年不詳）訓点の『新撰姓氏録』（松下見林の「小本」に対して「大本」という）の商長首の条文記事は、松下見林の校訂板本の訓点とやや相違するが、両本は、まったく同文である。

橋本経亮が、「校本の文、錯置有り。今、試みに属文すれば件の如し」として問題の記事を作ったのは、単に松下見林などによる校本の文を組みかえたものにすぎないが、「他人同」の「同」の字を本文の右傍に「用」と注記したように、「用」の字として解釈しようとした点は注目される。

『新撰姓氏録考證』の著者栗田寛（一八三五―一八九九）は、その著のなかで、

　細井貞雄は、今本にいたく誤りあれば、古本もて改め写せりとて、勿ㇾ令二他人用一汝司焉と作《カケ》り、さる本ありや、己いまだ見ざれば、遽に従はず、(50)

と述べ、『万葉集』の校合や『姓氏考』などの著作で知られている細井貞雄（一七七二―一八二三）も、「他人同」の「同」の字を「古本」によって「用」の字説を採用していた。(51)「同」の字を「用」と理解していたのは、年齢から察して橋本経亮のほうが先んじていたと思われる。(52)

経亮の周囲にいた人物のなかのひとりに山田以文がいたことは、前節においてふれたが、その「以文の話云」として経亮が大和国神別、大神朝臣の条に貼付した付箋を最後に取りあげておこう。その付箋には、

　以文ノ話云今三輪社鎮座神名ヲ大神《オホガウ》　日向《ヒウガウ》ト申奉ルヨシサラバ大神《オホガ》ハオホガウのウヲ畧也　日向《ヒムカウ》ヲヒウガト云ニ
　仝シカルベシ
　萬葉仙覚抄引土佐国風土記曰神河訓三輪河源出此河之中届（ママ）伊与（ママ）国水清故為大神醸酒也用此河水故為酒名（ママ）也

とある。経亮が引用した『土佐国風土記』逸文は、神河《みわがわ》の名称の起源説話であるが、引用文中の「此河之中（ママ）」の「河」は、「山」が正しく、「酒名（ママ）」は、「河名」の誤記である。また「届伊與国」の「届」の字の下に「于」の字を脱している。経亮が大神朝臣の「大神」を「オホミワ」や「オホガ」と訓むことに関心をもって右のような注記の付箋を貼ったのである。この写本には、「大神」の訓みとして右傍に「オホミワ」、左傍に「今オホガ」とある。この訓みは経亮が付したものではなく、この写本にもとからあったものなのである。

さきに取りあげた㈡有不為斎本には、大神朝臣の標目に、とくに訓みはつけていない。しかし、㈡の写本と㈢橋本経亮本とが同系統の建武二年系本であることは、左京皇別下、大春日朝臣の条に、

斎衡三八廿七大学博士イ（ママ）五位上春日臣雄継賜姓大春日朝臣

という頭注が記され、また右京皇別下、佐伯直の条に、

嘉祥三七十讃岐国人大膳「少進佐」伯直正雄賜姓佐伯宿祢齢（ママ）左京職安録（ママ）仁和三七十七播广（ママ）国印市（ママ）郡人散位イ（ママ）五下（ママ）

佐伯直是継改本居貫附山城国葛野郡

という両本同様の頭注がある。右の記事中、「少進佐」の三字は、㈢橋本経亮本が脱落し、㈡有不為斎本は、「少」の字を誤脱している。また「齢（ママ）」の字は両本共通し、「隷」の字を誤記し、その下の「安（ママ）」の字も両者同じく誤っている。「安」の字は、「實」の字の草体を誤って写したものであろう。「广（ママ）」「市（ママ）」の両字は、誤字ではないが、両本が共通して略字、草体をもちいていることも同系の写本であることを如実に物語っている。「従五位下」を「イ（ママ）五下（ママ）」と表記していることも同様である。

さらに㈡有不為斎本と㈢橋本経亮本との本文の語句の比較検討は、㈠菊亭文庫本、ならびに建武二年系本である柳

原紀光本とあわせて、次節で詳細に見てみることにする。

4　菊亭文庫本の価値

建武二年系の写本である菊亭文庫本に高い価値をみとめられた田中卓氏の考察は、以上の諸節で取りあげてきた。すでに田中氏が㈠菊亭文庫本（田中氏は菊亭本と呼称している）の本文記事のすぐれていることとして指摘しているものに、左京皇別下、商長首の条がある。その条の全文をあげてみれば次のとおりである。

上毛野同氏。多奇波世君之後也。三世孫。久比。佰瀬部天皇謚崇峻御世。被レ遣二呉國一。齎二雑寶物等一獻二於天皇一。其中有二呉権一。天皇勅二此何物一也。久比奏曰。呉國以レ此懸二定萬物一。令レ為二交易一。其名曰二波賀理一。天皇勅之。勿レ令二他人同一。久比男。宗麿。舒明天皇御代。負二商長姓一也。日本紀漏。

この記事に相当する同じく建武二年系本である㈡有不為斎本、および㈢橋本経亮本の本文は、

上毛野同氏。多奇波世君之後也。三世孫。久比。伯瀬部天皇謚崇峻御世（㈢ハ大字ニ作ル）。被レ遣二口天（ママ）國一。雑寶物等献二於天皇一。其中有二吴（ママ）権一。天皇勅之。勿レ令二他人同一。久比男。宗麿。舒明天皇御代。負二商長姓一也。日本紀合（ママ）。

に作っていて、㈠菊亭文庫本に記されている、

此何物也。久比奏曰。呉國以此懸定萬物。令為交易。其名曰波賀理。天皇勅。

という二十九字におよぶ文章が抜け落ちている。

田中卓氏は、柳原紀光本（田中氏は、柳原本と呼称している）やや昌平坂学問所本（田中氏は、昌平本と呼称している）などの建武二年系本には、菊亭文庫本に記されている二十九字の文章が欠けていることの理由として、「コレハ菊亭

本ノホボ一行分ニ相当スル。恐ラク目ウツリニヨリ一行分ヲ誤脱セルモノナリ。コノ点ハ建武系本ノ系統ヲ考ヘル上デ極メテ重要[53]」と説かれている。

田中氏のこの「目ウツリ」説は妥当であって、そのことは、菊亭文庫本の左京皇別下、商長首の条の原文についてみれば、一目瞭然である。

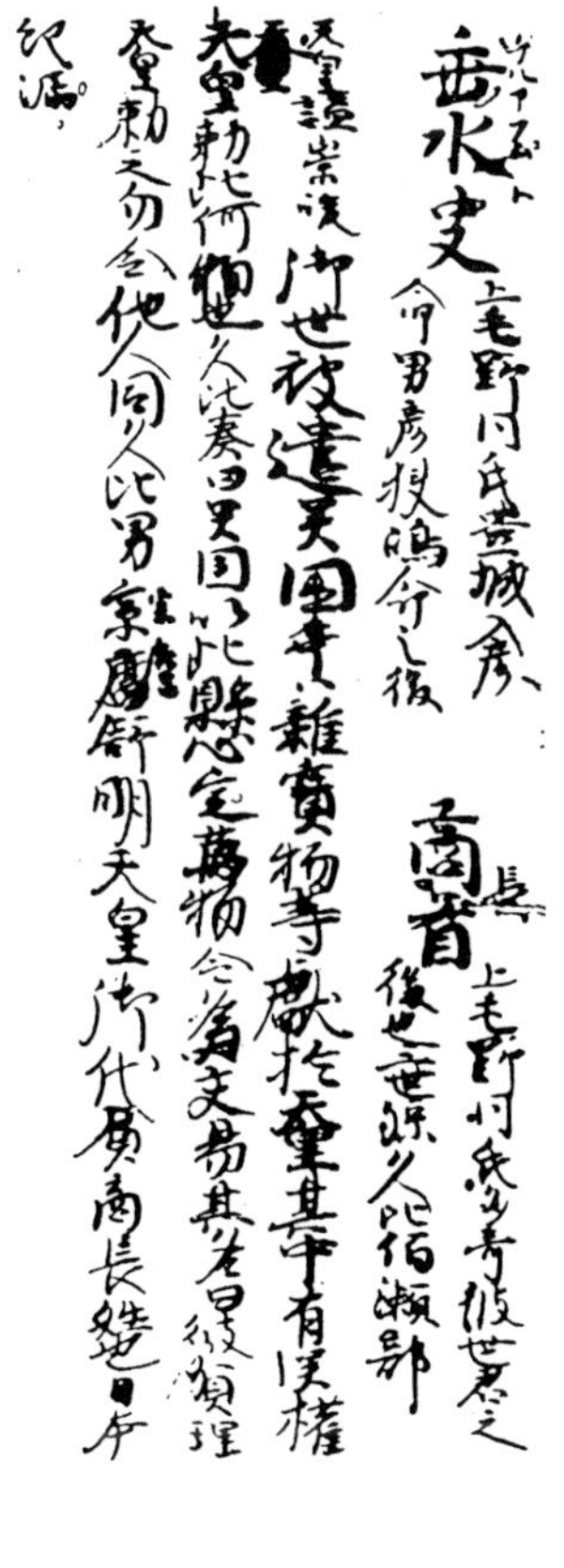

右にしめした商長首条の記事の四行目と五行目とは、いずれも「天皇勅」で文章がはじまっている。したがって他の建武二年系本の祖本となった写本の書写者は、四行目の「天皇勅」までを書写してきて、ただちに次行の「天皇勅」の下の文章に目移りしてしまい、「之勿令他人同」と書いてしまったわけである。四行目の「天皇勅」の下につづく「此何物也」から五行目あたまの「天皇勅」までの二十九字を書き落としてしまうことは、きわめて生じやすい過ちである。

菊亭文庫本以外の建武二年系本には、いずれも、その奥書に、

天下衆庶之姓氏録者官中古令（ママ）之肝心抄也
大内左京兆令一覧給被写置之而依彼尊
命加此奥書矣
文明七年乙未十月日　造東大寺次官正四位下左大史小槻宿祢判

とあって、文明七年（一四七五）十月、官務小槻家の当主である小槻宿禰（晴富、一四三一—一五〇四）が、大内左京兆（政弘、一四四六—一四九五）に小槻家所蔵の建武二年系の『新撰姓氏録』写本を見せ、それを政弘が写させた由を、政弘の命によってこの奥書を書き加えたという来歴が知られる。(54)

おそらく菊亭文庫本以外の建武二年系の諸本に、こうした来歴を記す奥書のあることは、右にみた商長首の条の二十九字におよぶ文章の目移りによる誤脱が、文明七年に書写されたときに生じたものであろうことを考えさせる。

このような誤脱のない菊亭文庫本は、その写本が善本であることをしめすものであるが、左京皇別下の商長首条には、他にも菊亭文庫本には、脱字がみられない箇所が三カ所あって、同本がすぐれた写本であることを表わしている。

すなわち延文五年系本、たとえば後章で詳説する林読耕斎本では、同記事の全文は、

上毛野同氏。多奇波世君之後也。三世孫。久比。泊瀬部天皇諡崇峻御世。被レ遣二呉國一。雑宝物等献二於天皇一。其中有二呉権一。天皇勅二此物一也。久比奏曰。呉國以懸二定萬物一。令レ為二交易一。其ノ名云二波賀理《フハカリ》一。天皇勅之。勿レ令二他人同一。久比男。宗磨（ママ）。舒明天皇御代。負二商長姓一也。日本紀漏。

となっている。この商長首の条文は、ほとんど整っている。しかし、菊亭文庫本以外の建武二年系の諸本では脱文となっている記事が、脱落していない林読耕斎本など延文五年系諸本の条文では二字ほど欠けていて、二十七字の文章

となっている。(55) その箇所を抜粋してみれば、次のごとくである。

此物也。久比奏曰。呉國以懸定萬物。令為交易。其名云波賀理。天皇勅之。

右の文章に黒点を付した二つの箇所に欠字がある。つまり菊亭文庫本によると、その欠字の部分は、「此何物也」と「以此懸定」とである。「何」と「此」との字があるほうが、文章が整っていることはあらためて述べるまでもない。

この二字のあることによって菊亭文庫本が、かさねて善本であることをしめしている。さらにこの商長首の条で注目してよいのは、次の文章をめぐってである。

被二遣二呉國一。雑宝物等献二於天皇一。其中有二呉権一。

この文章は、菊亭文庫本以外の建武二年系の諸本、ならびに延文五年系の諸本から抜きだしたものである。ところが菊亭文庫本の同じ箇所の文章を原本から抜粋して掲げれば、次のようになっている。

すなわち「呉國」の下、「雑寶物」の上に、一字かなり崩した草体の文字が入っている。田中卓氏は、この条文の校訂にあたって、この字について「読ミトレズ。後考ヲ俟ツ」(56) とされたが、右の文章のなかの原字をみて気づくのは、下の部分の「[illegible]」は、「貝」の字を崩したものとみなされるので、この草体の文字は、「賫」の字の可能性が高い。そこで、この文章は、「呉国に遣わされ、雑《くさぐさ》の賫物等を賫《もた》らし、天皇に獻《たてまつ》れり」と読むことができる。このように、この不明の文字を判読すれば、ここでの文章は、より整ったものとなる。

以下、菊亭文庫本と、かつて校訂本を作るのにあたって、副本として重んじた柳原紀光本(57)をふくめて、有不為斎、橋本経亮の両本など他の建武二年系の諸本の語句の異同を上表、序、本文の順に表にして、菊亭文庫本が、これら『新撰姓氏録』の写本のうち最善の写本であることを具体的に見てみることにしよう。

まず「上新撰姓氏録表」の語句の異同表は、次のごとくである。

	菊亭文庫本	柳原紀光本	有不為斎本	橋本経亮本	備考
(1)	汙○隆	汚●隆	沂●隆	汘●隆	「汙」は「汚」に通用。
(2)	編戸○	編戸●	編戸●	編戸●	
(3)	冐○祖	冐●祖	冐●祖	冐●祖	
(4)	今○臣等	令●臣等	令●臣等	令●臣等	
(5)	識謝○	識謙●	識謙●	識謙●	
(6)	緒閲○	緒閲●	緒閲●	緒閲●	
(7)	年肇●	年肈●	年肈●	年肈●	
(8)	名曰○新撰姓氏録	名●新撰姓氏録	名●新撰姓氏録	名●新撰姓氏録	
(9)	撰絹●	撰絹●	撰絹●	撰絹●	
(10)	勲○五等	懃●五等	勲○五等	勲○五等	
(11)	近守●臣○	近江○守●	近江○守●	近江○守●	
(12)	長官臣○	長官●	長官●	長官●	

〔備考〕○は正字をしめし、●は誤字、脱字をしめす。

この異同表を通覧して、菊亭文庫本が他の諸本に比べて、正字が他を圧しており、また脱字も少ないことがわかる。

(1)「汙隆」の「汙」の字は、「汚」と同字であるから、校訂にあたって「汙」を「汚」に改める必要のないことを知る。(2)の「編戸」は、延文五年系本をふくめて諸写本の多くが、「編戸」に作っているが、「編戸」としている菊亭文庫本の良さを、この一字がしめしている。これと同様なことは、(8)の「名曰新撰姓氏録」の「曰」の字についても言うことができる。延文五年系本にも、「曰」の字を記したものは、まったくない。本写本によって、原本には、この字があったことが、はじめて知られるのである。

次に「新撰姓氏録序」の語句の異同について表にしたものを掲げる。

	菊亭文庫本	柳原紀光本	有不為斎本	橋本経亮本	備考
(1)	此者等一巻	此者弟一巻	此者弟一巻	此者弟一巻	「等」は「第」の異体字。
(2)	泊乎神劒	泊乎神劒	泊乎神劒	泊乎神劒	
(3)	霊鳥	霊鳥	霊鳥	霊鳥	
(4)	胙土命氏	昨上命氏	昨土命氏	昨土命氏	菊亭文庫本「胙」の箇所に虫損あるも「胙」と判読できる。
(5)	斯垂仁	期垂仁	斯埀仁	斯埀仁	「埀」は、「垂」の異体字。
(6)	仁那銘風	仁郡欽風	任那欽風	任那欽風	菊亭文庫本は、「銘」の右に「欽イ」とあり、柳原紀光本以下の本、「欽」の右に「銘イ」とある。
(7)	首實者全	首實者人王	首實者人王	首實者全	
(8)	胃虚者害	胃虚者害	胃○害（虚者）	胃虚者害	

(9)	各○得其宜	名•得其宜	右○得其宜	右○得其宜	「右」は「各」の異体字。
(10)	勝寶年○中	勝寶秊○中	勝寶秊○中	勝寶秊○年	「秊」は「年」の正字。
(11)	相疑○	相疑•	相疑•	相疑•	「疑」は「疑」の異体字。
(12)	至明継○明○	至明••	至明••	至明••	「至明継明」とあるのが正しい。
(13)	前業○	前葉•	前葉•	前業○	
(14)	中務•	中務卿○	中務卿○	中務卿○	
(15)	緒嗣○正五○位下	緒嗣○正•位下	緒嗣正•位下	緒嗣○正五○位下	「嗣」「嗣」ともに異体字。
(16)	上毛野朝•	上毛野朝臣○	上毛野朝臣○	上毛野朝臣○	
(17)	楯○矛○	桔•弟•	指•弟•	指•弟•	
(18)	搆○合	拼•合	搸•合	挤•合	
(19)	抵○梧	扺○梧	扺○梧	扺○梧	「扺」は「抵」の異体字。
(20)	新進本系○	新進本糸•	新進本糸•	新進本糸•	
(21)	芟夷	芠○夷	芠○夷	芠○夷	「芠」「芠」は「芟」の異体字。
(22)	三○體○論○其○群○分○則○有○三○例	三••••••• 例	三••••••• 例	三••••••• 例	
(23)	特○立之祖	時•立之祖	時•立之祖	時•立之祖	
(24)	漏本糸•或載本系○	漏本系○或載本系○	漏本系○或載本系○	漏本系○或載本系○	
(25)	事○涉○狐○疑○	叓○涉狐○疑•	叓○涉狐○疑•	叓○涉狐○疑•	「狐疑」は「狐疑」の異体字。
(26)	寸璞○尺木	寸璞•尺木	寸璞○尺木	寸璞○尺木	「璞」は「璞」の異体字

(27)	瑕◦節	瑕•節	瑕•節	瑕•節	
(28)	討◦論	計•論	計•論	計•論	
(29)	刪◦定	刪・定	刪◦定	刪◦定	「刪」は「删」の異体字。

この表には、二十九の語例をあげたが、ここでも、他の建武二年系本に比して、誤字や脱字よりも、正字が他とかけ離れて多いことがわかる。

(12)の「至明継明」の「継明」の二字は、他の建武二年系本に欠けているものである。かつて「紹―林本・中本・鷹本・大本・上本・柏本上ニ「継明」ノ二字アリ」[58]と指摘したように、「林本」、すなわち林崎文庫本、「中本」、すなわち中原師英本など私が類別した混成本には、ひとしく「継明」の二字が記されている。

菊亭文庫本の「至明継明」の語句の前後の文章は、

天朝。至明継㆑明。紹㆓脩前業㆒。至聖承㆑聖。垂㆓眷後謀㆒。

というものである。田中卓氏の校訂本では、「明―菊亭本「明継明」ニ作ル。柳原本・昌平本・諸板本・底本「明」一字ニ作ル。四字一句ノ文体ヨリシテ菊亭本ノ「継明」ハ衍入カ」[59]と注記し、「継明」の二字句を衍入として削除し、本文を「天朝至明」としている。

しかし、菊亭文庫本が現存最古の善本であることを考慮するとき、「継明」の二字を衍入として削除することは妥当であろうか、再考してみる必要が生じる。

「至明継明」の「至明」という語句は、『荀子』正論篇第十八に、「至衆也。非㆓至明㆒莫㆓之能和㆒(至衆なれば、至明に非ざれば、之を能く和する莫し)」とみえ、『漢書』文帝紀、十四年春条の詔に、「昔先生。遠施不㆑求㆓其報㆒。望祀不レ祈二其福一。右レ賢左レ戚。先レ民後レ己。至明之極也」とあり、また『孔子家語』始誅に、「所謂天下之至明者。能挙二天下之至賢一也」とあって、いずれも、「きわめて聡明で道理に通じていること」、あるいは、そうした「人物」を指している。

また「至明継明」の「継明」の語句は、『易経』離に、「象曰。明両作離。大人以継レ明。照二于四方一」（象《しょう》に曰く、明両《ふた》たび作《おこ》るは離なり。大人以て明を継ぎ、四方を照らす）」とみえ、また『全唐文』巻五百五十に載せている韓愈の「皇帝即位降赦賀観察使状」には、「聖上以二継レ明之初一。垂二維新之澤一」とある。いずれも王者、皇帝が明徳を継承することを意味し、そこからすすんで皇帝の即位を指す語としてもちいられる。

また「至明継明」の下の四字句「至聖承聖」の「至聖」という語句は、『中庸』に、「唯天下至聖。為二能聡明叡知一。足二以有レ臨也（唯《た》だ天下の至聖のみ、能《よ》く聡明叡知に為《し》て、以て臨むこと有るに足《た》り）」云々とみえ、また『史記』孔子世家第十七に、「太史公曰」として、その末尾に、「自二天子王侯一。中国言二六芸一者。折二中於夫子一。可レ謂二至聖一矣」とある。この語は、このうえなく知徳がすぐれている意味で、『史記』孔子世家に「太史公曰」としてもちいられている「至聖」がそれにあたり、『中庸』にみえる「至聖」は、最高の聖人の意である。この語も天子の智徳のとくにすぐれていることを指す語として使用されていることが知られる。「至聖承聖」の下の二字句「承聖」の用字例は、『佩文韻府』などで拾うことができないけれども、上記した「至明継明」の「継明」という語句の意味が王者、皇帝が明徳を継承することであり、ひいては皇帝の即位を指す語であるのと同じように、「承聖」は、天子が知徳を継承することを意味し、そこから天子の即位を指す語義をもつようになったものと思われる。南朝梁の元帝（蕭繹）の年号である「承聖」（五五二―五五五）だけを掲げる辞典もあるが、[60] 現に弘仁十一年（八二〇）四月奏進の『弘仁格式』序に、

天朝。以聖承レ聖。資明継レ明。敷二景化於衆中一。暢二仁風於海外一。

とあって、「承聖」の語句の用例は、確かに存在するのである。そればかりか、右の序文は、まさしく『新撰姓氏録』序文の、

天朝。至明継レ明。紹二脩前業一。至聖承レ聖。垂二眷後謀一。

という文章表現に通じるものがある。前者『弘仁格式』の序文の「以聖承レ聖」の「以聖」と後者『新撰姓氏録』の序文の「至聖承レ聖」の「至聖」とは同語とみなしてよい。なぜならば、「以」と「至」とは、ともに「非常に」「はなはだ」の意味があり、「以聖」「至聖」ともに、「このうえなく智徳がすぐれている」と解釈することができるからである。また前者の序文にみえる「資明継レ明」と後者の「至明継レ明」も同語と考えてよい。というのは「資」と「至」とは通用する字でもあるからである。

ちなみに両序文に、ともにもちいられている「天朝」は、普通、朝廷を意味する尊称であるが、ここでは、具体的に嵯峨天皇を指している。『延喜式』序にみえる「弘仁聖主。徳照二亀図一。化隆二鳥運一」の「弘仁聖主」は、嵯峨天皇、これと対語をなしている「貞観天朝。亦降二睿旨一。商二搉古今一」の「貞観天朝」は、清和天皇であって、ここでの「天朝」も、それぞれ天皇を指す語となっている。

このように『弘仁格式』序と『新撰姓氏録』序の「天朝」以下の序文を比べてみれば、菊亭文庫本の「天朝。至明継レ明」と「至聖承レ聖」とは対語となっており、「四字一句ノ文体ヨリシテ菊亭本ノ「継明」ハ衍入カ」[61]として、田中卓氏のように、本文を「天朝至明、……至聖承レ聖」と校訂すべきでないことがわかるであろう。かならずしも「四字一句」の文体にこだわる必要のないことは、『新撰姓氏録』序の後文に、「臣等。歴二探古記一。博観二旧史一」云々

とあるのをみてもあきらかである。

(22)の「三體論其群分則有三例」は、他の建武二年系本のすべてが、「體」以下の八字を脱落してしまっている。もちろん下の「三」の字に目移りして、「體」以下八字を脱し、いきなり「三例天神地祇」云々と書写してしまったわけである。他の建武二年系本が、すべて同系統の写本であることをしめすと同時に、菊亭文庫本は、他の建武二年系本のなかでは孤立しており、その素性の正しさを物語るものといえるのである。

(26)の菊亭文庫本、および有不為斎本と橋本経亮本の「寸璞尺木」の「璞」の字は、「璞」の異体字であるから、誤字ではない。「僕」の字を「偞」と書き、「撲」の字を「揲」とし、「樸」を「楪」と、それぞれの旁を異体字で作るのと同じである。異同表の二段目にあげてある柳原紀光本の「璞」の字の右傍には、「璞イ」とある。次章で取りあげる林読耕斎本は、「寸璞尺木」と正字で記している。なお「寸璞尺木。尚有㆓瑕節㆒」の出典は、『呂氏春秋』(『呂覧』)挙難に、「尺之木必有㆓節目㆒。寸之玉必有㆓瑕瓋㆒」とある記事である。

最後に菊亭文庫本をはじめ各写本間の本文における異同を表にまとめて掲げれば、次のごとくである。

掲出条	菊亭文庫本	柳原紀光本	有不為斎本	橋本経亮本
(左京皇別)				
(1) 息長真人条	稚◦渟毛二俣五•	雅•渟毛二俣五•	雅•渟毛二俣五•	雅•渟毛二俣五•
(2) 八多真人条	日本紀◦合也	日本記•合也	日本記•合也	日本紀◦合也
(3) 大宅真人条	依◦續日本紀◦	•續日本•	•續日本紀◦	•續日本紀◦
(摂津国皇別)				

(4)	為奈真人条	宣化皇子○	宣化皇●	宣化皇●	宣化皇子○
	(左京皇別上)				
(5)	良岑朝臣条	特○賜姓○	持●賜●	時●賜●	特○賜●
(6)	永原朝臣条	浄●壹	浄●壹	浄●壹	浄●壹
(7)	橘朝臣条	贈●犬養	縣○犬養	縣○犬養	縣○犬養
(8)	橘朝臣条	●●一位	●○正一位	●○正一位	●○正一位
(9)	橘朝臣条	三千代大夫人○	三千代大夫●	三千代大夫●	三千代大夫●
(10)	橘朝臣条	太政大臣永手○	太政大臣永平●	太政大臣永平●	太政大臣永平●
(11)	橘朝臣条	天平○八年十二月	天●八年十二月	天●八年十二月	天●八年十二月
(12)	完人朝臣条	大○彦命	太●彦命	太●彦命	大○彦命
	(左京皇別下)				
(13)	吉田連条	塩○乗津彦命	垣●乗津彦命	垣●乗津彦命	垣●乗津彦命
(14)	上毛野朝臣条	大佰●瀬幼武	大佰●瀬幼武	大佰●瀬幼武	大佰●瀬幼武
(15)	商長首条	遣呉○國	遣口●天●國	遣口●天●國	遣口●天●国
(16)	商長首条	□○雑寶物等	●雑寶物等	●雑寶物等	●雑寶物等
	(右京皇別上)				
(17)	巨勢槭田朝臣条	葛城屯○田	葛城長●田	葛城長●田	葛城長●田
(18)	巨勢槭田朝臣条	澥○機術	鮮●杬●術	鮮●杬●術	鮮●杬●術
	(右京皇別下)				
(19)	佐伯直条	居此等○州○氏	居此●●氏	居此●●氏	居此●●氏

(20) 笠朝臣条	吹於•御笠	吹放○御笠	吹放○御笠	吹放○御笠
（山城国皇別）				
(21) 曰佐条	卌○九人之譯	卌•九人之譯	卌•九人之譯	卌•九人之譯
（大和国皇別）				
(22) 布留宿祢条	曰○物部首	日•物部首	日•物部首	日•物部首
（摂津国皇別）				
(23) 韓矢田部造条	爰○差現古君	•差現古君	•差現古君	•差現古君
（河内国皇別）				
(24) 布忍首条	日本紀漏○	日本紀合•	日本紀合•	日本紀合•
(25) 大宅臣条	大宅臣○	大宅•	太•宅•	大宅•
(26) 忍海部条	比古由○牟須美命	比古田•牟須美命	比古田•牟須美命	比古田•牟須美命
(27) 止美連条	田○持君	•持君	•持君	•持君
（和泉国皇別）				
(28) 膳臣条	宇太○臣	宇多•臣	宇多•臣	宇多•臣
（左京神別中）				
(29) 雄儀連条	乎○伏連	平•伏連	平•伏連	平•伏連
（左京神別中）				
(30) 若倭部条	神ハ○須比命	神•須比命	神•須比命	神•須比命
(31) 尾張連条	火明命○	火明合•	火明合•	火明命○
(32) 石作連条	石作大○連公	石作•連公	石作大○連公	石作大○連公
(33) 檜前舎人連条	波利那○乃連公	波利郡•連公	波利邦•連公	波利那○連公

(34) 額田部条	同命孫○以下十字アリ	同命　•以下十字ナシ	同命　•	同命　•
(右京神別上)				
(35) 采女朝臣条	大水○口○宿祢	大咨•宿祢	大咨•宿祢	大水○口○宿祢
(36) 水取連条	伊香我色乎○命	伊香我色　•命	伊香我色　•命	伊香我色　•命
(37) 若櫻部造条	同○神三左孫	日•神三世孫	同○神三世孫	同○神三世孫
(38) 額田部砥玉条	御支○宿祢	御与•宿祢	御与•宿祢	御与•宿祢
(39) 忌玉作条	忌○玉作	忘•玉作	忘•玉作	忘•玉作
(40) 忌玉作条	玉璧○	玉璧•	玉璧○	玉璧○
(右京神別下)				
(41) 丹比宿祢条	飛入○	飛入入•	飛入○	飛入○
(山城国神別)				
(42) 鴨縣主条	大鳥○	大鳥•	大鳥•	大鳥•
(43) 鴨縣主条	天八○咫烏○	天　•咫烏•	天　•咫烏•	天八○咫烏○
(44) 神宮部造条	天下有災○	天下有灾○	天下有灾○	天下有灾○
(大和国神別)				
(45) 蝮王部首条	蝮○王許•首	蝮•王許•首	蝮•王許•首	蝮•王許•首
(46) 大神朝臣条	尋覔○	尋不•見•	尋不•見•	尋覔○
(47) 國栖条	己○未年	乙•未年	乙•未年	乙•未年
(摂津国神別)				
(48) 額田部条	明日名門○命	明日名同•命	明日名同•命	明日名同•命

(49)	石作連条	武椀○根命	武梡•根命	武梡•根命	武梡•根命
(50)	凡川内忌寸条	凡川○内忌寸	凡河○内忌寸	凡河○内忌寸	凡河○内忌寸
	(和泉国神別)				
(51)	若櫻部造条	上智尼大連○	止智尼大速•	止智尼大速•	止智尼大連○
(52)	物部条	伊○香我色雄命	•香我色雄命	•香我色雄命	伊○香我色雄命
	(左京諸蕃下)				
(53)	豊原連条	上那•王虫磨•	上都•王虫磨•	上都•王虫磨•	上都•王虫磨•
(54)	橘守条	天日柞○命	天日杵•命	天日杵•命	天日杵•命
	(右京諸蕃上)				
(55)	秦忌寸条	始皇•四世孫	始皇•四世孫	始皇•四世孫	始皇帝○四世孫
	(山城国諸蕃)				
(56)	秦忌寸条	京畿○	京幾•	京幾•	京幾•
(57)	高井造条	鄒•牟	•牟	•牟	•牟
	(河内国諸蕃)				
(58)	下曰佐条	下曰○佐	下日•佐	下日•佐	下日•佐
(59)	永野忌寸条	漢人庄員○	漢人庄貞•	漢人庄貞•	漢人庄貞•
(60)	伯祢条	西○漢○人○伯○尼○姓○光○金○之○後○也○	••••••••••	••••••••••	••••••••••
	(未定雑姓、右京)				
(61)	三間名公条	伊都々○比古	伊都•比古	伊都•比古	伊都都○比古
(62)	三間名公条	汝○本国名	•本国名	汝○本国名	汝○本国名

	(未定雑姓、大和国)				
(63)	長倉造条	天○師命	大●師命	天○師命	天○師命
(64)	漢人条	漢人黒○	漢人里○	漢人黒○	漢人黒○
	(未定雑姓、摂津国)				
(65)	津嶋直条	天兒屋●	天兒屋根○	天兒屋根○	天兒屋根○
	(未定雑姓、河内国)				
(66)	葦田臣条	都旱○古乃命	都旱●古乃命	都早●古乃命	都早●古乃命
(67)	鞁編首条	鞁編○首	鞁偏●首	鞁偏●首	鞁編○首
	(未定雑姓、和泉国)				
(68)	鵜甘部首条	己西男柄○宿祢	己西男栖●宿祢	己西男柄○宿祢	己西男栖●宿祢

この表には、六八におよぶ語句の異同を例示したが、一覧してわかるように、菊亭文庫本には、他の写本に比較して誤字、脱字が少なく、また柳原紀光本など建武二年系の三つの写本の誤字、脱字には共通するものがほとんどであって、これら三本は、同一系統の写本であることが確認できる。

(15)の「呉國」の「呉」の字は、「呉」の異体字であるが、柳原紀光本以下の三本は、いずれも「口天」の二字句に誤っていることも、同一系統の写本であることをつぶさにしめしている。

(16)の「□○雑寶物等」の上の判読しがたい一字を前述のように「賣」の字と判読したが、これも菊亭文庫本のすぐれた特徴といえるのである。また(17)の「葛城屯田」は、柳原紀光本以下の建武二年系本、ならびに延文五年系本のすべては、「葛城長田」に作っている。その点で「葛城屯田」とする菊亭文庫本は孤立している。「長田」の古い用字例は、『日本書紀』神代上、第五段一書第十一に、「以二其稲種一。始殖二于天狭田及長田一」とみえ、条里地割の長地形の呼称である可能性もある。(62)

「屯」の字の草体に「〓」の字形があり、一方、「長」の字の草体にも、「屯」の字のそれとまぎらわしい「〓」の字形がある。したがって本来「長田」なのに、「〓田」と書写されていたため、これを「屯田」と誤って解された道筋も考えらくはない。しかしながら、もともと「屯田」であったものを、「〓田」と書かれたがために、後人がそれを「長田」と見誤って書写したということも考えられる。

田中卓氏は、菊亭文庫本の「屯田」を尊重して、「菊亭本ニヨリ「屯」ニ改ム。屯田ノ新史料トシテ重要ナリ」(63)と校訂注を施している。田中氏の指摘するように、菊亭文庫本の性格からして「屯田」とあるのを重要視すべきであろう。なお「屯田」の古い用例は、『日本書紀』仁徳即位前紀に、「而謂二其屯田司出雲臣之祖淤宇宿祢一曰。是屯田者。自レ本山守地。……臣所レ任屯田者。大中彦皇子距不レ令レ治。大鷦鷯尊。問二倭直祖麻呂一曰。倭屯田者。元謂二山守地一。是如何」云々とみえ、大化二年三月辛巳条に、「宜レ罷二官司処々屯田。及吉備嶋皇祖母処々貸稲一。以二其屯田一。班二賜群臣及伴造等一」云々とみえる。(64)

(18)の「〓機術」の「〓」の字を、柳原紀光本以下の建武二年系本のいずれもが「鮮」と誤記している。田中氏は、「解―菊亭本・柳原本・延良本・御巫本、スベテ「鮮」ニ誤ル。……群従本「觧」・橋本板本「解」ニヨリ改ム」(65)と注記し、校訂本文を「解機術」としたが、菊亭文庫本（田中氏のいう菊亭本）には、「鮮」とはなく、あきらかに「〓」とある。田中氏が「群従本「觧」」とした字は、「解」の異体字であり、菊亭文庫本の「〓」の字は、「澥」と同字である。また「〓」の字は、「解」と通用する文字であるから「〓機術」は、「解機術」と同語句であって、「〓」

という特殊な字をもちいているのは菊亭文庫本のもつ独自の特徴である。

(19)の「居此等州氏」のなかの「等州」の二字は、菊亭文庫本だけにみえ、他の建武二年系本のみならず延文五年系本の諸本にも欠けている。田中卓氏は、「州」を「クニ」にもちいる例に、『日本書紀』継体天皇元年二月庚子の条に、「是故。白髪天皇無レ嗣。遣二臣祖父大伴大連室屋一。毎レ州安二置三種白髪部一。〈言二三種一者。一白髪部舎人。二白髪部供膳。三白髪部靫負也〉」とある記事にみえる「毎レ州」をあげている。(66) 菊亭文庫本のみに「等州」の二字があることによって、ここでの文は、「仍ち此等の州に居る氏なり」と読めることになる。すなわち上文の「針間、阿藝、阿波、讃岐、伊豫」など五ヵ国を受けて、「此等州」と表現しているわけで、文章は、すっきりとしたものとなる。

このような菊亭文庫本のみに字句が記されている例は、(23)の「爰差現古君」の「爰」という字をあげることができる。この「爰」という字は、他の建武二年系本ばかりでなく延文五年系の諸本にも記されていない。

以上のように菊亭文庫本は、誤字、脱字が少ないうえに、他の写本にはない語句が記されていて、『新撰姓氏録』抄本の本文のもとの姿をよく伝えている貴重な写本であると結論づけることができるのである。

5 菊亭文庫本にみる片仮名

田中卓氏が菊亭文庫本を深く研究されるにあたって注目されたもののひとつに標目の氏姓につけられた片仮名があった。そのことについて田中氏は、

恐らく本文と同時に標目の氏姓につけられたと思はれる仮名が、「七」(サ)・「爪」(ス)・「ア」(ミ)・「禾」(ワ)等と書かれてゐることも、永禄当時、又はそれ以前の古体とみてよいであらう。(67)

と述べている。ただ後世刊行の板本『群書類従』所収の『新撰姓氏録』でも、たとえば田中氏が取りあげた「七」（サ）・「爪」（ス）・「ア」（ミ）・「禾」（ワ）などの古体の片仮名は、菊亭文庫本の標目の氏姓につけられたものと同様な仮名書きが引きつがれているので、ただちに写本の成立年代を決めるわけにはいかない。板本『群書類従』の『新撰姓氏録』のものと菊亭文庫本の氏姓への振り仮名を、「サ」「ス」「ミ」「ワ」にかぎって見てみると両者は次の表のごとく、まったく同じである。

片仮名	巻別	氏姓名	菊亭文庫本	群書類従本
「七」（サ）	第一巻、左京皇別	坂田酒人真人	七カタ七カウト	七カタ七カウト
「爪」（ス）	第三巻、左京皇別下	大春日朝臣	オホカ爪カ	オホカ爪カ
「ア」（ミ）	第二巻、右京皇別	三國真人	アクニ	アクニ
「禾」（ワ）	第三巻、左京皇別下	和尔部宿祢	禾ニヘ	禾ニヘ

しかし、全巻をとおして、このような標目の氏姓につけられた片仮名を調べてみると、大きな違いがあることがわかる。板本の群書類従本をふくめて、本章でとりあげた有不為斎本と橋本経亮本が、菊亭文庫本の片仮名と比べて、どのように変っているかを表にしてみると、次のごとくである。菊亭文庫本とは違って、有不為斎本以下の諸本にあっては、おおむね古体の片仮名が、次第にもちいられなくなってきていることが、明確にわかってくるのである。

		氏姓名	菊亭文庫本	有不為斎本	橋本経亮本	群書類従本
(1)	左京皇別	坂田酒人真人	七○カタ七○カウトノ	七○カタ七○カウトノ	サカタ七○カウトノ	七○カタ七○カウト
(2)	〃	嶋根真人	シマ○ネ○	シマ○糸●	シマ○糸●	シマ○ネ

(3)	〃	池上真人	イケカミ○ノ	イケカア○ノ	イケカア○ノ	イケカミ○ノ
(4)	〃	登美真人	トア○	トア○	トア○	トア○
(5)	〃	三嶋真人	ア○シマ○	ア○シマ○	ア○シマ○	ミ○シマ○
(6)	〃	三園真人	ア○ソノ	ア○ソノ	ア○ソノ	ア○ソノ
(7)	〃	笠原真人	カセ○ハラ	カセ○ハラ	カサハラ	カセ○ハラ
(8)	〃	氷上真人	ヒカア○	ヒカア○	ヒカア○	ヒカア○
(9)	右京皇別	三國真人	ア○クニ	ア○クニ	ア○クニ	ア○クニ
(10)	〃	豊野真人	トち○ノ	｜	｜	トヨノ
(11)	山城国皇別	三國真人	ア○クニ	ア○クニ	ア○クニ	｜
(12)	大和国皇別	酒人真人	セ○カヒト	サカヒト	｜	セ○カヒト
(13)	摂津国皇別	為奈真人	井○ナ	｜	｜	｜
(14)	左京皇別上	良岑朝臣	ヨシア○ネ	コシア○糸●	ヨシミネ	ヨシア○ネ
(15)	〃	廣根朝臣	ヒロネ○	ヒロ糸●	ヒロネ	ヒロネ
(16)	〃	淡海朝臣	アフア○	｜	｜	アフミ○
(17)	〃	佐々貴山公	セ○ヽキ	セ○ヽキ	サヽキ	｜
(18)	〃	膳大伴部	カシワテろ○ア○トモ	｜	｜	カシハテノオホトモ
(19)	〃	櫻井朝臣	セ○ク○ラ井○	サクライ	サクラ井○	サクラ井○
(20)	〃	坂本朝臣	セ○カモト	｜	｜	｜
(21)	〃	雀部朝臣	セ○ヽイヘ	サ●イヘ	サヽイヘ	サヽイヘ
(22)	〃	生江臣	イク○エ	イクエ	イクヘ《カ》●	イクエノオミ
(23)	〃	御使朝臣	ア○ツカヒ	ア○ツア●シ●	ア○ツア●シ●	ア○ツカヒ

(24)	左京皇別上	犬上朝臣	イヌカミ	イヌカア○	―	イヌカミ
(25)	〃	坂田朝臣	セ○カタ	―	―	―
(26)	左京皇別下	大春日朝臣	オホカ乢○カ	オホカ乢○カ	オホカ乢○カ	オホカ乢○カ
(27)	〃	和尒部宿禰	禾○ニヘ	禾○ニヘ	禾○ニヘ	ネ●ニヘ
(28)	〃	大網公	オホアア○	ヲ●ホアミ	ヲ●ホアミ	オホアミ
(29)	〃	軽我孫	カロアイコ《ヒコイ》	カロアイコ《ヒコイ》	カロアイコ《ヒコイ》	カロアヒコ
(30)	右京皇別上	御炊朝臣	ア○カシキ○	ミカシキ○	ミカシキ○	ア○カシキ
(31)	〃	佐味朝臣	セ○ア○	サミ	サミ	サア○
(32)	〃	田邊史	タノヘノフㄥ○ヒト	タノヘノフムヒト	タノヘ●フムヒト	タノヘ
(33)	右京皇別下	粟田朝臣	アり○タ	アハタ	アハタ	アハタ
(34)	〃	和迹部	禾○ニヘ	ワニヘ	ワニヘ	ワニヘ
(35)	〃	御立史	ア○タテ○ノフㄥ○ヒト	ミタチノフムヒト	ミタチノフムヒト	ミタチノフムヒト
(36)	〃	大私部	キセ○イテ○ヘ	キサイチヘ	キサイチヘ	キサイチヘ
(37)	山城国皇別	粟田朝臣	アㄣ○タ	アワ●タ	アワ●タ	アハタ
(38)	〃	和迹部	禾○ニヘノ	ワニヘノ	ワニヘ	ワニヘ
(39)	〃	日下部宿祢	クセ○カヘノ	クサカヘノ	クサカヘノ	クサカヘ
(40)	〃	息長竹原公	オキナカタカㄣ○ラノ	ヲ●キナカタカハラノ	ヲ●キナカタカワ●ラノ	オキナカタカハラ
			コム	コム	コム	―
(41)	大和国皇別	馬工連	マヒセ○ウ○	マヒナ●ソ●	マヒナ●ソ●	マイサヲ
(42)	〃	柿本朝臣	カキノセ○トノ	カキノモト	カキノモト	カキノモト
(43)	摂津国皇別	坂合部	セ○カアヒヘ	サカアヒヘ	サカアヒヘ	サカヒヘ

(44)	〃	雀部朝臣	セ○ヽイヘ	サヽイヘ	サヽイヘ	サヽイヘ
(45)	〃	坂本臣	セ○カモト	サカモト	サカモト	サカモト
(46)	河内国皇別	日下部連	クセ○カ●ノムラシ	クサカヘノムラシ	クサカヘノムラシ	クサカヘ―
(47)	〃	原井連	ハラ井○ノムラシ	―	―	ハラ井○―
(48)	〃	日下部連	クセ○カヘノムラシ	クサカヘノムラシ	クサカヘノムラシ	クサカ
(49)	〃	酒人造	セ○カヒトノア○ヤツコ	サカヒトノア○ヤツコ	サカヒトノア○ヤツコ	サカヒト―
(50)	〃	日下部	クセ○カヘ	―	―	―
(51)	〃	忍海部	オシノウア○ヘ	ヲ●シノウミヘ	オシノウミヘ	オシノミヘ
(52)	〃	茨田宿祢	マ○タノ礼○クネ○	マ○タノスク子○	マタノスク子○	マンタ―
(53)	〃	守公	モリろ○	―	―	―
(54)	〃	止美連	トア《ミ》ろ○ムラシ	トミノムラシ	トミノムラシ	トミ―
(55)	〃	佐伯直	セ○ヘ○キノアタヒ	サヘキノアタヒ	サヘキノアタヒ	サヘキ―
(56)	和泉国皇別	坂本朝臣	セ○カモト	サカモト	サカモト	―
(57)	〃	雀部臣	セ○ヽイヘノシ	サヽイヘノシ	サヽイヘノシ	サヽイヘ―
(58)	〃	他田	ヲセ○タ	ヲサタ	ヲサタ	ヲサタ
(59)	〃	根連	ネ○ろムラシ	子○ノムラシ	子○ノムラシ	―
(60)	〃	日下部首	クセ○カヘノ	クサカヘノ	クサカヘノ	―
(61)	〃	登美首	トア○ノ	トミノ	トミノ	―
(62)	〃	和気公	禾○ケノ	ワケノ	ワケノ	―
(63)	〃	酒部公	セ○ケ○ヘノ	サケヘノ	サケ《カ》ヘノ	サカヘ
(64)	〃	山公	ヤマ○ろ	ヤマ○ノ	ヤマ○ノ	―

(65)	左京神別上	伊香連	イカツ○乃○ムラシ	イカラ●ムラシ	イカラ●ムラシ	イカコ――
(66)	〃	中臣宮處連	ナカトア○、ヤノトコロノムラシ	ナ●カトミミヤノトコロ　ムラシ	ナ●カトミミヤノトコロ　ムラシ	――
(67)	〃	石上朝臣	イソノカア○ノアソム	イソノカミノアソン	イソノカミノアソン	イソノカミ――
(68)	〃	穂積朝臣	ホツア○ノアソム	ホツミノアソン	ホツミノアソン	ホツミ――
(69)	〃	阿刀宿祢	アトノ爪○ク子○	アトノスク子○	アトノスク子○	アト――
(70)	〃	若湯坐宿祢	禾○カユヘ乃○爪○ク子○	ワカエ《ヘイ》●イスク子○	ワカエ《ヘイ》ノスク子○	ワカユヱ――
(71)	〃	春米宿祢	ツイシ衣○ノ爪○ク子○	ツイシ衣○ノスク子○	ツイシ衣○ノスク子○	ツイシネ――
(72)	〃	弓削宿祢	ユケノ爪○ク衣○	ユケノスク子○	ユケノスク子○	ユケ――
(73)	〃	氷宿祢	ヒノ爪○ク子○	ヒノスク子○	ヒノスク子○	ヒ――
(74)	〃	穂積臣	ホツア○ノシム	ホツミノシン	ホツミノシン	――
(75)	〃	矢集連	ヤツヌ《メ》ノムラシ	ヤツメノムラシ	ヤツメノムラシ	ヤツメ――
(76)	〃	依羅連	ヨセ○ア○○ノ	ヨサミノ	ヨサミノ	ヨサミ
(77)	〃	曽祢連	ソ衣○乃ムラシ	ソ衣○ノムラシ	ソ○衣《ネ》ノムラシ	ソネ――
(78)	〃	軽部造	カロヘノア○ヤツコ	カロヘノミヤツコ	カロヘノミヤツコ	カロヘ――
(79)	〃	真神田曽祢連	イ《マ゜イ》カア○タ○ソ衣○ノムラ○シ	イ《マ゜イ》カミタソ衣○ノムラシ	イ《マ゜イ》カミタノソ衣○ノムラシ	マカミタ――
(80)	〃	猪名部造	井○ナヘノア○ヤツコ	井○ナヘノミヤツコ	井○ナヘノミヤツコ	井○ナヘ――
(81)	左京神別中	県犬養宿祢	アカタイヌカイ○ノ爪○ク衣○	アカタイヌカイノスク子○	アカタイヌカイノスク子○	アカタイヌカヒ――
(82)	〃	畝尾連	ウ衣○ヲ○	ウ衣○ヲ	ウネ○衣《ネ》ヲ	ウネヲ

(83)	〃	宮部造	ア○ヤヘノア○ヤツコ	ミヤヘノア○ヤツコ	ミヤヘノア○ヤツコ	―
(84)	〃	間人宿祢	ハシウトノ乢○クネ○	ハシウトノスク子○	ハシウト	ハシウト
(85)	〃	出雲宿祢	イツモノ乢○クネ○	イツモノスク子○	イツモノスク子○	―
(86)	〃	佐伯連	セ○ヘキ	サヘキ	サヘキ	―
(87)	左京神別下	尾張宿祢	オハリノ乢○クネ○	ヲハリノスク子○	ヲハリノスク子○	―
(88)	〃	伊福部宿祢	イフクヘノ乢○クネ○	イフクヘノスク子○	イフクヘノスク子○	―
(89)	〃	檜前舎人連	ヒノクマ○ノトネ○ノム ラシ	ヒノクマ○ノト子○ノム ラシ	ヒノクマ○ノト子○ノム ラシ	ヒノクマ○―
(90)	〃	榎室連	エムロろ○ムラシ	―	―	―
(91)	〃	坂合部宿祢	セ○カアヘヒノ乢○クネ○	サカアヒノスク子○	サカアヒノスク子○	―
(92)	〃	三枝部連	セ○イクセ○ヘノムラシ サヘクセ○	サイクサヘ●ムラシ	サイクサヘノムラシ	サイクサ―
(93)	〃	奄智造	アムチノア○ヤツコ	アムチノミヤツコ	アムチノミヤツコ	アンチ―
(94)	〃	弓削宿祢	ユケノ乢○クネ○	ユケノスク子○	ユケノスク子○	ユケ―
(95)	右京神別上	采女朝臣	ウネ○メノアソム	―	―	―
(96)	〃	巫部宿祢	カムナイ○ヘノ乢クネ○	カムナイヘノスク子○	カムナイヘノスク子○	―
(97)	〃	長谷置始連	ハせ○ノキ○イ○ソメノム ラシ ハせ○ノオ○ソメノ	ハせ○ノキ○●ソメノム ラシ	ハせ○ノ○キ《オ》イソメノム ラシ	ハせノオイソメ―
(98)	〃	依羅連	ヨセ○ア○ノムラシ	ヨサミノムラン	ヨサミノムラシ	ヨサミ―
(99)	〃	曽根連	ソネ○ノ	ソ子○ノ	ソ子○ノ	―

(100)	右京神別上	肩野連	カタ乃○	カタノ	カタノ	|
(101)	〃	若櫻部造	禾○カ七○クラへ乃○ア○ヤツコ	ワカサクラへノミヤツコ	ワカサクラへノミヤツコ	|
(102)	〃	神麻續連	カムヲア○ノムラシ	カムヲミノムラシ	カンヲミノムラシ	カムヲミ—
(103)	〃	三嶋宿祢	ア○シマ○ノ凡○ク衣○	ミシマ○ノスク子○	ミシマ○ノスク子○	|
(104)	〃	佐伯造	七○エ○キノア○ヤツコ	|	|	|
(105)	〃	大伴大田宿祢	オホ○トモオホ○タノ凡○ク衣○	ヲ●ホトモオホタノスクネ	ヲ●ホトモオホタノスクネ	|
(106)	〃	額田部宿祢	ヌカタノへノ凡○ク衣○	ヌカタへノスク子○	ヌカタへノスク子○	|
(107)	〃	額田部甦玉	ヌカタへノア○カタマ	ヌカタへノア○カタマ○	ヌカタへノア○カタマ○	—ミカ—
(108)	〃	壹伎直	ユキ乃○アタ○ヒ	ユキノアタヒ	ユキノアタイ	ユキ—
(109)	右京神別下	土師宿祢	ハシノ凡○ク衣○	ハシノスク子○	ハシノスク子○	ハシ—
(110)	〃	菅原朝臣	凡カハラノ	スカワラ	スカハラ	|
(111)	〃	大炊刑部造	オホイ七○カへノア○ヤツコ	オホイヲサカへノミヤツコ	オホイヲサカへノミヤツコ	|
(112)	〃	若倭部	禾○カヤマ○トへ	ワカヤマ○トへ	ワカヤマ○トへ	|
(113)	〃	川上首	カハカア○ノオフト	カハカミノヲ●フト	カハカミノヲ●フト	|
(114)	〃	坂合部宿祢	七○カアヒへノ	サカアヒノ	サカアヒノ	|
(115)	山城国神別	熊野連	ク○マ○ノ	クマ○ノ	クマノ	|
(116)	〃	佐為宿祢	七○井○	サイ	サイ	サ井○
(117)	〃	佐為連	七○井○	サイ	サイ	|

(118)	〃	中臣葛野連	ナカトア○カトノ、ムラシ	―	―	―カトノ―
(119)	〃	巫部連	カムナイ○ヘノムラシ	カンナイヘノムラシ	カンナイヘノムラン	カンナイヘ―
(120)	〃	奈矣私造	ナイキ、サセ○イ○ア○ヤツコ	ナイキ、サイチノミヤツコ	ナイキ、サ、《キ》チノミヤツコ	ナイキキサ、イチ
(121)	〃	神宮部造	カムア○ヤヘノア○ヤツコ	―	―	―
(122)	〃	菅田首	ス○カタ	―	―	―
(123)	〃	水主直	ア○ノ○セ○ノアタヒ	ミノセ○ノアタヒ	ミノセノアタヒ	ミナセ―
(124)	大和国神別	佐為連	セ○井○	―	―	―
(125)	〃	葛木忌寸	カツラ木○	カツラキ	カツラキ	―
(126)	〃	御手代首	ア○テシロ	ミテシロ	ミテシロ	ミテシロ
(127)	〃	白堤首	シロツ、ア○	シロツ、ミ	シロツ、ミ	シロツ、ミ
(128)	〃	御手代首	ア○テシロ	ミテシロ	ミテシロ	ミテシロ
(129)	〃	飛鳥直	アス○カノアタヒ	アスカノアタヒ	アスカノアタヒ	アスカノアタヒ
(130)	〃	三枝部連	セ○イクセ○ヘ	サイクサヘ	サイクサヘ	―
(131)	〃	大神朝臣	オウ禾○	―	オホミワ 今オホガ	オホカ
(132)	〃	國栖	クス○	クス	クス	クス
(133)	摂津国神別	若湯坐宿祢	禾○カユヘ	ワカユヘ	ワカユヘ	―
(134)	〃	巫部宿祢	カムナイ○ヘ	カムナイヘ	カムナイヘ	―

(135)	河内国神別	菅生朝臣	爪○カウ	スカウ	スカフ	スカフ
(136)	〃	佐伯首	七○ヘキ	｜	｜	｜
(137)	〃	美努連	ア○ノ	ミノ	ミノ	｜
(138)	〃	物部依羅連	モノ、ヘヨサア○	モノ、ヘヨサミ	モノ、ヘヨサミ	｜
(139)	〃	日下部	クナ○カヘ	｜	｜	クサカ
(140)	〃	栗栖連	クル爪○	クルス	クスル（ママ）	クルス
(141)	〃	若湯坐連	禾○カユヘ	ワカユヘ	ワカユヘ	ワカユヱ
(142)	〃	掃守造	カモリノア○ヤツコ	カモリノミヤツコ	カモリノミヤツコ	｜
(143)	〃	若犬養宿祢	禾○カイヌカヒ	ワカイヌカイ	ワカイヌカイ	｜
(144)	〃	次田連	爪○井○タ	スイタ	スイタ	スイタ
			ス井○タ			
(145)	〃	五百木部連	イウ○キヘ	イウ○キヘ	イウ●キヘ	イ井●ヲキヘ
(146)	〃	凡河内忌寸	オウシカウチノイア○キ	ヲフシ　●ウチノイミキ	ヲフシ　●ウチノイミキ	｜
(147)	〃	宗形君	ムナカタノキア○	ムナカタノキン	ムナカタノキン	｜
(148)	〃	安曇連	アツア○	アツミ	アツミ	｜
(149)	和泉国神別	宮處朝臣	ア○ヤトコロ	ミヤトコロ	ミヤトコロ	｜
(150)	〃	狭山連	七○ヤマ	サヤマ	サヤマ	｜
(151)	〃	和太	禾○タ	ワタ	ワタ	｜
(152)	〃	中臣部	ナカトア○	ナカトミ	ナカトミ	｜
(153)	〃	民直	タア○ノアタヒ	タア○ノアタヒ	タア○ノアタヒ	｜

(154)	〃	若櫻部造	禾○カ七○クラヘノア○ヤツコ	ワカサクラヘノミヤツコ	ワカサクラヘノミヤツコ	―
(155)	〃	和田首	禾○コ○タノオフト	ワニタノヲフト	ワニタノヲフト	―
(156)	〃	大庭造	オホウ○ハノア○ヤツコ	ヲホウハ●ミヤツコ	ヲホウハ●ミヤツコ	オホハ―
(157)	〃	神直	ア○禾○ノアタヒ	ア○禾○ノアタヒ	ア○禾○ノアタヒ	―
(158)	〃	土師宿祢	ハシノ凢○ク手○	―	―	―
(159)	〃	民直	タア○ノアタ○ヒ	タミノアタヒ	タミノアタヒ	―
(160)	〃	若犬養宿祢	禾○カイヌカヒ	ワカイヌカヒ	ワカイヌカヒ	―
(161)	〃	網津守連	アア○ツモリ	アミツモリ	アミツモリ	―
(162)	左京諸蕃上	太秦公宿祢	ウツマ七○ノコムノ凢○ク衣○	―	―	ウツマサ
(163)	〃	秦忌寸	ハタノイア○キ	ハタノイミキ	ハタノイミキ	―イミキ
(164)	〃	秦造	ハタノア○ヤツコ	ハタノミヤツコ	ハタノミヤツコ	―ミヤツコ
(165)	〃	文宿禰	フムノ凢○ク衣○	フムノスク手○	フムノスク手○	―
(166)	〃	文忌寸	フムノイア○キ	フムノイミキ	フムノイミキ	―
(167)	〃	櫻野首	七○クラノヽオフト	―	―	―
(168)	〃	常世連	ツ衣○ヨ	―	―	ツ手○ヨ
(169)	〃	大崗忌寸	オホオ●カノイア○キ	ヲ●ホヲカノイミキ	ヲ●ホヲカノイミキ	―
(170)	〃	清海宿祢	キヨウア○	キヨウミ	キヨウミ	―
(171)	〃	清海忌寸	キヨウア○	キヨウミ	キヨウミ	―
(172)	〃	新長忌寸	ニ井○ヲ七○ノイア○キ	ニイヲサノイムキ	ニイヲサノイムキ	ニイ―

(173)	左京諸蕃上	當宗忌寸	マ○サムネ○	―	―	マ○サムネ○
(174)	〃	桑原村主	ク○ワハラノス○クリ	―	―	クハハラノスクリ
(175)	〃	下村主	シモノス○クリ	シモノスクリ	シモノスクリ	シモ―
(176)	〃	上村主	カムノス○クリ	カムノスクリ	カムノスクリ	―
(177)	左京諸蕃下	吉水連	ヨシミ○ツノムラシ	ヨシミツ●ムラシ	ヨシミツ●ムラシ	ヨシミツ―
(178)	〃	牟佐村主	ムサノス○クリ	ムサス●クリ	ムサス●クリ	ムサ―
(179)	〃	和藥使主	ヤマ○トク○ス○リツカヒ ヌシ	ヤマトクスリツカヒ ヌシ	ヤマトクスリツカヒ ヌシ	―
(180)	〃	神前連	カムサ○キ	カムサキ	カムサキ	カンサキ
(181)	〃	大丘造	オウ○ヲカノミ○ヤツコ	ヲ●ホヲカノミヤツコ	オホヲカノミヤツコ	オホヲカ―
(182)	〃	御笠連	ツ○カサ○ノ	ツ○カサノ	ツ○カサノ	ミカサ
(183)	〃	出水連	イツミ○	イツミ	イツミ	イツミ
(184)	〃	高史	カワ○ノフムヒト	カウノフンヒト	カウノフンヒト	カウ―
(185)	〃	日置造	ヒヲキノミ○ヤツコ	ヒヲキノミヤツコ	ヒヲキノミヤツコ	ヒヲキ―
(186)	〃	道田連	ミ○チタノムラシ	ミチタノムラシ	ミチタノムラシ	ミチタノ―
(187)	右京諸蕃上	坂上大宿祢	サ○カノウヘノオホイ○ ス○クネ○	サカノウヘノヲ●ホイ スクネ○	サカノウヘノヲ●ホイ スクネ	―
(188)	〃	佐太宿祢	サ○タ	サタ	サタ	サタ
(189)	〃	櫻井宿祢	サクラヰ○	サクラヰ○	サクラヰ○	―
(190)	〃	文忌寸	フムノイミ○キ	フンノイミキ	フンノイミキ	フン―
(191)	〃	山田宿祢	ヤマ○タノス○クネ○	ヤマ○●ノスクネ	ヤマタ●スクネ	―

(192)	〃	山田造	ヤ〻○タノア○ヤツコ	ヤ〻○タノミヤツコ	ヤマタノミヤツコ	―
(193)	〃	高村宿祢	タ○カムラノ乢○クネ	タカムラノスク子○	タカムラノスク子○	
(194)	〃	檜前村主	ヒノク○〻○乢○クリ	ヒノクマスクリ	ヒノ●マスクリ	ヒノクマ―
(195)	〃	上村主	カムノ乢○クリ	カムノスクリ	カムノスクリ	カム―
(196)	〃	八清水連	ヤシア○ツノムラシ	ヤシミツノムラシ	ヤシミツノムラシ	ヤシミツ―
(197)	〃	若江造	禾○カヘ	ワカヘ	ワカヘ	ハ●カエ
(198)	〃	下村主	シモノ乢○ク○リ	シモノスクリ	シモノスクリ	シモ―
(199)	〃	秦忌寸	ハタノイア○キ	ハタノイミキ	ハタノイミキ	ハタ―
(200)	〃	栗栖首	クル爪○ノオフト	クルスノヲ●フト	クルスノヲ●フト	クルス―
(201)	右京諸蕃下	大山忌寸	オホヤ〻○ノイア○キ	ヲ●ホヤ〻○ノイミキ	ヲ●ホヤマノイミキ	―
(202)	〃	高向村主	タカムコノ乢○ク○リ	タカムコノスクリ	タカムコノスクリ	タカムコ―
(203)	〃	菅野朝臣	乢○カノ丶アソム	スカノ丶アツソン	スカノ丶アソン	スカノ―
(204)	〃	葛井宿祢	カツラ井○ノ乢○ク衤○	カツライノスク子○	カツラ井○ノスク子○	―
(205)	〃	宮原宿祢	ア○ヤハラ	ミヤハラ	ミヤハラ	―
(206)	〃	船連	フ衤○	フ子○	フ子○	フ子○
(207)	〃	三吉宿祢	ア○ヨシ	ミヨシ	ミヨシ	―
(208)	〃	廣海連	ヒロウア○	ヒロウミ	ヒロウミ	―
(209)	〃	麻田連	ア乇○タ○	アサタ	アサタ	アサタ
(210)	〃	民首	タ○ア○ノヲウト	タミノヲウト	タミノヲウト	タミ―
(211)	〃	高野造	タ○カノ丶アヤツコ《ミヤツコ》	タカノ丶ミヤツコ	タカノ丶ミヤツコ	―
(212)	〃	飛鳥戸造	ア乢○カヘノ○	アスカヘノ	―	アスカヘ

番号	所属	氏姓	訓（一）	訓（二）	訓（三）	訓（四）
(213)	右京諸蕃下	御池造	ア○イケ	ミイケ	ミイケ	ミイケ
(214)	〃	坂田村主	セ○カタ○爪○ク○リ	サカタスクリ	サカタスクリ	―
(215)	〃	日置造	ヒオキノア○ヤツコ	ヒヲキノミヤツコ	ヒヲキノミヤツコ	―
(216)	〃	高安下村主	タ○カヤスシモツ爪○ク○リ	タカヤスシモツスクリ	タカヤスシモツスクリ	タカヤスシモツ―
(217)	〃	三宅連	ミヤ○ケノムラシ	ミヤ○ヤ●ノムラシ	ミヤ○ヤ●ノムラシ	ミヤケ
(218)	山城国諸蕃	高井造	タ○カヰ○	タカイ	タ○カヰ○	―
(219)	〃	八坂造	ヤセ○カ	ヤサカ	ヤサカ	―
(220)	大和国諸蕃	真神宿祢	マ○カア○	マ○カミ	マ○カミ	マ○カミ
(221)	〃	三林公	ア○ハヤシ	ミハヤシ	ミハヤシ	ミハヤシ
(222)	〃	櫻田連	セ○クラタ	サクラタ	サクラタ	―
(223)	〃	額田村主	ヌカタ○ノ爪○ク○リ	―	―	―
(224)	〃	日置造	ヒオヽ○	ヒヲキ	ヒヲキ	―
(225)	〃	鳥井宿祢	トリヰ○	トリヰ○	トリヰ○	―
(226)	〃	吉井宿祢	ヨシヰ○ノ爪○ク○ネ○	ヨシヰ○ノスク子○	ヨシヰ○ノスク子○	ヨシヰ○―
(227)	〃	糸井造	イトヰ○	イトイ●	イトヰ○	イトヰ○
(228)	〃	辟田首	セ○イ○タノオフト	サイタノヲ●フト	サイタノヲ●フト	―
(229)	摂津国諸蕃	廣井連	ヒロ井○ノ	ヒロイノ	ヒロイノ	―
(230)	〃	為奈部首	ヰ○ナヘノオフト	ヰ○ナヘノヲ●フト	ヰ○ナヘノヲ●フト	ヰ○ナヘ―
(231)	〃	三野造	ア○ノヽア○ヤツコ	――ミヤツコ	ア○ノヽミヤツコ	ミノ―
(232)	河内国諸蕃	大里史	オワ○サトノフムヒト	ヲ●ホサトノフムヒト	ヲ●ホサト●フムヒト	―

(233)	〃	高尾忌寸	タカラ○ノイア○キ	タカヲノイミキ	タカヲノイミキ	─
(234)	〃	野上連	ノカア○	ノカミ	ノカミ	─
(235)	〃	常世連	ツネ○ヨ	ツ子○ヨ	─	─
(236)	〃	春井連	ハル井○	ハルイ	ハルイ	─
(237)	〃	當宗忌寸	マセ○ム子○ノイア○キ	マサム子○ノイミキ	マサム子○ノイミキ	マサム子──
(238)	〃	刑部造	ラ○セ○カヘ	ヲサカヘ	ヲサカヘ	─
(239)	〃	調曰佐	ツキラ○サ	ツキヲサ	ツキヲサ	─
(240)	〃	依羅連	ヨセ○ア○	ヨサミ	ヨサミ	ヨサミ
(241)	〃	飛鳥戸造	アス○カヘノ	アスカヘノ	アスカヘノ	アスカヘ
(242)	〃	古市村主	フルイチノス○クリ	─	─	─
(243)	和泉国諸蕃	上村主	カムノス○ク○リ	カムノスクリ	カムノスクリ	─
(244)	〃	村主	ス○ク○リ	スクリ	スクリ	─
(245)	未定雑姓左京	御原真人	ア○ハラ	ミハラ	ミハラ	─
(246)	〃	忍坂連	オセ○カ	ヲ●サカ	ヲ●サカ	オサカ
(247)	未定雑姓右京	中臣臣	ナカトア○ノ	ナカトミノ	ナカトミノ	─
(248)	〃	原造	ハラノア○ヤツコ	ハラノミヤツコ	ハラノミヤツコ	─
(249)	〃	坂戸物部	セ○カヘモノヽヘ	サカヘモノヽヘ	サカヘモノヽヘ	─
(250)	〃	志賀穴太村主	シカアナオホノス○ク○	シカアナオホノスク	シカアナ●ホノスク	─
			リ	リ	リ	
(251)	〃	朝明史	アセ○アキノフレ○ヒト	アサアキノフムヒト	─	─
(252)	未定雑姓摂津国	牟佐呉公	ムセ○	ムサ	ムサ	─

(253)	未定雑姓河内国	安曇連	アツア○	アツミ	アツミ	—
(254)	未定雑姓和泉国	猪甘首	井○カムヘノラ○フト	井○カンヘノラ○フト	井○カンヘノヲフト	井○カヒ——
(255)	〃	山田造	ヤマタ○ノア○ヤツコ	ヤマタノミヤツコ	—	—
(256)	不載姓氏録姓	美麻那	ア○マ○ナ	ミマ○ナ	ミマ○ナ	—
(257)	〃	宇祢備	ウネ○ヒ	ウ子○ヒ	ウ子○ヒ	—
(258)	〃	常澄	ツネ○スミ	ツ子○スミ	ツ子○スミ	ツ子○スミ
(259)	〃	當世	マ○セ○ヨ	マ○サヨ	マ○サヨ	—
(260)	〃	貞	セ○タ○	サタ	サタ	サタ
(261)	〃	都	ア○ヤコ	ミヤコ	ミヤコ	—
(262)	〃	各務	カヽア○	—	カヽミ	カヽミ
(263)	〃	唁	ネ○キ	ネキ	ネキ	ネキ
(264)	〃	風早	カセ○ハヤ	カサハヤ	カサハヤ	カサハヤ
(265)	〃	五百井	イラ○井○	イヲ井○	イヲイ	イヲ井○
(266)	〃	靫連	ユカア○	ユカア○	ユカア○	ユカア○
(267)	〃	夏身	ナツア○	ナツミ	ナツミ	ナツミ
(268)	〃	若狭	禾○カサ	ワカサ	ワカサ	—
(269)	〃	清峯	キヨア○ネ○	キヨミ子○	キヨミ子○	—
(270)	〃	瓺取	ア○カトリ	ア○カトリ	ア○カトリ	ア○カトリ

〔備考〕　○は古体の片仮名であることをしめし、●は誤字、または誤った用字、または誤脱をしめしている。

ここに掲げた菊亭文庫本、有不為斎本、橋本経亮本の諸写本、ならびに『群書類従』本の板本における標目の氏姓、および諸本の巻末に載せられている「不載姓氏録姓」に列挙されている氏名に施されている片仮名は、すべて標目の氏姓に振られているわけではないが、二七〇例をあげた異同表についてみると、おおよそ次のようなことが指摘できる。すなわち、

(一) 異同表の(1)から(11)までの片仮名は、菊亭文庫本でもちいられている「セ(サ)」「ア(ミ)」など古体のものが共通してみられる。しかし、それ以後は、次第に不規則に散在するようになり、(28)以降は、一部の例外をのぞき、ほとんど古体の片仮名はもちいられなくなっている。

(二) (14)から(17)までの箇所では、有不為斎本のみが菊亭文庫本と共通する「セ(サ)」「ア(ミ)」などの片仮名をもちいている。

(三) 表の(23)、(49)、(153)、(266)、(270)などには、菊亭文庫本の「ア(ミ)」と同じ片仮名が有不為斎本以下の諸本(ただし(49)は、『群書類従本』には記されていない)の標目の氏姓、および「不載姓氏録姓」の氏名に付けられている。「ア(ミ)」の仮名が、ひきつづき書写にあたってながくもちいられていたことをうかがわせる。

(四) 古い片仮名の字体が、ながく伝わっている例として、(217)右京諸蕃下、三宅連の氏姓に付せられている「ミヤケノムラシ」の「ヤ」の字をあげることができる。有不為斎本は、「ミヤヤノムラシ」に作り、橋本経亮本にも、「ミヤヤノムラシ」とある。この「ヤ」は、「ア(ミ)」の仮名とは似ているが、別字で「ヤ」の古体の片仮名である。この「ヤ(ヤ)」の仮名は、古く元慶七年(八八三)書写経加点の『地蔵十輪経』(正倉院聖語蔵・東大寺図書館所蔵)にみえ、「也(ヤ)」の漢字を省略し崩して成りたった字体である。

(五) こうした古体の片仮名が有不為斎本以下の写本、板本にもちいられている場合があるものの、全体としてみれ

ば、その数はきわめて少なく、しかも、「ミヤケノムラシ」の例にみるごとく、有不為斎本などが、「ミヤヤノムラシ」という振り仮名を付けているところからすると、「ミヤケノムラシ」とあるなかの「ヤ（ヤ）」という古体の片仮名を、書写者が正確に理解していたかどうか疑問となってくる。

㈥　菊亭文庫本にみられる古体の片仮名は、同写本の全巻を通じてもちいられており、そこには混乱はみられず、整然としている。

㈥にあげたことは、菊亭文庫本が氏姓に施された片仮名にあっても、他本にはみられない古い姿を一貫して保っている特色をもつ写本であることを有力に物語っている。

ここで菊亭文庫本にみえる古体の片仮名を表示してみると次のようになる。

ア	カ	サ	タ	ナ	ハ	マ	ヤ
	カケ	セナ	タ	セ	りワ	マイ	ヤ
イ	キ	シ	チ	ニ	ヒ	ミ	イ
	イ木し　大	レシ之	レシ	ラコ	イう	アミろ	
ウ	ク	ス	ツ	ヌ	フ	ム	ユ
ワ	ク	爪		ヌ		ム八	
エ	ケ	セ	テ	ネ	ヘ	メ	エ
	イ	せ		ネ子ス		ヌ	
オ	コ	ソ	ト	ノ	ホ	モ	ヨ
人	フヱ			ろ	呆ウ	モ	与

ラ		リ		ル		レ		ロ	ス
ワ	禾ㄇ	ヰ	井	ウ		ヱ	ヱ	ヲ	ラキシ

これらの仮名の字体は、主として十一世紀から十二世紀にかけてもちいられたものであり、かつ博士家特有の字体である「セ（サ）」、「爪（ス）」、「乃（ノ）」、「ア（ミ）」など(68)が、しきりにもちいられているのは、菊亭文庫本が算博士家としての古い伝統をもつ官務家小槻氏のなかで書写され、伝えられてきた写本であったことも、けっして偶然ではないように思われる。

注

(1) 佐伯有清『新撰姓氏録の研究』考證篇第六、三三一―三四七頁参照。
(2) 田中卓『新撰姓氏録の研究』(『田中卓著作集』9)、二二六―七〇九頁参照。
(3) 田中卓、前掲注(2)書、二二九頁。
(4) 田中卓、前掲注(2)書、二二九頁。
(5) 田中卓、前掲注(2)書、二二九―二三〇頁。
(6) 田中卓、前掲注(2)書、二三〇頁、および七〇八頁参照。
(7) 田中卓、前掲注(2)書、二三〇頁参照。
(8) 田中卓、前掲注(2)書、二三二頁。
(9) 田中卓、前掲注(2)書、二四四頁。
(10) 佐伯有清、前掲注(1)書、奥付参照。
(11) 田中卓、前掲注(2)書、二四四頁に記されている成稿年月日に、「平成七年九月十六日稿」とある。
(12) 田中卓、前掲注(2)書、二二二―二二六頁参照。
(13) 佐伯有清『新撰姓氏録の研究』本文篇、三八―四〇頁参照。
(14) 佐伯有清、前掲注(13)書、一二九頁。
(15) 佐伯有清『新撰姓氏録の研究』考證篇第一、四七―六一頁参照。
(16) 佐伯有清、前掲注(13)書、一三二頁参照。
(17) 国学院大学武田祐吉博士旧蔵善本解題編集委員会編『國學院大學図書館蔵武田祐吉博士旧蔵善本解題』所収「故武田祐吉

教授寄贈図書目録」、四頁。

(18) (A)武田祐吉『国文学研究』萬葉集篇二、柹本人麻呂攷、二二五頁の前に挿入の「新撰姓氏録抄有不為斎旧蔵本」写真の解説、および(B)『武田祐吉著作集』第七巻、万葉集篇Ⅲの口絵二頁下段の写真解説。

(19) 武田祐吉、前掲注(18)(A)書、二二四頁の後に挿入の「新撰姓氏録抄読耕斎旧蔵本」写真の解説、および(B)書、口絵二頁上段の写真解説。

(20) 大阪古典会編『有不為斎文庫善本入札目録』、一六頁。

(21) 佐伯有清、前掲注(13)書、一三一頁参照。

(22) 国学院大学武田祐吉博士旧蔵善本解題編集委員会編、前掲注(17)書、四頁参照。

(23) 堀勇雄「林読耕斎」(日本古典文学大辞典編集委員会編『日本古典文学大辞典』第五巻)、一二五頁、および朝倉治彦「林読耕斎」(国立国会図書館編『国立国会図書館蔵書印譜』日本書誌学大系70)、五八頁、鈴木健一『林羅山年譜稿』、一七六頁参照。

(24) 佐伯有清、前掲注(13)書、六七頁。

(25) 大阪古典会編、前掲注(20)書、三二頁。

(26) 武田祐吉、前掲注(18)(A)書、二二四—二二五頁、および(B)書、一三七頁。なお(B)書は、文中の「柹下」「柹本」の「柹」を「柿」になおしてある。

(27) 武田祐吉、前掲注(18)(A)書、三頁、および(B)書、一三頁。

(28) 国学院大学武田祐吉博士旧蔵善本解題編集委員会編、前掲注(17)書、四頁。

(29) 飯田瑞穂「松下見林旧蔵の『新撰姓氏録』写本」(『神道大系月報』15)、九頁参照。飯田氏が国立国会図書館で閲覧した松下見林校訂の板本は、三冊本で刊記には、「寛文九乙酉年初冬吉旦／洛陽小川／林和泉掾」とあるという。榊原芳野(一八三三—一八八一)の旧蔵本。弊架の二部の松下見林本は、ともに刊記はなく、その一冊(末松保和博士の旧蔵本で同博士より贈られたもの)には、後表紙の見返に蔵版目録を載せ、「御書物所　京都三条通堺町　出雲寺松栢堂」とある。両本とも後刷本か。

(30) 丸山季夫解題「橘窓自語　九巻　橋本経亮著」(『日本随筆大成』第一期第4巻)、六—八頁参照。なお橋本経亮については、佐伯有清「伴信友の学問と『長等の山風』」(田原嗣郎他校注『平田篤胤　伴信友　大國隆正』『日本思想大系』50)、六〇四—六〇五頁、および六〇八—六〇九頁参照。

(31) 佐伯有清、前掲注(1)書、三三一―三三二頁。
(32) 田中卓、前掲注(2)書、二二七頁。
(33) 田中卓、前掲注(2)書、二二八頁。
(34) 田中卓、前掲注(2)書、二二七頁。
(35) 田中卓、前掲注(2)書、二二八頁。
(36) 菊亭文庫の貴重書には、万里小路時房の『建内記』(応永三十五年―文安元年条)、同惟房の『惟房公記』(天文十年―十一年条)、中山定親の『薩戒記』(嘉吉元年八月条)、山科言継の『言継卿記』(天正四年条)など自筆の古記録のほか、菊亭家伝の琵琶の弾奏法の秘伝文書、あるいは音楽、楽器についての稀書のほか、朝儀典礼に関する書物があった(佐伯有清、前掲注(1)書、三四七頁参照)。こうした貴重書にかこまれて『新撰姓氏録』写本が当時、貴重書として認識されていたかどうか疑わしい。
(37) 田中卓、前掲注(2)書、二四三頁。
(38) 田中卓、前掲注(2)書、二四三頁。
(39) 佐伯有清、前掲注(1)書、三三一頁。
(40) 田中卓、前掲注(2)書、二四三頁。
(41) 佐伯有清、前掲注(1)書、三三一頁。
(42) 田中卓、前掲注(2)書、二二九頁。
(43) 田中卓、前掲注(2)書、二三一―二三二頁参照。
(44) 田中卓、前掲注(2)書、二三二頁。
(45) 小森正明「平成十二年七月十七日付佐伯有清宛書簡」、一頁。
(46) 田中卓、前掲注(2)書、二四四頁。
(47) 橋本経亮『梅窓筆記』巻之一(『日本随筆大成』第三期第5巻)、三二三―三二四頁。
(48) 橋本経亮、前掲注(47)書、三三一―三三二頁。『釈日本紀』巻第十八、秘訓三、第十九、「任那日本府」のもとに、「私記曰。案二仮字日本紀一。作二任那之倭宰一」(二四三頁)とあって、経亮の記す「仮名日本紀」を「仮字日本紀」に作り、「任那之倭寧」は、「任那之倭宰」とする。なお「仮名日本紀については、坂本太郎「かなにほんぎ 仮名日本紀」(国史大辞典編集委員会編『国史大辞典』第三巻)、四五九頁参照。
(49) 橋本経亮『橘窓自語』巻四(『随筆大成』第一期第4巻)、四六〇―四六一頁。この経亮の所説は、『国造本紀』の丹波国造条の記事を脱し、次条の丹後国司条の記事を掲げている板本を批判したものである。
(50) 栗田寛『新撰姓氏録考證』上、二六二頁。

(51)　細井貞雄本については、佐伯有清、前掲注(13)書、一二〇頁、および佐伯有清『新撰姓氏録の研究』考證篇第二、八六頁参照。

(52)　「同」の字を「用」の字と解していた国学者に伴信友（一七七三―一八四六）がおり、その校合本に「恐当作用」と注記している。佐伯有清、前掲注(1)書、八六頁参照。伴信友が校合本に注を施したのは、文化二年―同七年（一八〇五―一八一〇）にかけてのことであったから（佐伯有清、前掲注(13)書、一〇四頁参照）、「用」字説の嚆矢は、寛政五年（一七九三）七月に校合書入れした橋本経亮にあったとみるべきであろう。

(53)　田中卓、前掲注(2)書、三二六頁。

(54)　佐伯有清、前掲注(13)書、二九―三一頁参照。

(55)　田中卓、前掲注(2)書において、田中氏は、「此―「此」以下、次行ノ「勅」マデ、菊亭本ニハ二十九字、延良本・御巫本ニハ二十七字アリ。柳原本・昌平本、コレヲ欠ク」（三二六頁）と校訂注を施している。

(56)　田中卓、前掲注(2)書、三二六頁。

(57)　佐伯有清、前掲注(13)書、六〇―六四頁参照。

(58)　佐伯有清、前掲注(13)書、一四五頁。

(59)　田中卓、前掲注(2)書、二六六頁。

(60)　諸橋徹次編『大漢和辞典』縮刷版巻五、一二一頁参照。

(61)　田中卓、前掲注(2)書、二六六頁。

(62)　佐伯有清、前掲注(1)書、一三二頁参照。

(63)　田中卓、前掲注(2)書、三三二頁。

(64)　「屯田」については、直木孝次郎「屯倉の管理形態について――屯田司と田令を中心に――」（『飛鳥奈良時代の研究』）、三一〇頁以下、および小林敏男「稲置・屯田の一考察」（『古代文化』第二十八巻第九号）、八頁以下参照。

(65)　田中卓、前掲注(2)書、三三二頁。

(66)　田中卓、前掲注(2)書、三五一頁参照。

(67)　田中卓、前掲注(2)書、二三〇頁。

(68)　築島裕『仮名』（『日本語の世界』5）、二四九頁、および同「かたかな　片仮名」（『国史大辞典』第三巻）、三四三―三四八頁参照。同『平安時代語新論』に、十世紀半ばの仮名「ホ」を「ラ」と記す例がある指摘を参照すると（一一一頁）、(131)大神朝臣の振り仮名「オウ禾」、(181)大丘造の「オウヲカ」の「ウ」は、「ホ」ノ仮名とみなしてよいか。

二　林読耕斎本の研究

1　林読耕斎本の書誌

林読耕斎本については、すでに前章において、いささかふれるところがあったが、あらためて本章で林読耕斎本をめぐって考察を深め、この写本の価値をあきらかにしてゆきたい。

林読耕斎（一六二四—一六六一）の経歴についても、前章で略述したが、その生存年代からみると、『新撰姓氏録』の写本である林読耕斎本は、現存する延文五年系本のなかでは、あるいはもっとも古いものではないかと考えられるのである。林読耕斎旧蔵の『新撰姓氏録』の写本を林読耕斎本とここでは呼称し、その書誌を記せば次のごとくである。

林読耕斎本　　国学院大学図書館蔵。林読耕斎旧蔵。有不為斎旧蔵。武田祐吉旧蔵。表紙見返に「贈寄　故武田祐吉教授」の貼り紙を中央に貼付。第一面右上段に「国学院大学図書館印」の小方形朱印、中段に「有不為斎」の方形朱印、下段に「読耕斎之家蔵」の長方形朱印がある。九十九丁裏に「昭和40年5月1日受」の小長方形の受入印を押す。縦二十六・四糎、横十八・七糎。遊紙一枚。本文九十九丁。上表・序は一面十行、一行二十字詰。本文は一面十行、一段書き。表紙は二葉。二枚目の表紙に「新撰姓氏録」の外題。帙入で帙題は「新撰姓氏録抄」、その下に「読耕斉有不為／斎旧蔵」の割書。帙の裏見返に「先師有不為斎先生手沢／萬（ママ）葉史生」とある。本奥書は、次のとおりである。

　已上三十一氏不見之歟四百三十六姓云と現在四百三十二姓也

安那公　同上

讃岐公　大足彦忍代別天皇々子

　建部公

別　　同上

　　此條ゝ延文五年庚子七月以他本書加之

　　　神祇（ママ）大副兼豊判

　この本奥書には、「此條ゝ延文五年庚子七月以他本書加之」とあるので、当写本が延文五年系本に属するものであることは、あきらかである。

　延文五年（一三六〇）七月、安那公、讃岐公、建部公、別などの条々を他本によって「本書」に書き加えたのは、神祇大副の卜部兼豊（一三〇五—一三七六）であった。兼豊は、延文元年（一三五六）の四月から六月にかけて卜部家に家蔵する『日本書紀』『続日本紀』などの写本の修補、保存につとめた人物として知られている。(1)

　ところで現存する延文五年系本には、卜部兼豊にかかわる本奥書のほかに、「右之一帖者以卜部家之正本書写畢」という奥書を加えた写本が多く存している。この類の写本は伊勢神宮の神官、神道学者によって書写されたという由緒を持っている。したがってそのような奥書がない林読耕斎本は、現在知られている延文五年系本とは、類を異にする本であるということができる。

半丁十行、一行二十字という本写本の行格は、伊勢神宮の神官、神道学者たちの書写による諸写本（以下、神宮系本と呼称する）の行格とまったく同じである。

近時、田中卓氏によって見いだされた神宮系本に属する度会延良本（和歌山大学附属図書館所蔵）の行格に関して、田中氏は、「一面十行、一行二十字詰の字配りで、御巫本と完全に一致」[2]と記しているように、新出の度会延良本の行格と林読耕斎本のそれと異なるところはないのである。しかしながら、神宮系本と大きく違うところは、林読耕斎本には、「新撰姓氏録序」の全文が備わっていることである。

本書の第一章第二節「建武二年系の二つの写本」のなかでもふれておいたように、延文五年系を底本とした写本のごとくにみえるけれども、その一異本であるときめてしまうことができず、建武二年系の字句、誤字が、そっくりそのまま本文中に記されているという特異な一群の写本が存在している。これをかつて「混成本」と称して、そうした写本を分類[3]したことがある。この「混成本」には、延文五年系本を代表する神宮系本には欠如している「新撰姓氏録序」の全文が載っているという特色がある。

林読耕斎本にも「新撰姓氏録序」が存在しているので、当写本は「混成本」の仲間に入れることができるのではないかと考えたくなるのは至極当然である。ここに「新撰姓氏録序」の語句のいくつかを、建武二年系本を代表させて菊亭文庫本と「混成本」である林崎文庫本、中原師英本、ならびに鷹司家本の三本のあいだに林読耕斎本を置いて、それぞれの語句を比較してみると、次の表のようになる。

	菊亭文庫本	林読耕斎本	林崎文庫本	中原師英本	鷹司家本
(1)	擧○措	私○措	私○挓●	私○挓●	私○措●
(2)	聽許○	聽許○	聽詠●	聽詠●	聽許○
(3)	任願○	任○仍○	任沂●	任沂●	任仍○
(4)	後○姓	後○姓	设○姓	波●姓	设○姓
(5)	思○切正名	思○切正名	●切正名	●思（朱）切正名	思○切正名
(6)	以類銓○矣○	以類銓○夫●	以類鈴●夫●	以類鈴●失●	以類銓○夫●
(7)	立○祖	交●祖	交●立イ祖	交●立イ祖	交●祖
(8)	但○事	祖●事	祖●事	祖●事	祖●事
(9)	所以○存其父●	所　●　存其文	歹　●　存其文	歹　●　●　其文	歹　●　●　其文
(10)	京○畿	京○畿	糸●畿	糸●畿	糸●京畿

〔備考〕　○は正字、草体字。●は誤字、もしくは異体字、あるいは草体字らしきもの。

この表を一覧して、まず感じることは、建武二年系本である菊亭文庫本にあっては、ほとんど正しい文字が使われていることである。この傾向は、前章でみてきたのと同様な結果であって、同本がいかに善本であるかを物語っているのである。

次に当面の問題となっている林読耕斎本の部分を林崎文庫本などの「混成本」と比べてみると、「新撰姓氏録序」

の語句の誤字と字形に共通するものの多いことに気づく。林崎文庫本などの写本と同様な系統の「新撰姓氏録序」が林読耕斎本に入りこんでいることは否定できない。

しからば林読耕斎本は、「混成本」の一写本ときめてしまえるであろうか。実は、そう簡単に同本を、「混成本」の類には入れられない問題がある。その理由は、どのようなところにあるのか、節を変えて詳しく検討してみることにしよう。

2　林読耕斎本と脇坂安元本の性格

かつて「混成本」として類別した写本の本文には、延文五年系本とは違って、建武二年系本の特殊な誤字が多くもちいられていることを具体例によって表示したことがある。(4) それに準じて延文五年系本を代表させて御巫清直本、つづいて林読耕斎本、次に建武二年系本の菊亭文庫本、ならびに有不為斎本、そして「混成本」である林崎文庫本の順に、それぞれの本文語句の異同を表にして掲げれば左のとおりである。

	掲出条	御巫清直本	林読耕斎本	菊亭文庫本	有不為斎本	林崎文庫本
(1)	左京皇別下　小野朝臣条	小野臣妹○子	小野臣妹○子	小野臣姓●子	小野臣姓●子	小野臣姓●子
(2)	〃　上毛野朝臣条	因○負姓	因○負姓	国●負姓	国●負姓	国●負姓
(3)	〃　商長首条	泊○瀬部天皇	泊○瀬部天皇	佰●瀬部天皇	伯●瀬部天皇	伯●瀬部天皇
(4)	右京皇別上　掃守田首条	紀都久○宿祢	紀都久○宿祢	紀都　●宿祢	紀都　●宿祢	紀都　●宿祢

(5)	大和国皇別　布留宿祢条	武蔵臣	武蔵臣	武蔵日	武蔵日	武蔵日
(6)	河内国皇別　難波忌寸条	認覔	認不覔	認不見《覔》	認不見	認不見
(7)	和泉国皇別　物部条	天足彦国押人命	天足彦国押人命	天足彦大彦命	天足彦大彦命	天足彦大彦命
(8)	左京神別上　猪名部造条	猪名部造	猪名部造	猪者《名イ》部造	猪者《名イ》部造	猪者《名イ》部造
(9)	左京神別下　湯母竹田連条	菌	菌	茴	茴	茴
(10)	〃　石作連条	建真利根命	建真利根命	建真刑根命	建真刑根命	建真刑根命

この表を一見して、ただちにわかることは、林読耕斎本は、延文五年系本である御巫清直本の語句と相異するところがないことである。ただ（6）の「認覔」に、林読耕斎本には「不」の字が衍入しているだけである。

それに反して「混成本」である林崎文庫本は、あきらかに建武二年系本である菊亭文庫本、および有不為斎本と一字の差異もなく、林崎文庫本の本文は、建武二年系本の系統を引くものであることがわかる。

右の表は、かつて延文五年系本と建武二年系本に加えて「混成本」として類別した諸本の語句の異同を左京皇別下の小野朝臣条から左京神別下の石作連条までの十例をあげた表に倣って作成したものであるから、それ以降の本文記事の字句ではどのような具合なのか、またさきの表でみたのと同じような傾向にあるのかを確かめておく必要がある。

なお延文五年系本、ならびに「混成本」は、第二十一巻の左京諸蕃上の部が重出していて、前の第二十一巻が建武二年系本、後の同巻が延文五年系本という特殊な編成となっている。そのため左に掲げる語句の異同表は、第二十一巻の左京諸蕃上以下を除いて、山城国神別の宇治山守連条から第二十巻の和泉国神別、宇遅部連条までのものである。

この表では、延文五年系本を代表する御巫清直本をあたまに、ついで林読耕斎本、そして建武二年系本である菊亭文庫本、および有不為斎本、そして「混成本」である林崎文庫本の順に語句を排列してある。

	掲出条		御巫清直本	林読耕斎本	菊亭文庫本	有不為斎本	林崎文庫本
(1)	山城国神別	宇治山守連条	伊香我色○雄命	伊香我色○雄命	伊香我包●雄命	伊香我包●雄命	伊香我包●雄命
(2)	〃	秦忌寸条	神饒速○日命	神饒速○日命	神饒●日命	神饒●日命	神饒●日命
(3)	〃	巨椋連条	巨○椋連	巨○椋連	臣●椋連	臣●椋連	臣●椋連
(4)	〃	税部条	神魂命子●●	神魂命子●●	神魂命本ノマヽ ムシクヒ魂○命○	神魂命子●魂○命○	神魂命子●魂○命
(5)	〃	神宮部造条	吉足日命○	吉足日命○	吉足日本●	吉足日本●	吉足日本●
(6)	大和国神別	高志連条	天押日命○	天押日命○	天押日本●	天押日本●	天押日本●
(7)	〃	長柄首条	事代主神之○後○也	事代主神之○後○也	事代主神●●也	事代主神●●也	事代主神●●也
(8)	摂津国神別	津嶋朝臣条	三世孫○	三世孫○	三世●	三世●	三世●
(9)	〃	神奴連条	十一○世孫	十一○世孫	十●世孫	十●世孫	十●世孫
(10)	河内国神別	菅生朝臣条	二●世孫	二●世孫	三○世孫	三○世孫	三○世孫
(11)	〃	多米連条	天石都倭○居命	天石都倭○居命	天石都委○居命	天石都委○居命	天石都委○居命
(12)	〃	氷連条	氷●連	氷●連	氷○連	氷○連	氷○連
(13)	〃	氷連条	十一●世孫	十一●世孫	十○世孫	十○世孫	十○世孫
(14)	〃	掃守造条	掃守連●	掃守連●	掃守造○	掃守造○	掃守造○
(15)	〃	服連条	饒●之速日命	饒●之速日命	熯●之速日命	熯●之速日命	熯●之速日命

(16)	和泉国神別　和太連条	和大●連	和大●連	和太○連	和太○連	和太○連
(17)	〃　　宇遅部連条	宇遅部○連○	宇遅部○連○	宇遅●●	宇遅●●	宇遅●●

〔備考〕○は正字をしめし、●は誤字、脱字をしめしている。

この表によってあきらかなように、御巫清直本と林読耕斎本とは、正字、誤字、脱字がまったく共通しており、林読耕斎本の本文は、延文五年系本の系統に属するものであることが判明する。

これに対して、「混成本」である林崎文庫本は、菊亭文庫本など建武二年系本の本文語句と共通していて、「混成本」の本文が建武二年系本の系統と血縁関係にあることは明確である。

ちなみに、この表にもとづいて正字、誤字などの数をかぞえてみると、林読耕斎本をふくむ延文五年系本は、正字が一〇字、誤字が六字、脱字が一字であるのに対して、「混成本」をふくむ建武二年系本の正字、誤字などの数は、正字が七字、誤字が六字、脱字が四字であって、概して延文五年系本のほうに正字が多いが、全体としては、両系統本のあいだにそれほどの優劣はない。

そうした正字、誤字のあり方を『新撰姓氏録』の上表文についてみると、次の表のごとくである。

	林読耕斎本	御巫清直本	菊亭文庫本	有不為斎本
(1)	●新撰姓氏録表	●新撰姓氏録表	上○新撰姓氏録表	上○新撰姓氏録表
(2)	治●帝道	治●帝道	沿○帝道	沿○帝道
(3)	興賛●	興賛●	興替○	興替○
(4)	編戸○	編戸●	編戸○	編戸●

(5)	虚•託•	虚•託•	虚○詫○	虚○詫○
(6)	緒聞•	緒聞•	緒閲○	緒閲•
(7)	新糸•	新系○	新糸•	新糸•
(8)	讎○挍○	讎○挍○	雠○校○	雠○校○
(9)	則捴○以	則捴○以	則惣○以	則惣○以
(10)	年肇○神武	年肇○神武	年肈•神武	年肈•神武

この上表文の語句の異同についてみると、菊亭文庫本など建武二年系本に正字が断然多く、延文五年系本である御巫清直本には誤字が目立つ。そしてここでも林読耕斎本は、御巫清直本に正字、誤字のあり方が、(4)の「編戸」、(7)の「新糸」を除いては共通していて、林読耕斎本には、「新撰姓氏録序」が載せられているとはいえ、「混成本」の範疇に入れることはできない。林読耕斎本の上表文と本文とは、まさしく延文五年系本の一写本なのである。

林読耕斎本の本奥書のように、「此條と延文五年庚子七月以他本加書之/神祇大副兼豊判」とあるだけの奥書を持つ延文五年系の写本には、岩瀬文庫本、井上頼囶本、脇坂安元本などがある。これら三つの写本は、一面十行、一行二十字前後、一面十行、一行十六字前後、一面八行、一行十四字詰など、その行格は、まちまちであって、林読耕斎本とは行格を異にしている。

	掲出条	御巫清直本	林読耕斎本	岩瀬文庫本	井上頼囶本	脇坂安元本
(1)	左京皇別　八多真人条	応神皇子○	応神皇○（子•）	応神皇子○	応神皇子○	応神皇子○
(2)	〃　〃	稚野○毛二俣王	稚野○毛二俣王	稚野○毛二俣王	稚渟•毛二俣王	稚野○毛二俣王

(3)	左京皇別　八多真人条	後○也	●也	後○也	●也	後○也
(4)	左京皇別　氷上真人条	大○惣○管	太●揔○管	太●揔○管	大○摠○管	大○惣管
(5)	左京皇別上　紀朝臣条	建○内宿祢	達●内宿祢	達●内宿祢	達●内宿祢	建○内宿祢
(6)	左京皇別下　櫟井臣条	彦姥○津命	彦●津命	彦●津命	彦●津命	彦姥○津命
(7)	〃　商長首条	宗麿○	宗磨●	宗磨●	宗麻○呂○	宗麿○
(8)	〃　治田連条	六世孫○	六世●	六世●	六世●	六世孫○
(9)	〃　和気朝臣条	大●平之後	太○平之後	大●平之後	大●平之後	大●平之後
(10)	摂津国神別　阿刀連条	神饒速○日命	神饒速○日命	神饒連●日命	神饒連●日命	神饒速○日命

ここに掲げた本文語句の異同表は、「神祇大副兼豊判」で終る本奥書の左に、「右之一帖者以卜部家之正本書写畢」の奥書がある神宮系本の善本である御巫清直本でもちいられている語句と、林読耕斎本など、卜部家の正本を以て書写したことをしめす奥書のない写本に記されている語句とを比べてみたものである。この表をみて、ただちに気づくことは、神宮系本の御巫清直本には、正しく表記されている語句がほとんどであるのに反して、林読耕斎本など三本には、誤字、脱字が大部分であって、あきらかにこれら三本が同系統の写本であることが読みとれるのである。ところが、みられるとおり脇坂安元本のみが御巫清直本とまったく通有しているのである。

林読耕斎本が岩瀬文庫本や井上頼圀本よりも書写年代が古いことは、後述するが、同本の特徴をあげるならば、「神別」の部に多くの書き入れのあることである。

その書き入れには、たとえば左京神別上、中臣酒人宿祢条のもとに、「天児屋命　天押雲命　天之多祢伎祢命　宇

佐津臣命　大御（ママ）津臣命　伊香津臣命　梨迹臣命　神聞勝命　久志宇賀主命　国摩大鹿嶋命　臣狭山命」とあって天児屋命から臣狭山命までの歴代系譜を記し、本文の「天児屋命十世孫臣狭山命」の記事の裏づけとしているもの、あるいは左京神別中、大伴宿祢条の上に、「旧事紀云高皇産霊尊児天忍日命大伴連等祖亦云神狭日命」と記してあるものなどがある。なかには、河内国神別、安曇連条の頭注として、「古事記云此三柱神綿津見命者阿曇連等之祖神以伊都《テイツ久》神也故阿曇連等者其綿津見神之子宇都志日金拆《ウツシヒノカナクサノ》（ママ）命之子孫也」という『古事記』の記事を掲げている書き入れもみえる。

さらに左京神別中、畝尾連条の「天辞代命子国辞代之後也」の左傍には、「按同第十五巻天辞代命者高御牟須比命三世孫也」という考按を記しているものもある。「同第十五巻」というのは、第十五巻の右京神別下を指している。その巻の天神、伊與部条に、「高媚毘《タカミムスノ》《牟須比カ》須命三世孫天辞代主命之後也」とあるのをふまえての考按である。これらの書き入れは本文と同筆であって、すでに原本に記入されているものを林読耕斎本の書写者は、そのまま筆写したものと考えられる。

実際に林読耕斎本にある「按同第十五巻天辞代命者高御牟須比命三世孫也」という考按は、天理図書館所蔵の脇坂安元本にも、「按同第十五巻天辞代命者高御牟須比命三世孫也」と記されている。

いま脇坂安元本の原本について、その書き入れのすべてを点検することができないので、伴信友校合本を、そのまま書写した私が架蔵する弘正方転写本によって、伴信友が「八ト標シテ校合セルハ八雲軒脇坂氏蔵書印ヲ押タル写本之[5]」と述べて標記した「八」、すなわち八雲軒脇坂安元本の「神別」の部に書き入れた注記を調べてみると、林読耕斎本の書き入れとほぼ符合していることがわかる。

たとえば、さきに左京神別中、大伴宿祢条の書き入れは、脇坂安元本にも同じものがあったことは、伴信友が、「八／旧事紀云高皇産霊尊児天忍日命大伴連等祖亦云神狭日命」と頭注していることで知られる。また河内国神別、安曇連条の書き入れも、信友は「古事記曰此三柱神綿津見命者阿曇連等○《之》祖神以伊都久神也故阿曇連等者其綿津見神之子宇都志日金折《（マヽ）》之命之子孫也《八イ》」と同文のものを記している。

しかしながら左京神別上、中臣酒人宿祢条のもとに、林読耕斎本が記している天児屋命から巨狭山命までの歴代系譜は、伴信友の脇坂安元本からの書入れでは、

八書入ィ／天児屋命子天押雲命孫天之多祢伎祢命三世孫宇佐津臣命四世孫大御食津臣命五世孫伊香津臣命六世孫梨迹臣命七世孫神聞勝命八世孫久志宇賀主命九世孫国摩大鹿島命十世孫臣《巨イ》狭山命。

となっていて、「子」「孫」「三世孫」「四世孫」などと、「十世孫」までの続柄が明記されているのは、両者の書き入れが大きく異っている点である。

この相違は、脇坂安元本が、書き入れのある原本の記載をそのまま受けついでいることを思わせ、林読耕斎本のほうは、原本の書き入れを省略して記したものを引きついだ写本であると推察できる。したがって両本は、同じ原本の系統に属する写本ではないといえるのである。

右京神別上、依羅連条の書き入れは、伴信友による脇坂安元本では、

イ八／宇广志广治命十世孫物卩伊莒弗連公三世孫物卩多波連公依網連等祖又同四世孫物卩呉足尼連公依羅連等祖。

とあるのに対して、林読耕斎本の書き入れは、

宇广志广治命十二世孫物部多波連公依綱《（マヽ）》連等祖又同十三世孫物部呉足尼連公依羅連等祖。

となっている。ここでも両者にかなりの差違があって、両写本の原本は系統を異にする写本であったといわざるをえない。

しかしながら全体的にみると両写本の書き入れは共通していて、まったく別の書き入れ本の流れに属するものではなかったと思われる。それは、次に取りあげる書き入れの一部の語句の表記によってうかがうことができる。林読耕斎本の大和国神別、志貴連条の書き入れに、

旧事紀又八世孫物部予岐連公志紀縣主遠江国造久努直伏枚直等祖云と

とあるのを、伴信友校合本が記載する脇坂安元本の書き入れには、

旧事紀八／又八世孫物部予岐連公志紀縣主遠江国造久努直仗杦直等祖云と八

とあって、両本の書き入れとも、「印岐美連公」を「予岐連公」と誤記している。「印」を「予」としているのは、「印」の草体「[illegible]」を見誤ったものである。また林読耕斎本の「伏枚直」、脇坂安元本の「仗杦直」は、「佐夜直」のことであるが、「伏」「仗」は、「佐」の草書を見違え、まったく別の字体と化し、さらに「枚」「杦」は、「夜」のくずし字である「[illegible]」が誤って別字となったものと考えてよい。この場合、両本の語句の表記は、かなり違ったものになっているが、字体の変形の源は、同じ崩し字から発しているとみるのが自然である。

私が所蔵している河村秀根（一七三一—一七九二）の旧蔵本と考えられる小篠敏（一七二八—一八〇一）の校合本(6)にも、林読耕斎本や脇坂安元本にみられるのと同様な書き入れが、すべて書き込まれている。そこで右に問題とした大和国神別、志貴連条に記入されている書き入れを見てみると、

又八世孫物部予岐美連公志紀縣主遠江国造久努直佐夜直等祖云と

とあって、ここでも「印岐美連公」を「予岐美連公」と誤記している。しかし、「美」の字は正しく書かれているし、「佐夜直」の氏姓名も正確に記されている。「予岐連公」と「美」の字を脱し、また「佐夜直」の氏姓名を誤って表記しているのは、林読耕斎本と脇坂安元本における書き入れの親近さを如実に物語っている。

ところが林読耕斎本と脇坂安元本の形状や行格は、まったく異なっている。すでに林読耕斎本の書誌で記しておいたとおり、当写本は「縦二十六・四糎、横十八・七糎。遊紙一枚。本文九十九丁。上表・序は一面十行、一行二十字詰」であるのに対して、脇坂安元本は「縦二十五糎、横十八・五糎。本文百七十一枚、一面八行、一行十四字詰」(7)である。

林読耕斎本の「一面十行、一行二十字詰」という行格は、神宮系の諸写本と同様である。しかるに神宮系本には記載されていない「新撰姓氏録序」が存在している。しかも行格は同じなのに本文の語句は、前掲の異同表でみたとおり神宮系本の代表格の御巫清直本とは違って誤字、脱字が多い。

脇坂安元本のほうは、神宮系の諸本と形状、行格などが異なるにもかかわらず、林読耕斎本や岩瀬文庫本以下の諸写本とは違って、本文の語句は延文五年系本の代表格である御巫清直本の本文語句表記と共通している。(8)その共通性は、前掲の表によっても明瞭である。

かつて脇坂安元本の書写年代について、「脇坂安元は承応二年（一六五三）に没しているから、それ以前の書写である」(9)とし、また同写本の評価に関して、

延文五年系本の真姿をみるには、なんといっても㈠（御巫清直本）と㈦（脇坂安元本）でなければならぬことがわかる。しかし㈦の脇坂安元本には「右之一帖者以卜部家之正本書写畢」の奥書がなく、㈠から㈣（西山政年本）までの諸本とはその体裁が異なり、いわゆる卜部兼豊本から直接系をひくものではなく、間に幾本かの写本が介

在し、卜部兼豊本のもとの体裁からかけはなれたもののようであり、また書写年代も㈠に匹敵する古さをもつとは考えられるが、その書写年代が明確ではないので、㈠の御巫清直本をもって、もっとも系統のただしい本とすべきであろう。(10)

と述べたのであった。脇坂安元本が御巫清直本に匹敵する古さを持ち、延文五年系本の真の姿をみるには、この二本でなければならぬと評価したのはよいとしても、卜部兼豊本のもとの体裁からかけはなれたものとした点は、考えを改める必要があろう。

おそらく卜部兼豊本から直接系をひくものでないとしたのは、神宮系本の「右之一帖者以卜部家之正本書写畢」という奥書のないこと、一面十行、一行二十字詰という行格にあてはまっていないことなどが念頭にあったためである。しかし次節で述べるように、「右之一帖者以卜部家之正本書写畢」は、神宮系本の奥書であって、これがないからといって脇坂安元本が卜部家の正本の流れに属していないということはできず、むしろ脇坂安元本は、卜部兼豊本の「血脈」を強く受けている写本であるとみなすべきであろう。現存する延文五年系本のなかでは、その書写年代がもっとも古いものの一つであって、それとほぼ書写年代において匹敵する林読耕斎本とともに、その価値を高く評価すべきであると考える。

3　林読耕斎と度会延良と脇坂安元

林読耕斎（一六二四—一六六一）が林羅山（一五八三—一六五七）の子息であること、また正保四年（一六四七）の春に、父の羅山から蔵書七百余部を分与されたことは、本書の第一章でふれておいた。またそこでは、林読耕斎本も、父から譲られた羅山の蔵書七百余部のなかにふくまれていたのではないかとも述べておいた。

林羅山は、古書旧記の蒐集で知られており、『寛永諸家系図伝』の編纂をはじめ、『神代系図』や『武門姓氏考』の著作など姓氏、系譜関係の著述もあって、『新撰姓氏録』がその蔵書のなかに加えられていた可能性は高い。たとえ林読耕斎本が、羅山の旧蔵書でなくても、林読耕斎は、万治四年（一六六一）三月十二日に三十八歳で死去しているので、林読耕斎本は、それ以前の古い写本であるといえる。したがって当写本は、脇坂安元本、ならびに御巫清直本と肩をならべる古さをもつ写本である。

ところで御巫清直本を所蔵していた御巫清直（一八一二―一八九四）は、豊受大神宮御巫内人として在任中の天保末年に、蔵書家で名高い幕臣の新見伊賀守正路（一七九一―一八四八）の依頼を受けて豊宮崎文庫に所蔵されていた『古文尚書』の影写をおこなっている。また万延元年（一八六〇）三月六日、山田奉行の秋山安房守正光（?―一八六三）が豊宮崎文庫に臨んださいに、御巫清直は中臣祓の講義をしている。この間、清直は、安政五年（一八五八）十一月八日、山田奉行の渡辺肥後守孝綱（生没年未詳）の要請により小林村の奉行官邸で『古語拾遺』を講じている。[11] 好学の渡辺孝綱は、国学ばかりでなく漢学にも意をもちい、安政六年に豊宮崎文庫において漢籍を講じさせている。[12]

さて豊宮崎文庫は、慶安元年（一六四八）、度会延良（出口延佳、延佳と改名したのは、承応三年〈一六五四〉）、与村弘正、岩出末清、青山正清らを中心に創設された伊勢神宮の外宮の文庫であり、外宮の神官修学の道場でもあった。文庫創建の同志の醵金によってその運営と図書の購入にあてた。この行為を称讃して、林読耕斎の父羅山は、『題伊勢文庫之記』を豊宮崎文庫に寄せたのである。林読耕斎自身も『勢州度会宮崎文庫記』を著わしていて、林羅山父子と豊宮崎文庫とのかかわりは密接であった。

田中卓氏が、はじめて取りあげ、紹介された現存する書写年代の明確な延文五年系の写本でもっとも古い度会延良本の書写者は、前述したように豊宮崎文庫の創建にかかわった中心人物のひとりである。彼は国学、漢学にも通じた碩学であった。

延良は、林羅山、およびその門弟永田善斎（一五九七—一六六四）などから漢学の影響を受け、両者と少なからざる関係にあったという。永田善斎も慶安二年（一六四九）に『宮崎文庫記』を豊宮崎文庫に寄せており、延良は、林羅山、永田善斎と師弟に近い関係にあったことは想像するに難くない。『勢州度会宮崎文庫記』を著わした林読耕斎とも知己の関係にあったことも当然考えられるであろう。

田中卓氏が指摘された度会延良筆写の度会延良本の書誌は、次のごとくである。

袋綴一冊、縦二八・一㎝、横二〇・四㎝。本文九十八丁。一面十行、一行二十字詰の字配りて、御巫本と完全に一致。巻首第一丁オモテの右上に、「紀伊國學所印」「和歌山縣尋常師範学校」の朱印あり。

〔奥書〕

此條々延文五年庚子七月以二他本一書二加之一。　　神祇副（大脱カ）兼豊判

右之一帖者、以二卜部家之正本一書写畢。

正保五年閏正月廿七日書写了。権禰宜従五位下度會延良

右本、誤字落字繁多也。以二異本一可レ校而已（ママ）。[13]

この奥書によって、田中氏は、本書が正保五年（一六四八）閏正月二十七日に書写されたものであることが知られること、御巫清直本（田中氏は御巫本とする）の奥書である「慶安二年（一六四九）九月」を遡ること一年八ヵ月の写本であることがあきらかになったこと、御巫清直本の筆写者が不明であるのに対し、本写本は、度会延良の自筆本であるということなどに注目された。そして田中氏は、延良の自筆写本が紀伊国学所に収められていたことは、延良の伝記のうえで紀州藩との関係を考えるさいの一助ともなるであろうと指摘されている。(14)

紀州藩といえば、既述の永田善斎のことが想起される。善斎は、元和年中（一六一五―一六二四）に師の林羅山の推薦によって徳川頼宣（一六〇二―一六七一）に仕え、和歌山に従い移って教えること五十年余り、紀州藩教学の基をひらいた人物である。(15)善斎は、慶安二年に『宮崎文庫記』を書き、度会延良と深い関係にあった学者であるから、その関係によって度会延良本が紀州藩に渡ったということも考えられなくはない。(16)しかし、度会延良本に「紀伊國學所印」の蔵書印が押印されているのによると、本写本は、延良と永田善斎との関係から紀州藩黌の蔵書となったとは考えがたい。

度会延良本に「紀伊國學所」の蔵書印が押してあることは、当本が安政三年（一八五六）に加納諸平（一八〇六―一八五七）の建議によって和歌山に創設された国学所の蔵本であることをしめしており、永田善斎と度会延良の関係から、早い時期に紀州藩のものとなったとは思われない。本格的な藩黌が学習館として設立されたのは、寛政三年（一七九一）であったこと、また紀州藩に国学が根づくことになるのは、その翌年（一七九二）、十代紀州藩主の徳川治宝（一七七一―一八五三）が、本居宣長（一七三〇―一八〇一）を召見したことに端を発していることなども考慮に入れるべきであろう。

田中卓氏は、度会延良本と御巫清直本との語句の異同を検討され、「誤字の有無といふ点では両者に大差はないが、概していふと、御巫本系には、書写の際にやや正誤を心掛けた嫌ひがある。何れにしても延良本と御巫本とは、丁数はもとより行数も字数も一致し、同一系統に属することは明らかである[17]」と指摘している。

田中氏が度会延良本と御巫清直本（田中氏は御巫本とする）との正誤にもちいた語句に、林読耕斎本の同じ語句を加え、その異同を表示してみると次のようになる。なお、この表の条文語句の排列は、田中氏の叙述にしたがっている[18]。

	掲出条	御巫清直本	度会延良本	林読耕斎本
(1)	上表文	星○陳相尋	里●陳相尋	星○陳相尋
(2)	左京神別下　菅原朝臣条	大保度○連	大保慶●連	大保慶●連
(3)	左京諸蕃下　調連条	絶○絹之様	絶●絹之様	絶●絹之様
(4)	〃　福當造条	高○麗国人	●（高歟）麗国人	○（高○）麗国人
(5)	未定雑姓・摂津国、住道首条	素戔烏○命	素戔鳥●命	素戔鳥●命
(6)	大和国神別　大和宿祢条	自●船	皇○船	皇○船
(7)	〃　国栖条	神熊●	神態○	神熊●
(8)	左京諸蕃上　楊胡史条（重出巻）	楊故●史	楊胡○史	楊胡○史
(9)	未定雑姓・左京、野實連条	野寶●連	野實○連	野實○連

〔備考〕○印は正字をしめし、●印は誤字をしめしてある。

この表によって、林読耕斎本は、語句の正誤において、より度会延良本に近いことが知られる。田中氏は、度会延良本と御巫清直本についての「詳しい対比は別の機会の考察に譲りたいと思ふ」として、「参考となる二、三の点だけを示しておく[19]」にとどめられたのである。いま田中氏が詳細に校訂された「新校・新撰姓氏録」によって、さらに田中氏が取りあげられた度会延良本と御巫清直本に加えて、林読耕斎本の三本の語句の異同を新たに比較検討し、その用字の正誤を表示すれば次のごとくである。

	掲出条	御巫清直本	度会延良本	林読耕斎本
(10)	左京皇別上　紀朝臣条	建○内宿祢	達（建歟•）内宿祢	達•内宿祢
(11)	〃　雀部朝臣条	達•内宿祢	建○内宿祢	建○内宿祢
(12)	左京皇別下　櫟井臣条	彦姥○津命	彦（姥歟•）津命	彦•津命
(13)	右京皇別上　川辺朝臣条	武内•宿祢	武内○宿祢	武内○宿祢
(14)	摂津国皇別　物部首条	同○祖（青貼紙ヲ付ス）	（同歟•）祖	•祖
(15)	右京神別上　多米宿祢条	特○賜嘉名	恃•賜嘉名	特○賜嘉名
(16)	山城国神別　奈癸勝条	奈矣•勝	奈矣○勝	奈矣○勝
(17)	山城国神別　鳥取連条	天角己○利命	天角已•利命	天角已•利命
(18)	山城国神別　鴨県主条	化如大鳥•	化如大鳥○	化如大鳥•
(19)	大和国諸蕃　縵連条	百○済人	（百歟•）（朱筆）済人	（百•）○済人
(20)	河内国諸蕃　飛鳥戸造条	未•多王	末○多王	末○多王

ここに表示した（10）から（20）までの三本のあいだの語句の正誤を比べてみると、その傾向は、前表に掲げた（1）から（9）までの正誤の状況と同様、林読耕斎本は、度会延良本により近いことが判明する。

林読耕斎本には、神宮系本のような「右之一帖者以卜部家之正本書写畢」という奥書はないが、度会延良本と対比してみると、林読耕斎本が、「卜部家之正本」の系統に属することは明確である。ただ林読耕斎本に「新撰姓氏録序」が載せられているという特異な面もあるけれども、度会延良本、ひいては神宮系の諸本とも行数、字数が一致していて、同一系統に属する延文五年系の写本であるとみなして支障はない。ここで林読耕斎本は、度会延良本により近い写本であることを、ふたたび確認しておくことにする。

林読耕斎の兄林春斎（鵞峰、一六一八—一六八〇）は、寛文元年（一六六一）、父羅山の『羅山文集』七十五巻を、また翌二年に『羅山詩集』七十五巻、同付録五巻を豊宮崎文庫に寄贈した。さらにその後、弟の林読耕斎の遺稿『読耕先生全集』三十巻をも同文庫に寄進している。[20] さきにみたように林羅山は『題伊勢文庫之記』を、また林読耕斎は『勢州度会宮崎文庫記』を豊宮崎文庫に寄せており、林家と豊宮崎文庫との関係に深いものがあったが、この父子の死後、林家の当主春斎が、それぞれの遺著を同文庫に贈ったのは、林羅山、林読耕斎父子の文庫とのかかわりがあったことをみれば、なんら不思議なことではない。豊宮崎文庫創設に中心的役割をはたした度会延良は、元禄三年（一六九〇）まで健在であったから林読耕斎の遺稿『読耕先生全集』や林羅山の詩文集全八十巻が豊宮崎文庫に贈られたとき、それら林家父子の詩文集を手にしたとみなして間違いないであろう。

林読耕斎本と脇坂安元本とは、すでにみてきたように、神別の部への書き入れに共通するところが多いにもかかわらず、その形状や語句の正誤のあり方を異にしていて、同じく延文五年系本であるにしても、これら両本は、同様な原本の系統に属する写本ではないと考えられるのである。ところが林読耕斎と脇坂安元とは、身近なところで関係があったのである。それは読耕斎の父林羅山を通じてであった。

脇坂安元（一五八四―一六五三）は、信濃飯田藩主で五万五千石の禄を食む大名であった。歌人として名高く、また名だたる蔵書家でもあった。新井白石（一六五七―一七二五）は、安元について簡明で的確な評伝を書いている。

安元童名は甚太郎、慶長五年正月徳川殿執し申させ給ひしに依て、叙爵して淡路守に任ず、……元和元年父が譲りを受て、同き三年信濃国伊奈郡を賜て、飯田の城に移る、上総国一の宮の地五千石合て五万五千石也此人弓矢の芸に堪能なるのみならず、文道に心を寄せ、和漢の文書、家に貯ふる事これ多し、中にも和歌の道を深く好て、詠る歌秀逸少からず、此人当時武家第一の歌人也、読める歌世に伝る所多し、寛永の頃諸家の系図を召されしに、此人の奉つる所は、祖父の代より記し初めて、其初に

北南それとも知らず此糸のゆかりばかりの末の藤原

と書て奉りしかば、将軍家にも殊に御感斜ならず、其頃は上も下も斯くあはれ深き事共多かりき、去れば文武の誉世に偏し、年積て七十歳、承応二年十二月三日に卒す、(21)

新井白石が記す「寛永の頃諸家の系図を召されしに(22)」とは、寛永十八年（一六四一）二月、太田資宗（一六〇〇―一六八〇）を奉行として編纂が始まった『寛永諸家系図伝』を指している。その折に脇坂安元が提出した家系譜には、古い出自のことにはふれないで、その祖を祖父の安明のことから書きおこし、ついで父の安治の事跡を詳述し、そして自己の略歴を記し、それに「北南それとも知らず此糸のゆかりばかりの末の藤原」という歌を添えたのである。

この歌の「此糸のゆかり」は、『新井白石全集』の『藩翰譜』に記されているままの句を引いたのであるが、実は、「此糸のゆかり」は、「紫のゆかり」の読み違いである。

脇坂氏は、安元の祖父安明が近江国浅井郡の脇坂庄に住していたといい、安元の歌にもあるとおり藤原氏の一族と

称していた。

安元が常陸国下館城に在番していた正保元年（一六四四）四月二十二日、「むさしをたちて」から翌年六月一日、江戸に着くまでの日記である『下館日記』正保元年十一月二十五日の条に、武甕槌命が神護景雲二年（七六八）に常陸国鹿島社より大和国の三笠山に影向したという伝説にふれて、

神護景雲のとし、かしまよりしかにのり、さかきのゑだをむちとして、やまとの三かさやまにいり給ひ、かすがのさとにいはゝれ給ふ。われ、いやしくも、三かさやま、その氏人のかずになん侍る。(23)

と記している記事に、安元の曾孫安清の命によって儒臣の藤江忠廉（一六八三―一七五二）が、次のような注釈を加えている。(24)

寛永のころ、家〳〵の系図をめしける時　公のよみてたてまつられし御哥、きたみなミそれともしらずむらさきのゆかりばかりハすゑのふぢはら　ふぢはら氏なれバ、その氏人のかずとはの給へり。(25)

藤江忠廉のこの注釈によって、「此糸のゆかり」が「むらさきのゆかり」の誤りであることがはっきりする。(26)　脇坂安元自身も、その歌集『八雲愚草』上、雑の部に、その歌を次のように収録している。

寛永十九年壬午　将軍左大臣家光公、諸侯列牧に命し、家との系図をたてまつらしむるとき、ミつからの系図の終に書付献り侍り北南それともしらす紫のゆかりハかりのすゑのふち原(27)

安元は、すでに記したとおり『下館日記』に、「われ、いやしくも、三かさやま、その氏人のかずになん侍る」と記して、藤原氏の氏人であることを認めていた。しかし、その系譜が明確でないことは、安元の「北南」の歌が端的に語っている。歌の「北南」は、藤原房前の北家、藤原武智麻呂の南家を意味していることは言うまでもない。また「むらさき（紫）のゆかり」とは、ここでは貴く名高い一族とのつながりのことを意味している。したがって、この

歌の大意は、「北家か南家か、そのどちらかわからないが、高貴な一族とのつながりがあるだけの末流の藤原氏である」ということであろう。また安元は、おそらく「紫のゆかり」と詠んだ「紫」に、藤原氏の「藤」の色である「うす紫」の心象も歌にこめたのではなかろうか。

『寛永諸家系図伝』の清和源氏之部の編修を分担したのは、林羅山とその子春斎（鵞峯）らであったが、林羅山に儒学を学んだ脇坂安元は、寛永四年（一六二七）六月十九日、自亭における和漢聯句に羅山が参加して以来、羅山との親交を深め、しきりなしに漢和聯句に参加し、また連年の歳旦詩歌の贈答をしている。(28) なかでも寛永二十年（一六四三）には、安元は羅山に父安治の碑銘作成を依頼し、羅山は、「朝散大夫中書少卿藤原脇坂君（安治）碑銘」を著わしている(29)ほど両者の親交には密なものがあった。安元は承応二年（一六五三）十二月三日に七十歳で没するが、このとき羅山は、

凍雲杳遠幾山川　　凍雲　杳遠　幾山川
聞訃悲風冬末天　　訃を聞く　悲風　冬末の天
縦是它年無宿草　　縦ひ是れ　它年　宿草無くとも
毎逢花月露潸然　　花月に逢ふ毎に　露　潸然たらん

という追悼詩を贈った。(30) そして翌年、羅山は、安元の子脇坂安吉の依頼に応じて、安元の碑銘の「前淡州刺史脇坂藤亭（安元）碑銘」を著わしている。(31)

寛永十二年（一六三五）正月一日、羅山は、脇坂安元の歌に和して歳旦詩を作っているが、このとき林読耕斎は、兄の鵞峯とともに初めて歳旦詩を作り、羅山がそれに唱和している。(32) 林読耕斎は十二歳の少年であった。

それから三年後の寛永十五年（一六三八）九月、十五歳の林読耕斎は、駿府に赴いた脇坂安元に、次のような送別詩

「奉レ送三脇坂君赴二駿府一」を贈っている。

雲護儲書属此公　雲護　儲書　此の公に属す
離情於我更無窮　離情　我に於て　更に窮まり無し
秋風称意駿州路　秋風　意に称ふ　駿州の路
日々士峯青眼中　日々　士峯　青眼の中ならん

この七言絶句に対して、安元は、

菊月十日あまり、予駿河の国に一とせをおくらんと、たひたち侍りしに、函三（林読耕斎の号）少年其名残にはなむけすとて、から哥一つたまハる。すかたは秋の月のほかからかなるに似て、言葉ハ春の花のにほひ有かことし。予もとをく立別れんことをかなしミて、其韻の一もしをやハらけ、こしおれ哥をよミて、なミたにまきそへておくりぬ

八雲軒

たひ衣こゝろならすもたち別れともにしのふの草を摘中

という詞書に添えて「たひ衣」の歌を贈っている。(33) 林読耕斎の「から哥」の末句「青眼中」に応えて、脇坂安元は、「こしおれ哥」を「摘中《つむなか》」と「中」の「一もし」で結んでいる。

林読耕斎と脇坂安元とが贈答した詩歌は、右にみた寛永十五年に始まり、承応二年（一六五三）、読耕斎の三十歳の年まで、彼の漢詩は三二編におよんでいる。

承応二年正月に林読耕斎が安元に贈った「試筆」の詩は、

一百八十甲子遷　一百八十　甲子遷る
腔中壮気向春天　腔中の壮気　春天に向く
顔淵猶苦聖人卓　顔淵　猶を聖人の卓に苦しむ
空受朝来而立年　空く受く　朝来而立の年

というものであった。読耕斎は、「而立の年」、すなわち三十歳になった年頭の所感を反省をこめて詠じたのである。
これに応えた脇坂安元は、

函三（読耕斎）佳丈元旦のかりほしの韵にたとりて蜂腰哥つゝりてむくひ侍る

という詞書を添えて、

春の来て君かよハひをくり返し正木のかつらなかきいく年

という「蜂脇哥」を綴り、「而立の年」を迎えた読耕斎のこれからの学問の大成と長寿を祈ったのである。[34] 安元は、この年十二月三日、世を去った。七十歳であった。林読耕斎は、この年から八年後の万治四年（一六六一）三月十二日、安元の長寿の祈りもむなしく、三十八歳の若さで没している。[35]

脇坂安元は、「北南それともしらす」の歌や、始祖にまで遡らない系譜の作成にうかがえるように、自己の家系に対しては、きわめて淡泊であったが、蔵書のなかに『新撰姓氏録』の写本が加えられていたのは、安元の「文道に心を寄せ」[36]ていたことのあらわれであった。

注

（1）佐伯有清『新撰姓氏録の研究』本文篇、二六〇頁参照。

（2）田中卓『新撰姓氏録の研究』（『田中卓著作集』9）、二二四頁。

(3)　佐伯有清、前掲注(1)書、六四頁以下参照。

(4)　佐伯有清、前掲注(1)書、六七—六八頁参照。

(5)　佐伯有清『新撰姓氏録の研究』考證篇第一、七四頁。

(6)　佐伯有清『新撰姓氏録の研究』考證篇第六、六七—七二頁参照。

(7)　佐伯有清、前掲注(1)書、五三頁。

(8)　佐伯有清、前掲注(1)書、五五—五九頁参照。

(9)　佐伯有清、前掲注(1)書、五三頁。

(10)　佐伯有清、前掲注(1)書、五九—六〇頁。

(11)　松木時彦『御巫清直先生小伝』、一ウ—三オ、および大川茂雄、南茂樹編『国学者伝記集成』後編、「御巫清直」の項、三〇七—三〇八頁参照。

(12)　山田奉行の渡辺孝綱、秋山正光については、神宮司庁編『神宮年表』、一一三—一一四頁参照。秋山正光の死後、歴代旗本が山田奉行に任じられていた慣例が破られ、伊勢神戸藩主の本多伊予守忠貫（一八三三—一八九八）という大名が任じられた歴史的背景については、藤枝恵子「幕末の伊勢神宮と山田奉行——文久三年勅使参向をめぐって——」(『日本史研究』第三〇五号）を参照。

(13)　田中卓、前掲注(2)書、二二四—二二五頁。

(14)　田中卓、前掲注(2)書、二二五頁参照。

(15)　笠井助治『近世藩校に於ける学統学派の研究』下、九二〇—九二一頁、および二〇七〇頁参照。

(16)　永田善斎が仕えた紀州藩主徳川頼宣は、寛永十七年（一六四〇）、正保元年（一六四四）、同四年（一六四七）、慶安二年（一六四九）、万治二年（一六五九）、寛文二年（一六六二）、同四年（一六六四）に、あいついで伊勢神宮を参拝している（神宮司庁編、前掲(12)書、七七—八二頁参照）。頼宣は、吉川惟足から神道を学び、領内の神社を修理し、和歌山を発つにあたって、かならず日前、伊太祁曾、玉津島、多宮、岡宮などの神社を参拝したという（福井久蔵『諸大名の学術と文芸の研究』、八〇頁参照）。徳川頼宣は、豊宮崎文庫が創設された翌年にも神宮に参拝し、神道学にも詳しい頼宣は、碩学の広会延良と会った可能性は充分にありうるであろう。

(17)　田中卓、前掲(2)書、二二六頁。

(18)　田中卓、前掲(2)書、二二五—二二六頁参照。

(19)　田中卓、前掲(2)書、二二五頁。

(20)　小野則秋『日本文庫史研究』下巻、二九八—二九九頁参照。

(21)　新井白石『藩翰譜』第十上、脇坂（『新井白石全集』第一）、四四三—四四四頁。

(22) 新井白石、前掲注(21)書、四四四頁。

(23) 金井寅之助編著『八雲軒脇坂安元資料集』、七三頁。

(24) 金井寅之助、前掲注(23)編著、「下館日記書誌」、九—一〇頁参照。

(25) 金井寅之助、前掲注(23)編著、七三頁。

(26) 星野恒「脇坂安元ノ美事」(『史学叢説』第二集)では、安元の歌を「北南、それとはし《(ママ)》らす、紫の、ゆかりはかりの、末の藤原」(六三二頁)と記している。福井久蔵、前掲注(16)書では、その歌を「北南それとも知らずむらさきのゆかりばかりの末のふぢはら」(四〇七頁)としている。また朝倉治彦「脇坂安元」(国立国会図書館編『国立国会図書館蔵書印譜』日本書誌学大系70)には、安元の歌を「北南《(ママ)》のそれとも知らず紫のゆかりばかりの末の藤原」(五七頁)として紹介してある。星野、福井、朝倉の諸氏は、「此糸のゆかり」を「紫の、ゆかり」、「むらさきのゆかり」、「紫のゆかり」などと、いずれも「紫(むらさき)」に作り、「此糸」とはしていない。

(27) 金井寅之助、前掲注(23)編著、二一九頁。その詞書によって、脇坂安元が系図を提出したのは、寛永十九年(一六四二)であったことがわかる。

(28) 鈴木健一『林羅山年譜稿』、一〇二頁、および同書の「人名索引」、「脇坂安元」(一〇頁)の項参照。

(29) 鈴木健一、前掲注(28)書、一六二頁参照。

(30) 鈴木健一、前掲注(28)書、二〇七頁参照。

(31) 鈴木健一、前掲注(28)書、二一二頁参照。なお明暦元年(一六五五)十二月三日、脇坂安元の三周忌に、林羅山は詩を贈っている(前掲注(28)書、二一七頁参照)。

(32) 鈴木健一、前掲注(28)書、一二七—一二八頁参照。

(33) 金井寅之助、前掲注(23)編著、一四七—一四八頁参照。

(34) 金井寅之助、前掲注(23)編著、一九二頁参照。

(35) 東京都新宿区教育委員会編『国　史跡林氏墓地調査報告書』林守勝流(第二林家)に、「一世　林読耕斎(春徳)の墓」を載せ、兄の林鵞峰の撰になる「辛丑季春十二日読耕斎林靖没於江府家塾歳三十八」にはじまる四九八字の碑文の釈文と拓本写真が掲載されている(一二三—一二五頁参照)。

(36) 新井白石、前掲注(21)書、四四三頁。なお太田南畝(一七四九—一八二三)が『一話一言』巻三十六に掲げている望月三英(一六九八—一七六九)の文に、「昔は大名衆に数多学文好き有たる由脇坂殿第一之由、死去後家来不埒にて書物払に出候由、八雲軒と云朱印押有之」（太田南畝『一話一言』日本随筆大成別巻、第五巻、二〇四頁）とあって、脇坂安元の好学の評判と、死後の蔵書の散逸のことを記している。

第三　菊亭文庫本　新撰姓氏録

凡例

一、本章には、京都大学附属図書館所蔵の菊亭文庫本『新撰姓氏録』の全体を写真版として掲げる。

一、菊亭文庫本『新撰姓氏録』は、本奥書にみえる官務家の小槻（壬生）兼治（?—一四一八）の書写、もしくは書写させたものとみられる。

一、もし小槻兼治の自署本ならば、現伝の『新撰姓氏録』写本のなかでは、もっとも古い写本であって、兼治の生存年代からみなして、十四世紀後半、すなわち南北朝期から室町前期の書写本であると考えられる。写本の書体からみても、その年代観は動かないもののようである。

一、菊亭文庫本『新撰姓氏録』写本の氏姓に付けられている片仮名は、いずれも古体を伝えており、また他の書写本にはない特徴を多々残しており、貴重な写本であると認められる。

一、かかる貴重な写本の全体像を学界に提供する意義には大きいものがある。

一、本写本の写真は、光沢印画紙に複写したものをもちいたが、前表紙、ならびに裏表紙の写真は黒ずみ勝ちで原本表紙の姿が鮮明ではない。そのため表紙写真の左側にならべて、昭和五十七年（一九八二）に京都大学附属図書館文献複写室（当時）で複写した紙焼写真の前表紙・裏表紙をそれぞれ掲げておいた。紙焼写真のものは前表紙の題字「新撰姓氏録」が、どうにか判読でき、また前表紙・裏表紙に菱襷文様が施されていることが写しだされているためである。

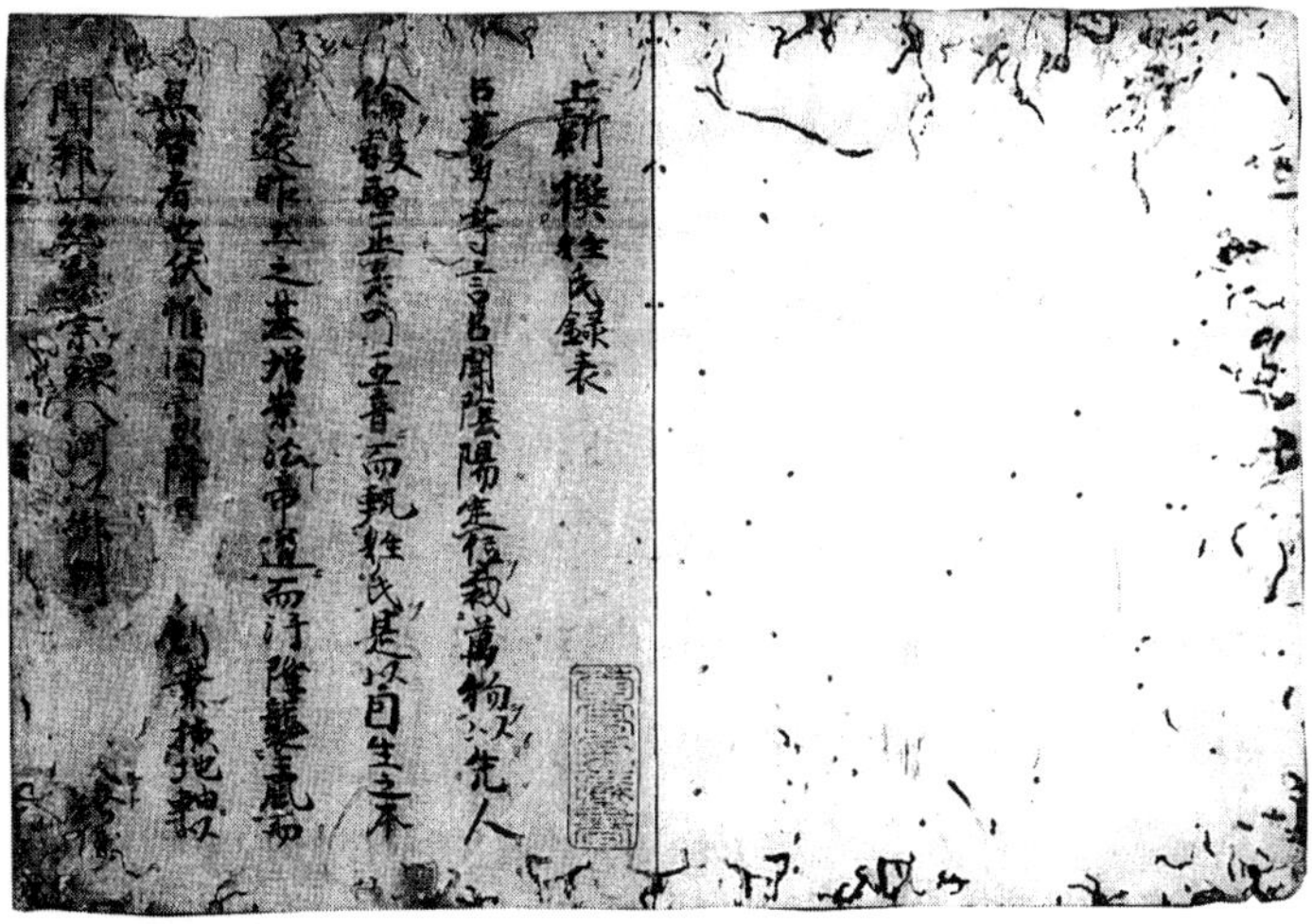

第三　菊亭文庫本　新撰姓氏録（表紙・上新撰姓氏録表）

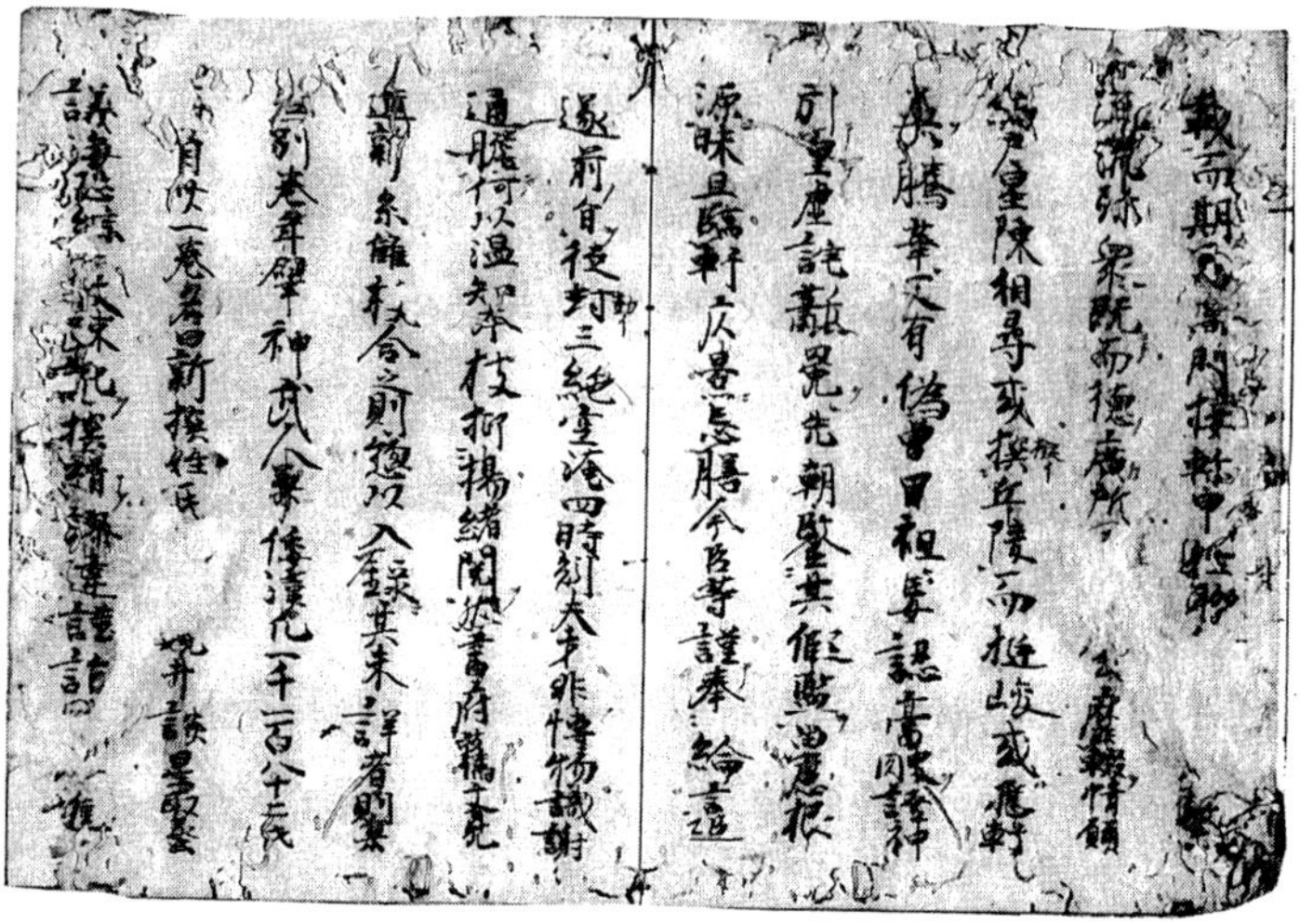

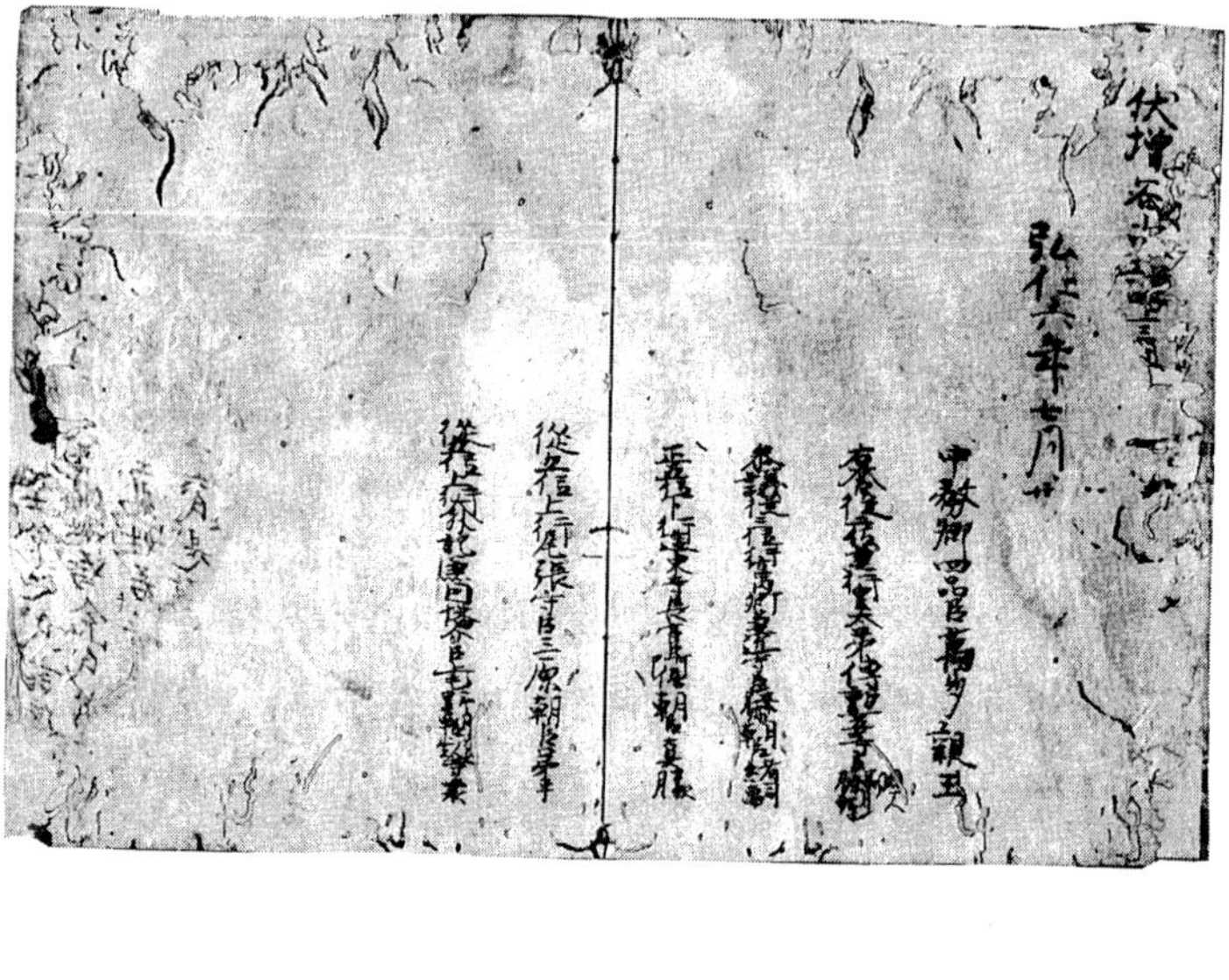

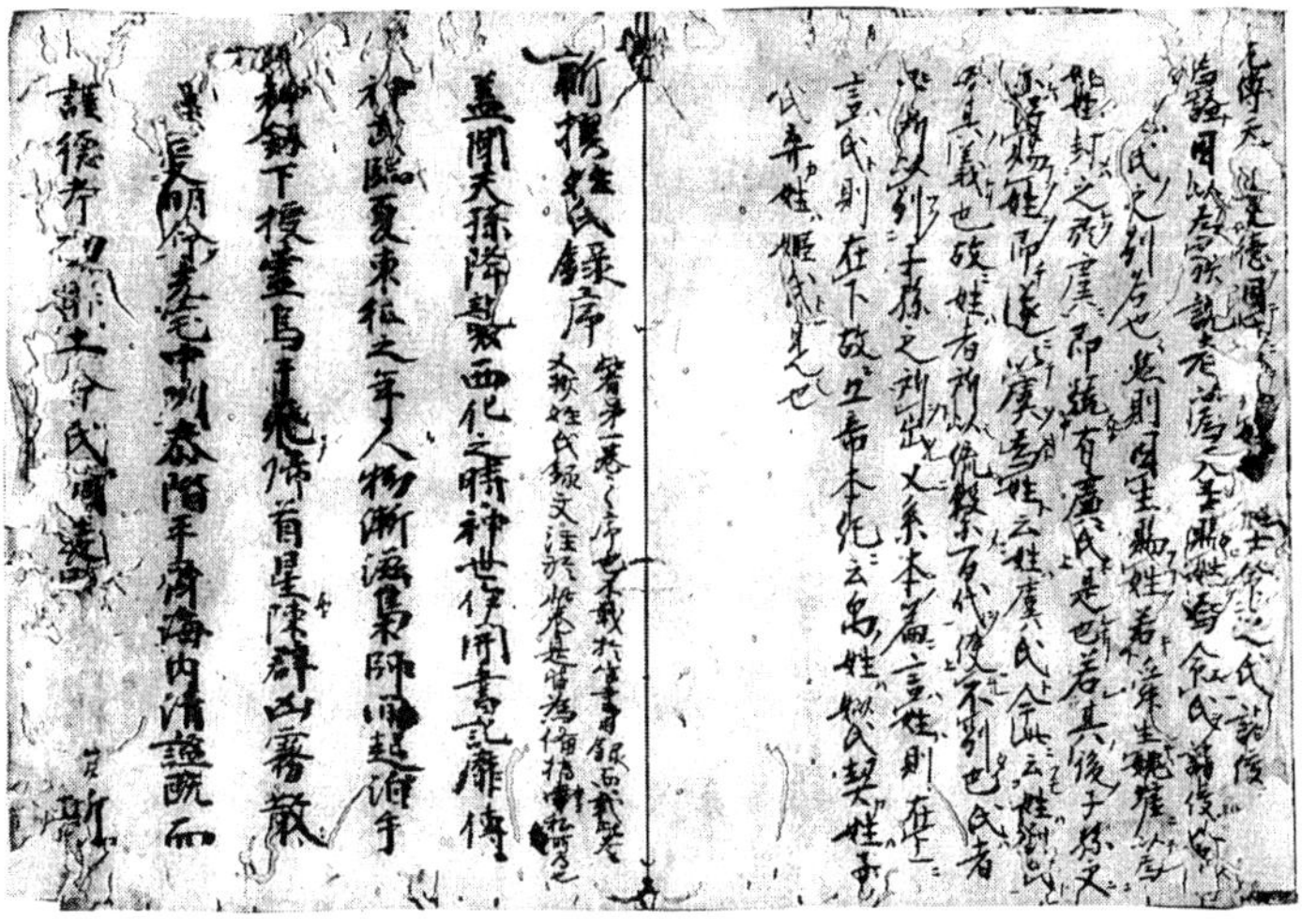
新撰姓氏録序

蓋聞天孫降跡西化之時神世伊開書記靡傳

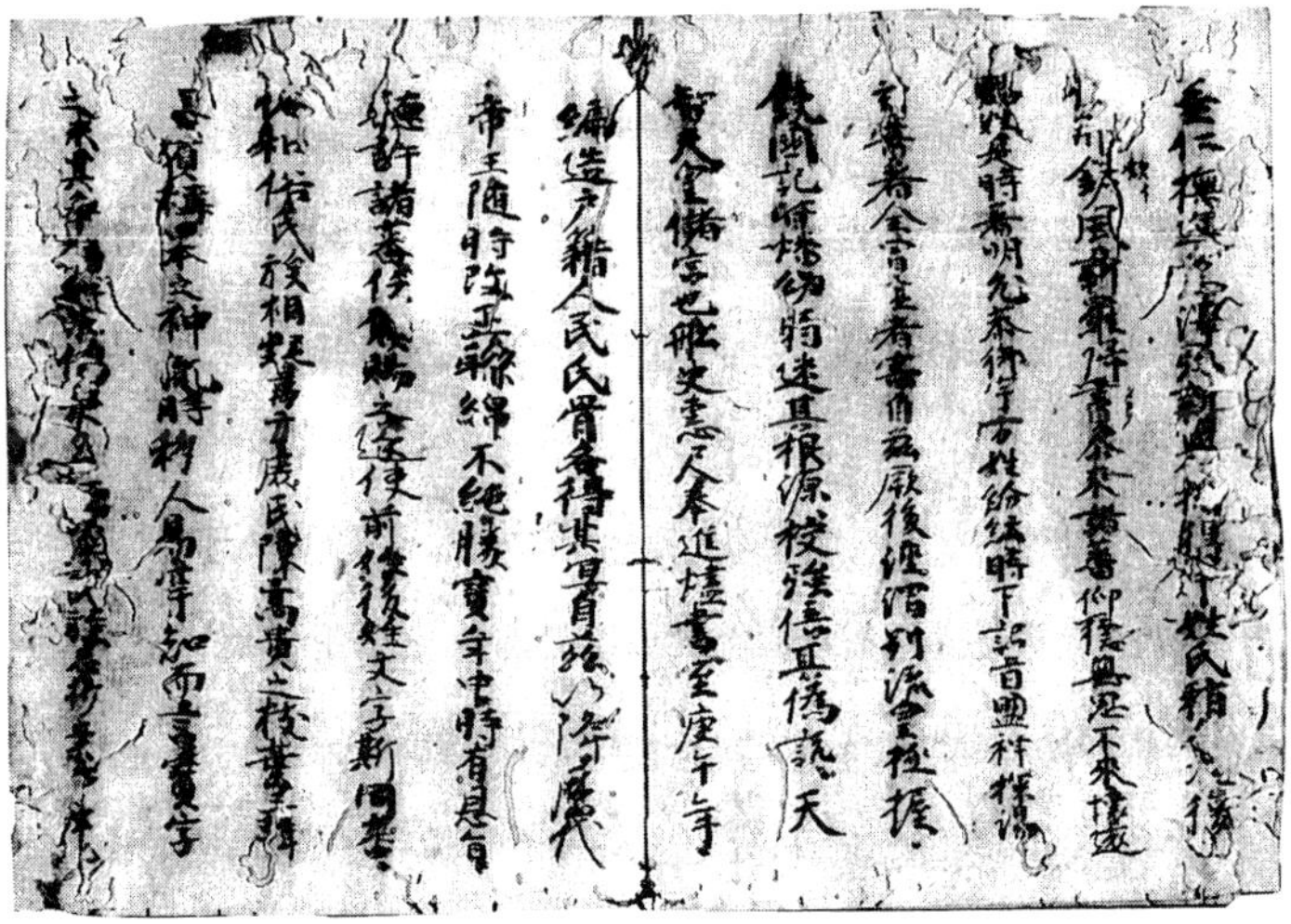

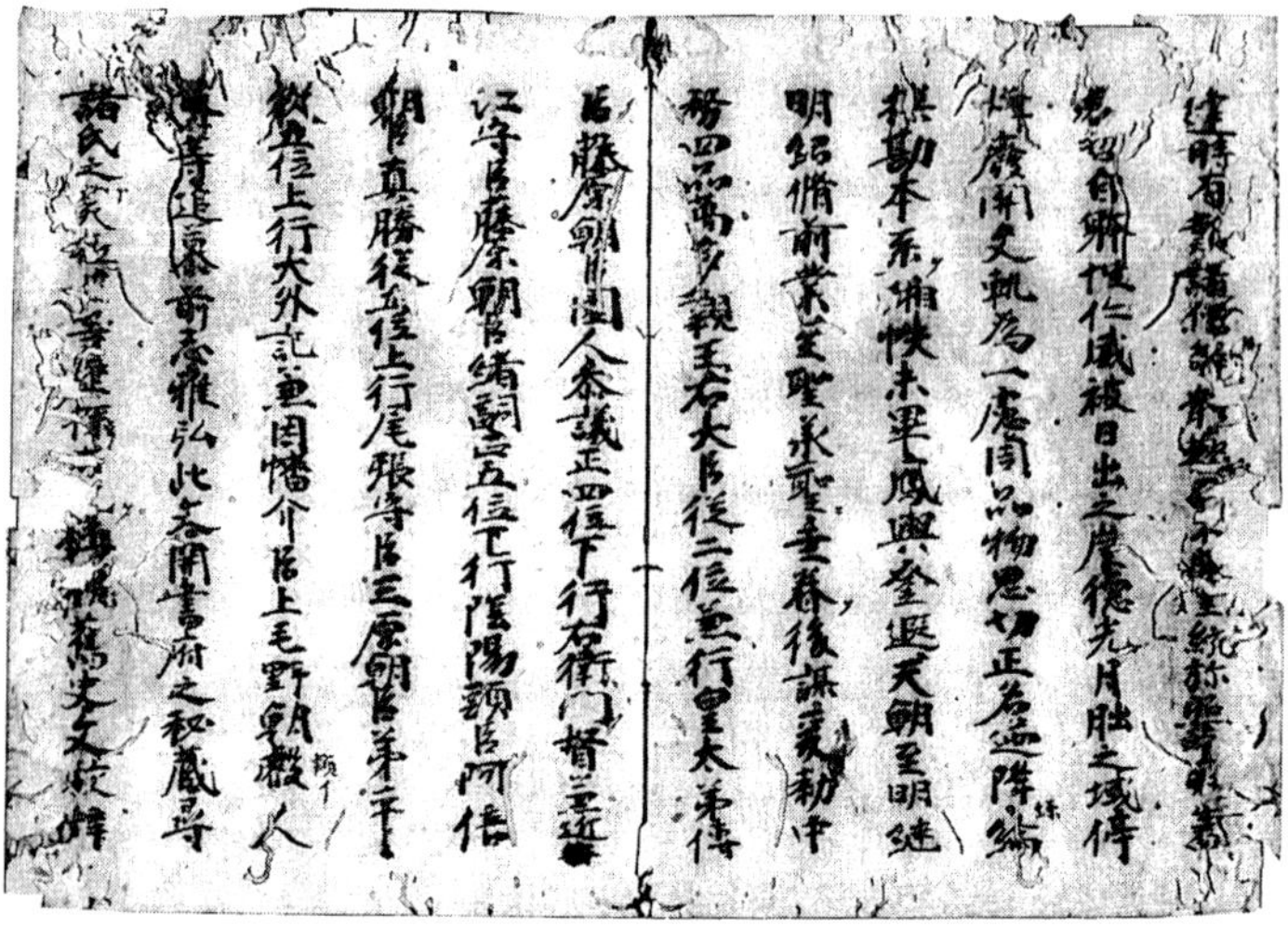

逮時有穢[illegible]譜牒[illegible][illegible]王統[illegible][illegible]
思[illegible]自[illegible]惟仁[illegible]被日出之[illegible]徳光月[illegible]之域傳
[illegible][illegible]開文執為一處同品物思切正名遂降綸
旨勘本系惟恨未畢鳳輿登遐天朝至明遞
明詔脩前業至聖承聖重脩後課爰勅中
務四品萬多親王右大臣従二位兼行皇太弟傳
臣藤原朝臣園人参議正四位下行右衛門督兼近
江守臣藤原朝臣緒嗣正五位下行陰陽頭臣阿倍
朝臣真勝従五位上行尾張守臣三原朝臣弟平
従五位上行大外記兼因幡介臣上毛野朝臣頴人
等追[illegible]前志[illegible]此[illegible]開書府之秘蔵尋
諸氏之[illegible][illegible][illegible]史之文[illegible]

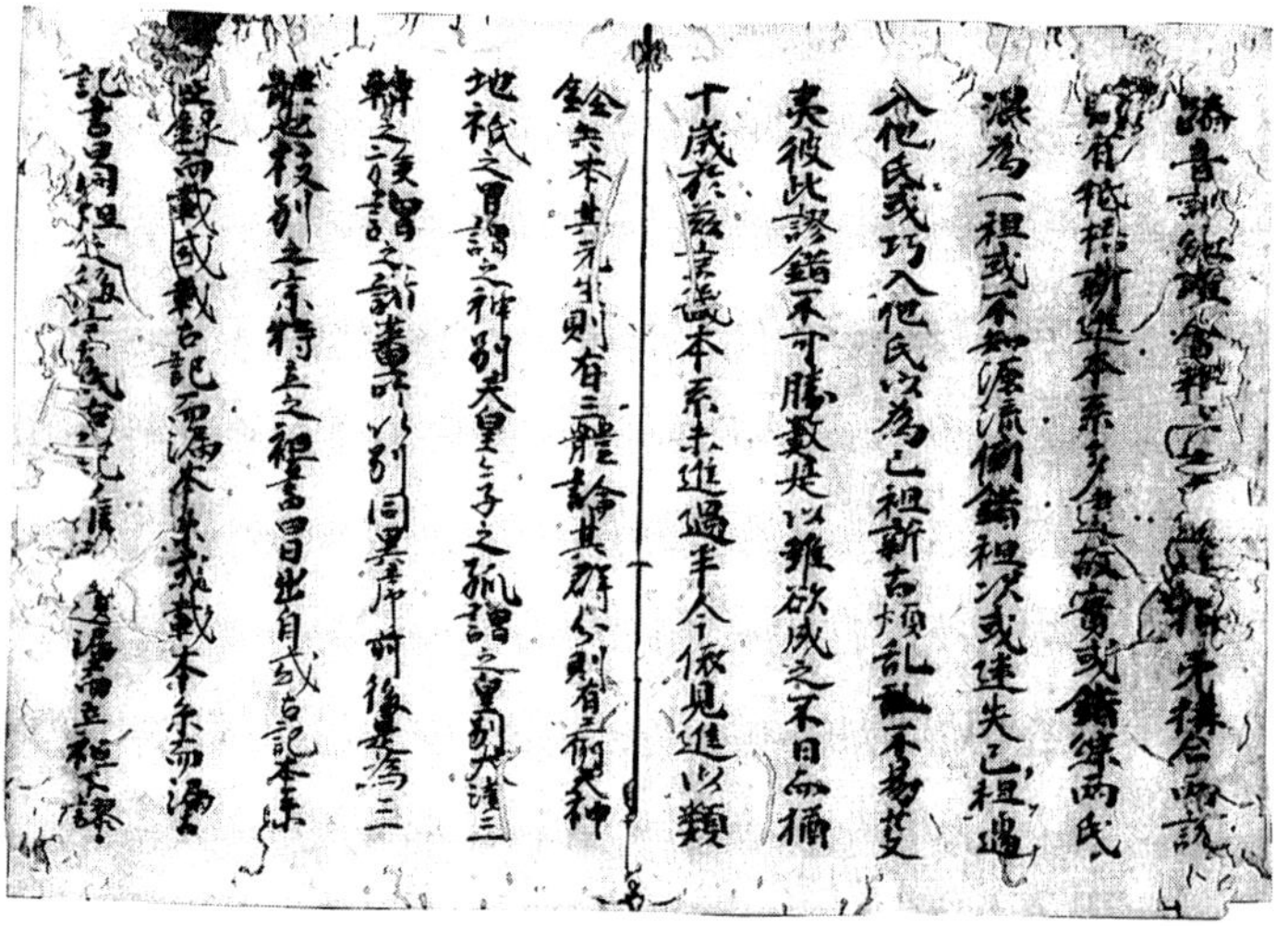

諸書[illegible][illegible][illegible][illegible]合兩説
[illegible]有枝[illegible][illegible]本系[illegible]或[illegible]錯綜兩氏
混為一祖或不知源流倒錯祖次或迷失己祖過
入他氏或巧入他氏以為己祖新古煩乱一不易更
矣彼此謬錯不可勝數是以雖欲成之不日而[illegible]
千歳於茲実識本系未進過半今依見進以類
合矣夫尋其根則有三體論其枝則有三例天神
地祇之冑謂之神別天皇皇子之孤謂之皇別大漢三
韓之後謂之諸蕃以別同異[illegible][illegible]後[illegible]為三
體也枝別之宗特立之祖書曰出自或古記[illegible]
證録而載或載古記而漏本系或載本系而漏
記書同祖之後[illegible]或古記[illegible]連接而立祖下[illegible]

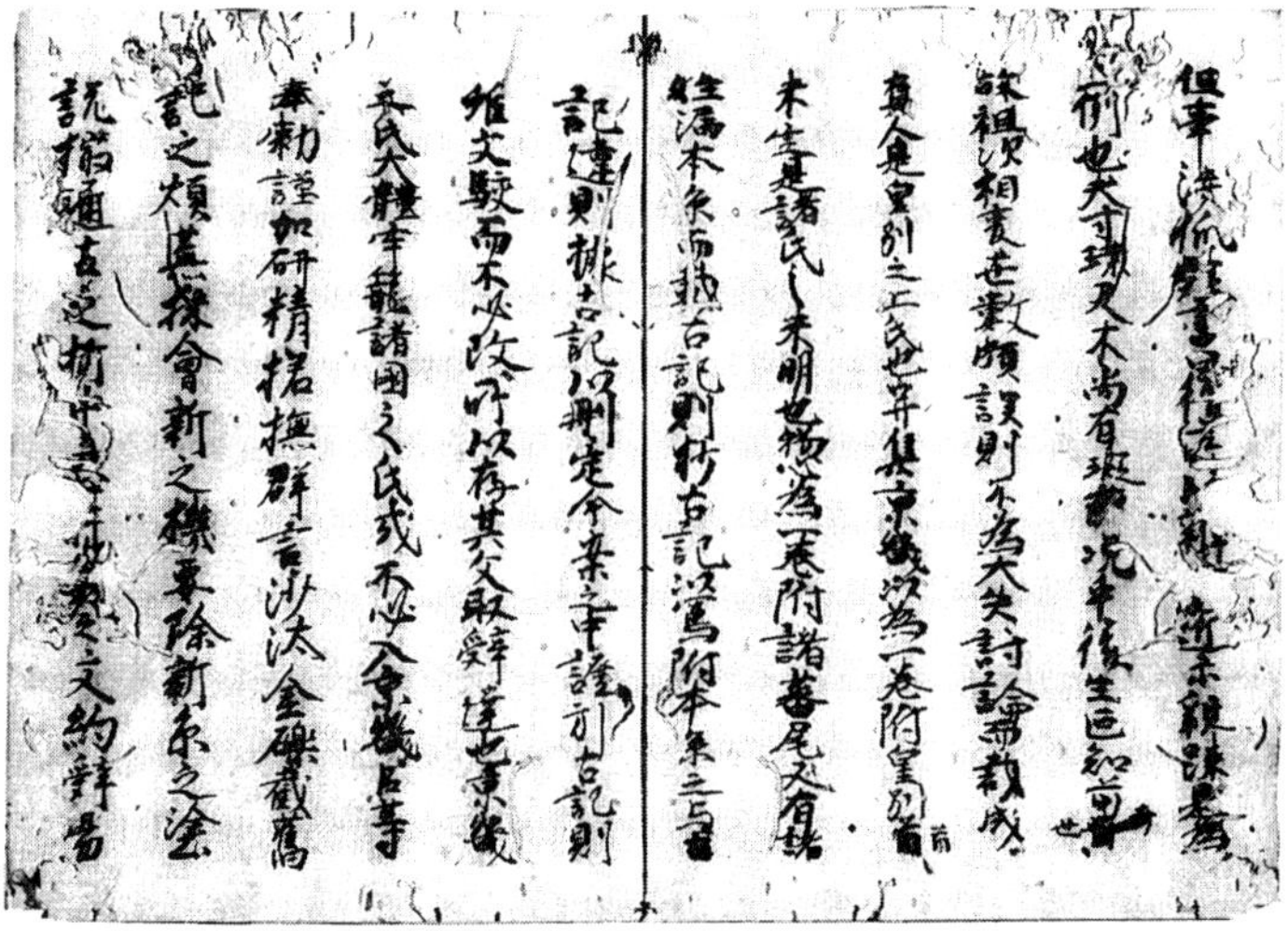
但事渉倫儀譬似近而親遠而不親詳略為
訓也大寸瑕尺木尚有班況中後生臣知前世
詠祖次相襲世數頗誤則不為大失討論而裁成
真人是皇別之上氏也并集京畿以為一巻附皇別前
未定是諸氏之未明也稱以為一巻附諸蕃尾又有姓
姓漏本系而執古記則於古記以為附本系之上
記違則排古記以刪定今案之中證引古記則
雖文駁而不必改所以存其文取辭達也京畿
是氏大體本録諸国之氏或不必入今京畿居等
奉勅謹加研精搯撫群言沙汰金礫截鶴
記之頸甚採會新之標要除新承之塗
訛搯通古之析中之少繁之文約辭当

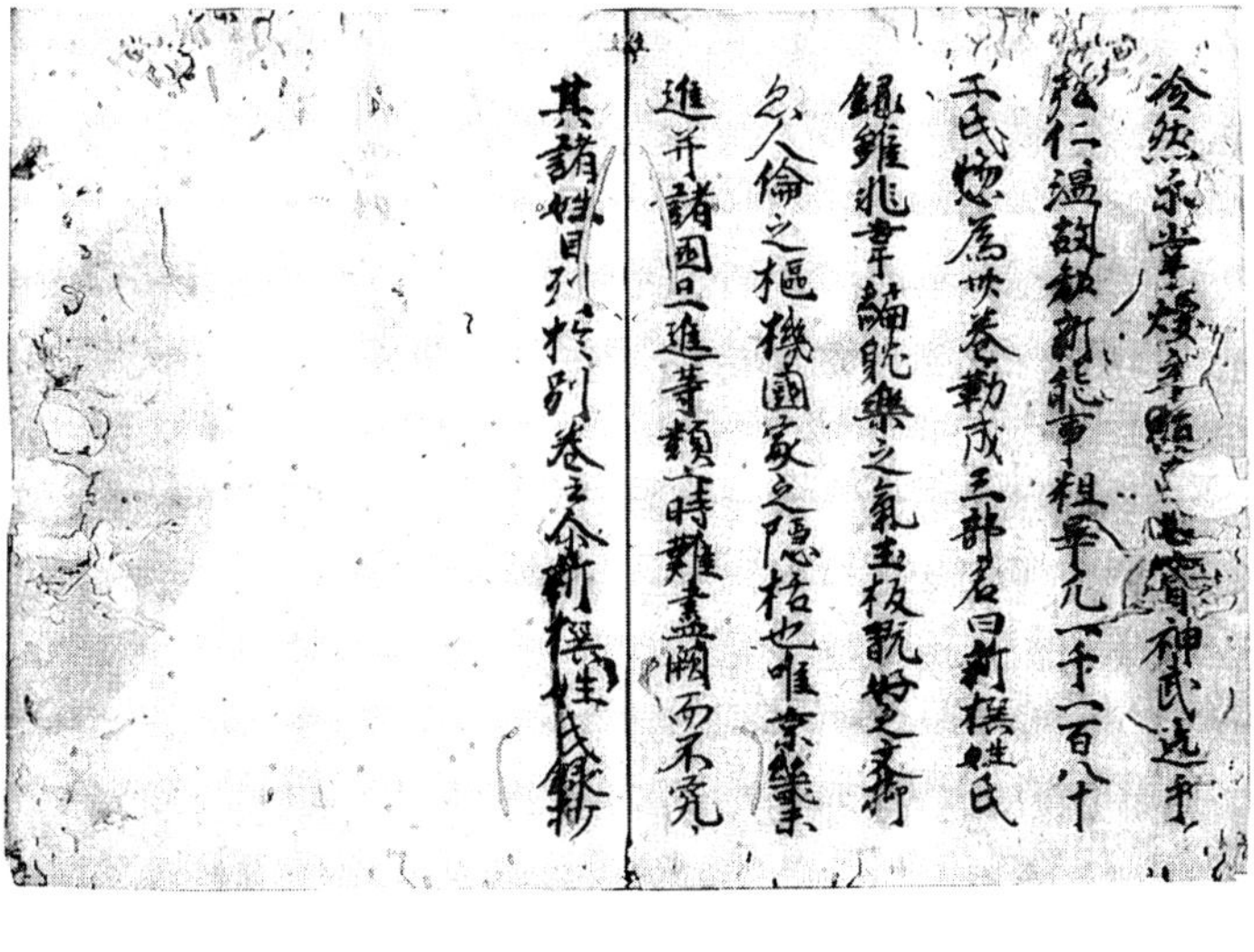
會然永業煥乎顯乎也昔神武遠乎
救仁温故叙新能事粗畢凡一千一百八十
二氏惣為卅巻勒成三部名曰新撰姓氏
録雖非章論牝楽之氣孟板亂好之書術
忽人倫之樞機國家之隱括也唯京畿
進并諸国已進等類一時難盡闕而不究
其諸姓目列於別巻之今新撰姓氏録抄

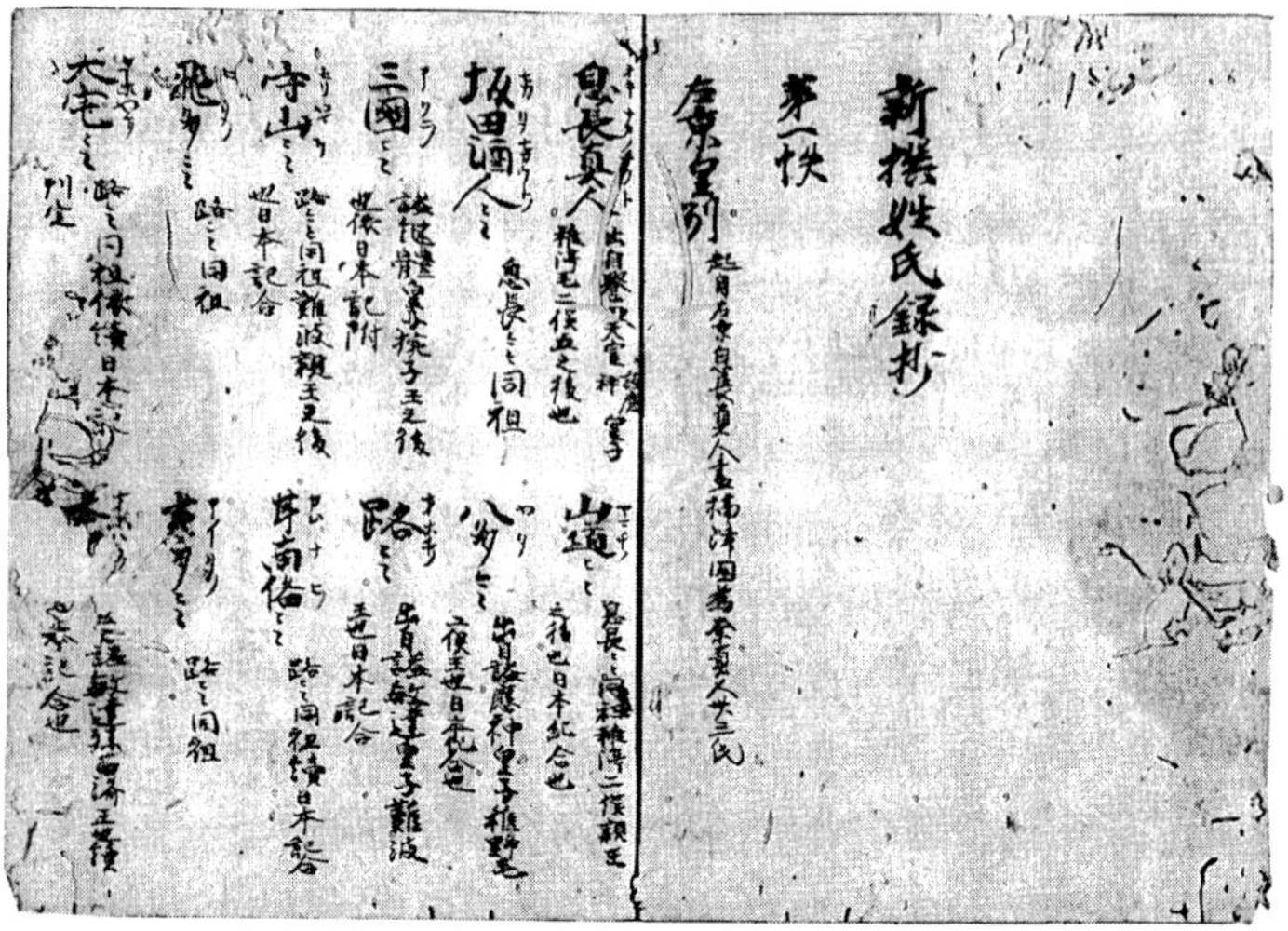

新撰姓氏録抄

第一帙

左京皇別　起自左京息長真人盡于[illegible]真人廿三氏

息長真人《オキナガノマヒト》　出自誉田天皇諡応神皇子稚渟毛二俣王之後也

山道《ヤマチ》ヽヽ　息長ヽヽ同祖稚渟毛二俣親王之後也日本紀合也

坂田酒人《サカタノサカヒト》ヽヽ　息長ヽヽ同祖

八多《ヤタ》ヽヽ　出自諡応神皇子稚野毛二俣王之後也日本紀合也

三国《ミクニ》ヽヽ　諡継体皇子椀子王之後　続日本記附

路《ミチ》ヽヽ　出自諡敏達皇子難波王之後也日本記合

守山《モリヤマ》ヽヽ　路ヽヽ同祖難波親王之後　日本記合

甘南備ヽヽ　路ヽヽ同祖続日本紀合

飛多ヽヽ　路ヽヽ同祖

英多ヽヽ　路ヽヽ同祖

大宅ヽヽ　路ヽヽ同祖[illegible]続日本紀[illegible]

[illegible]　出自諡敏達孫百済王之後[illegible]日本記合也

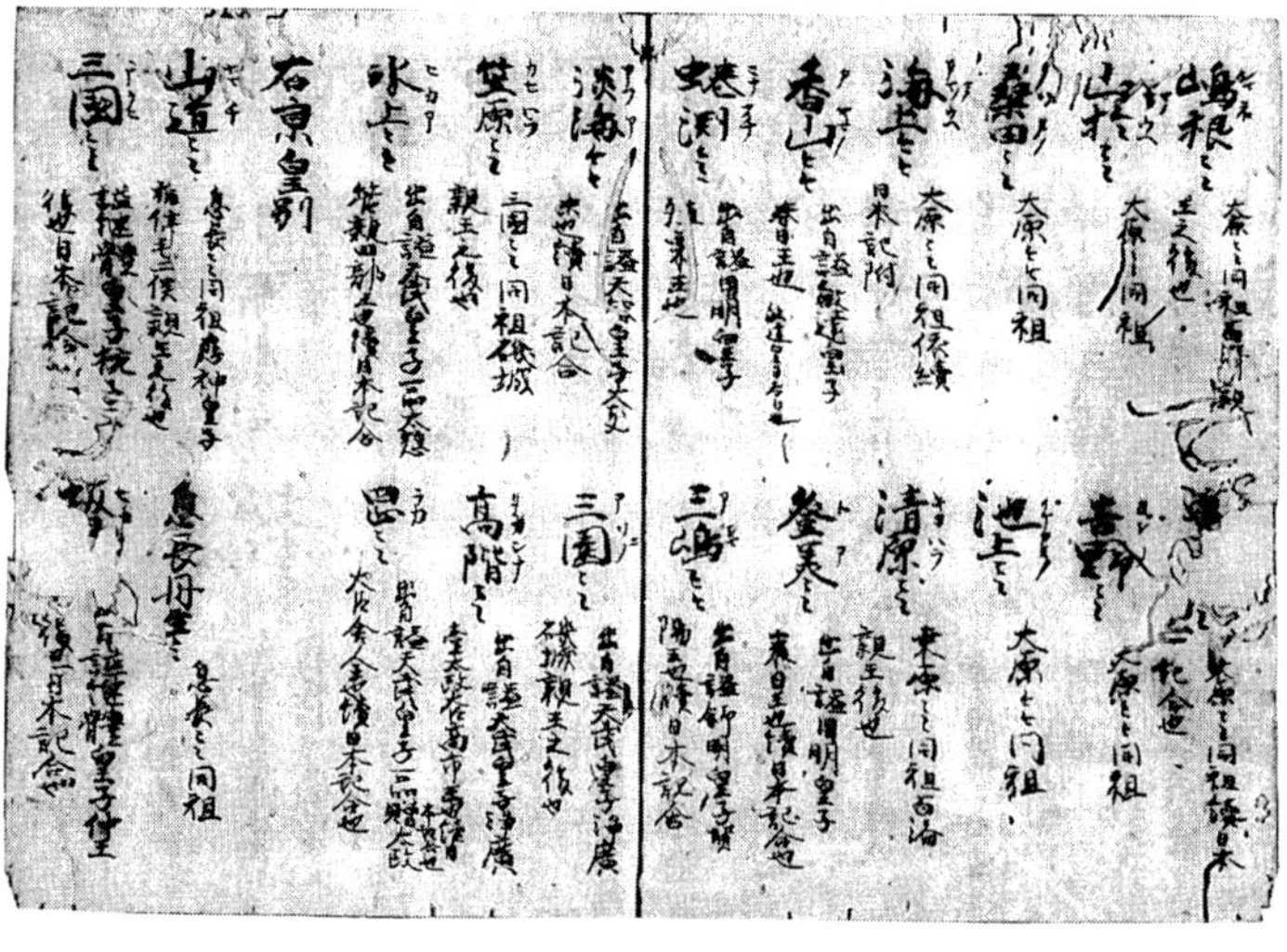

嶋根ヽヽ　[illegible]同祖[illegible]王之後也

山於ヽヽ　大原ヽヽ同祖

桑田ヽヽ　大原ヽヽ同祖

海上ヽヽ　大原ヽヽ同祖[illegible]続日本記附

香山ヽヽ　出自諡敏達皇子[illegible]

蚊野ヽヽ　[illegible]

池上ヽヽ　大原ヽヽ同祖

清原ヽヽ　[illegible]ヽヽ同祖[illegible]親王後也

登美ヽヽ　出自諡用明皇子[illegible]日本紀合也

三嶋ヽヽ　出自諡舒明皇子[illegible]続日本紀合

淡海ヽヽ　出自諡天智皇子大友[illegible]続日本記合

三国ヽヽ　出自諡天武皇子浄広[illegible]親王之後也

笠原ヽヽ　三国ヽヽ同祖[illegible]親王之後也

高階ヽヽ　出自諡天武皇子浄広[illegible]

氷上ヽヽ　出自諡天武皇子[illegible]続日本紀合

[illegible]ヽヽ　出自諡天武皇子一品[illegible]続日本紀合也

右京皇別

山道ヽヽ　息長ヽヽ同祖応神皇子稚渟毛二俣親王之後也

息長丹生ヽヽ　息長ヽヽ同祖

三国ヽヽ　諡継体皇子椀子王之後也日本紀合

坂田ヽヽ　出自諡継体皇子[illegible]続日本紀合也

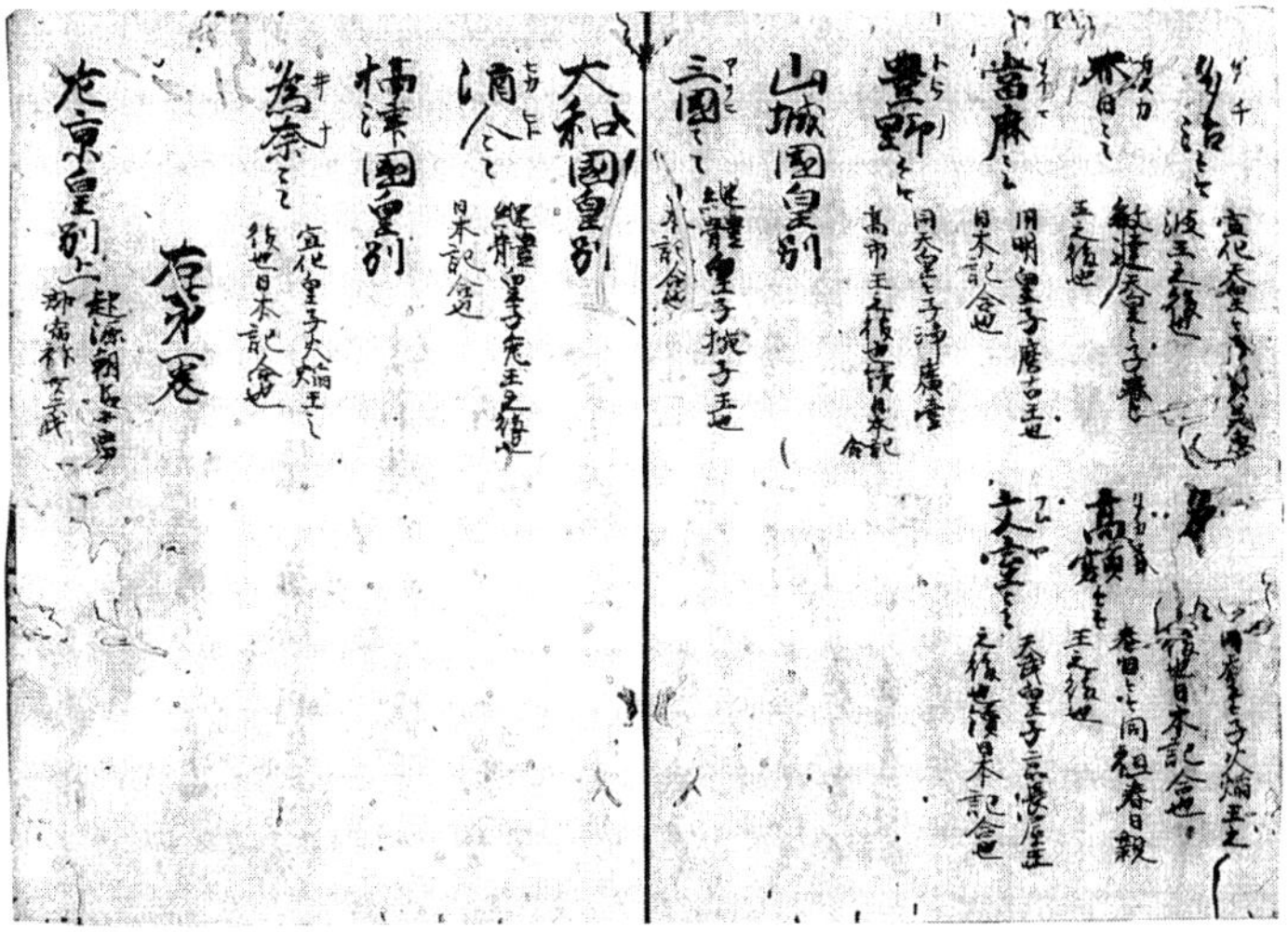

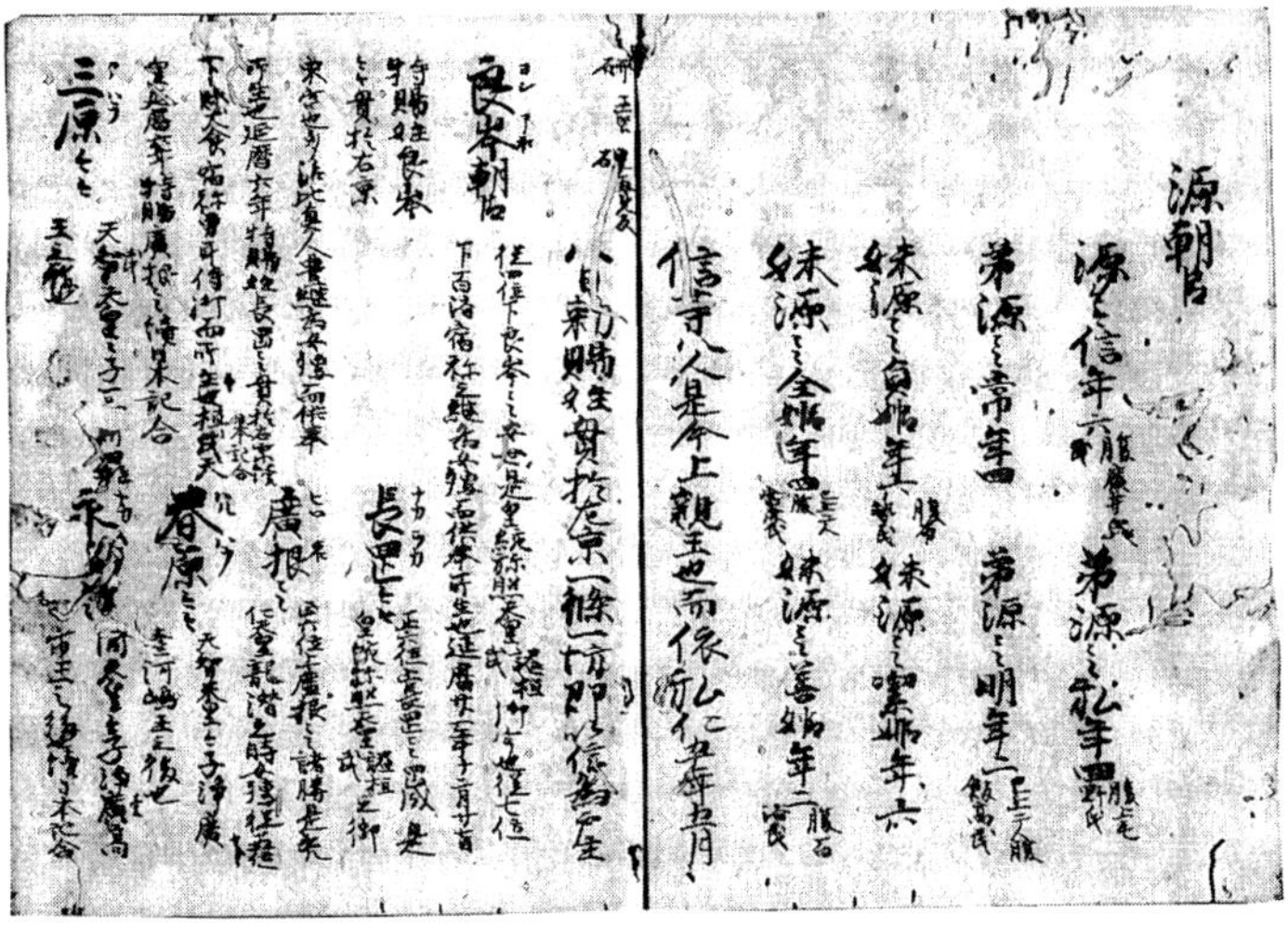

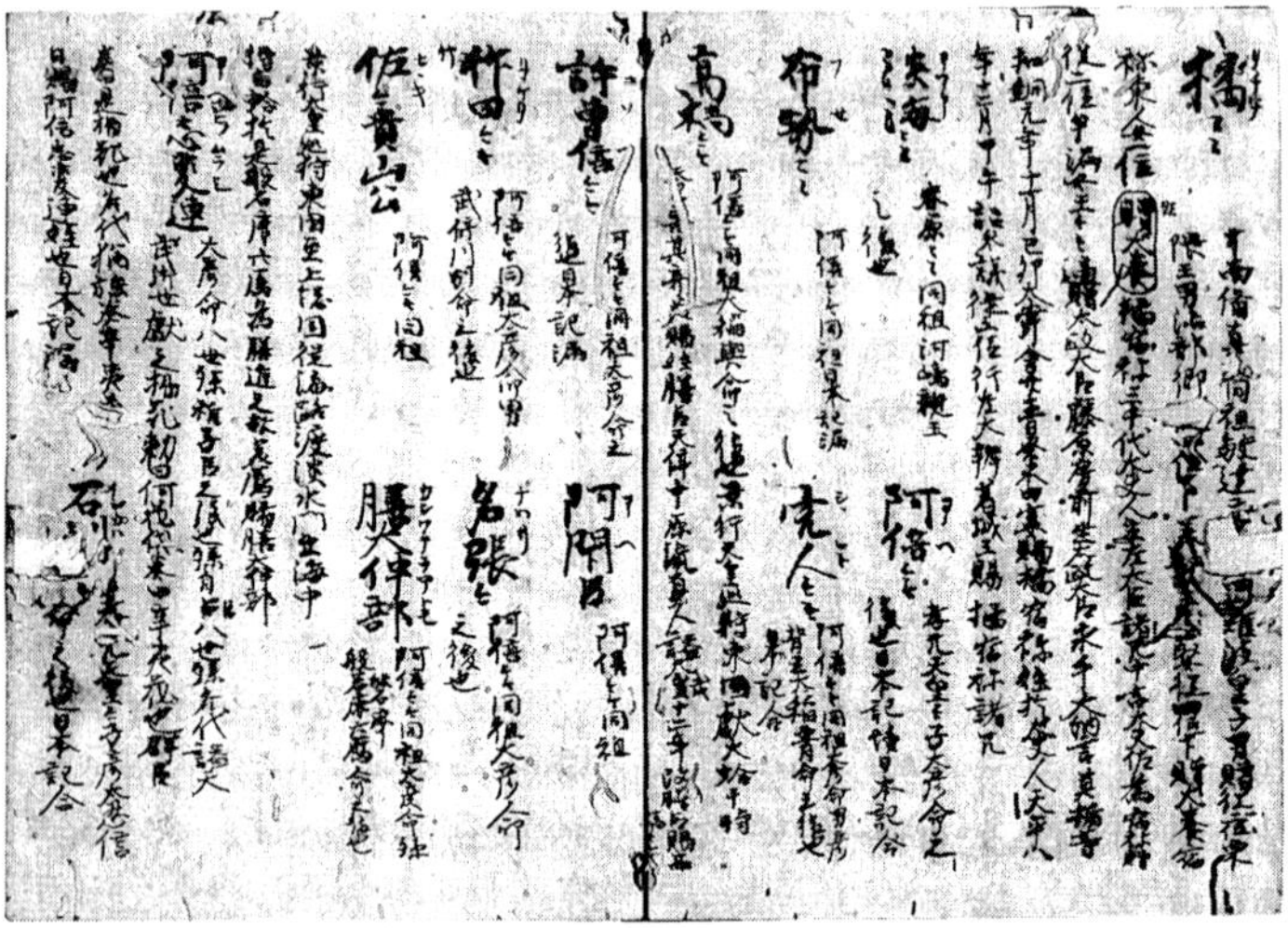

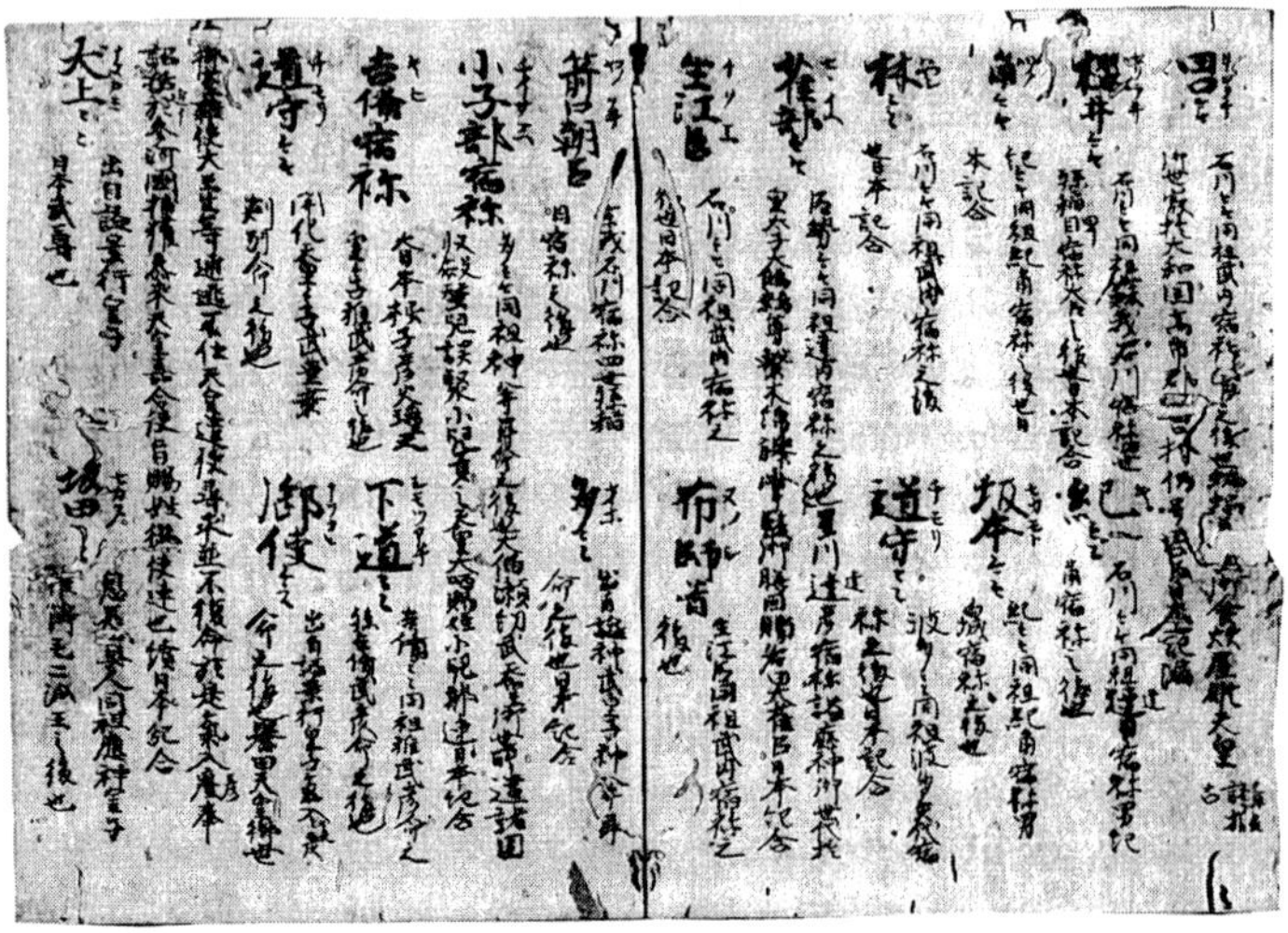

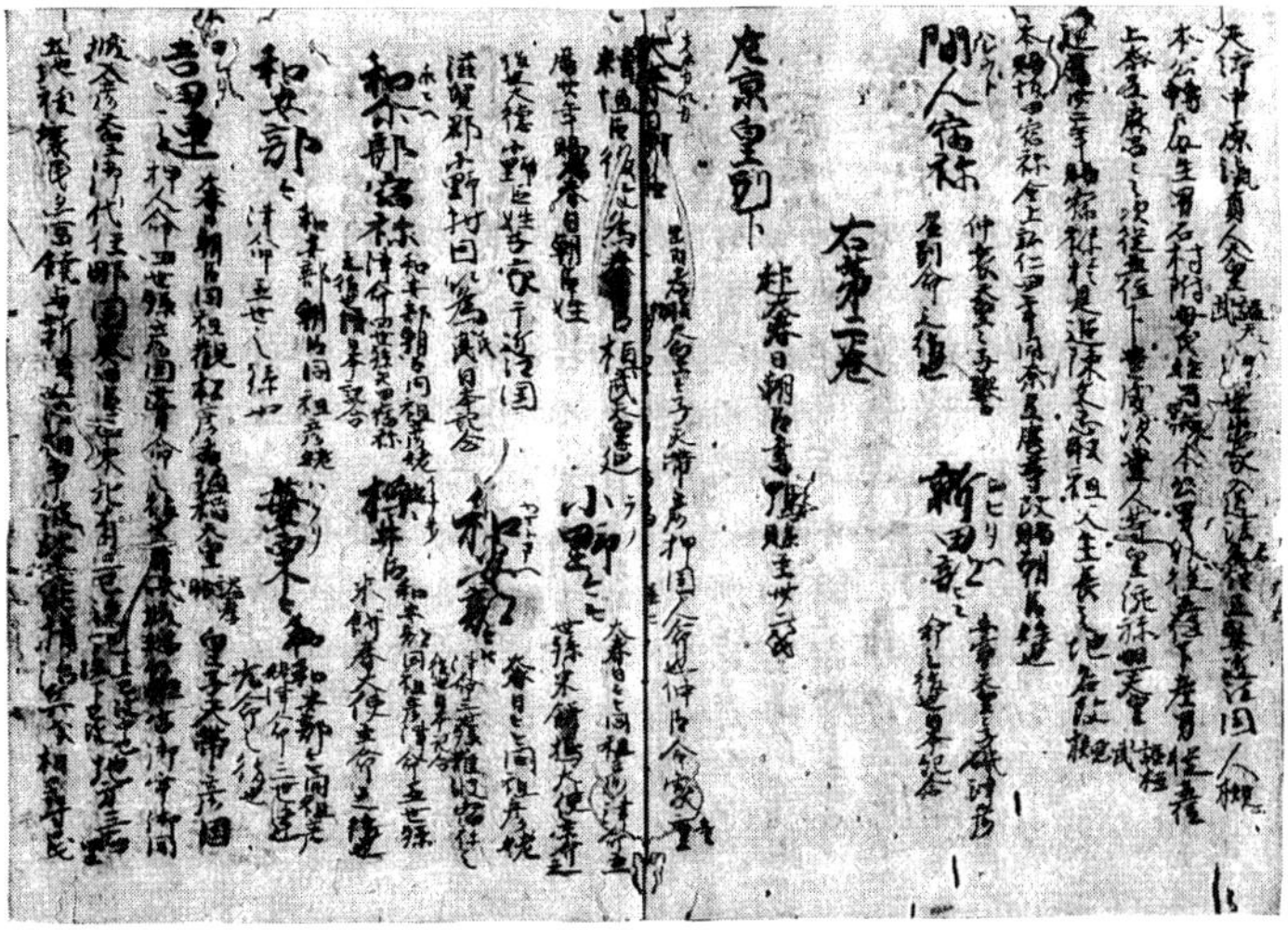

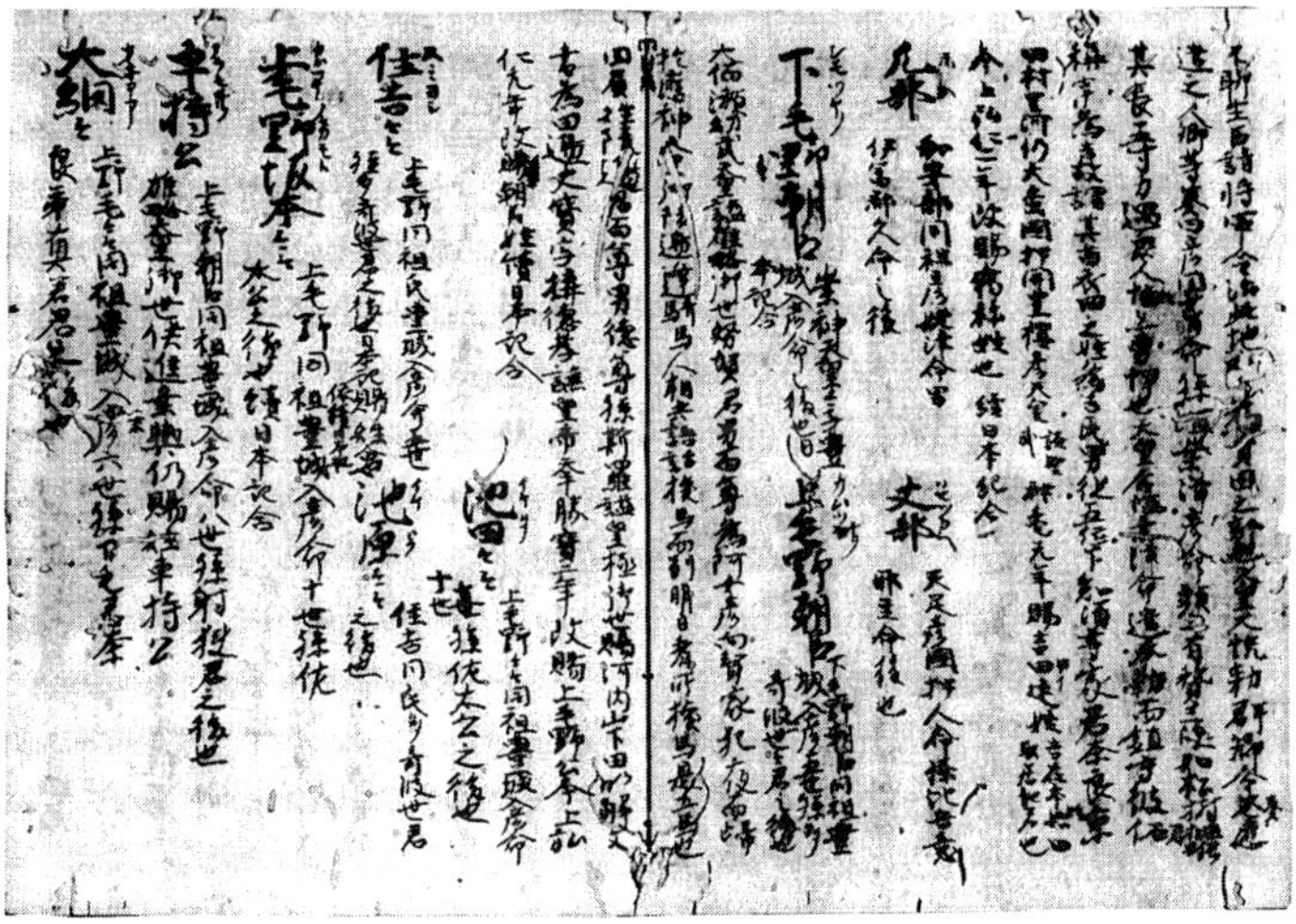

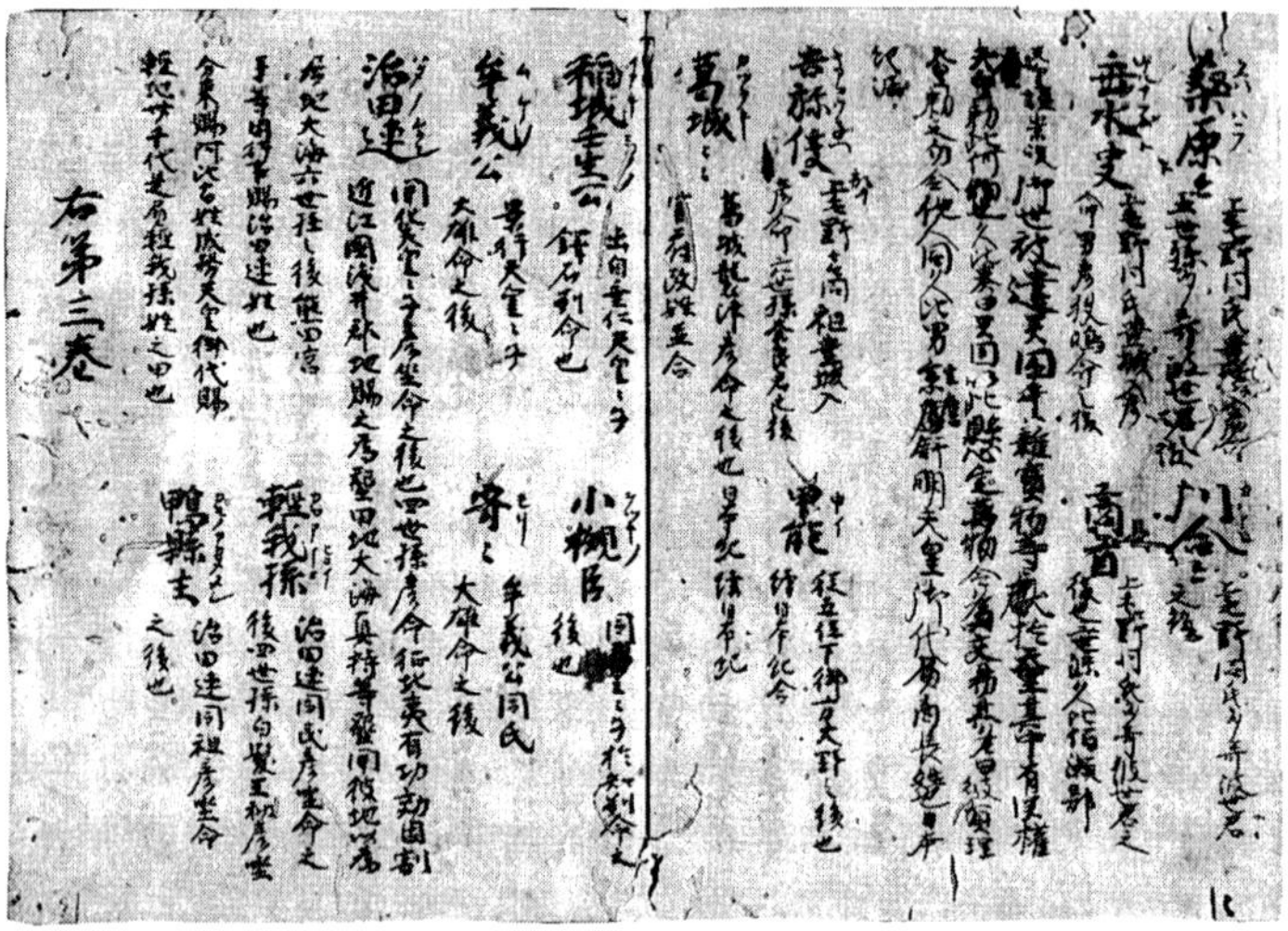

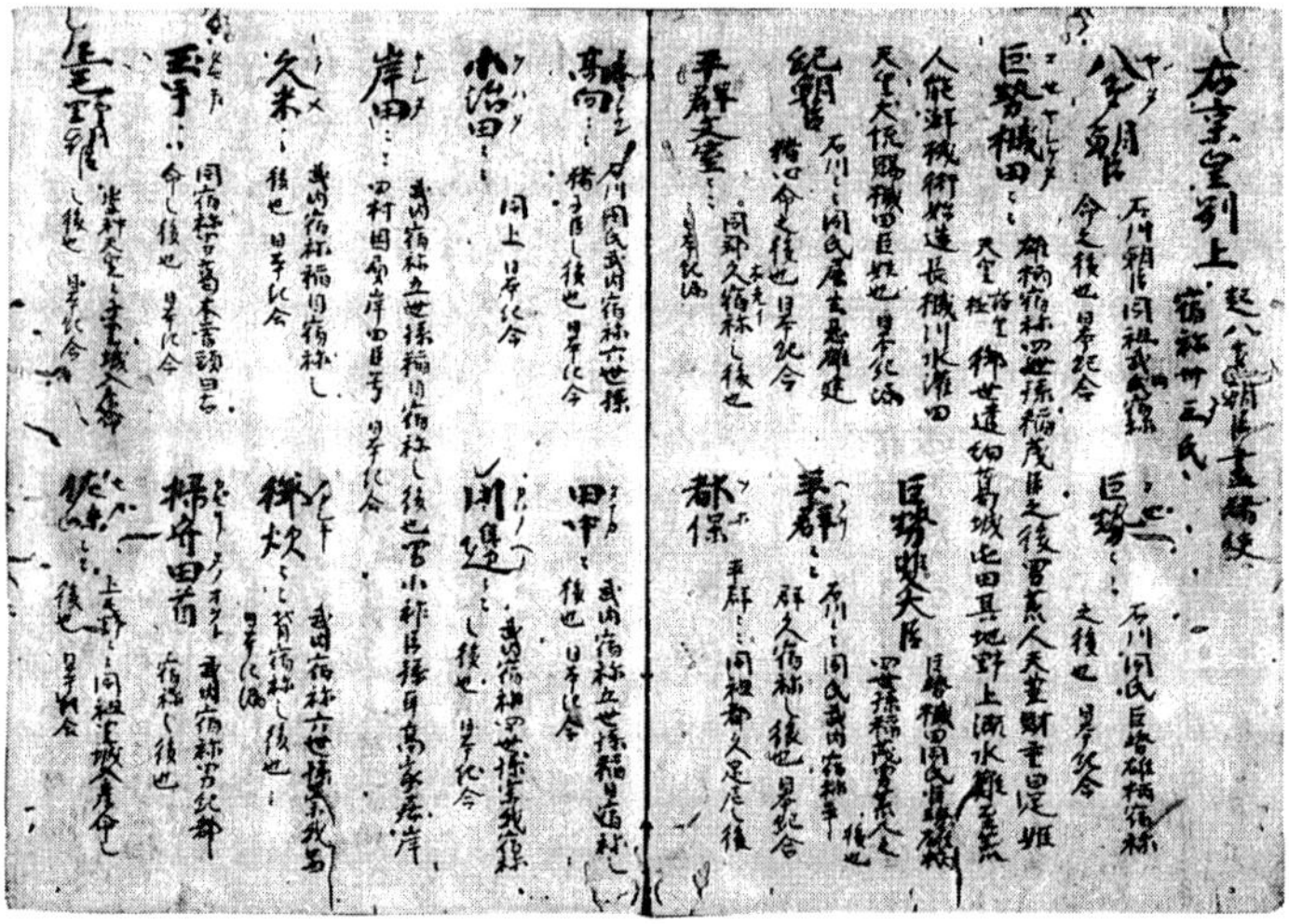

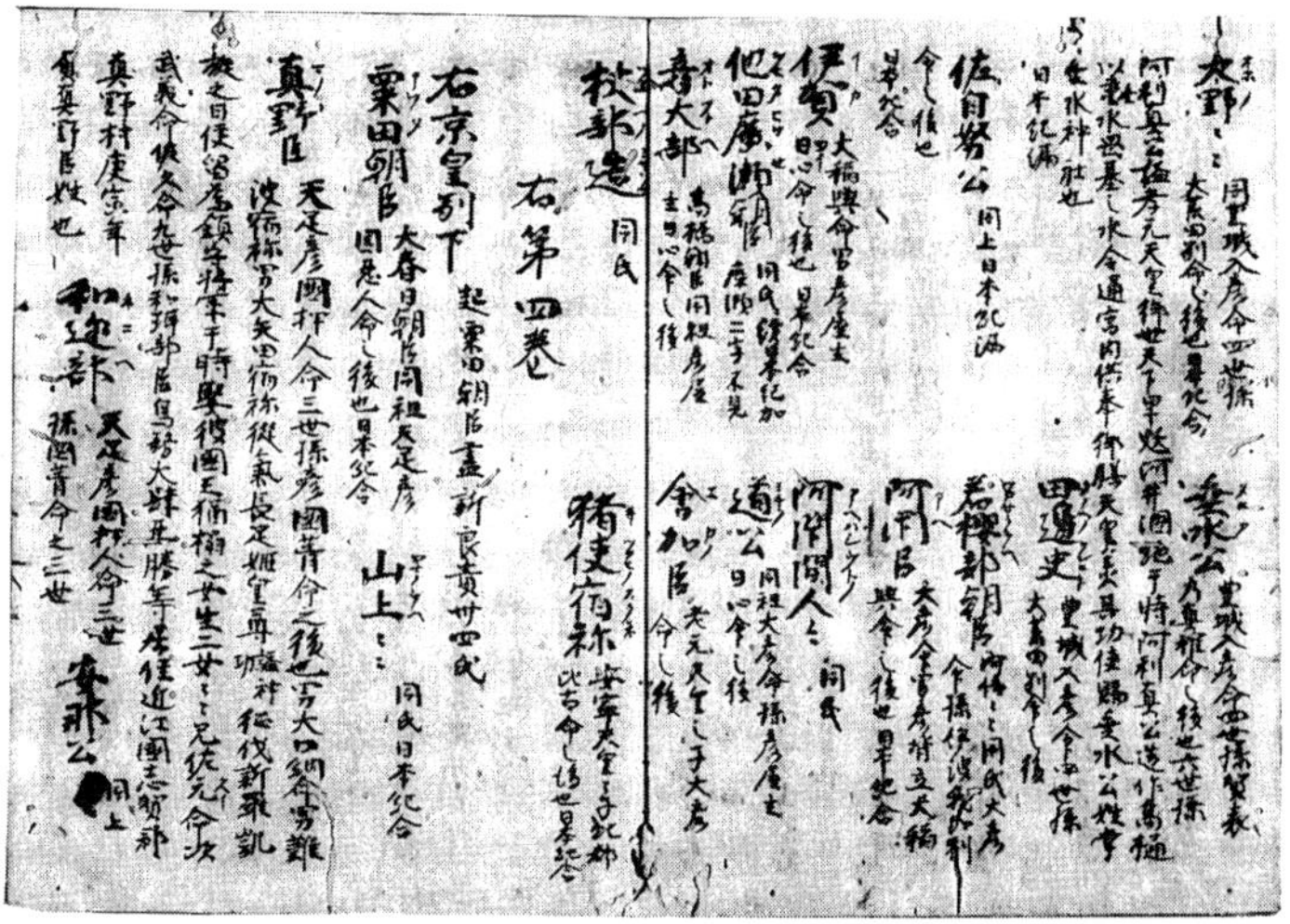

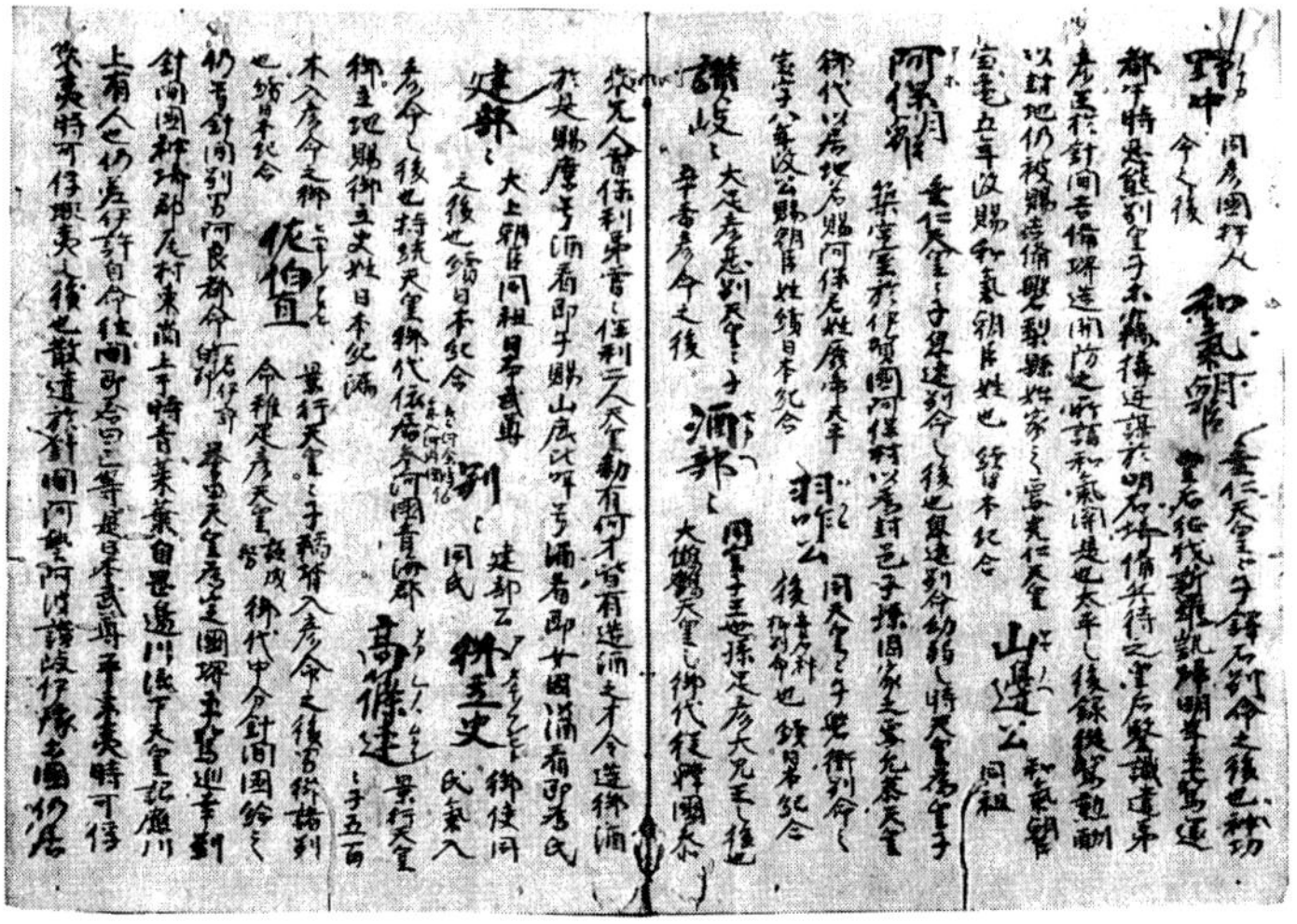

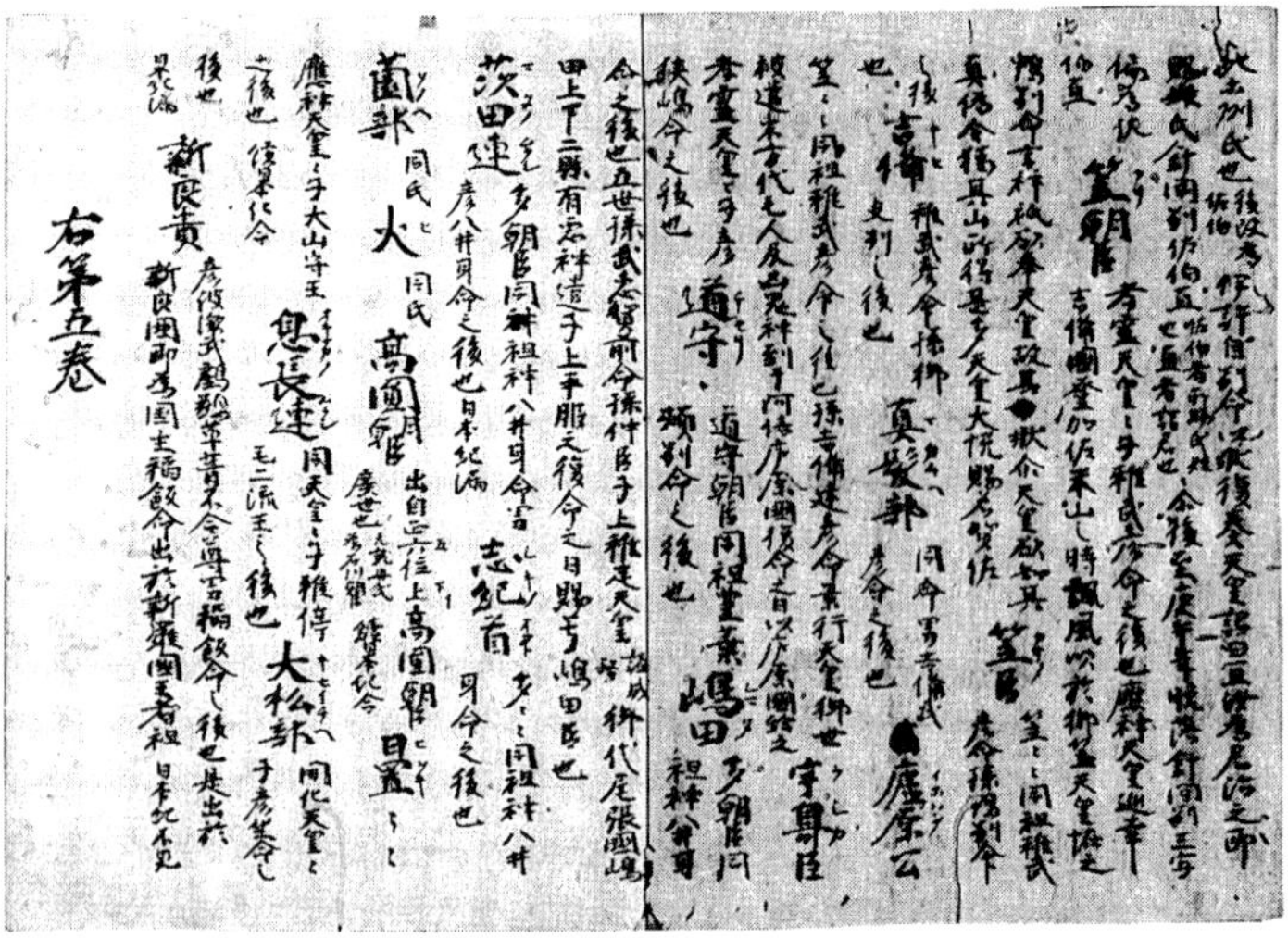

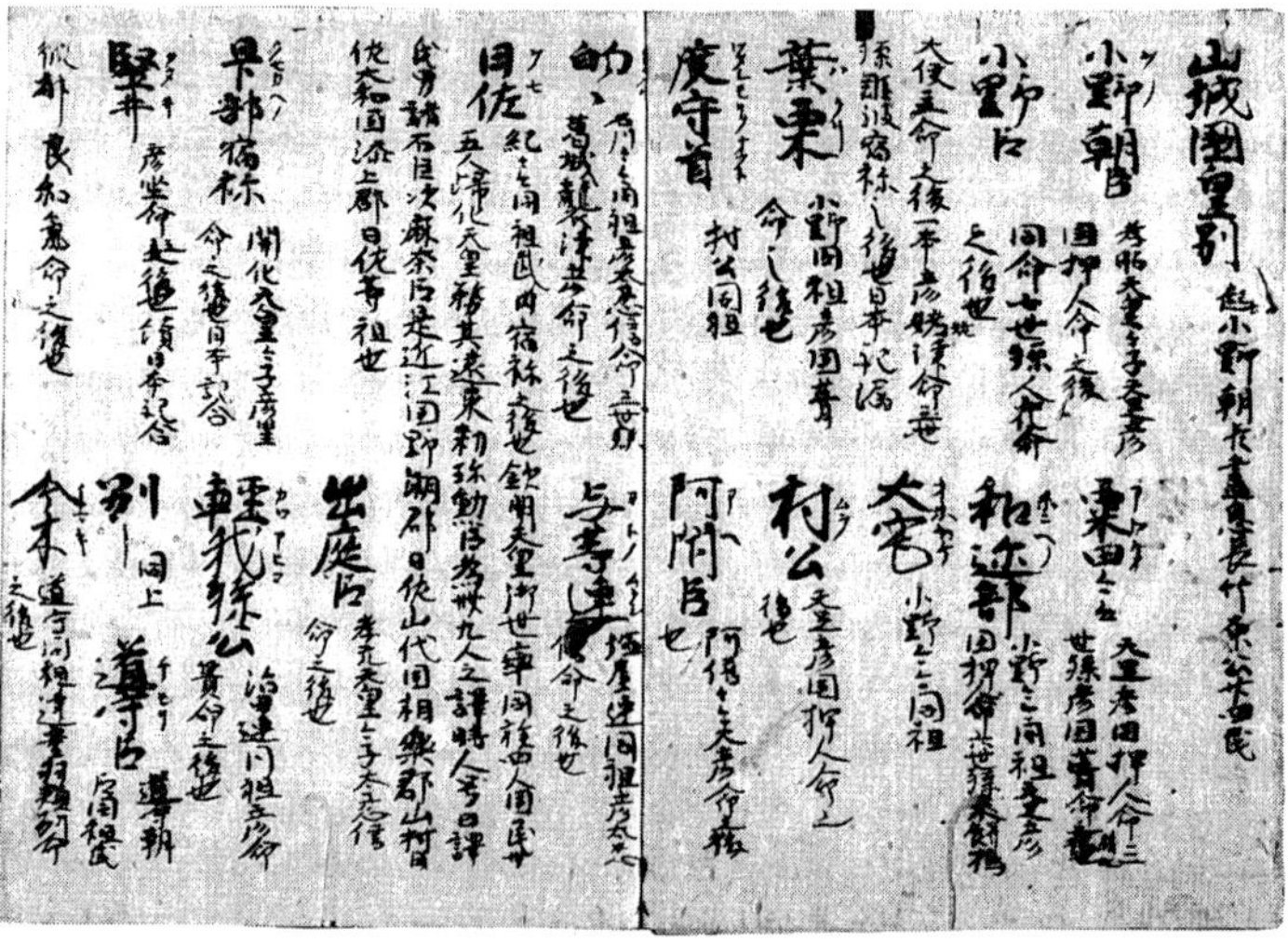

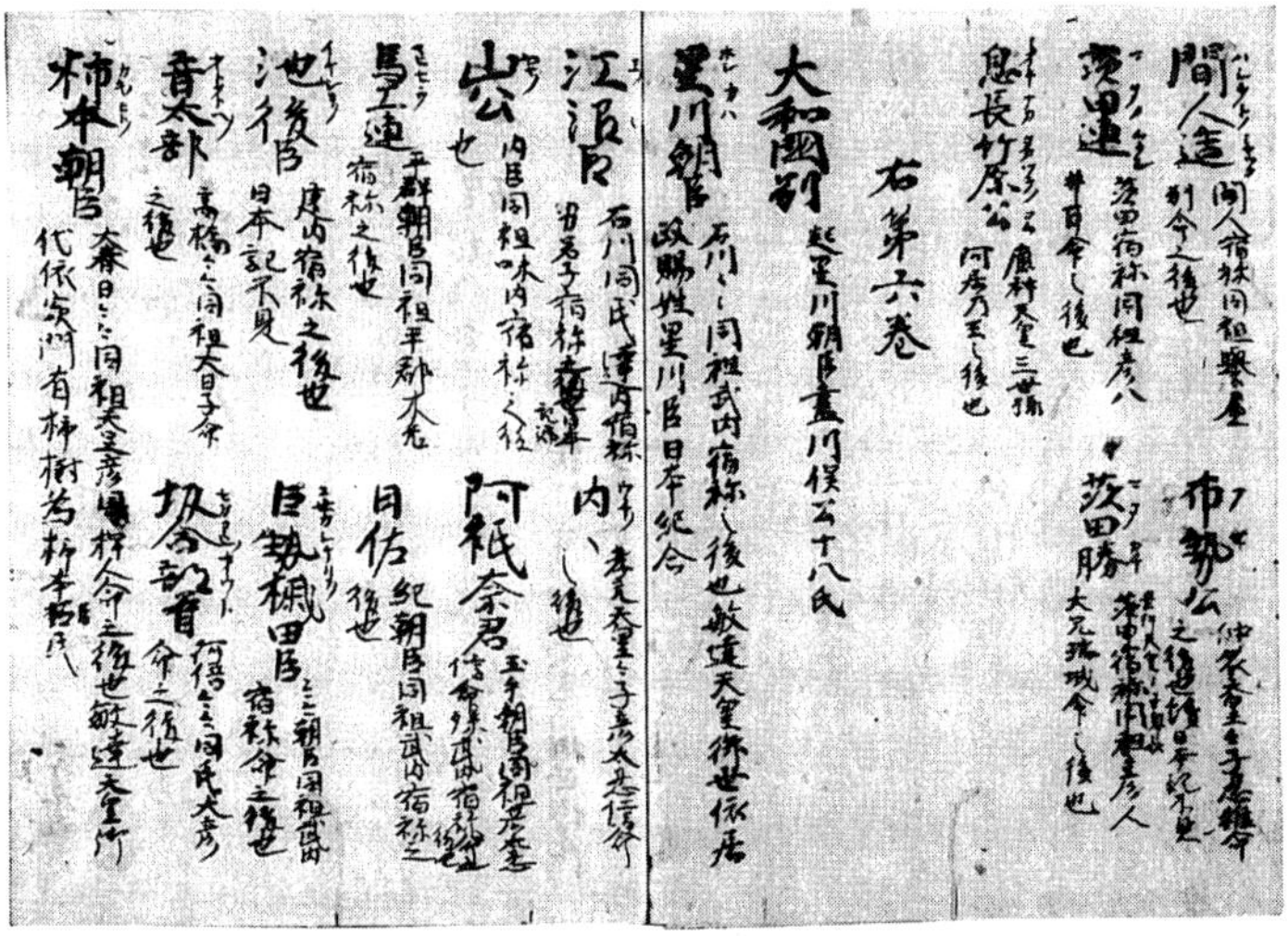
間人造　間人宿禰同祖　[illegible]別命之後也
[illegible]造　[illegible]田宿禰同祖彦八[illegible]井耳命之後也
息長竹原公　應神天皇三世孫　阿居乃王之後也
布勢公　仲哀天皇皇子[illegible]命之後也　續日本紀合
[illegible]田勝　[illegible]田宿禰同祖彦人　大足彦城命之後也
右第六巻
大和國皇別　起星川朝臣盡川俣公十八氏
星川朝臣　石川朝臣同祖　武内宿禰之後也　敏達天皇御世依居　改賜姓星川臣　日本紀合
江沼臣　石川同氏　建内宿禰男若子宿禰之後　記漏
内臣　孝元天皇皇子彦太忍信命之後也
山公　内臣同祖　味内宿禰之後也
阿祇奈君　玉手朝臣同祖　彦太忍信命孫武内宿禰之後也
馬工連　平群朝臣同祖　平群木菟宿禰之後也
日佐　紀朝臣同祖　武内宿禰之後也
池後臣　建内宿禰之後也　日本記不見
巨勢槭田臣　巨勢朝臣同祖　武内宿禰之後也
音太部　高橋朝臣同祖　大日子命之後也
坂合部首　阿倍朝臣同氏　大彦命之後也
柿本朝臣　大春日朝臣同祖　天足彦国押人命之後也　敏達天皇御代依家門有柿樹為柿本臣氏

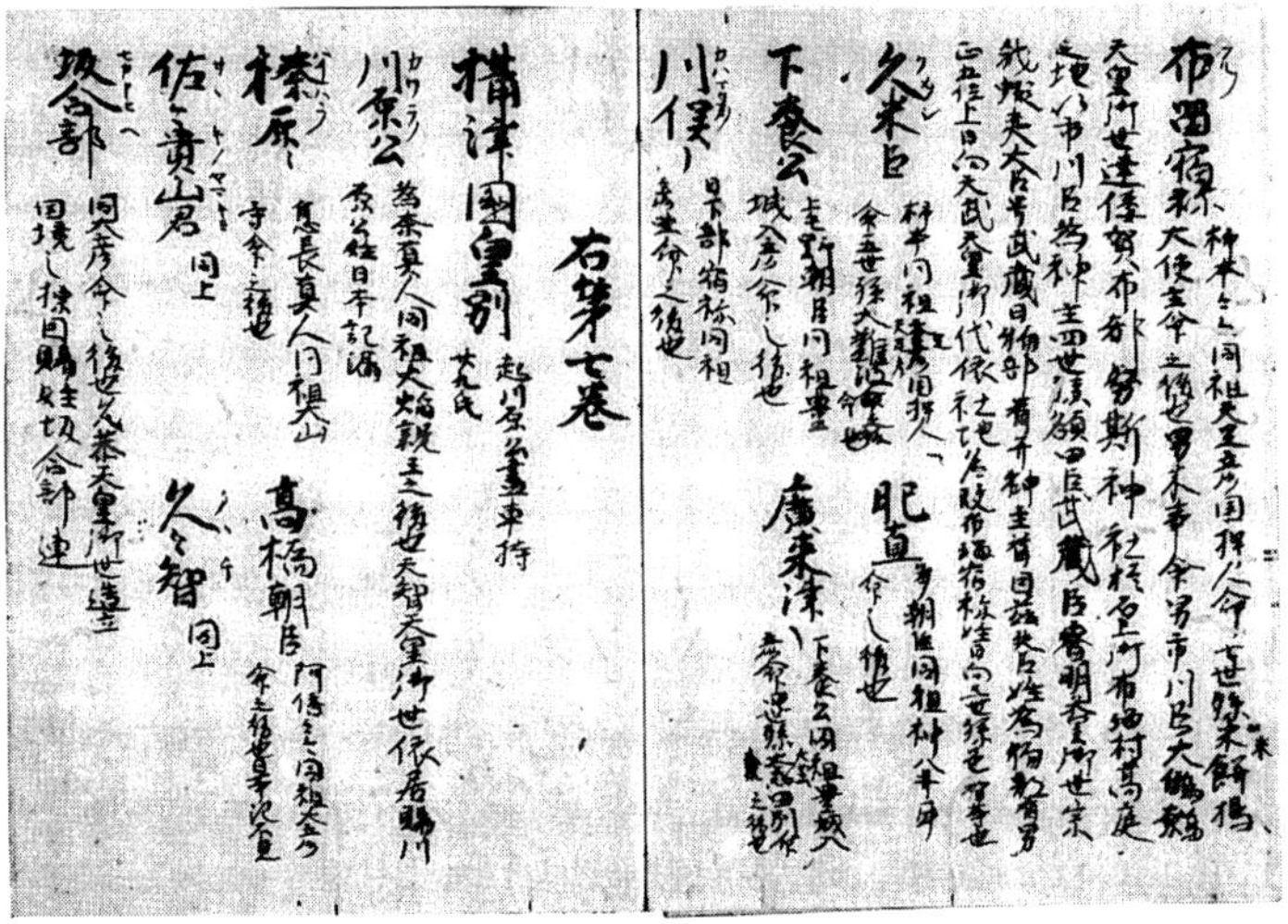
布留宿禰　柿本朝臣同祖　天足彦国押人命七世孫米餅搗大使主命之後也　男木事命　男市川臣　大鷦鷯天皇御世　達倭賀　布都努斯神社於石上御布瑠村高庭之地　以市川臣為神主　四世孫額田臣　武蔵臣　齊明天皇御世　宗我蝦夷大臣　号武蔵臣物部首　并神主首　因茲失臣姓為物部首　男正五位上日向　天武天皇御世　依社地名　改布瑠宿禰姓　日向三世孫邑智等也
久米臣　柿本同祖　天足彦国押人命五世孫大難波命之後也
肥直　多朝臣同祖　神八井耳命之後也
下養公　上毛野朝臣同祖　豊城入彦命之後也
廣來津　下養公同祖　豊城入彦命四世孫大荒田別命之後也
川俣公　日下部宿禰同祖　彦坐命之後也
右第七巻
攝津國皇別　起川原公盡車持
川原公　為奈真人同祖　大彦親王之後也　天智天皇御世　依居川原　賜姓川原公　日本紀漏
榛原　息長真人同祖　大山守命之後也
高橋朝臣　阿倍朝臣同祖　大彦命之後也　日本紀合
佐々貴山君　同上
久々智　同上
坂合部　同大彦命之後也　允恭天皇御世　造立国境之標　因賜姓坂合部連

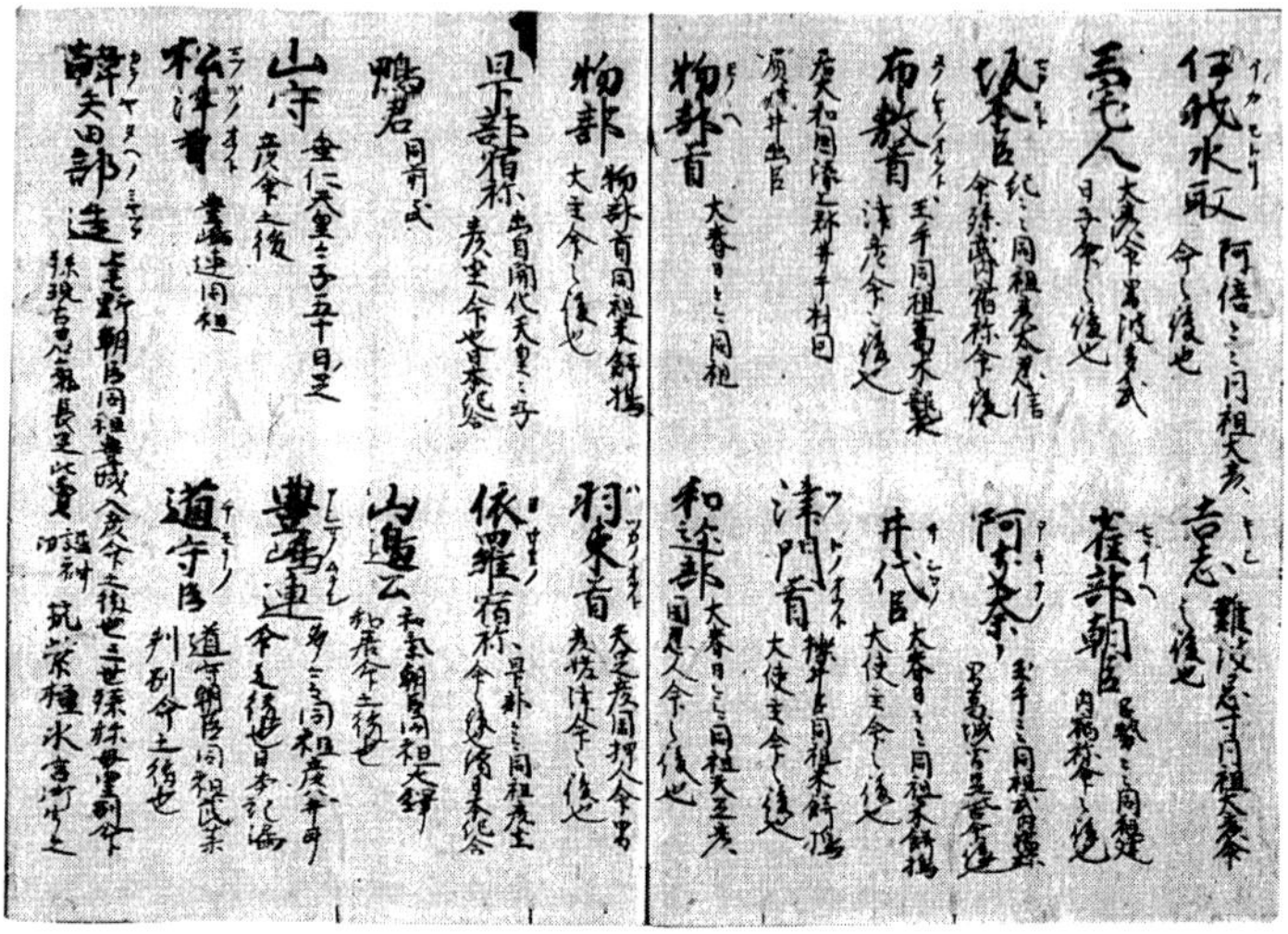

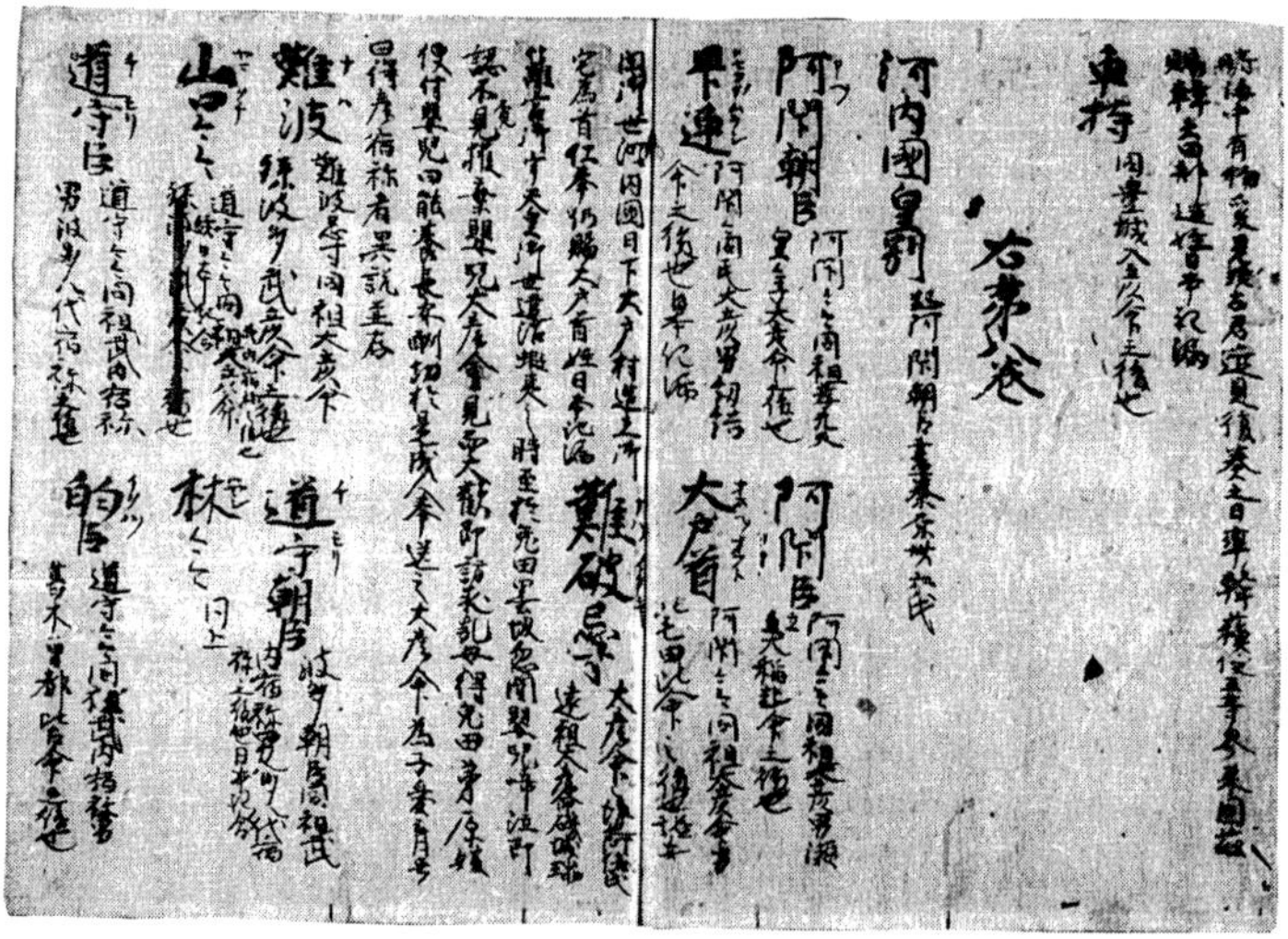

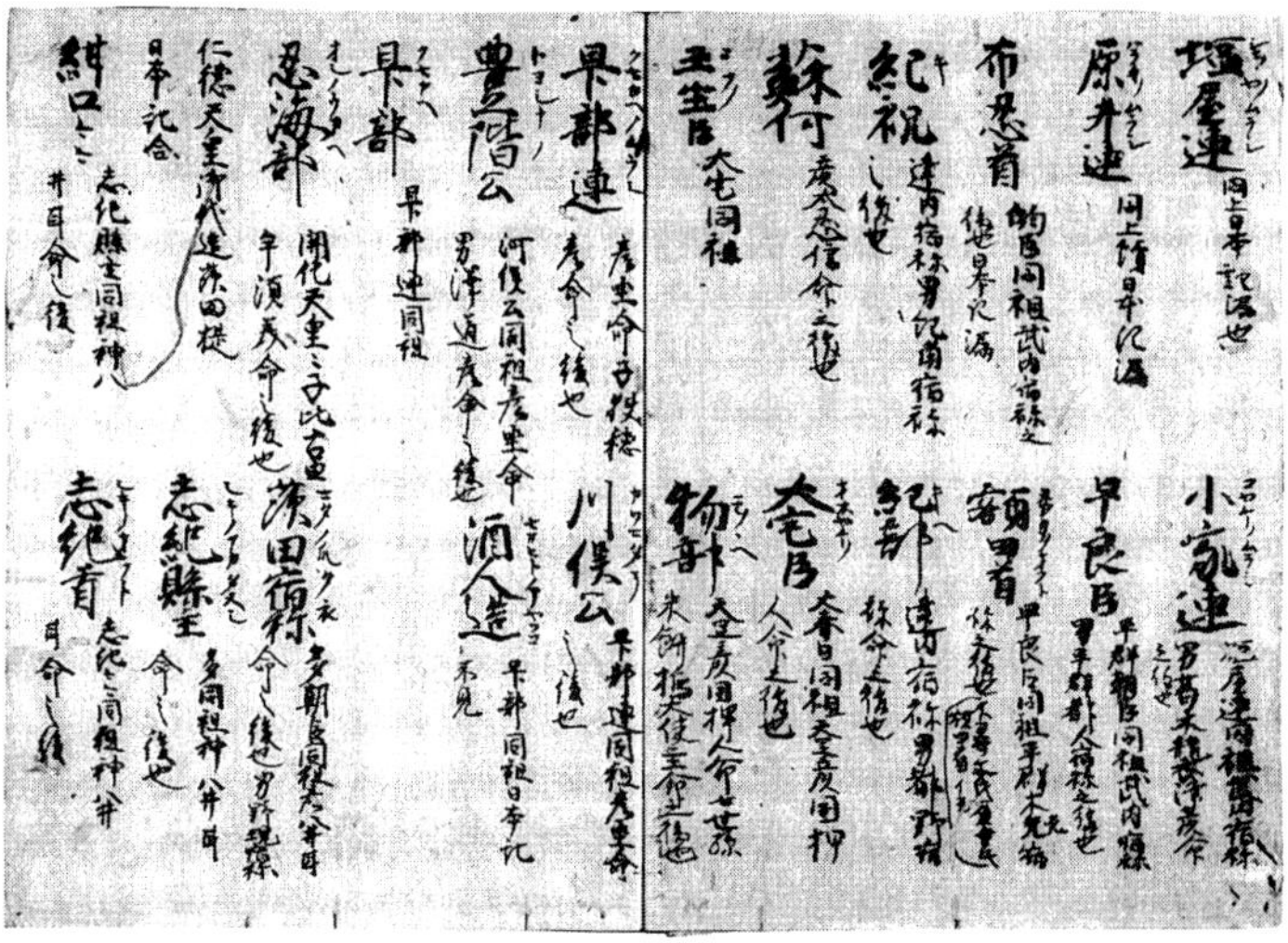

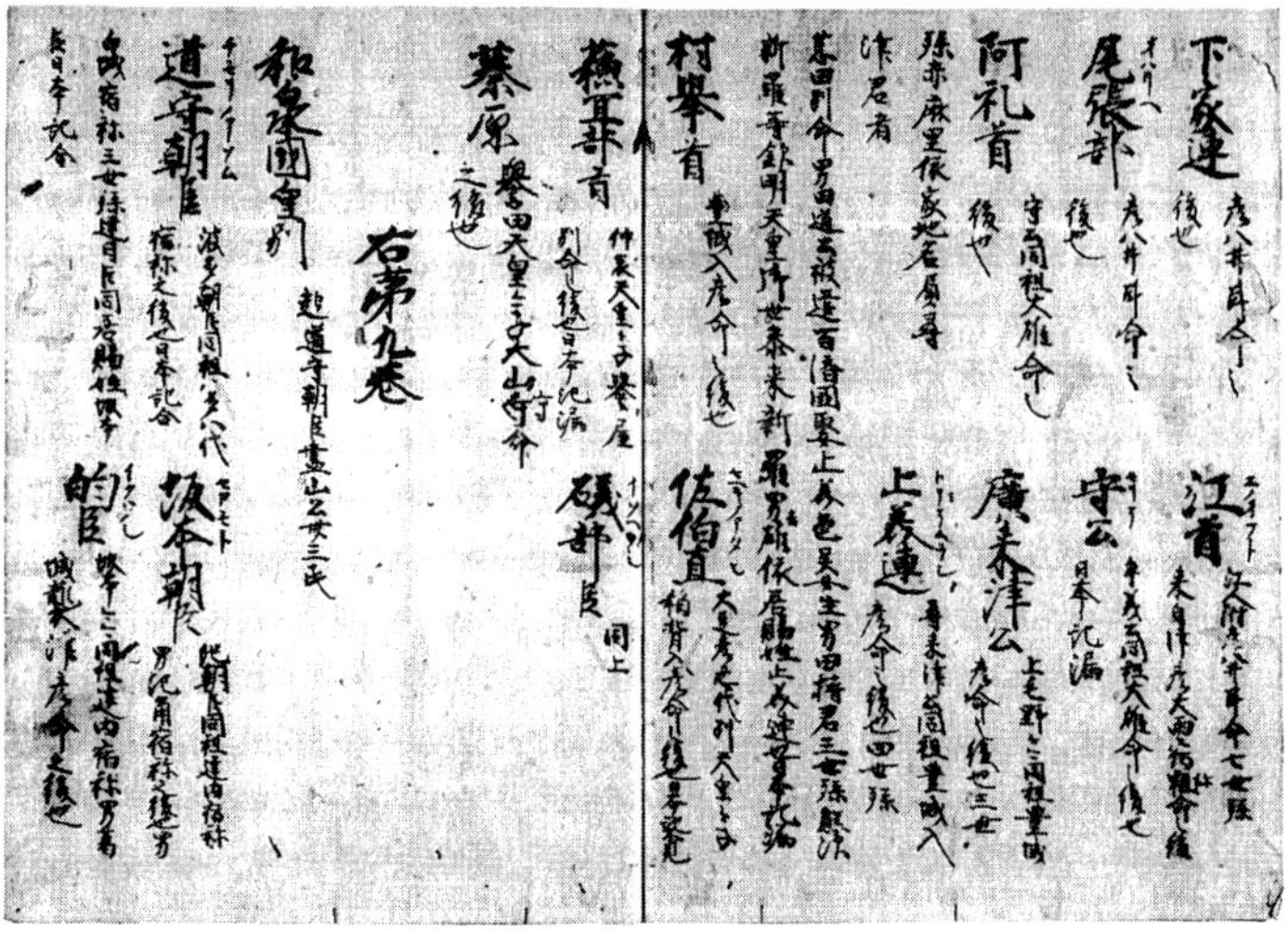

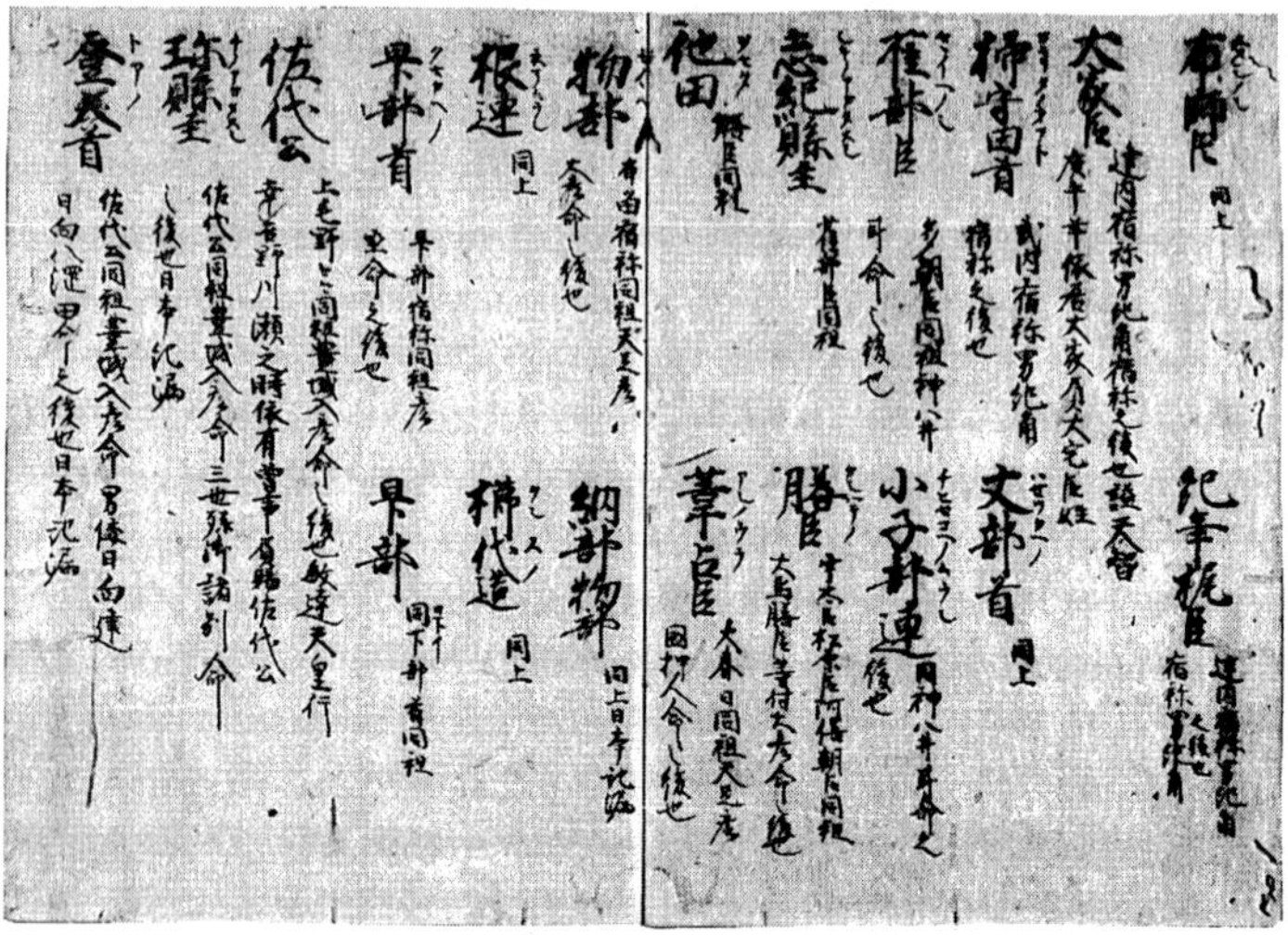
布師臣　同上
大家臣　建内宿祢男紀角宿祢之後也　謚天智庚午年依居大家賜大宅臣姓
掃守田首　武内宿祢男紀角宿祢之後也
雀部臣　多朝臣同祖神八井耳命之後也
志紀県主　雀部臣同祖
池田　膳臣同祖
紀辛梶臣　建内宿祢男紀角宿祢之後也
文部首　同上
小子部連　同神八井耳命之後也
膳臣　大彦命　大鳥膳臣
葦占臣　大春日同祖天足彦国押人命之後也
物部　布留宿祢同祖天足彦大命之後也
根連　同上
日下部首　日下部宿祢同祖彦坐命之後也
佐代公　上毛野朝臣同祖豊城入彦命之後也　敏達天皇行幸吉野川瀬之時依有寄事賜佐代公
珍県主　佐代公同祖豊城入彦命三世孫御諸別命之後也　日本紀漏
登美首　佐代公同祖豊城入彦命男倭日向建日向八綱田命之後也　日本紀漏
納部物部　同上　日本紀漏
韓代連　同上
日下部　同日下部首同祖

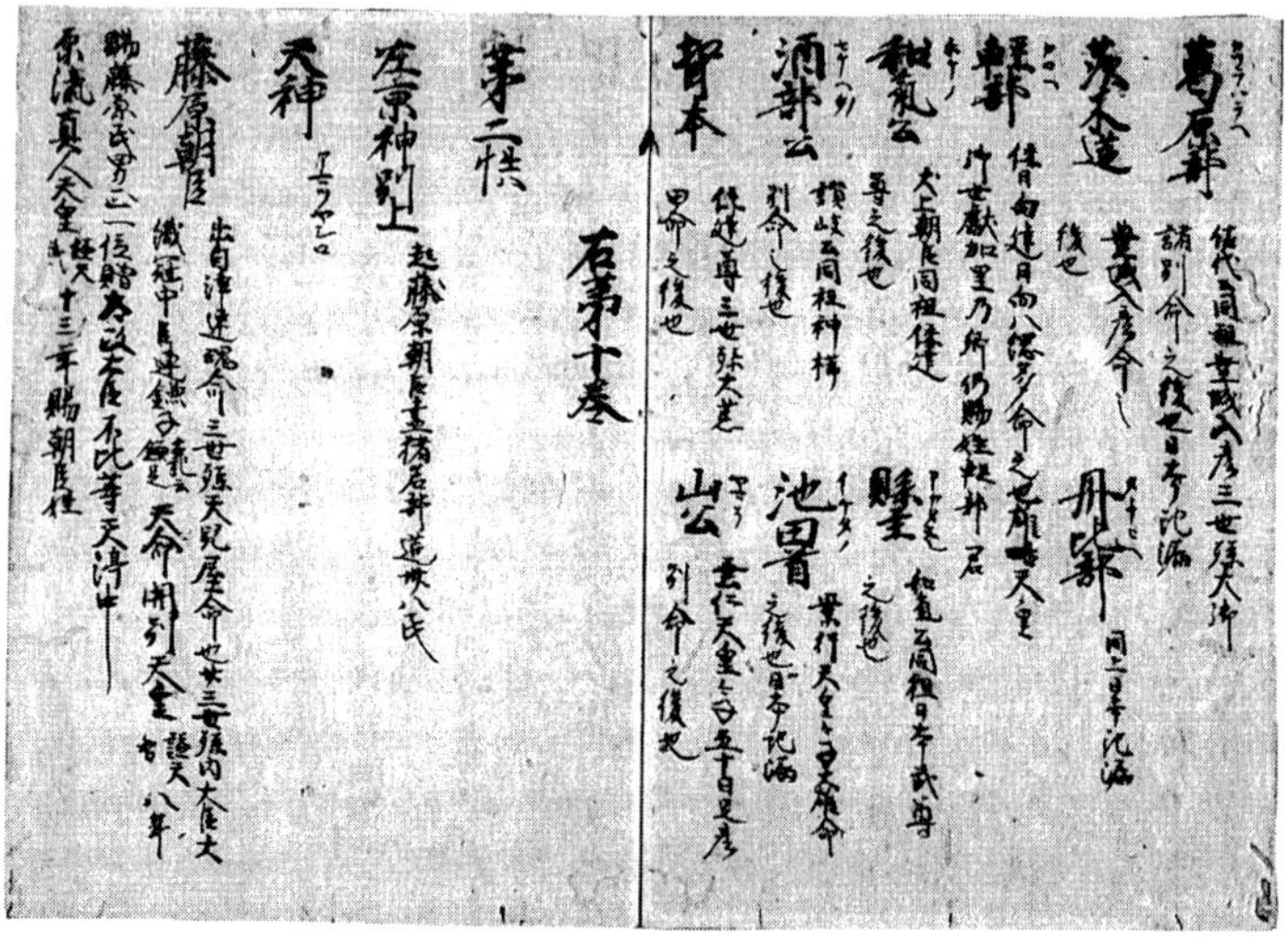
葛原部　佐代公同祖豊城入彦命三世孫大御諸別命之後也　日本紀漏
茨木造　豊城入彦命之後也
軽部　倭日向建日向八綱田命之後也　雄略天皇御世献加里乃郷仍賜姓軽部君
和気公　犬上朝臣同祖倭建尊之後也
酒部公　讃岐公同祖神櫛別命之後也
坂本　倭建尊三世孫大荒田命之後也
丹比部　同上　日本紀漏
県主　和気公同祖日本武尊之後也
池田首　景行天皇皇子大碓命之後也　日本紀漏
山公　垂仁天皇皇子五十日足彦命之後也
右第十巻
第二帙
左京神別上　起藤原朝臣尽若桜部造惣八氏
天神
藤原朝臣　出自津速魂命三世孫天児屋命也　廿三世孫内大臣大織冠中臣連鎌子　古記云鎌足　天命開別天皇　謚天智　八年賜藤原氏　男正一位贈太政大臣不比等　天渟中原瀛真人天皇　謚天武　十三年賜朝臣姓

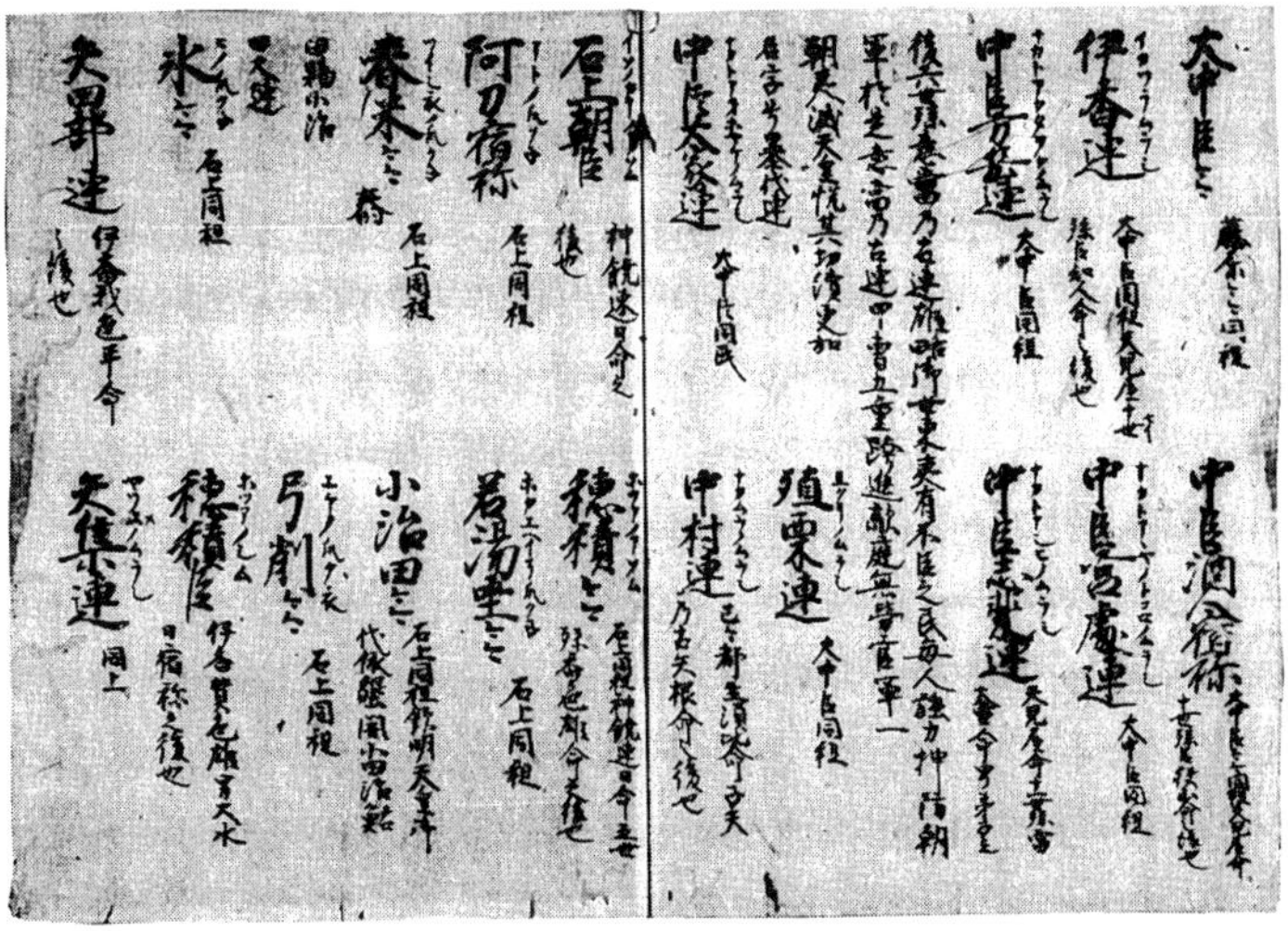

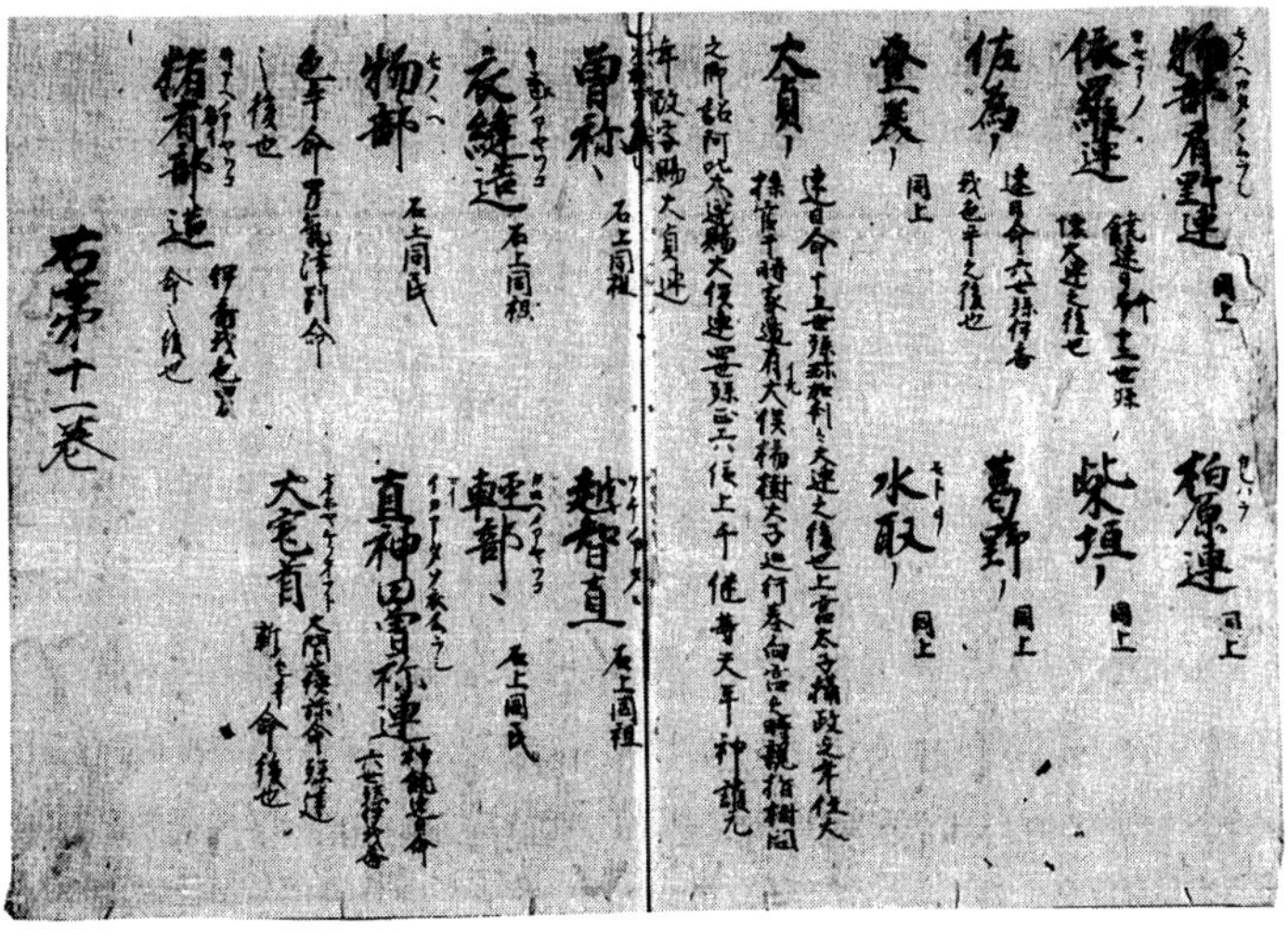

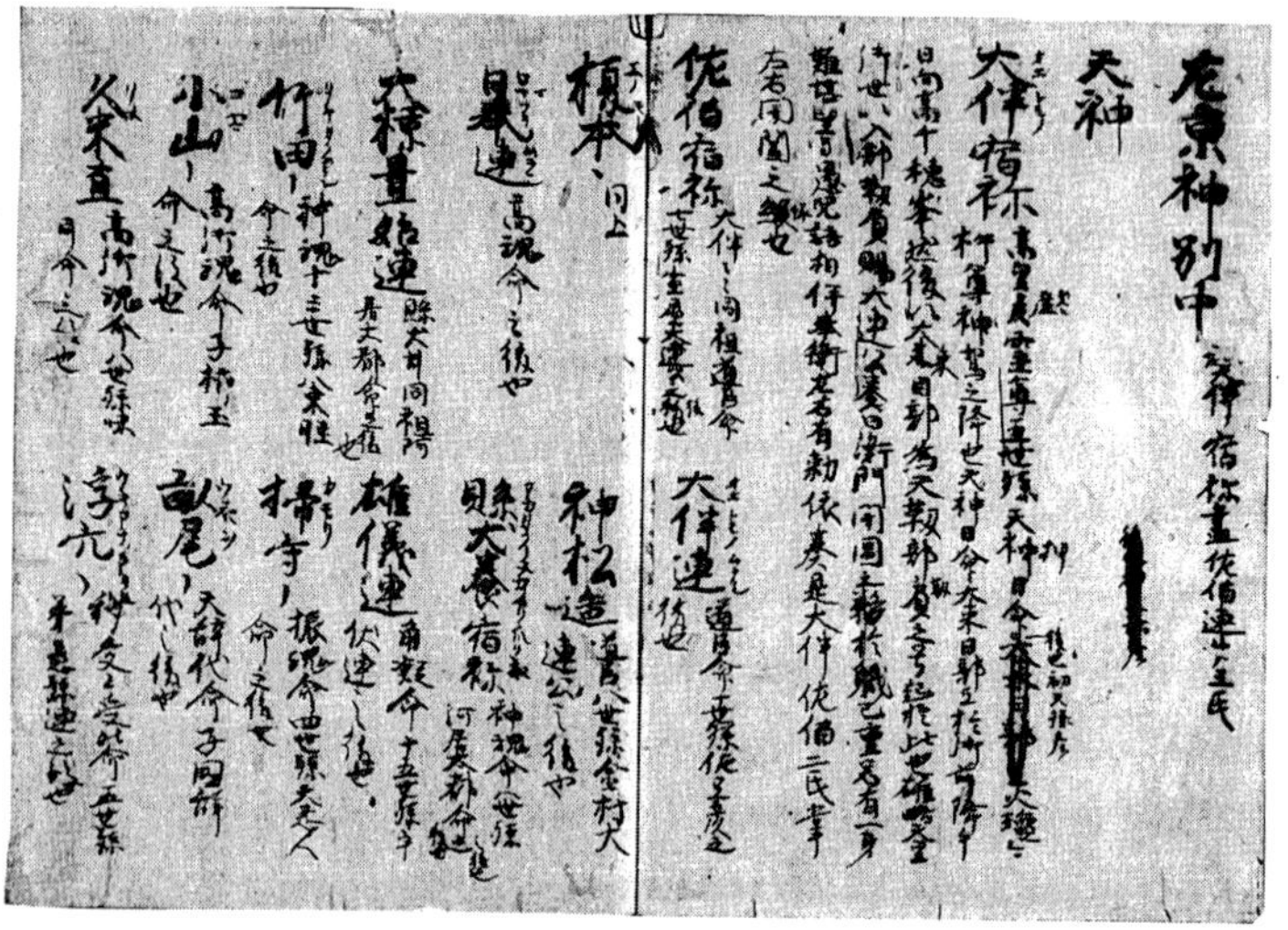
左京神別中
天神
大伴宿禰　高皇産霊尊五世孫天押日命之後也
佐伯宿禰　大伴宿禰同祖道臣命七世孫室屋大連公之後也
大伴連　道臣命十世孫佐弖彦之後也
榎本　同上
日奉連　高魂命之後也
神松造　道臣命八世孫金村大連公之後也
大辟連　同神魂命子天神立命之後也
大椋置始連　県犬甘同祖
神田　神魂命十三世孫
小山　高御魂命子
雄儀連　角凝命
掃守　振魂命四世孫天忍人命之後也
久米直　高御魂命八世孫
鳥取　天辞代命子
浮穴　神久米之

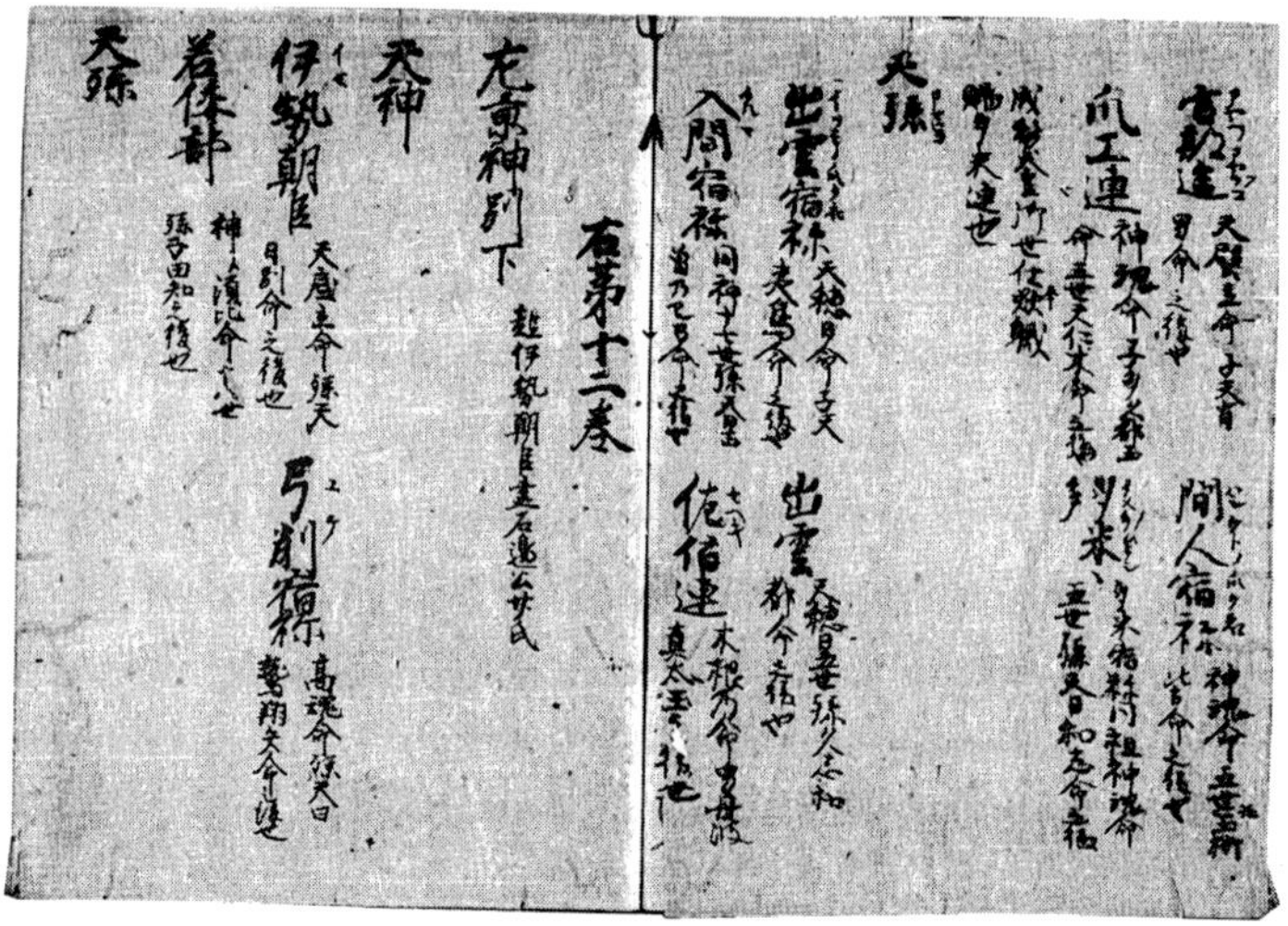
高志連
間人宿禰　神魂命五世孫
爪工連　神魂命子
天孫
出雲宿禰　天穂日命子天夷鳥命之後也
出雲　天穂日命
入間宿禰
佐伯連　真人
右第十二巻
左京神別下
天神
伊勢朝臣　天底立命孫天日別命之後也
若倭部　神魂命
弓削宿禰　高魂命孫天日鷲翔矢命之後
天孫

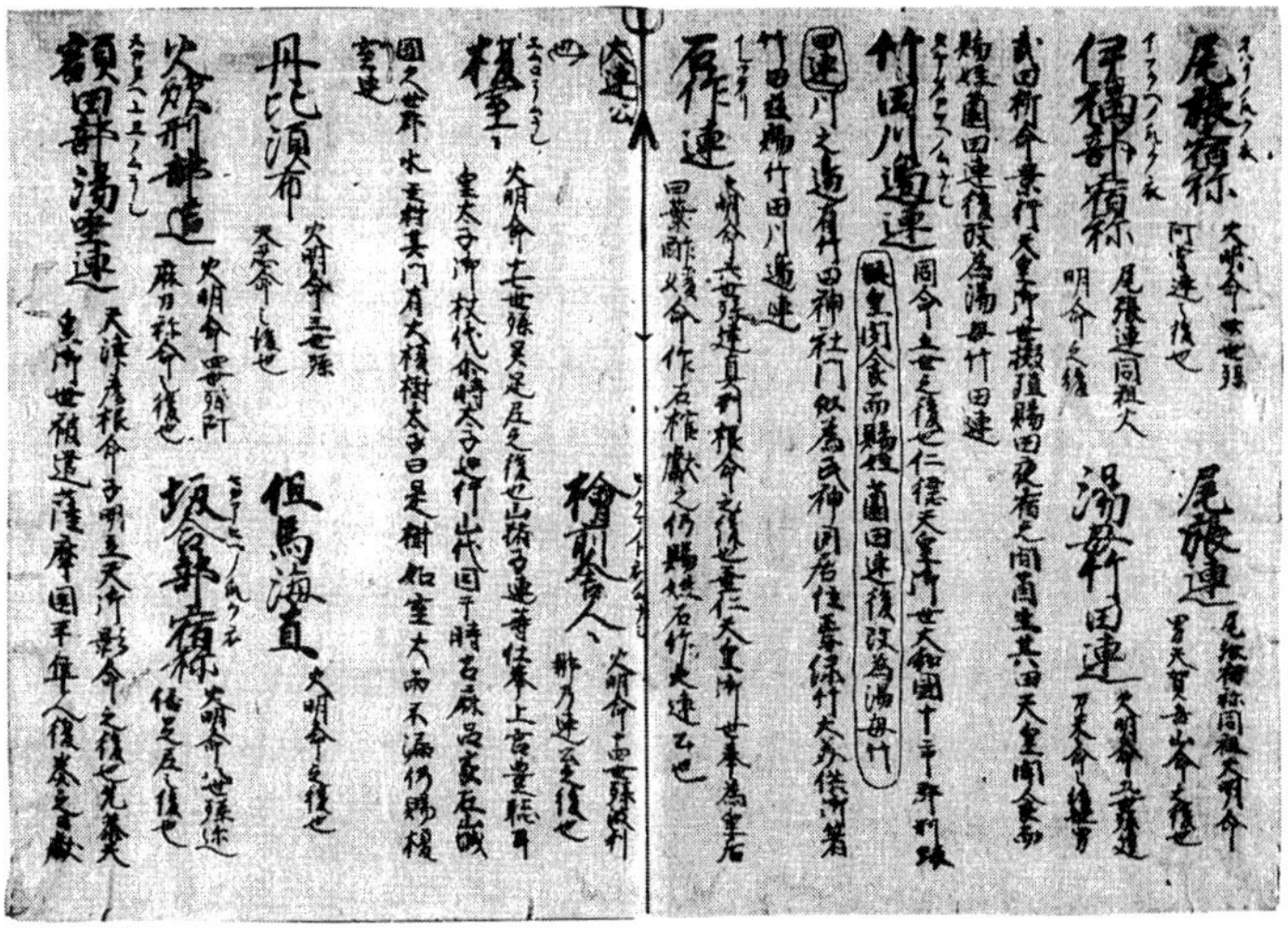

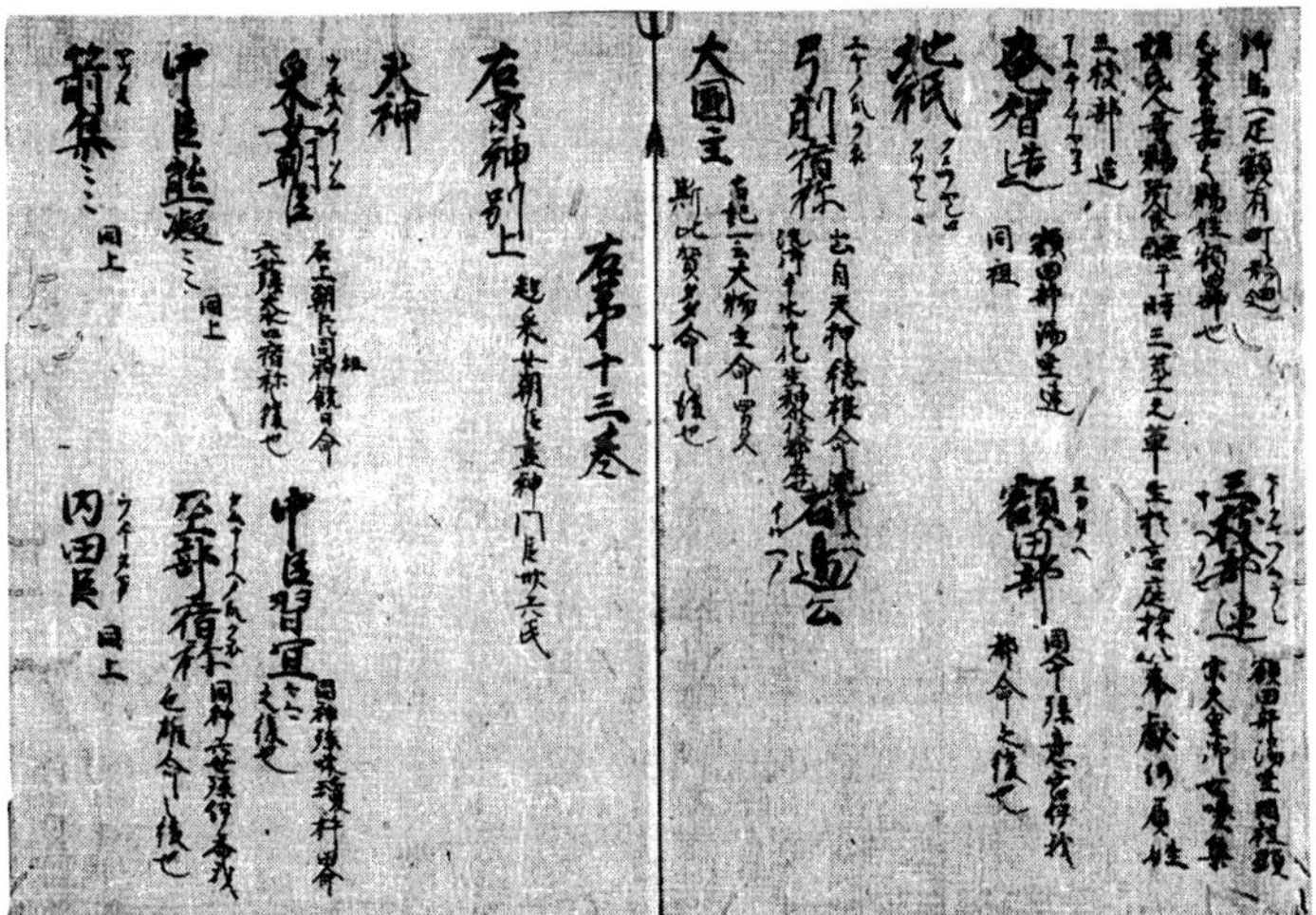

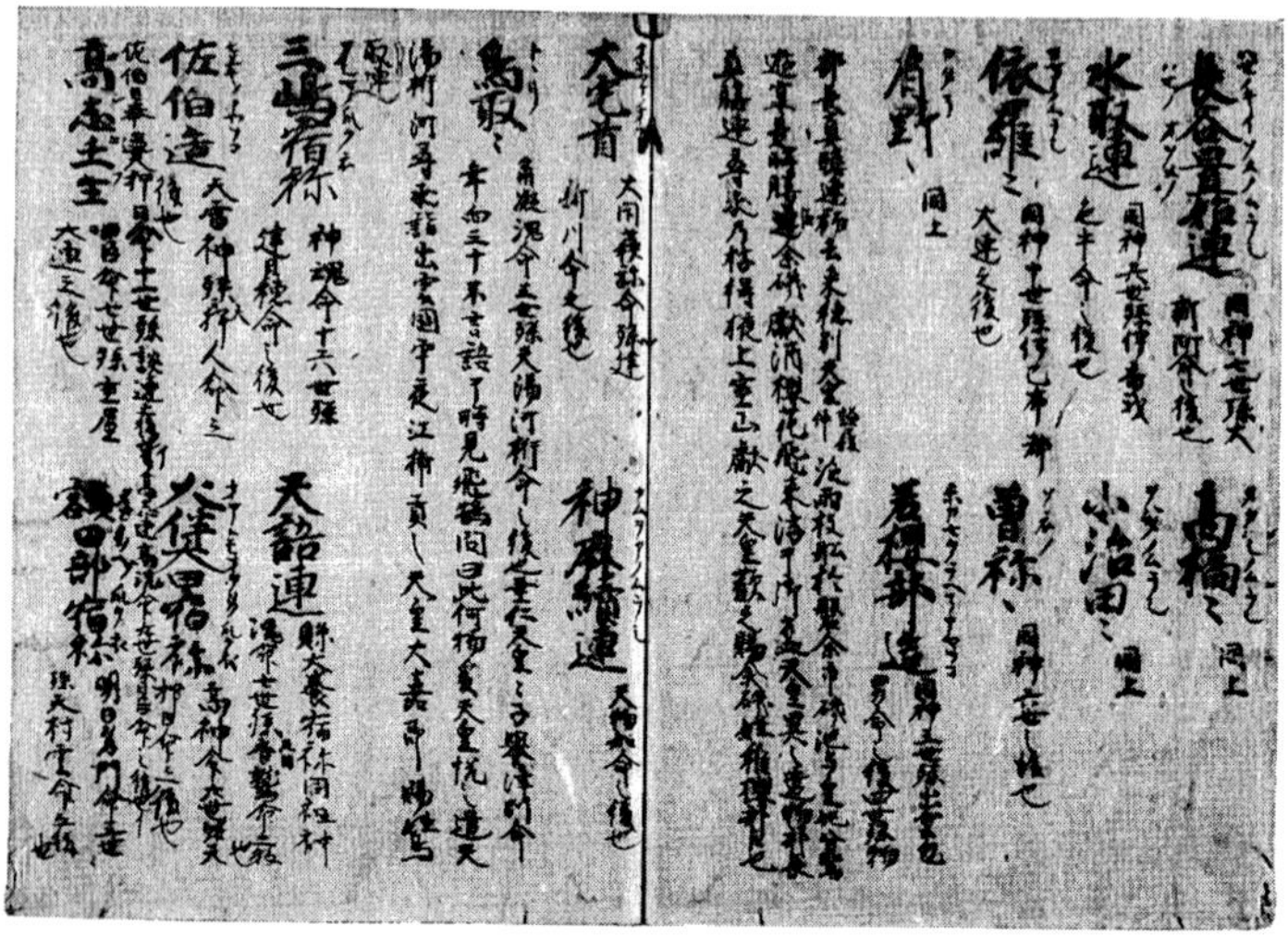

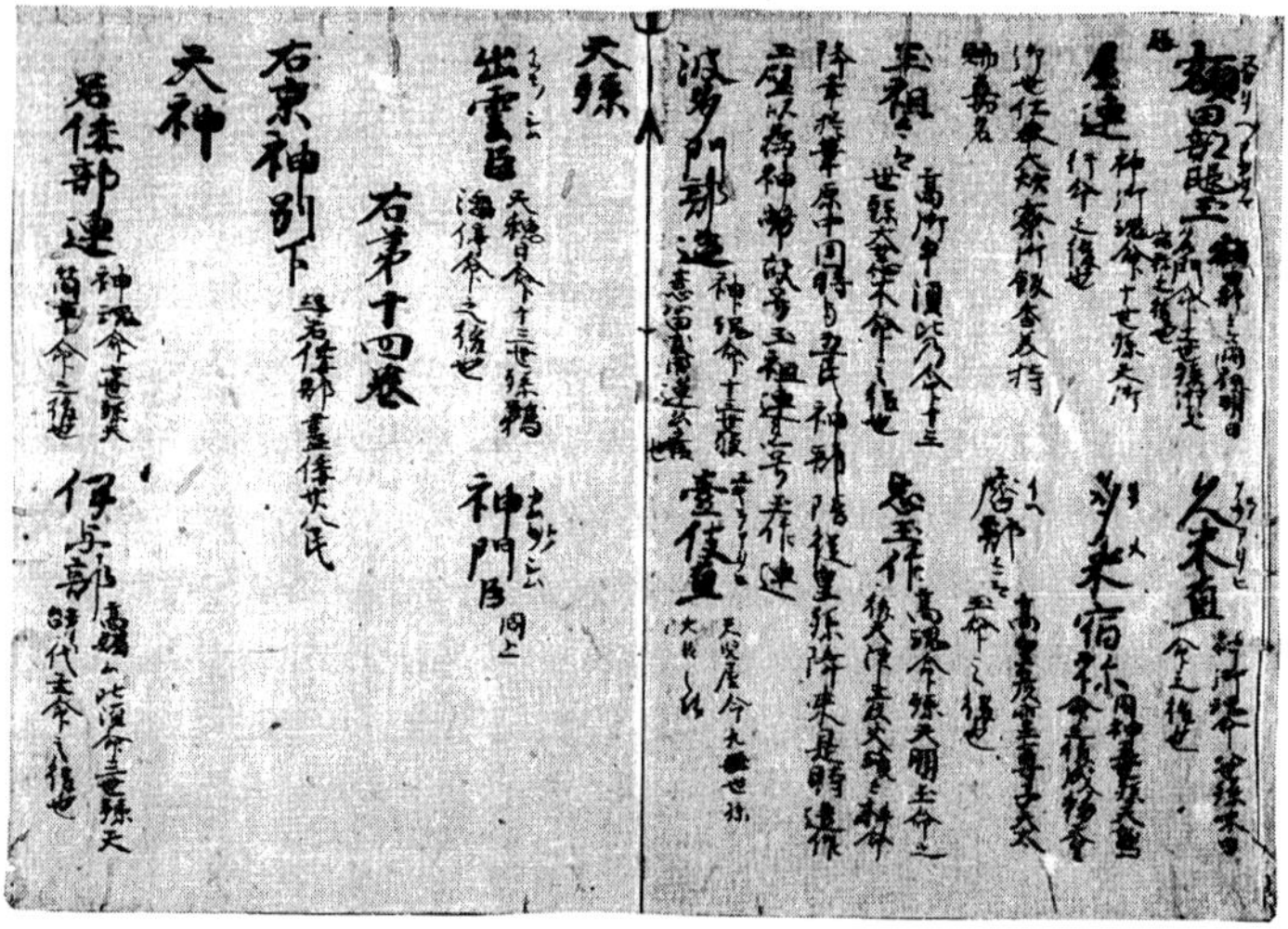

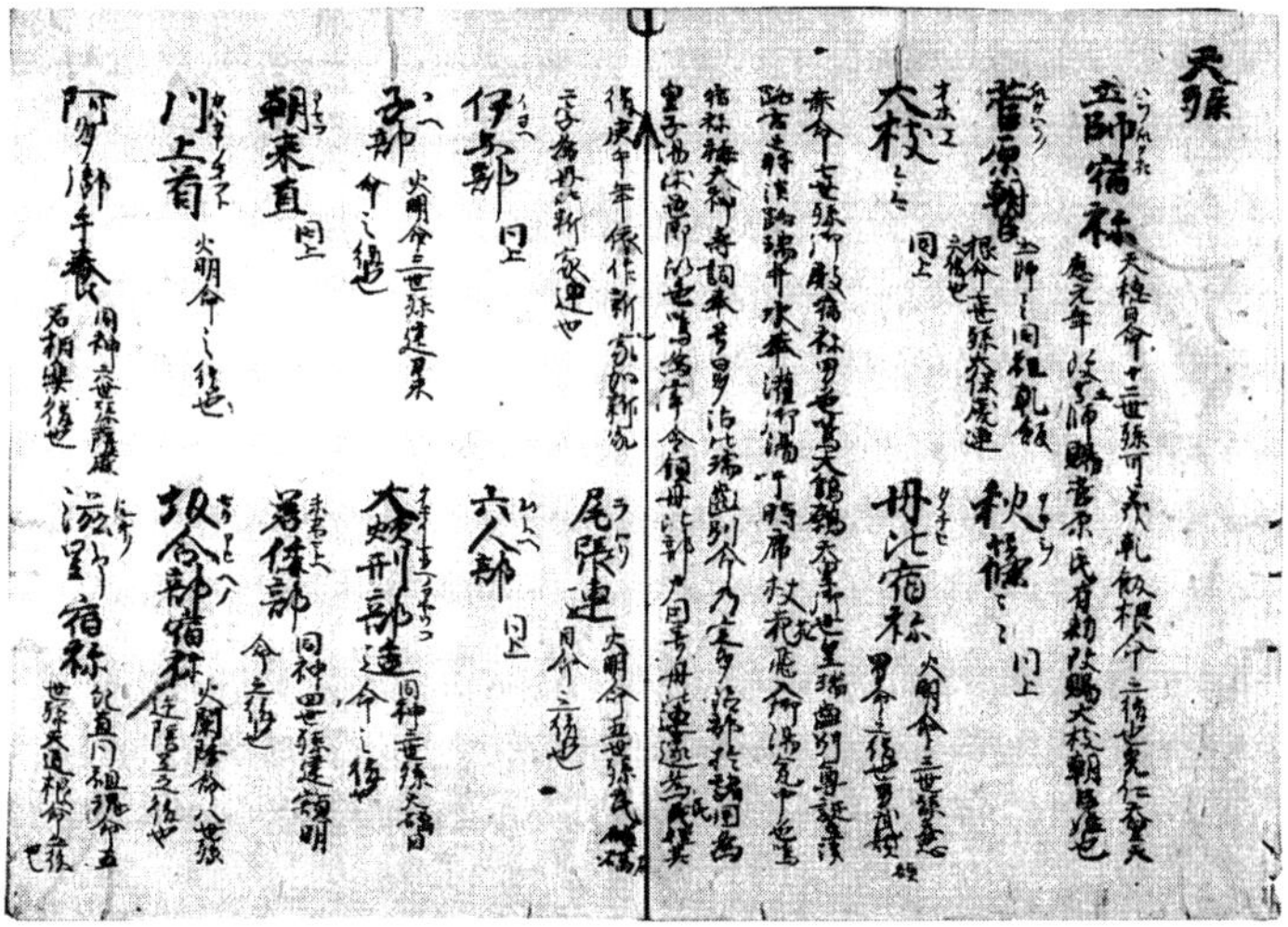

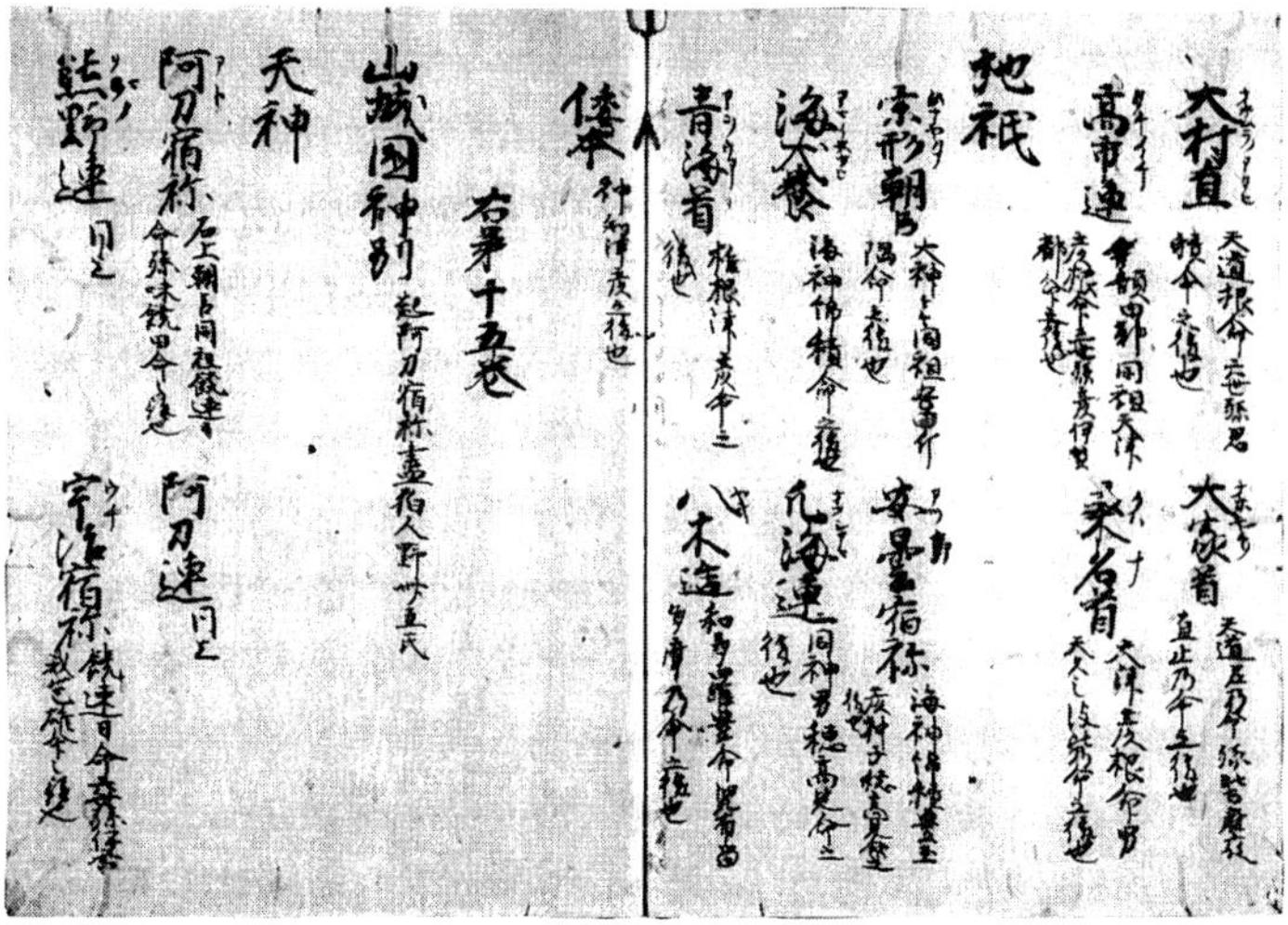

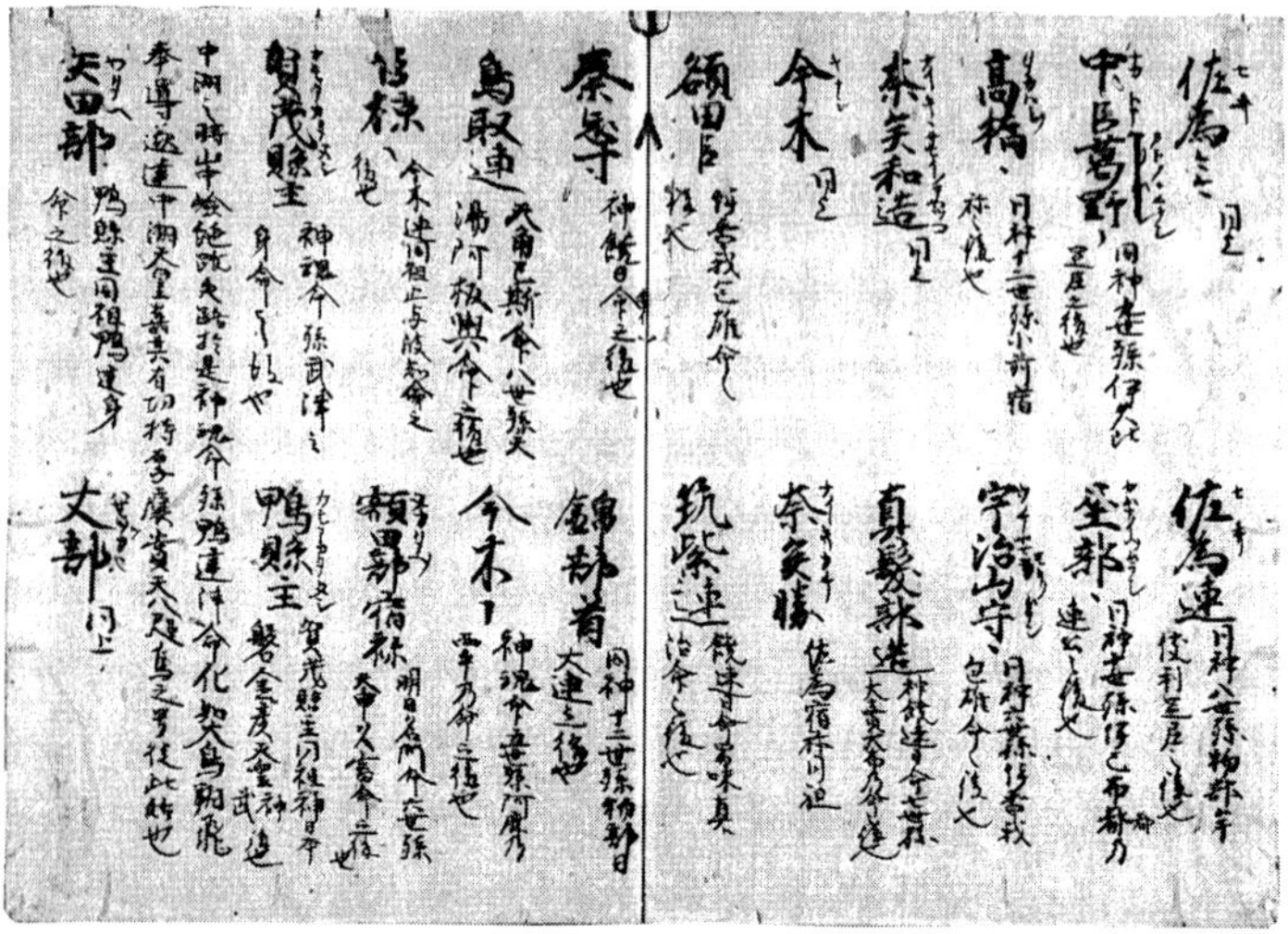

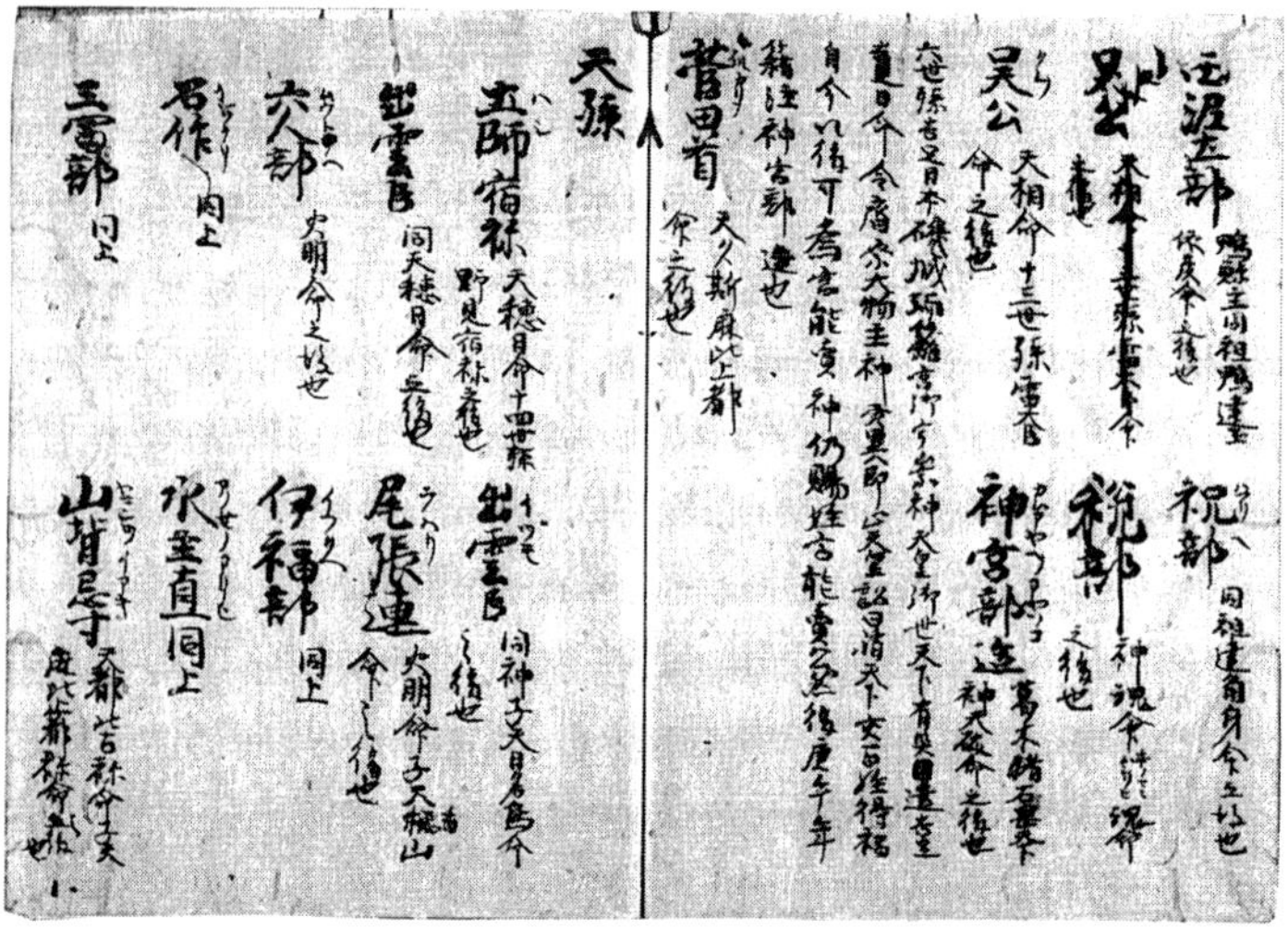

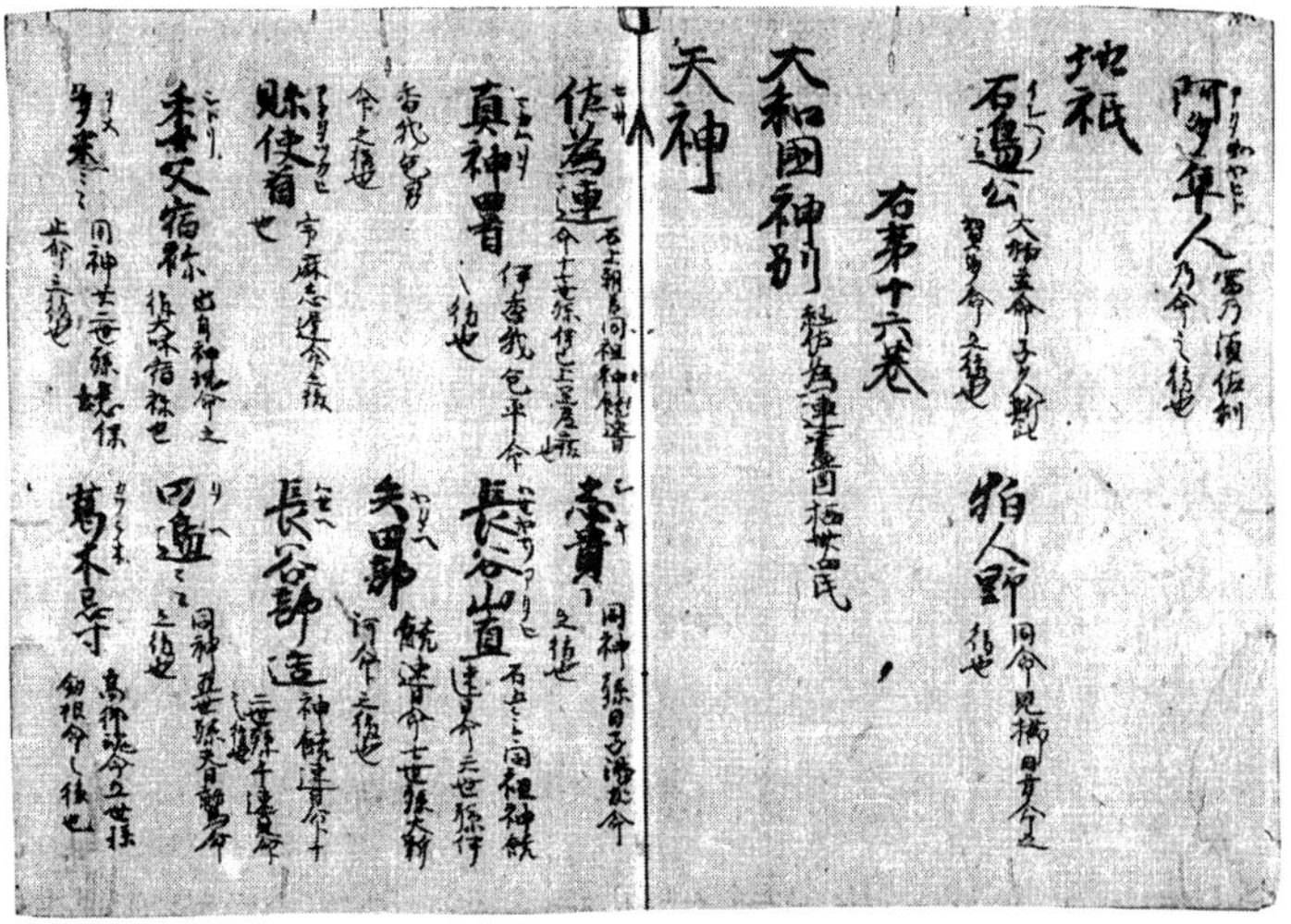

阿多隼人《アタノハヤヒト》 富乃須佐利乃命之後也

地祇

石辺公《イシヘノキミ》 大物主命子久斯比賀多命之後也

狛人野 同命児櫛日方命之後也

右第十六巻

大和国神別 起佐為連尽国栖廿六氏

天神

佐為連《サヰ》 石上朝臣同祖神饒速日命十七世孫伊己止足尼之後也

[illegible] 同神孫日子湯支命之後也

真神田首 伊香我色乎命之後也

長谷山直 石上ゝゝ同祖神饒速日命三世孫[illegible]

伊香我色乎命之後也

矢田部 饒速日命七世孫大[illegible]命之後也

県使首《アカタツカヒ》 宇麻志遅命之孫也

長谷部造《ハセヘ》 神饒速日命十二世孫千速見命之後也

委文宿祢《シトリ》 出自神魂命之後大味宿祢也

川辺ゝゝ 同神五世孫天日鷲命之後也

多米ゝゝ《タメ》 同神十二世孫[illegible]保止命之後也

葛木忌寸《カツラキ》 高御魂命五世孫剣根命之後也

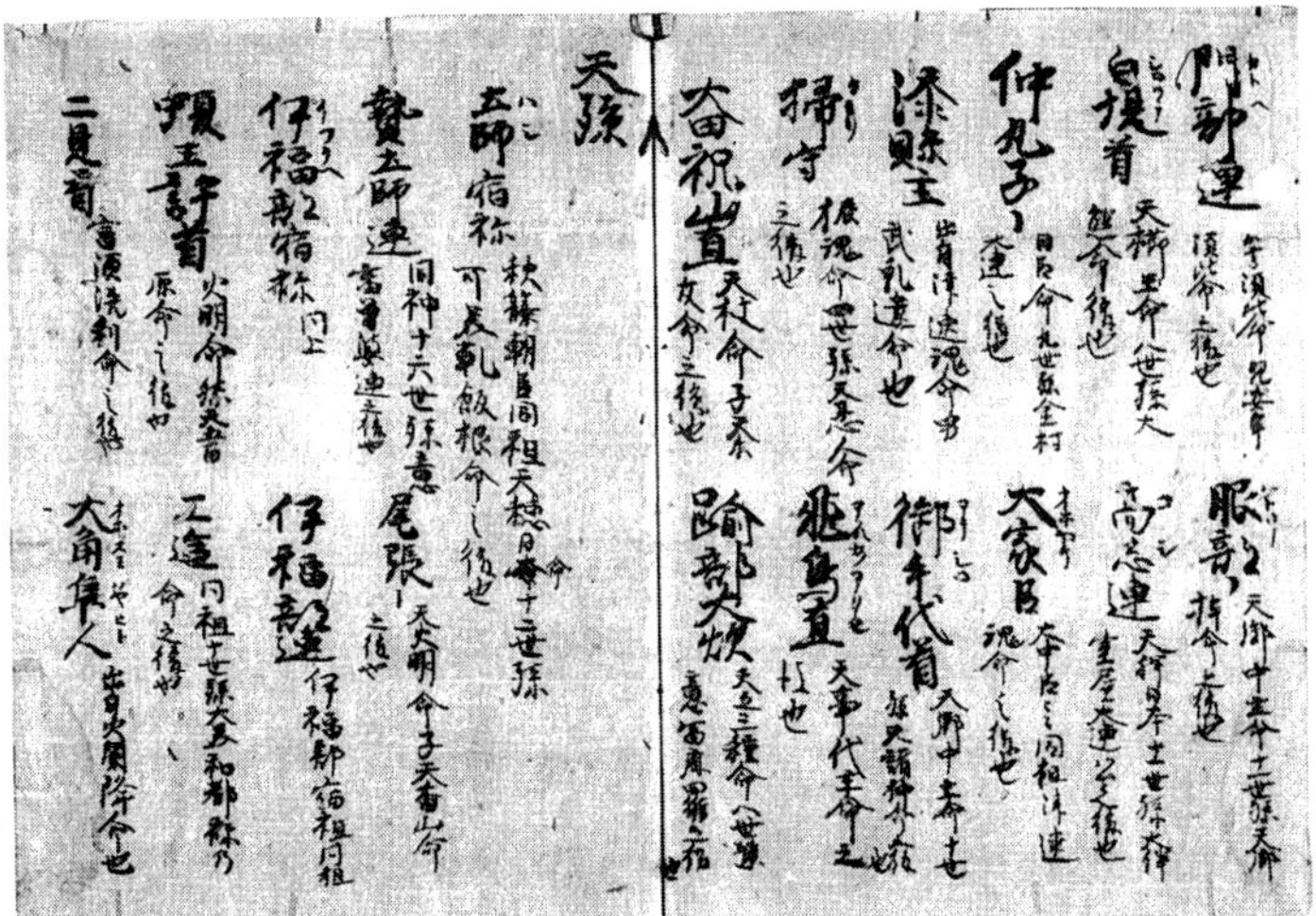

門部連《カトヘ》 牟須比命児安牟須比命之後也

服部連《ハトリ》 天御中主命十一世孫天御桙命之後也

白堤首《シラツツミ》 天櫛玉命八世孫大熊命之後也

高志連《コシ》 天押日命十一世孫大伴室屋大連公之後也

仲丸子 日臣命九世孫金村大連之後也

大家首 [illegible]命之後也

添県主 出自津速魂命男武乳遣命也

御手代首《ミテシロ》 天御中主命十世孫天諸神命之後也

掃守《カモリ》 振魂命四世孫天忍人命之後也

飛鳥直 天事代主命之後也

大祝首 天[illegible]命子天女命之後也

[illegible]部大炊 [illegible]

天孫

土師宿祢《ハニ》 秋篠朝臣同祖天穂日命十二世孫可美乾飯根命之後也

贄土師連 同神十六世孫意富曽婆連之後也

尾張 天火明命子天香山命之後也

伊福部宿祢《イフクヘ》 同上

伊福部連 伊福部宿祢同祖

[illegible]部首 火明命孫天[illegible]原命之後也

工造 同祖十世孫大[illegible]命之後也

二見首 富須洗利命之後也

大角隼人 出自火闌降命也

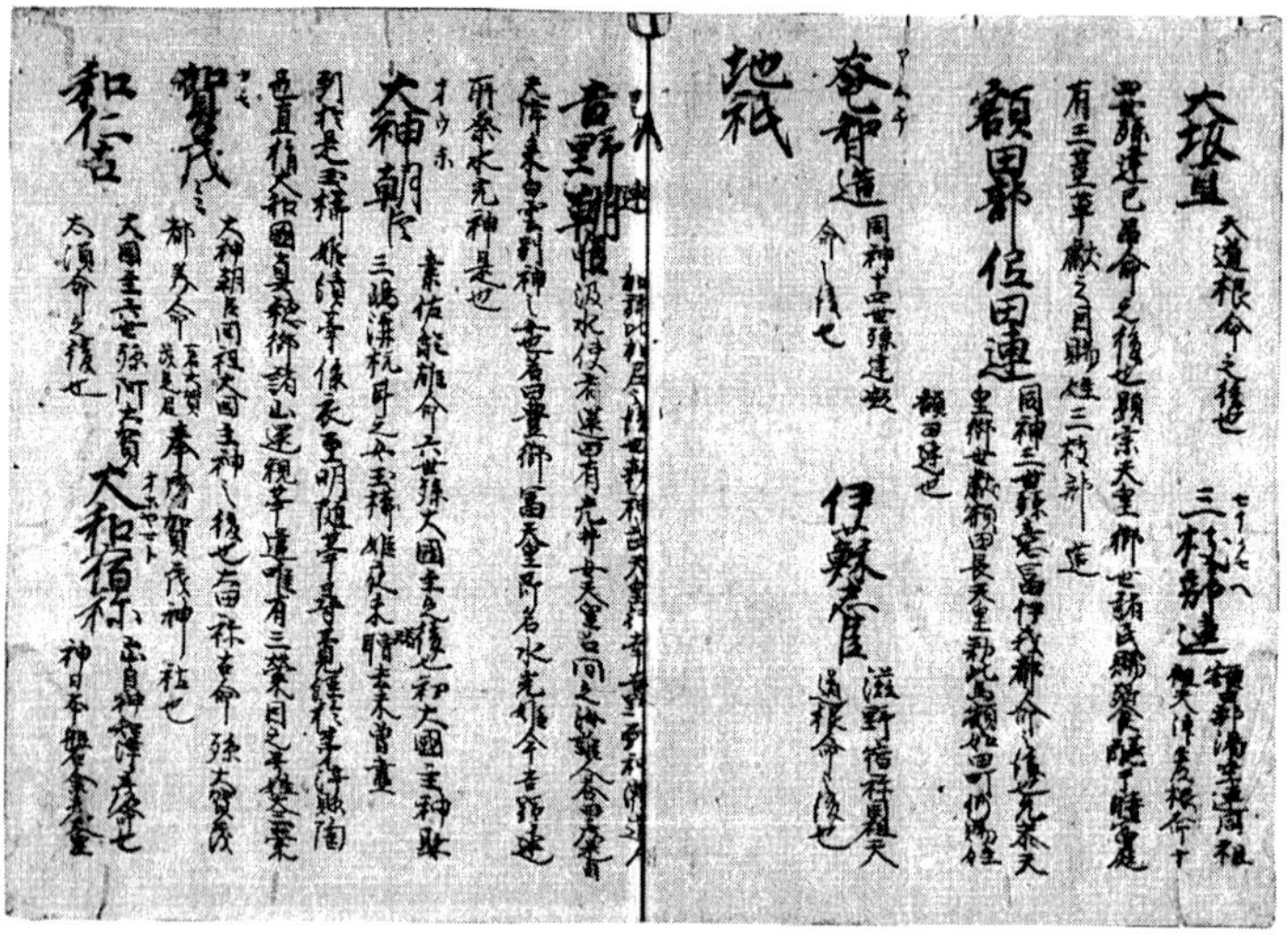

大坂直　天道根命之後也

三枝部連《セイクサヘ》　額田部湯坐連同祖　天津彦根命十四世孫建己呂命之後也　顯宗天皇御世　諸氏賜饗　于時宮庭有三茎草　献之　因賜姓三枝部連

額田部佐田連　同神三世孫意富伊我都命之後也　允恭天皇御世　献額田馬　天皇勅此馬額如田町　仍賜姓額田部連也

奄智造《アムチ》　同神十三世孫建凝命之後也

伊蘇志臣　滋野宿禰同祖　天道根命之後也

地祇

吉野連　加彌比加尼之後也　諡神武天皇行幸吉野　到神瀬　遣人汲水　使者還曰　有光女　天皇召問之　汝誰人　答曰　妾是自天降来白雲別神之女也　名曰豊御富　天皇即名水光姫　今吉野連所祭水光神是也

大神朝臣《オワホ》　素佐能雄命六世孫大國主之後也　初大國主神娶三嶋溝杭耳之女玉櫛姫……

賀茂朝臣《カモ》　大神朝臣同祖　大國主神之後也　大田田禰古命孫大賀茂都美命　奉齋賀茂神社也

和仁古　大國主六世孫阿太賀田須命之後也

大和……　神日本磐余……

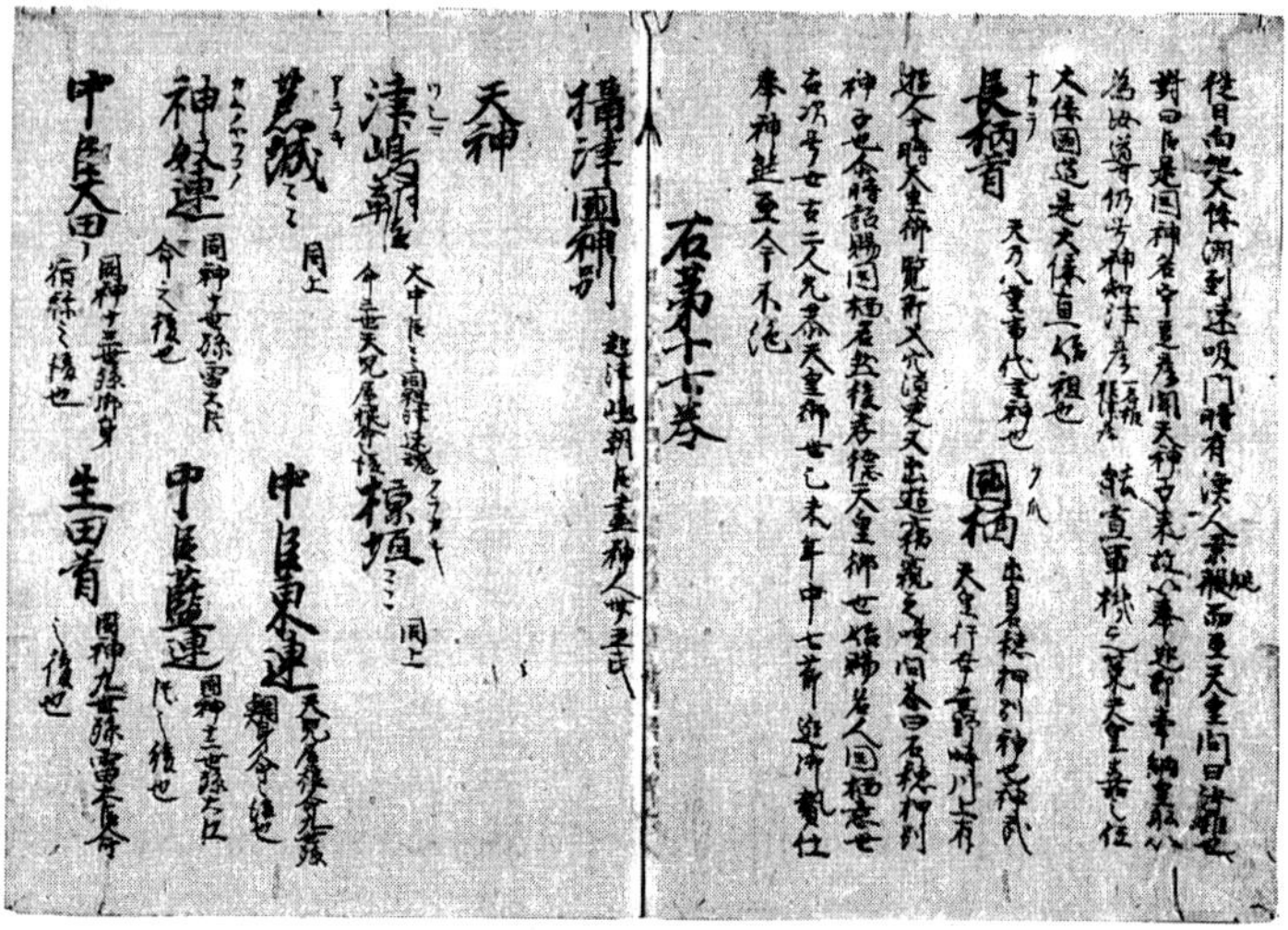

從日向國大倭洲到速吸門　時有漁人　乘艇而至　天皇問曰　汝誰也　對曰　臣是國神　名宇豆彦　聞天神子来　故以奉迎　即牽納皇船　以為海導　仍号神知津彦　一名椎根津彦　能宣軍機之策　天皇嘉之　任大倭國造　是大倭直之始祖也

長柄首《ナカラ》　天乃八重事代主神之後也

國栖《クス》　出自石穂押別神也　神武天皇行幸吉野時　川上有遊人　于時天皇御覧　即入穴　須臾又出遊　窃窺之　喚問　答曰　石穂押別神子也　爾時詔賜國栖名　然後孝德天皇御世　始賜名人國栖意世　古次　二人　允恭天皇御世　乙未年中　七節進御贄仕奉　神態至今不絶

右第十七巻

攝津國神別

天神

津嶋朝臣《ツシマ》　大中臣朝臣同祖　津速魂命三世孫天兒屋根命之後也

椋垣直《クラカキ》　同上

荒城朝臣《アラキ》　同上

中臣東連　天兒屋根命九世孫……

神奴連《カムヤツコ》　同神十世孫雷大臣命之後也

中臣藍連　同神十二世孫大江臣之後也

中臣太田連　同神十三世孫御身宿禰之後也

生田首　同神九世孫雷大臣命之後也

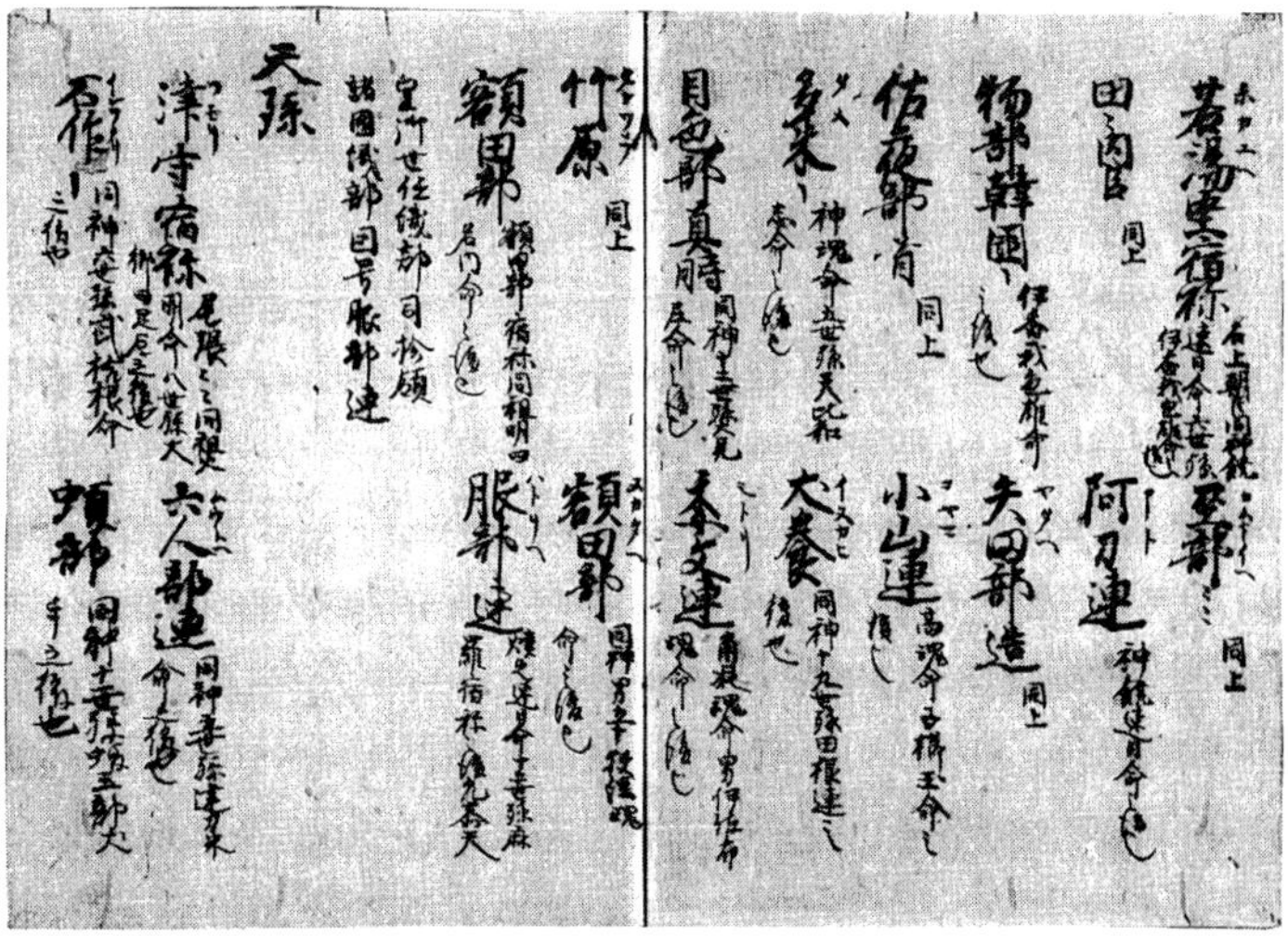

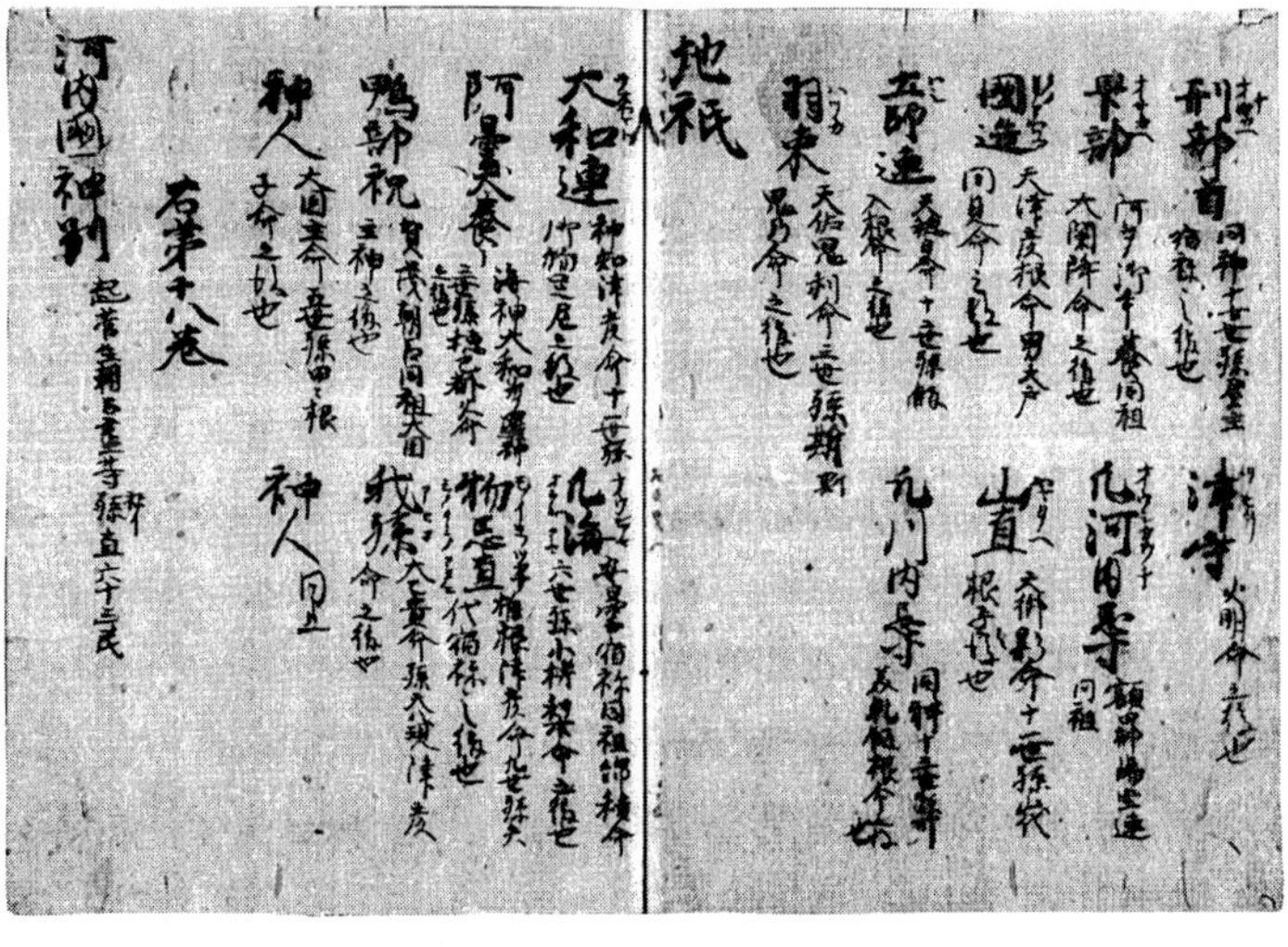

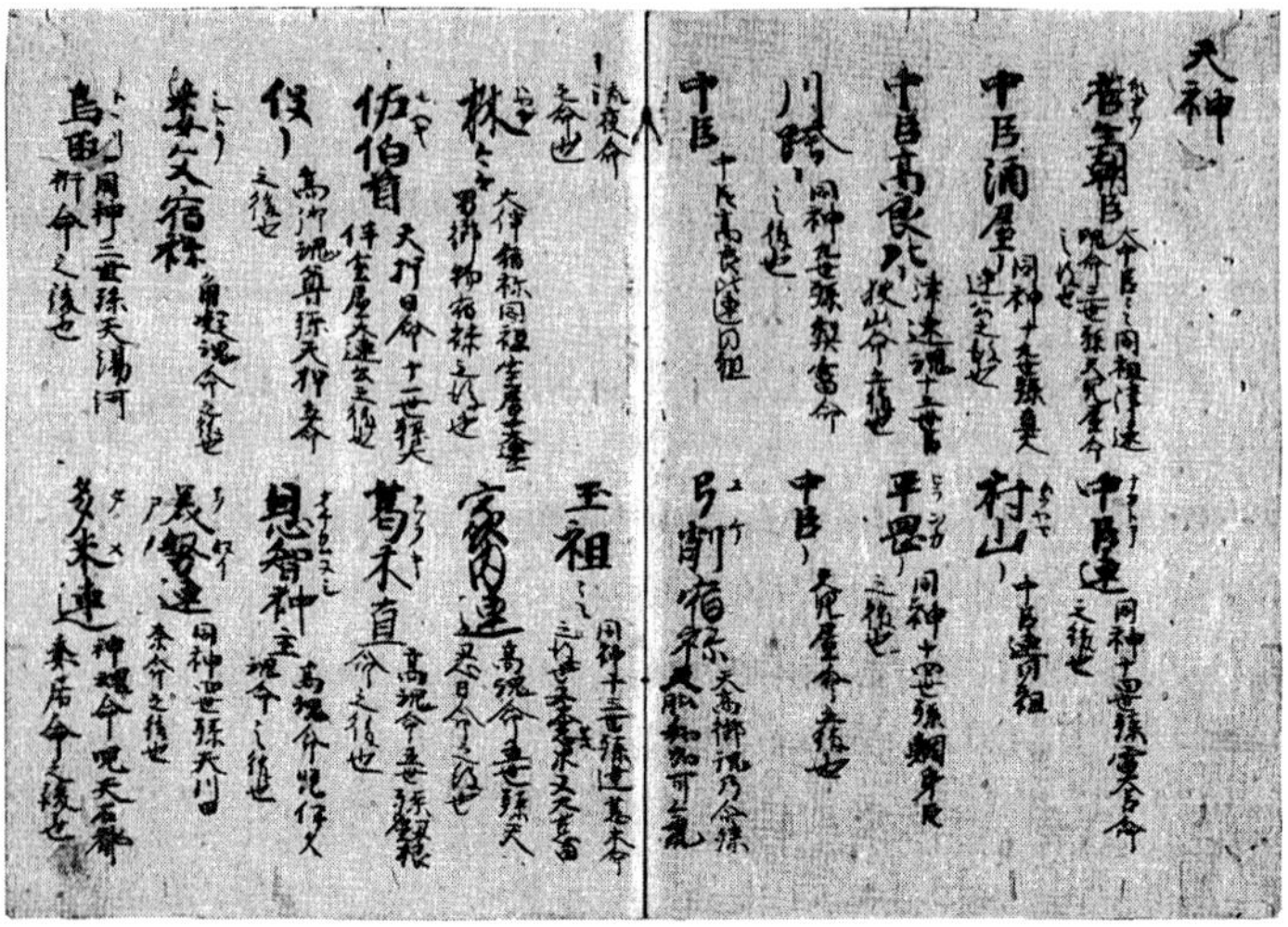

天神
菅生朝臣 大中臣ゝゝ同祖津速魂命三世孫天児屋命之後也
中臣連 同神十四世孫雷大臣命之後也
中臣酒屋ゝ 同神十九世孫真人連公之後也
村山ゝ 中臣ゝ同祖
中臣高良比ゝ 津速魂十三世孫臣狭山命之後也
平岡ゝ 同神十四世孫鯛身臣之後也
川跨ゝ 同神廿世孫梨富命之後也
中臣ゝ 天児屋命之後也
中臣 中臣高良比連同祖
弓削宿禰 天高御魂乃命孫天毘和志可気流夜命之後也
林ゝゝ 大伴宿禰同祖室屋大連男御物宿禰之後也
王祖ゝゝ 同神十三世孫建[illegible]命之後也
佐伯宿 天押日命十一世孫大伴室屋大連公之後也
家内連 高魂命五世孫天忍日命之後也
役ゝ 高御魂尊孫天神立命之後也
葛木直 高魂命五世孫劔根命之後也
委文宿禰 角凝魂命之後也
恩智神主 高魂命児伊久魂命之後也
鳥取ゝ 同神三世孫天湯河桁命之後也
美努連 同神四世孫天川田奈命之後也
多米連 神魂命児天石都倭居命之後也

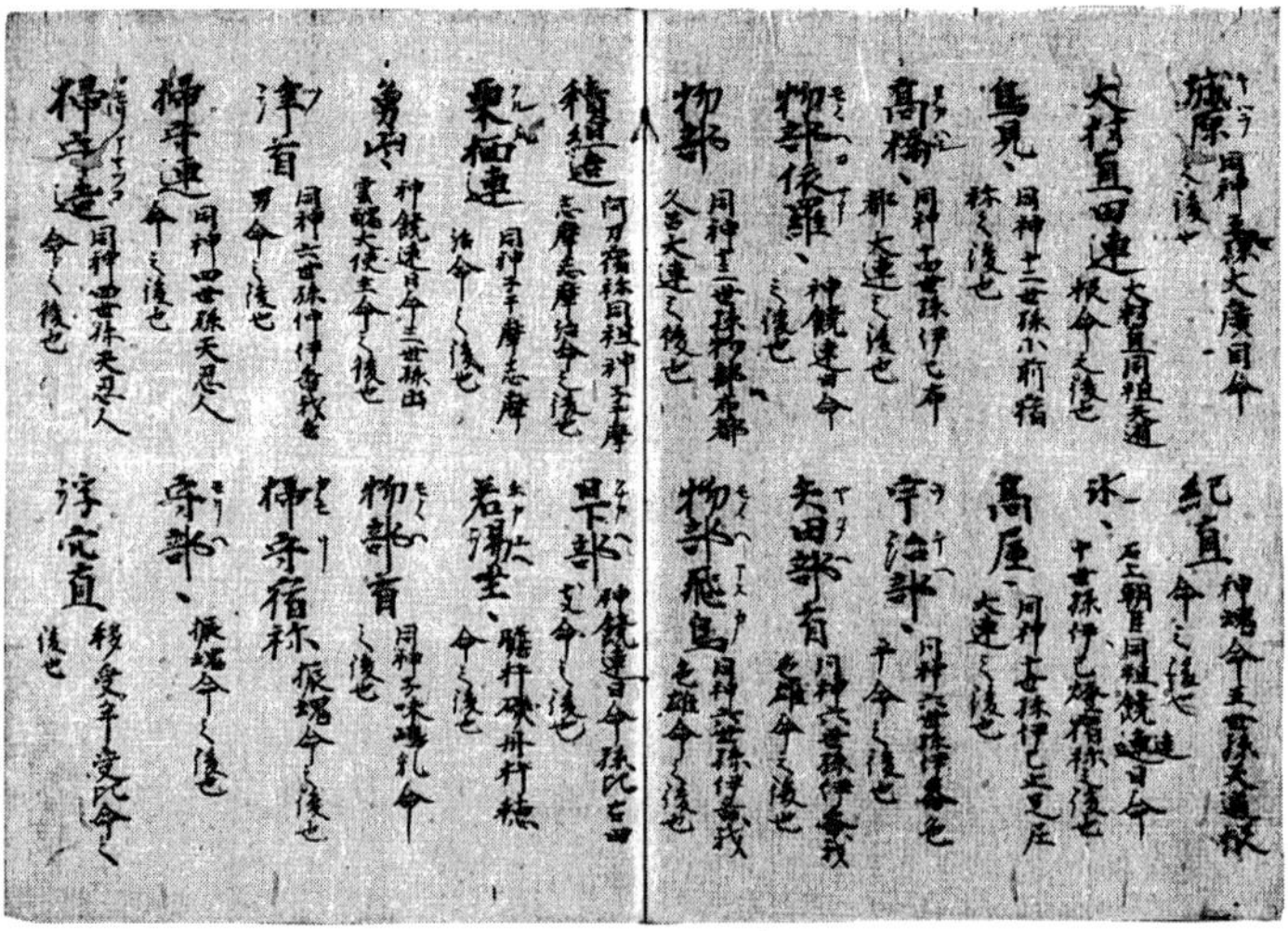

[illegible]原 同神五世孫大[illegible]司命之後也
紀直 神魂命五世孫天道根命之後也
大村直田連 大村直同祖天道根命之後也
氷ゝ 石上朝臣同祖饒速日命十世孫伊己灯宿禰之後也
鳥見ゝ 同神十二世孫小前宿禰之後也
高屋ゝ 同神十世孫伊己止足尼大連之後也
高橋ゝ 同神十五世孫伊己布都大連之後也
宇治部ゝ 同神六世孫伊香色乎命之後也
物部依羅ゝ 神饒速日命之後也
矢田部首 同神六世孫伊香我色雄命之後也
物部 同神十二世孫物部布都久留大連之後也
物部飛鳥 同神六世孫伊香我色雄命之後也
積組連 阿刀宿禰同祖神子于摩志摩治命之後也
日下部 神饒速日命孫比古由支命之後也
栗栖連 同神子于摩志摩治命之後也
若湯坐ゝ 膽杵磯丹杵穂命之後也
勇山ゝ 神饒速日命十二世孫出雲醜大使主命之後也
物部首 同神子味島乳命之後也
津首 同神六世孫伊香我色男命之後也
掃守宿禰 振魂命之後也
掃守連 同神四世孫天忍人命之後也
掃部ゝ 振魂命之後也
掃守造 同神四世孫天忍人命之後也
浮穴直 移受牟受比命之後也

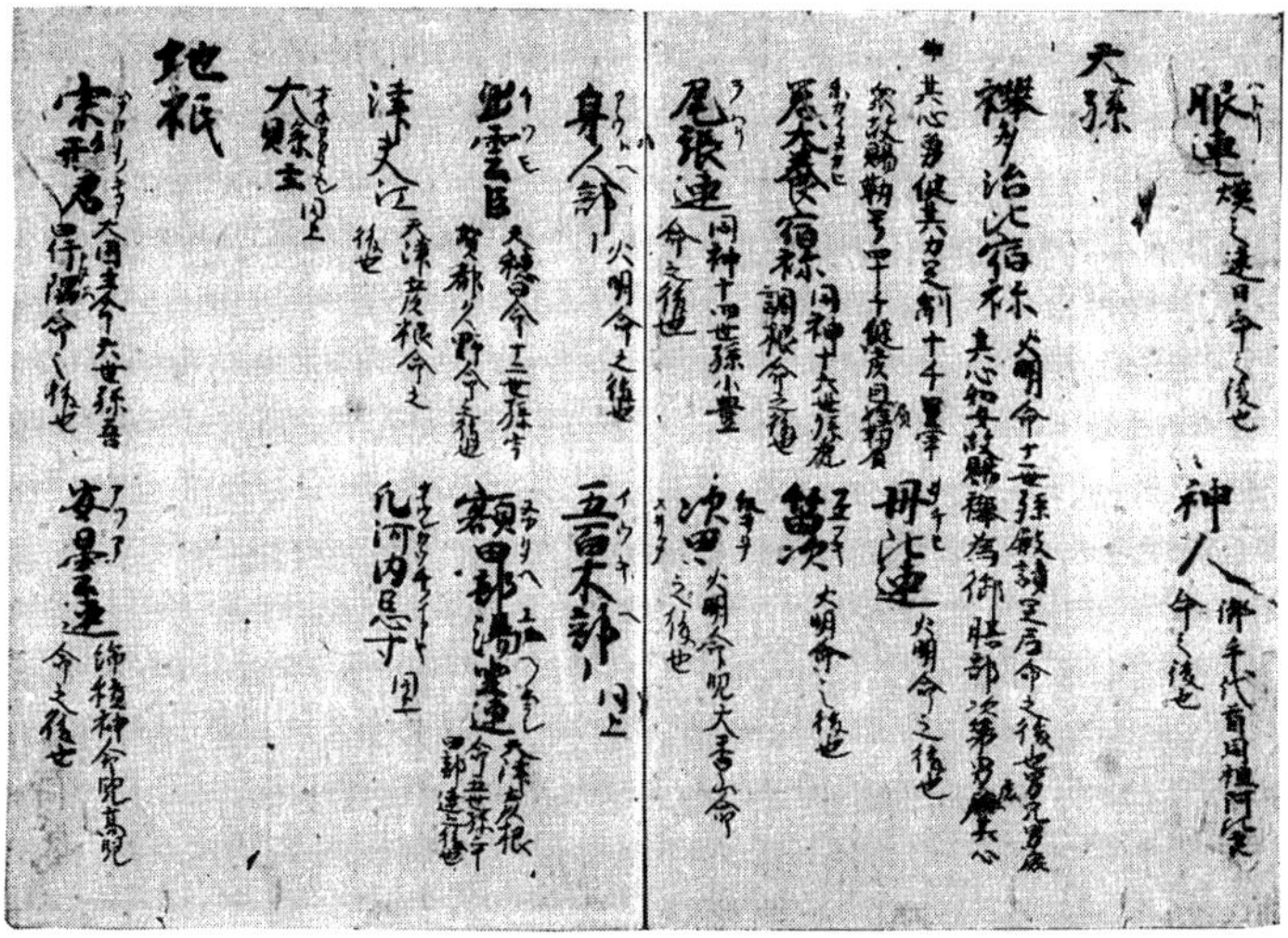
服連 熯之速日命之後也
神人 御手代首同祖 阿比良命之後也
天孫
襷多治比宿祢 火明命十一世孫殿諸足尼命之後也 男兄男庶 其心如女 故賜襷為御膳部 次弟男庶 其心勇健 其力足制十千軍衆 故賜靭号曰靭負
若犬養宿祢 同神十六世孫尻調根命之後也
尾張連 同神十四世孫小豊命之後也
丹比連 火明命之後也
笛吹 火明命之後也
次田連 火明命男天香山命之後也
身人部 火明命之後也
五百木部 同上
出雲臣 天穂日命十二世孫宇賀都久野命之後也
額田部湯坐連 天津彦根命五世孫乎田部連之後也
津夫江 天津彦根命之後也
凡河内忌寸 同上
大県主 同上
地祇
宗形君 大国主命六世孫吾田片隅命之後也
安曇連 綿積神命児高見命之後也

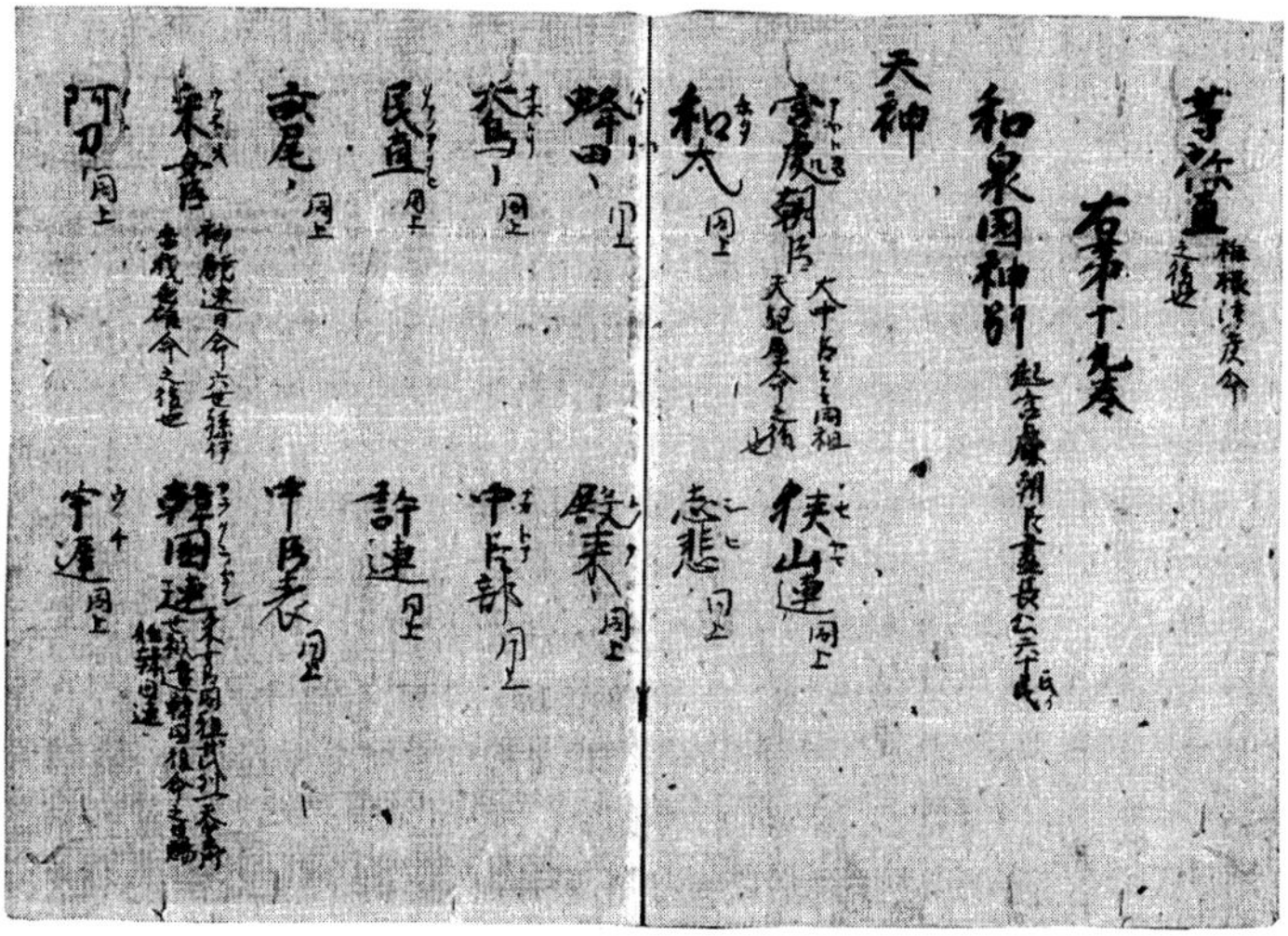
青海首 椎根津彦命之後也
右第十九巻
和泉国神別 起宮處朝臣尽長公六十氏
天神
宮處朝臣 大中臣朝臣同祖 天児屋命之後也
狭山連 同上
和太 同上
志悲 同上
蜂田 同上
殿来 同上
大鳥 同上
中臣部 同上
民直 同上
許連 同上
高尾 同上
中臣表 同上
采女臣 神饒速日命六世孫伊香我色雄命之後也
韓国連 采女臣同祖 武烈天皇御世 被遣韓国 復命之日 賜姓韓国連
阿刀 同上
宇遅連 同上

巫部 同上雄略天皇御體不豫因茲召上筑紫豊國奇巫令真
椋率巫仕奉仍賜姓巫部連

曽禰《ソネ》 釆女臣同上

志貴縣主 饒速日命七世孫大
賣布之後也

若櫻部造 速日命十四孫止智尼大連之後也履中御世採櫻花獻
之仍改物部連賜姓若櫻部造

榎井部 同神廿世孫大矢口根
大臣命之後也

物部 同神六世孫伊香我色
雄命之後也

網部 同上

衣縫 同上

高岳首 同神十五世孫物部
麻火大連之後也

安幕 同神廿世孫十千尼大
連之後也

大伴山前連 大伴宿禰同
祖日臣命之後

爪工 神魂命男多久豆玉命之
後也雄略天皇御世造紫蓋

爪并奉餝御座仍賜爪工
連姓

掃守首 振魂命四世孫天忍
人命之後雄略天皇

御代監掃除事賜
姓掃守連

物部連 神魂命五世孫天
道根命之後也

和山守首 同上

和田 同上

高家 同上

大庭造 神魂命八世孫天津
麻良命之後也

神直 同神五世孫生玉兄日子
命之後也

紀 神魂命子御食持命
之後也

大村 紀直同祖大名草彦命
男枳弥都弥命之後也

川瀬 神魂命五世孫天道
根命之後也

直尻家 大村直同祖

高野《タカノ》 大名草命之後也

鳥取《トトリ》 角凝命三世孫天湯
河桁命之後也

川枯首 阿目加伎表命四世孫
阿目夫那比止命之後也

柘

葛曽直 高魂命五世孫剣根
命之後也

天孫

土師宿祢 秋篠朝臣同祖天
穂日命十四世孫野
見宿祢之後也

土師連 同上

山直 天穂日命十七世孫日古曽
乃己命之後也

石津連《イシツ》 天穂日命十四世孫
野見宿祢之後也

民直 同神十七世孫意富來宅
尼之後也

若犬養宿祢 火明命十五世
孫古利命之後也

丹比連 同神男天香山命之
後也

石作 同上

津守 同上

網津守 同上

椋 同上

綺 津守連同祖天香山命之
後也

高市縣主 天津彦根命十
二世孫建許呂命
之後也

末使主 天津彦根命子彦
稲勝命之後也

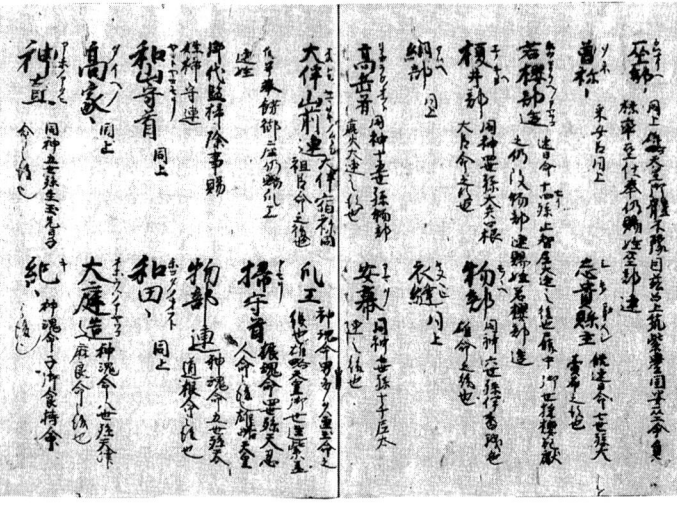

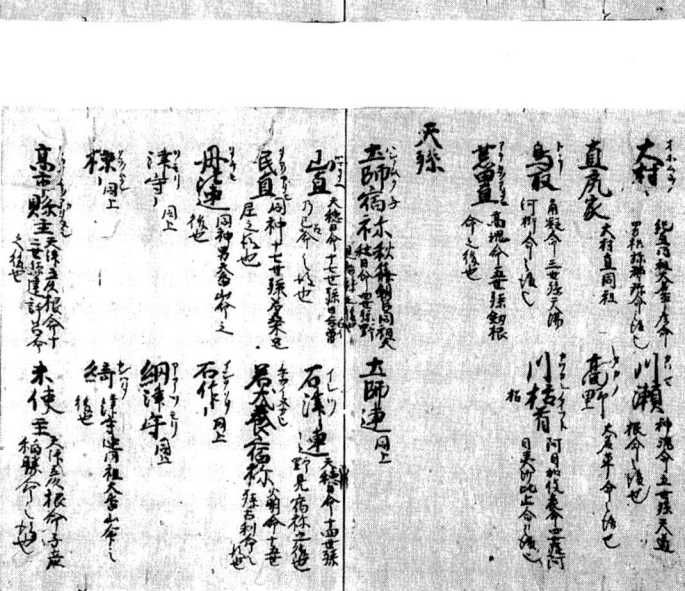

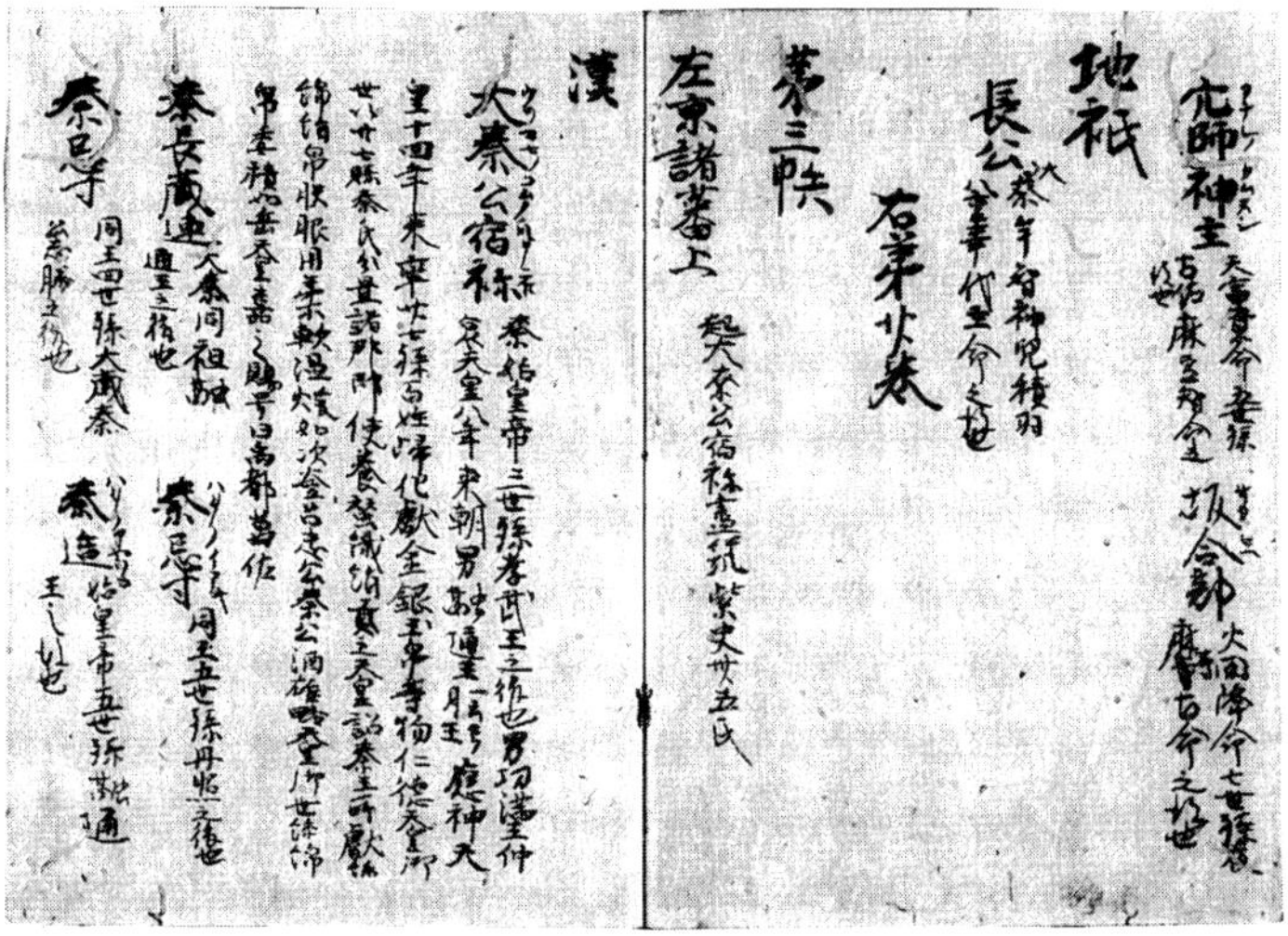
地祇
長公 大奈牟智神兒積羽八重事代主命之後也
右第廿巻
第三帙
左京諸蕃上
起太秦公宿禰盡孔氏廿五氏
漢
太秦公宿禰 秦始皇帝三世孫孝武王之後也男功満王帯仲彦天皇八年来朝男融通王一云弓月王誉田天皇十四年来率廿七県百姓帰化献金銀玉帛等物仁徳天皇御世以百廿七県秦氏分置諸郡即使養蚕織絹貢之天皇詔曰秦王所献糸綿絹帛朕服用柔軟温煖如肌膚仍賜姓波陀公次登呂志公秦公酒雄略天皇御世糸綿絹帛委積如岳天皇嘉之賜号曰禹都萬佐
秦長蔵連 太秦公宿禰同祖融通王之後也
秦忌寸 同王五世孫丹照之後
秦忌寸 同王四世孫大蔵秦公志勝之後也
秦造 始皇帝五世孫融通王之後也

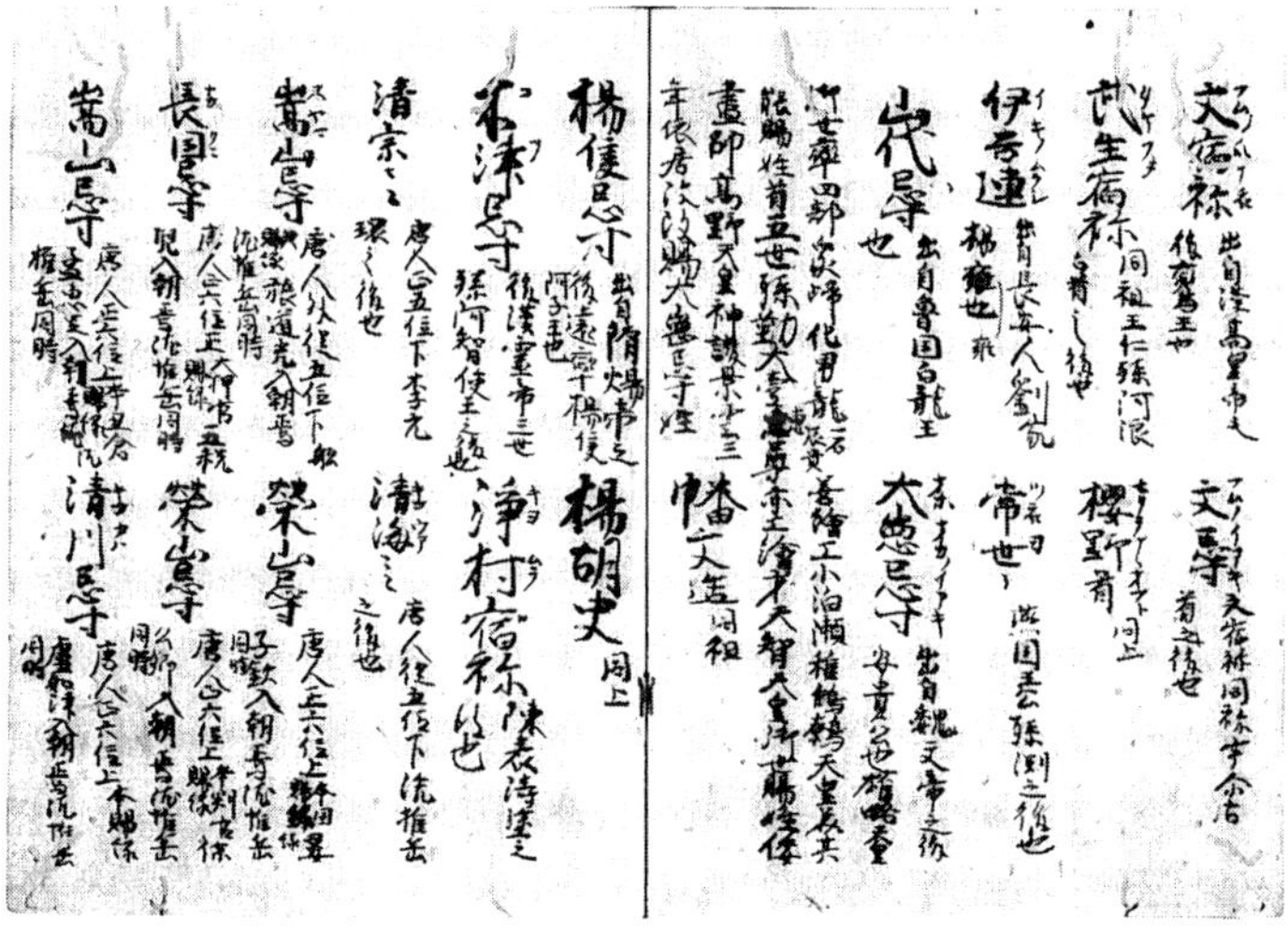
文宿禰 出自漢高皇帝之後鸞王也
文忌寸 文宿禰同祖宇爾古首之後也
武生宿禰 同祖王仁孫阿浪古首之後也
櫻野首 同上
伊吉連 出自長安人劉家楊雍也
常世連 出自燕国王公孫淵之後也
大岡忌寸 出自魏文帝之後安貴公也大泊瀬幼武天皇御世率四部衆帰化男龍一名辰貴善絵工小泊瀬稚鷦鷯天皇美其能賜姓首五世孫勤大壱恵尊亦工絵才天智天皇御世賜姓倭画師高野天皇神護景雲三年依居改倭画師賜大岡忌寸姓
楊侯忌寸 出自隋煬帝之後達率楊侯阿子王也
楊胡史 同上
浄村宿禰 陳袁濤塗之後也
清宗宿禰 唐人正五位下李元環之後也
清海宿禰 唐人従五位下沈惟岳之後也
嵩山忌寸 唐人外従五位下張道光入朝焉沈惟岳同時
栄山忌寸
長国忌寸
清川忌寸

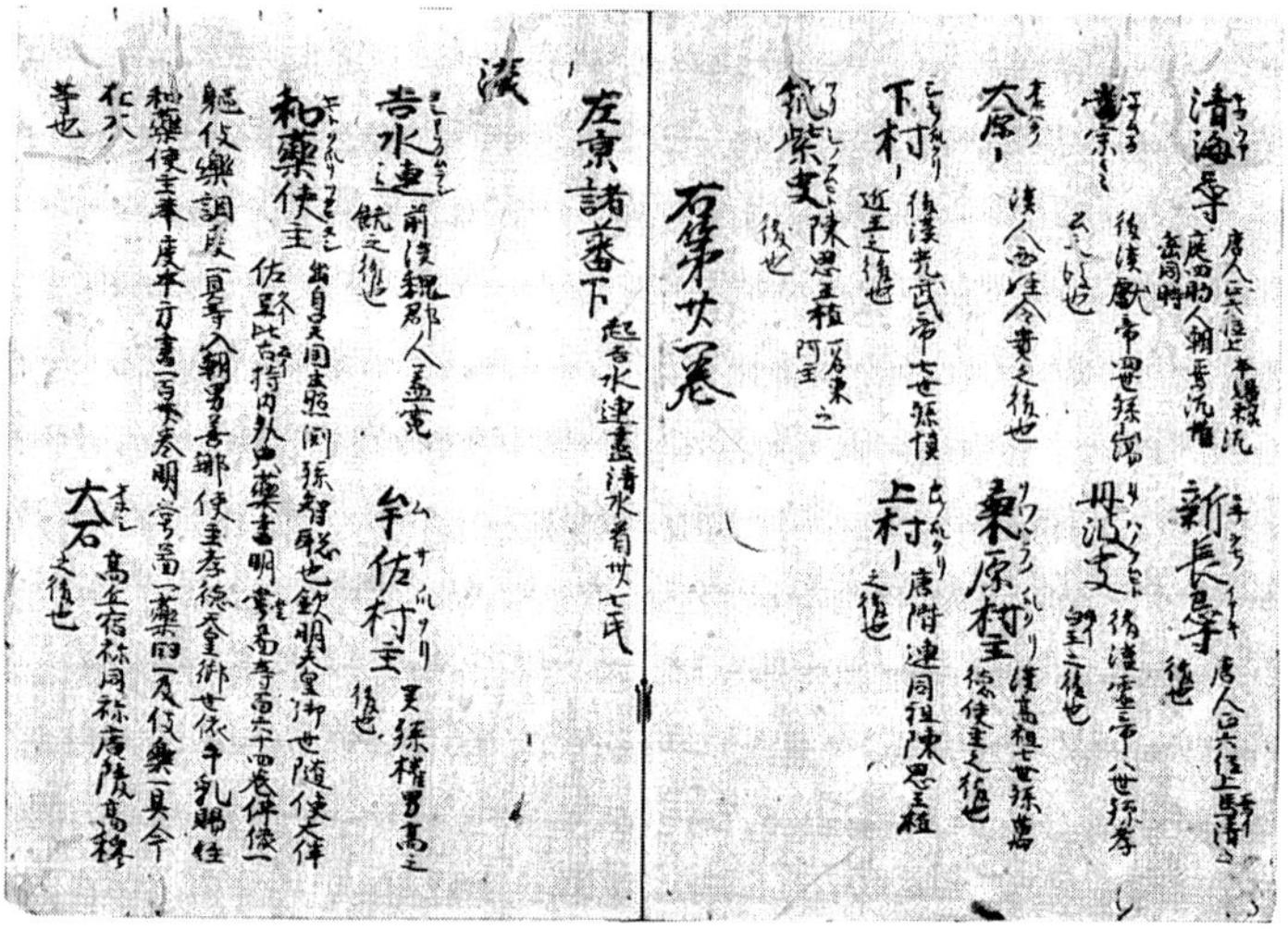

清海忌寸　唐人正六位上[illegible]
新長忌寸　唐人正六位上[illegible]之後也
當宗忌寸　後漢獻帝四世孫山陽公之後也
丹波史　後漢靈帝八世孫孝日王之後也
大原史　漢人西姓令貴之後也
桑原村主　漢高祖七世孫萬德使主之後也
下村主　後漢光武帝七世孫慎近王之後也
上村主　廣階連同祖陳思王植之後也
筑紫史　陳思王植一名東阿王之後也

右第廿一巻

左京諸蕃下　起吉水連盡清水首廿七氏

漢

吉水連　前漢魏郡人蓋寛饒之後也
牟佐村主　呉孫權男高之後也
和薬使主　出自呉國主照淵孫智聡也欽明天皇御世隨使大伴佐弖比古持内外典薬書明堂圖等百六十四巻佛像一軀伎樂調度一具等入朝男善那使主孝徳天皇御世依牛乳賜姓和薬使主奉度本方書一百卅巻明堂圖一薬臼一及伎樂一具今在大寺也
大石　高道宿禰同祖廣陵高穆之後也

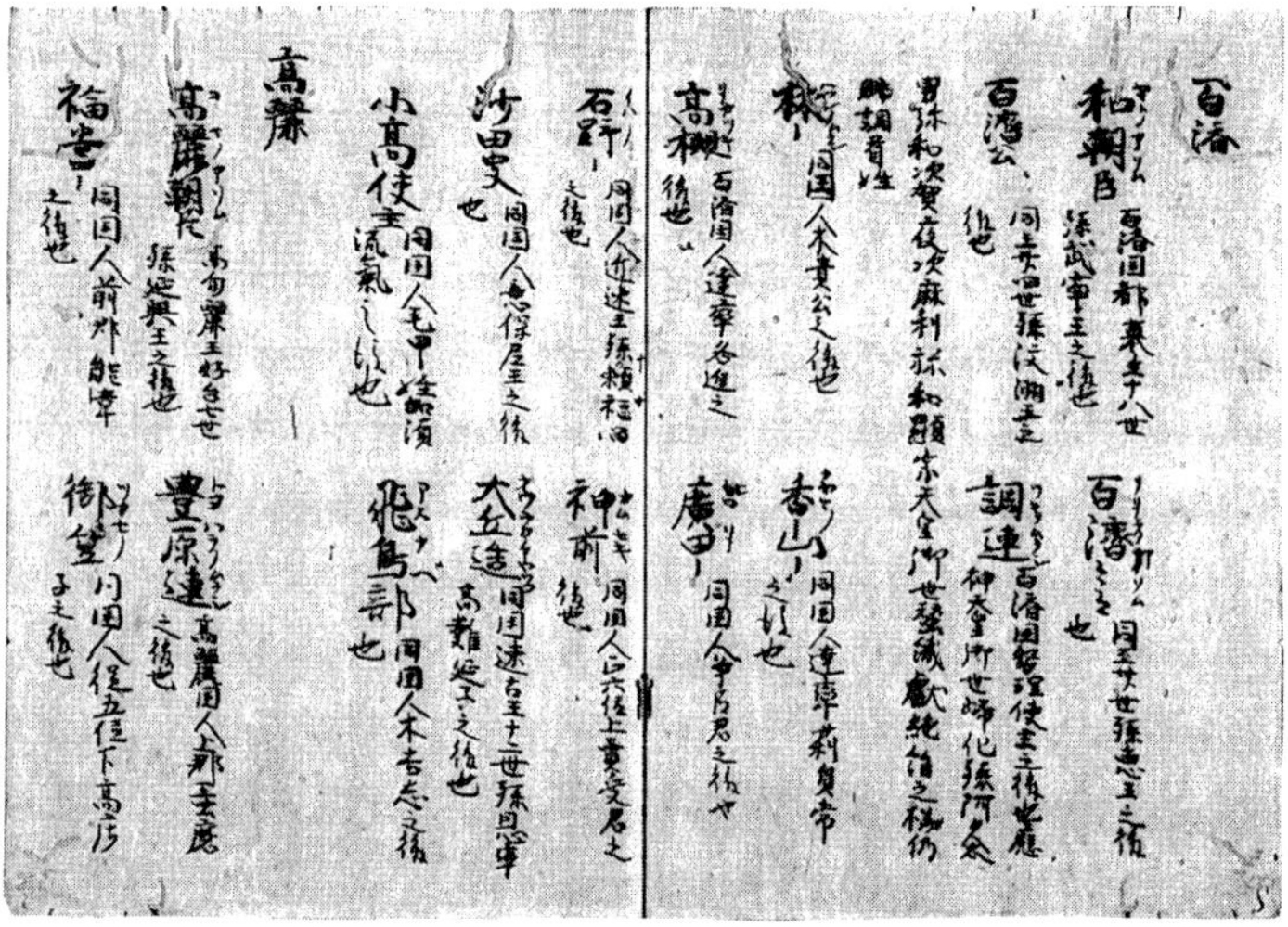

百濟

和朝臣　百濟國都慕王十八世孫武寧王之後也
百濟公　同王廿四世孫汶淵王之後也
百濟王　同王廿世孫恵王之後也
調連　百濟國努理使主之後也譽田天皇御世歸化孫阿久太男彌和次賀夜次麻利彌和弘計天皇御世蠶織獻絁絹之様仍賜調首姓
林　同國人木貴公之後也
香山　同國人達率荊員常之後也
高槻　百濟國人達率名進之後也
廣田　同國人辛臣君之後也
石野　同國人近速王孫憶頼福留之後也
神前　同國人正六位上賈受君之後也
沙田史　同國人意保尼王之後也
大丘造　同國速古王十二世孫恩率高難延子之後也
小高使主　同國人毛甲姓加須流氣之後也
飛鳥部　同國人末吉志之後也

高麗

高麗朝臣　高句麗王好台七世孫延興王之後也
豊原連　高麗國人上部王虫麻之後也
福當　同國人前部能婁之後也
御笠　同國人從五位下高庄子之後也

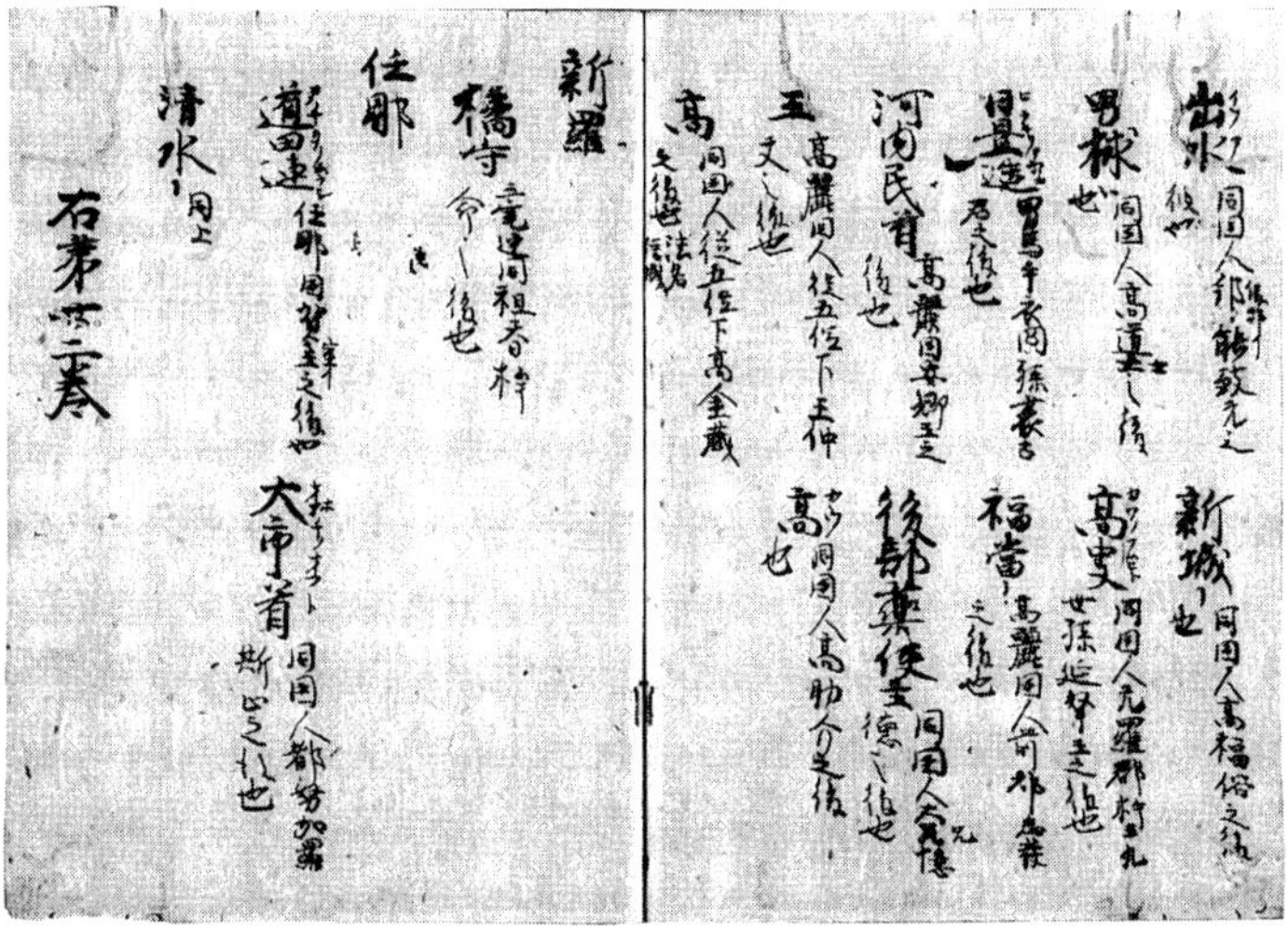

出水《イツミ》　同国人邾鉢致元之後也
新城　也　同国人高福裕之後
男捄　也　同国人高道士之後
高史《カウノフヒト》　同国人元羅郡杵率九世孫延祥王之後也
豊原造　罟馬半衣岡孫袁吉之後也
福当　高麗国人前部能莫之後也
河内民首　高麗国安劉王之後也
後部薬使主　同国人大兄億徳之後也
王　高麗国人従五位下王仲文之後也
高《カウ》　同国人高助斤之後也
高　同国人従五位下高金蔵之後也　法名信成

新羅
橘守　三宅連同祖春桙命之後也
任那
道田連　任那国賀室王之後也
大市首　同国人都努加羅斯止之後也
清水首　同上

右第廿二巻

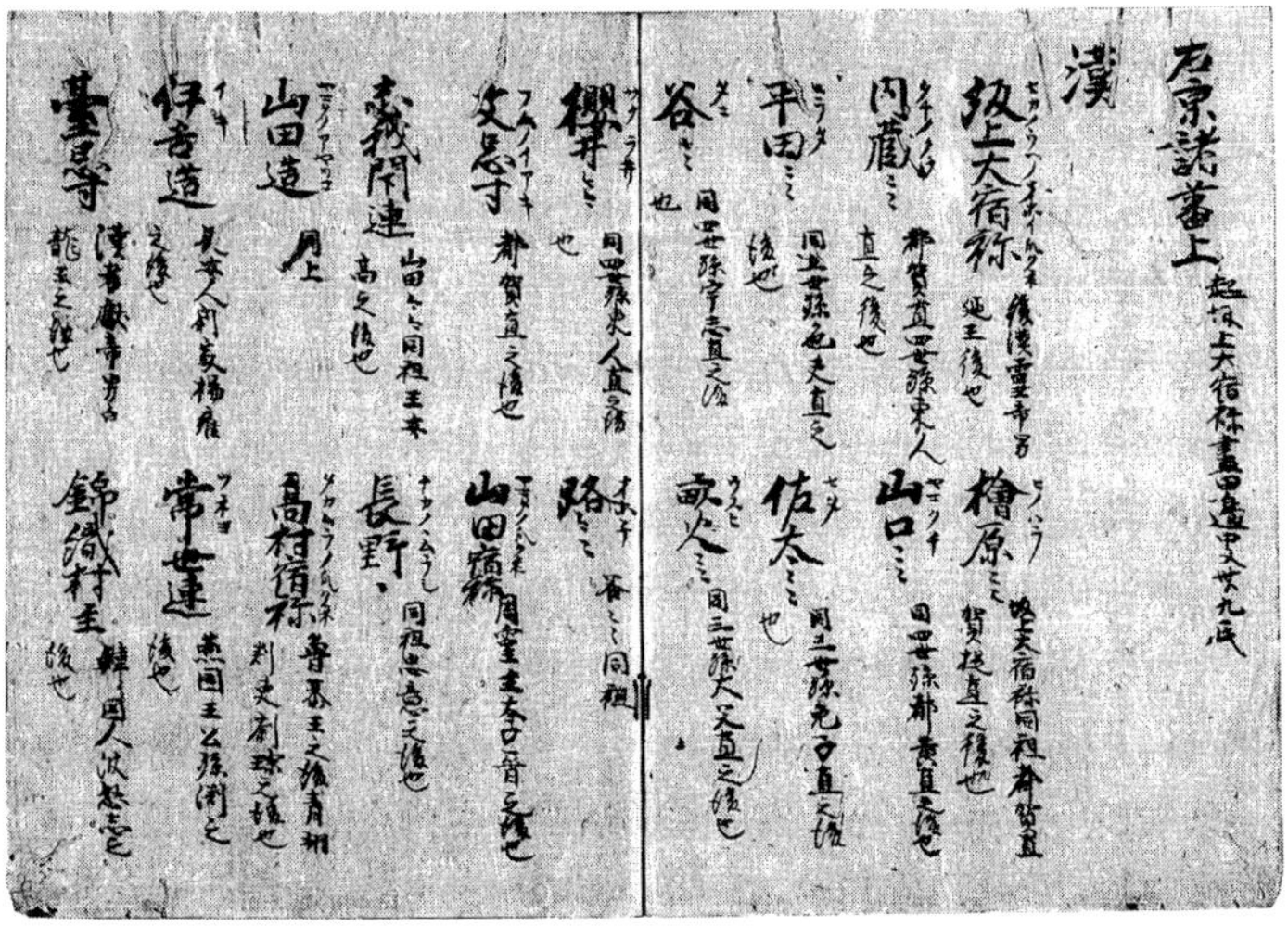

右京諸蕃上　起坂上大宿祢尽田辺史卅九氏

漢
坂上大宿祢《サカノウヘノオホイムクネ》　後漢霊帝男延王之後也
檜原《ヒノハラ》　坂上大宿祢同祖都賀直四世孫賀提直之後也
内蔵《クラ》　都賀直四世孫東人直之後也
山口《ヤマクチ》　同四世孫都黄直之後也
平田《ヒラタ》　同五世孫色夫直之後也
佐太《サタ》　同五世孫兄子直之後也
谷《タニ》　同四世孫宇志直之後也
畝火《ウネヒ》　同三世孫大父直之後也
桜井《サクラヰ》　同四世孫東人直之後也
路《ミチ》　谷同祖
文忌寸《フムノイミキ》　都賀直之後也
山田宿祢《ヤマダノスクネ》　周霊王太子晋之後也
[illegible]閇連　山田宿祢同祖王年高之後也
長野《ナカノ》　同祖忠意之後也
山田造《ヤマダノミヤツコ》　同上
高村宿祢《タカムラノスクネ》　魯恭王之後青州刺史劉琮之後也
伊吉連《イキ》　長安人劉家楊雍之後也
常世連《ツネヨ》　燕国王公孫淵之後也
台忌寸　漢献帝男白龍王之後也
錦織村主　韓国人波努志之後也

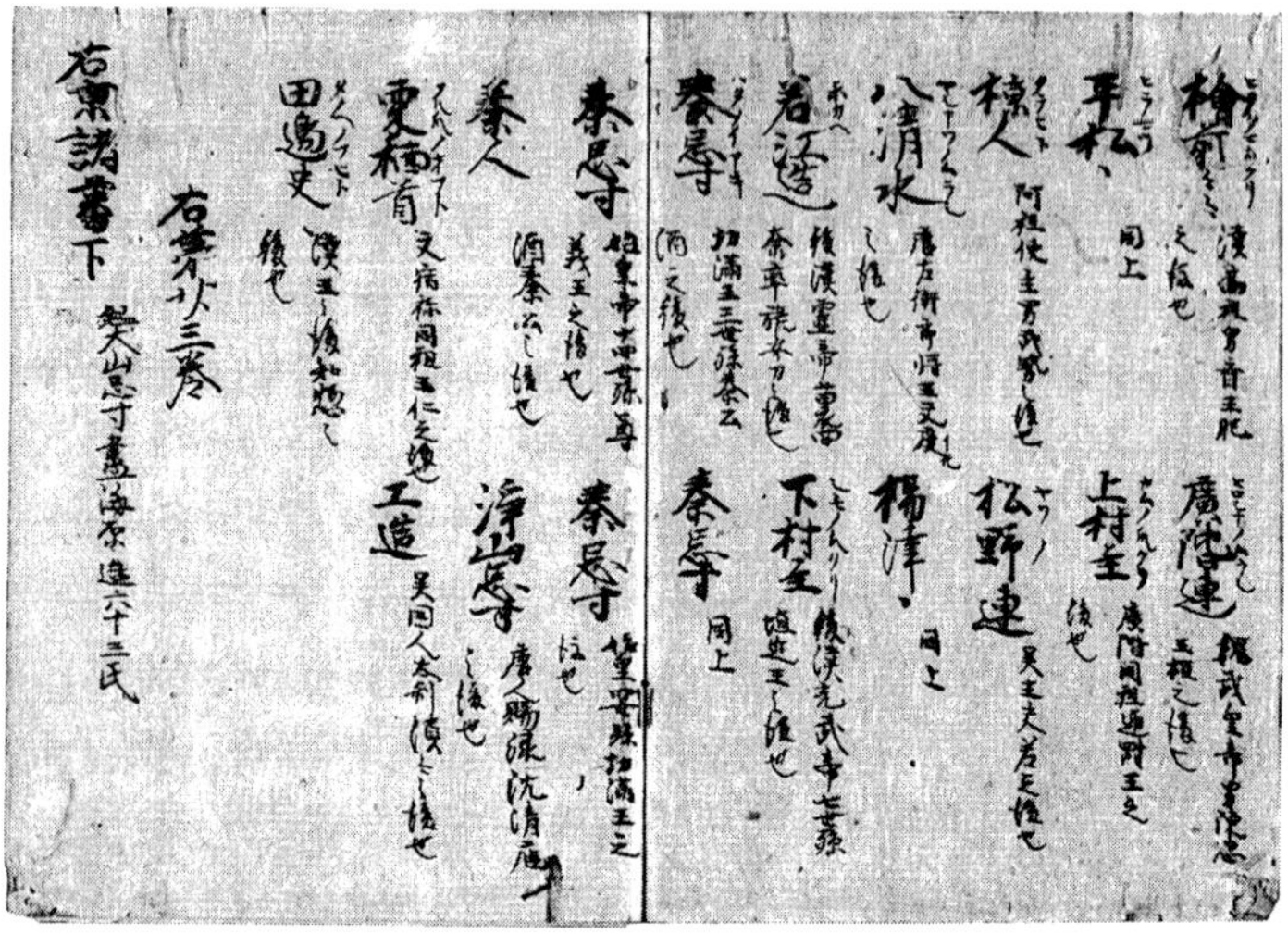

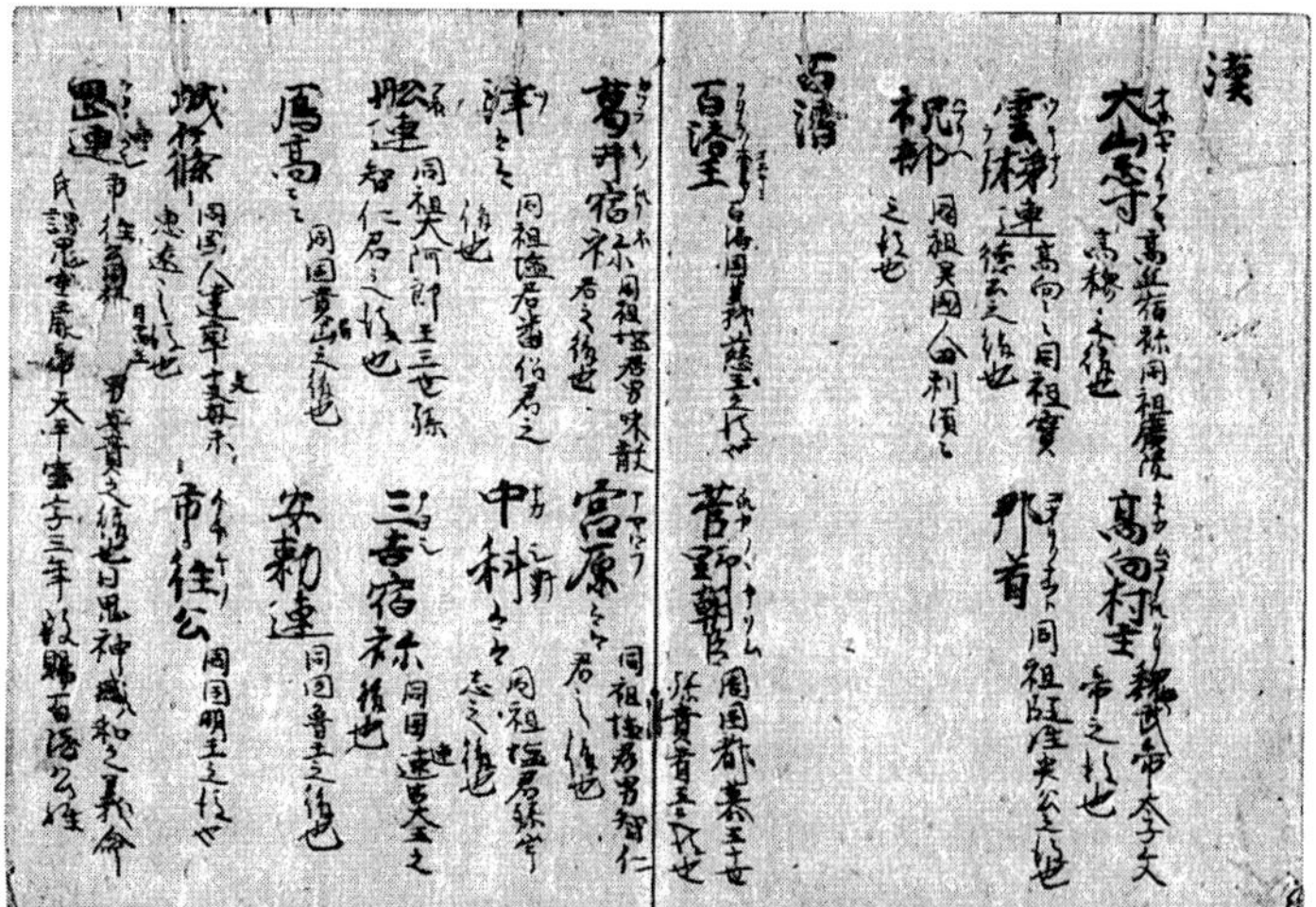

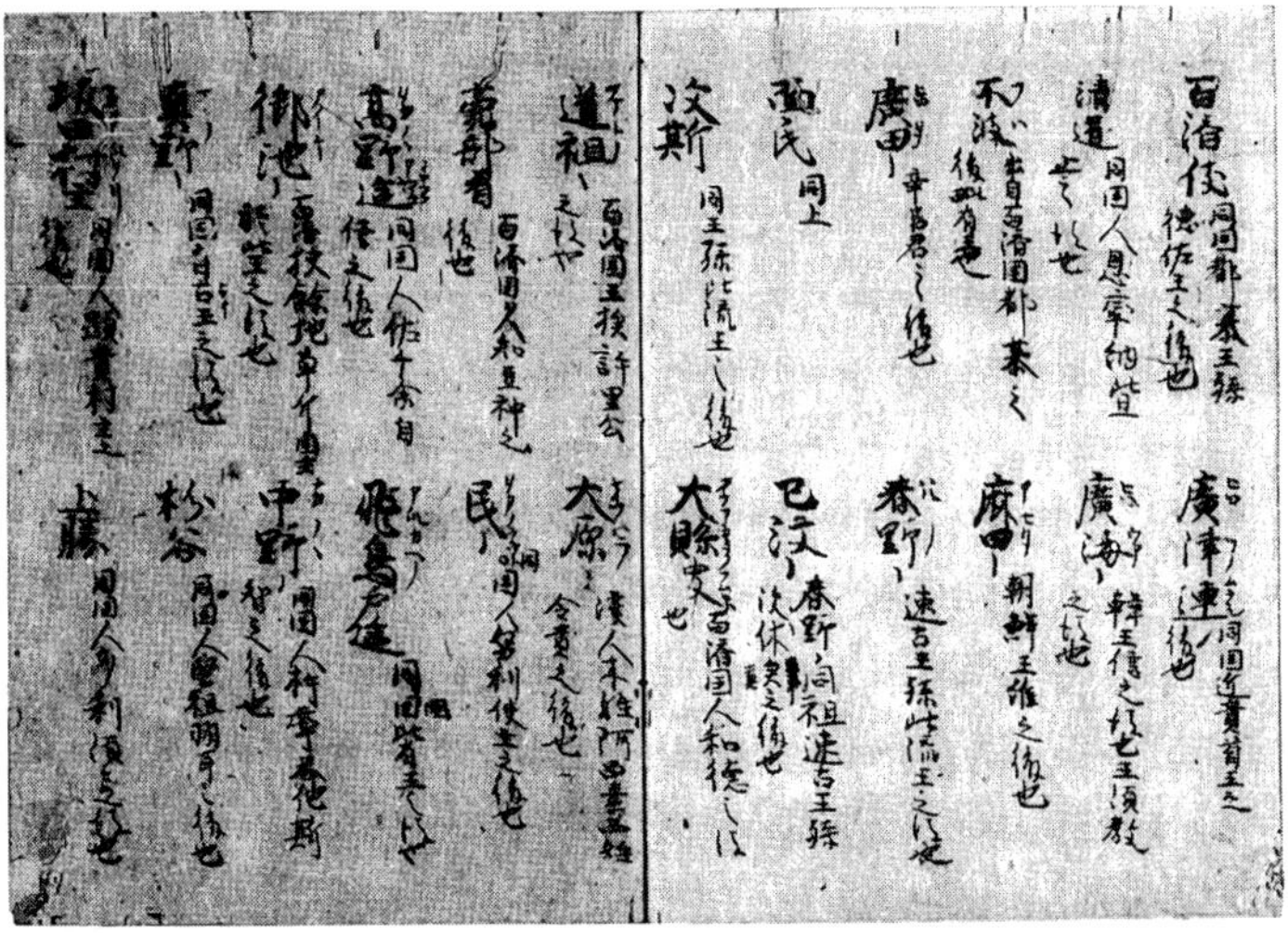

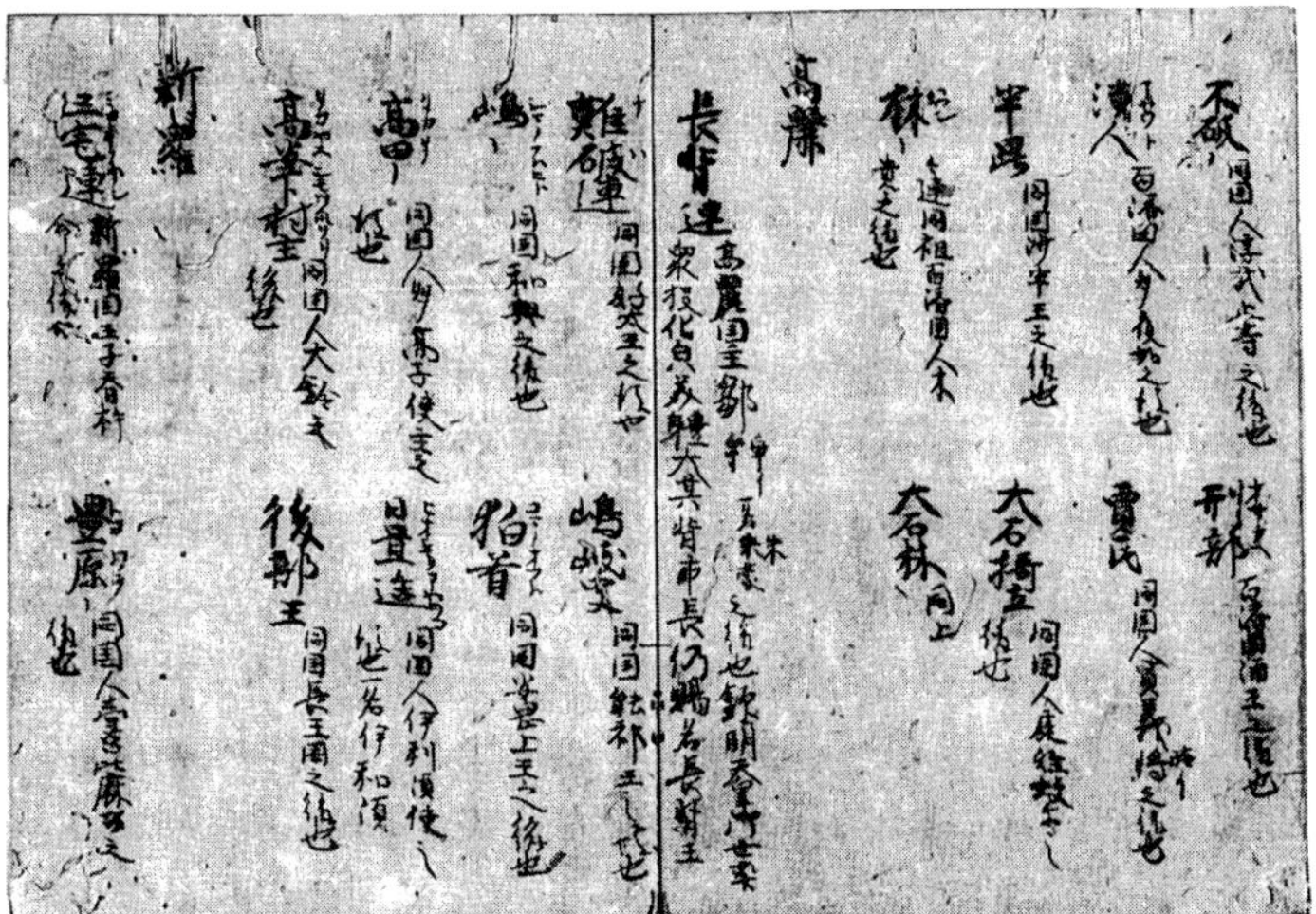

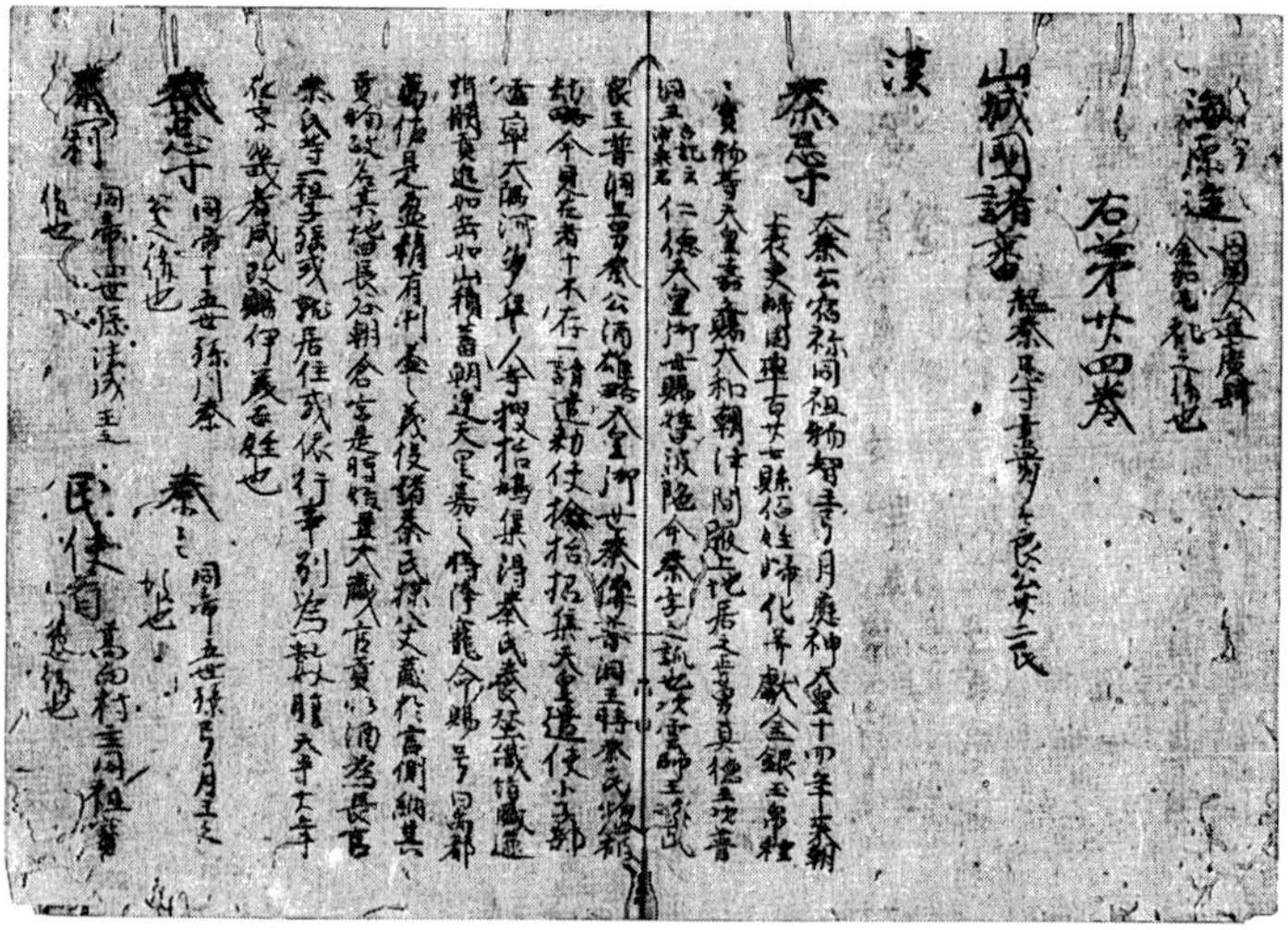

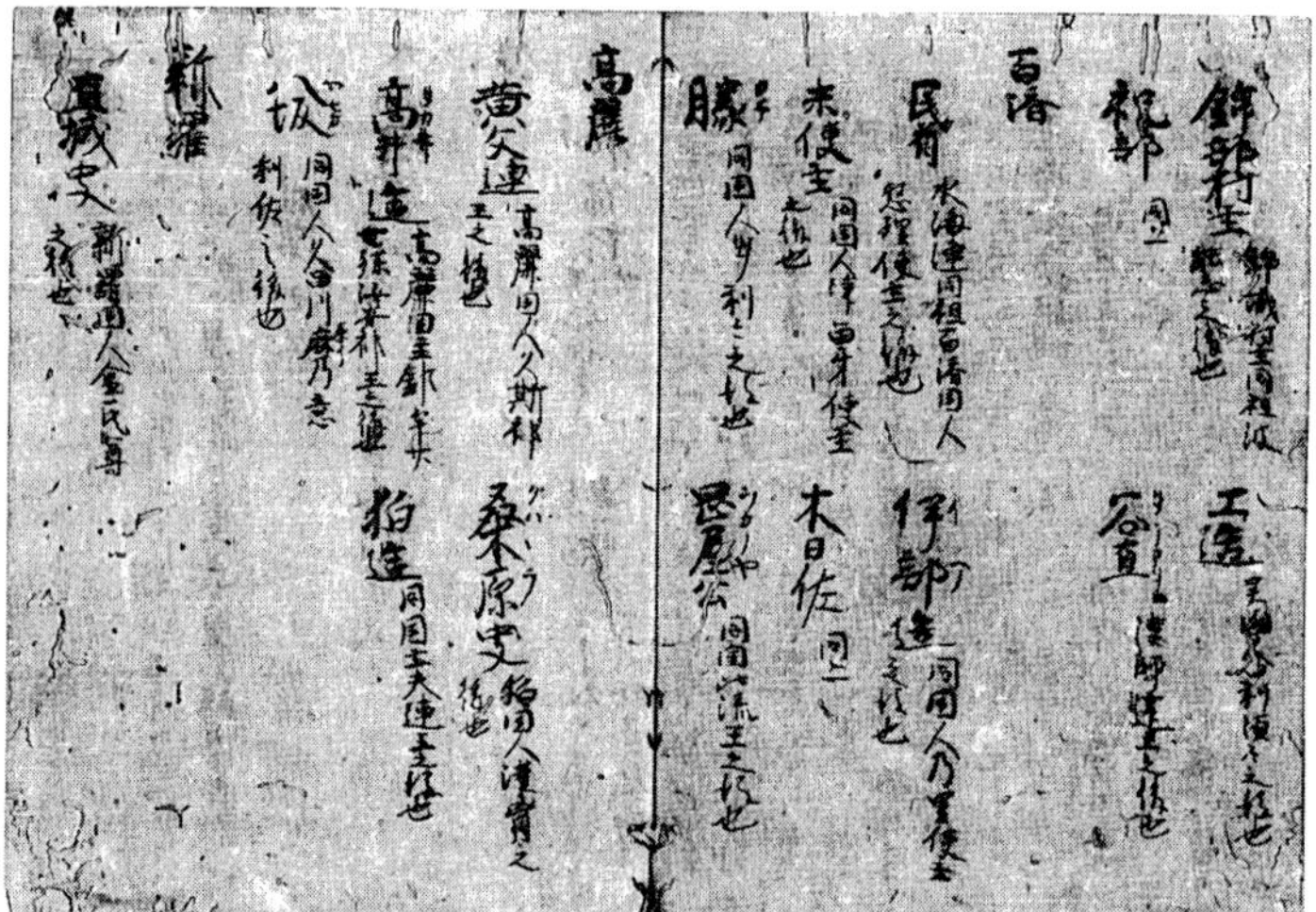

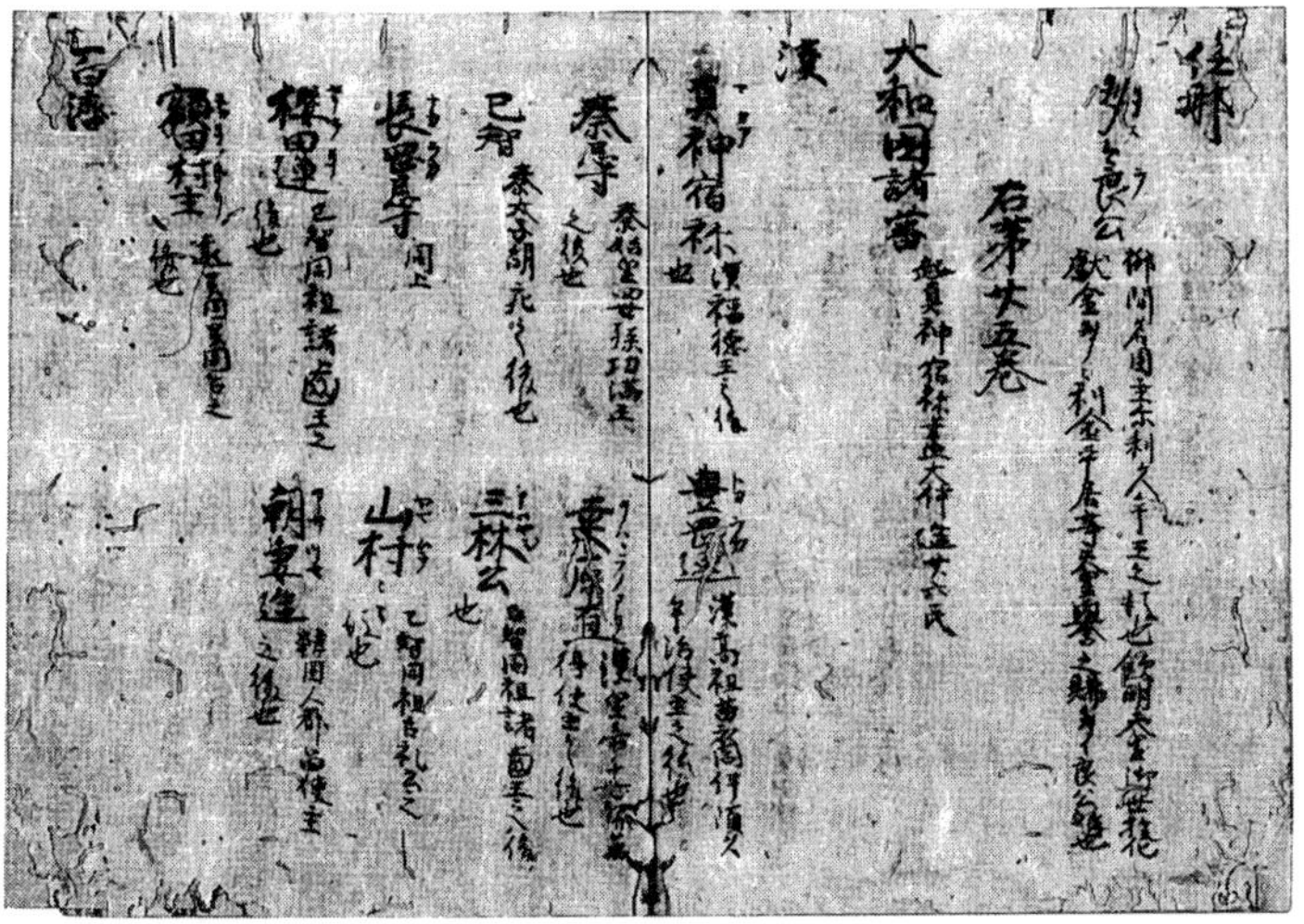

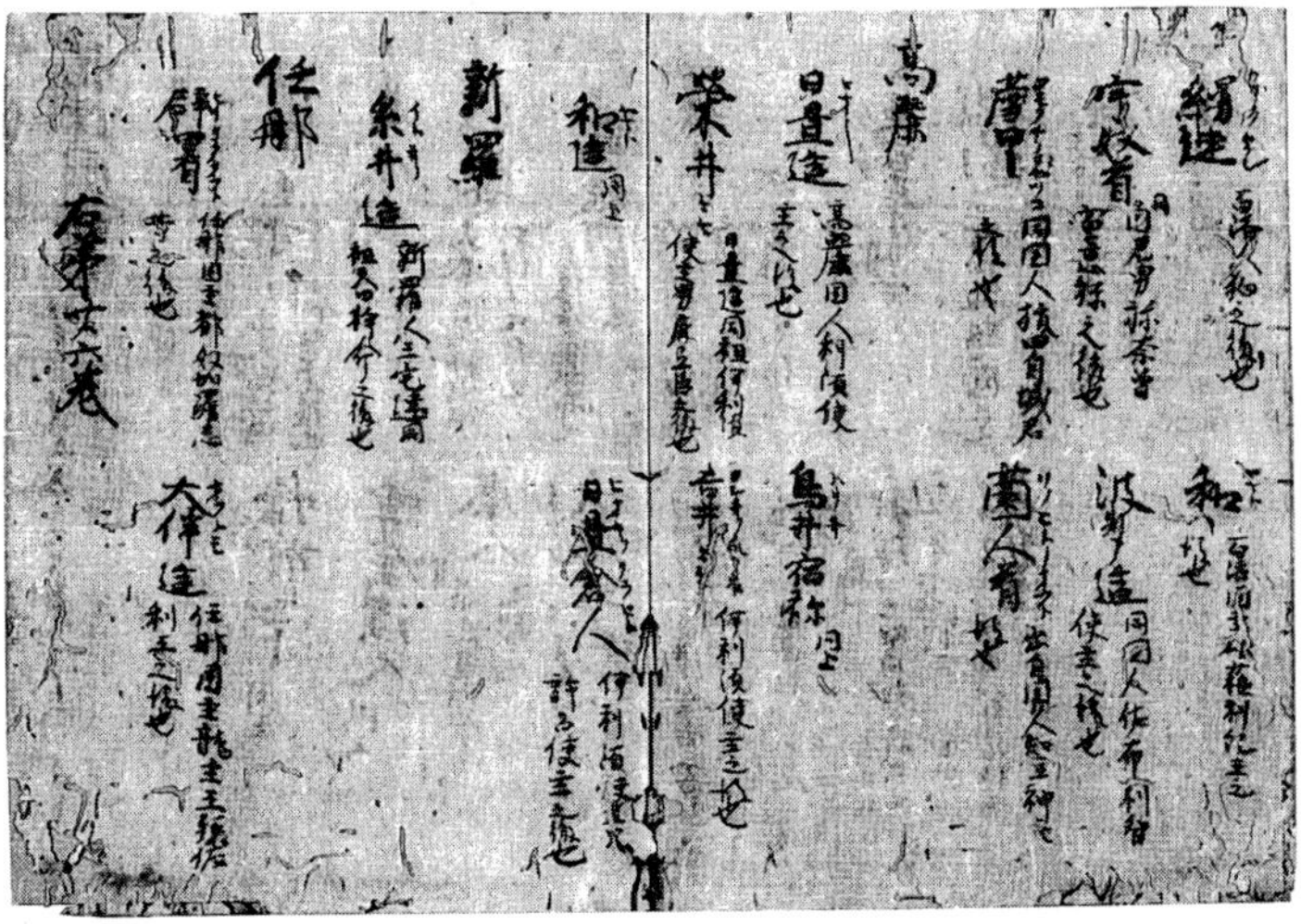

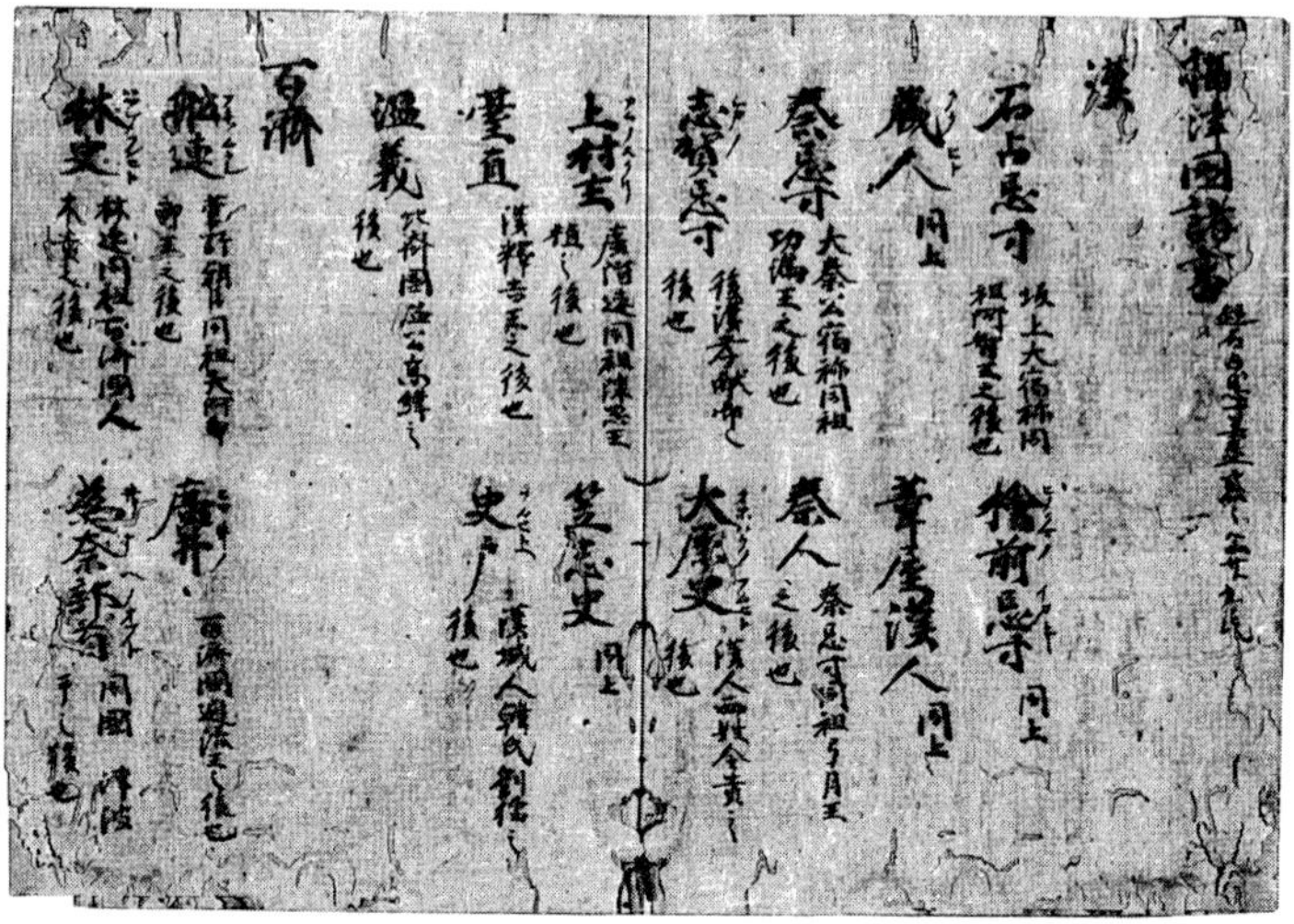
攝津國諸蕃
漢
石占忌寸　坂上大宿祢同祖阿智王之後也
檜前忌寸　同上
蔵人　同上
葦屋漢人　同上
秦忌寸　太秦公宿祢同祖功満王之後也
秦人　秦忌寸同祖弓月王之後也
志賀忌寸　後漢孝献帝之後也
大蔵史　後也
上村主　広階連同祖陳思王植之後也
笠志史　同上
史戸　漢城人韓氏鄧徳之後也
百済
船連　菅野朝臣同祖大阿郎王之後也
広井連　百済国避流王之後也
林史　林連同祖百済国人木貴之後也

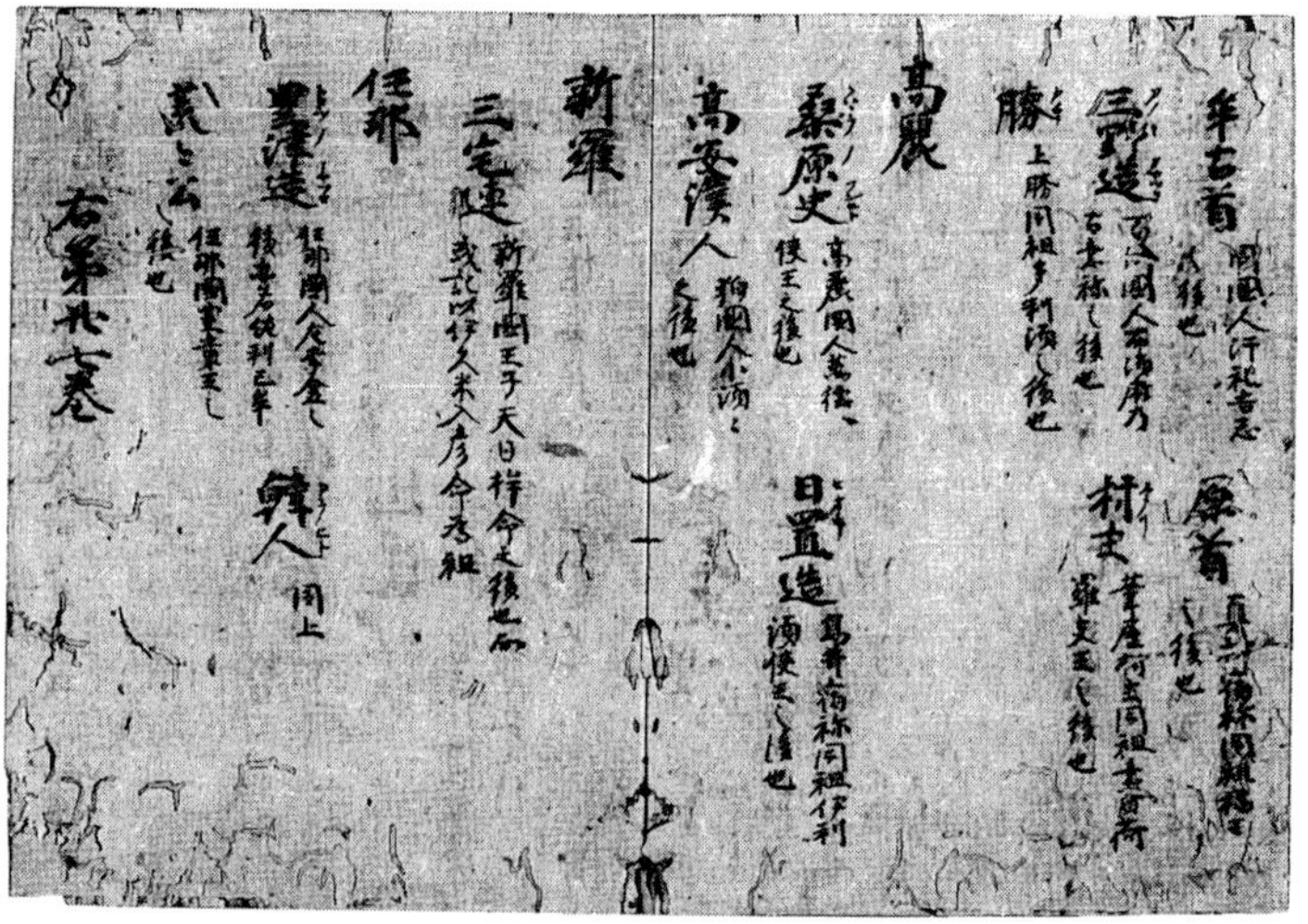
高麗
桑原史　高麗国人萬徳使主之後也
高安漢人　狛国人小須々之後也
日置造　島岐宿祢同祖伊利須使主之後也
新羅
三宅連　新羅国王子天日桙命之後也
任那
韓人　同上
右第廿七巻

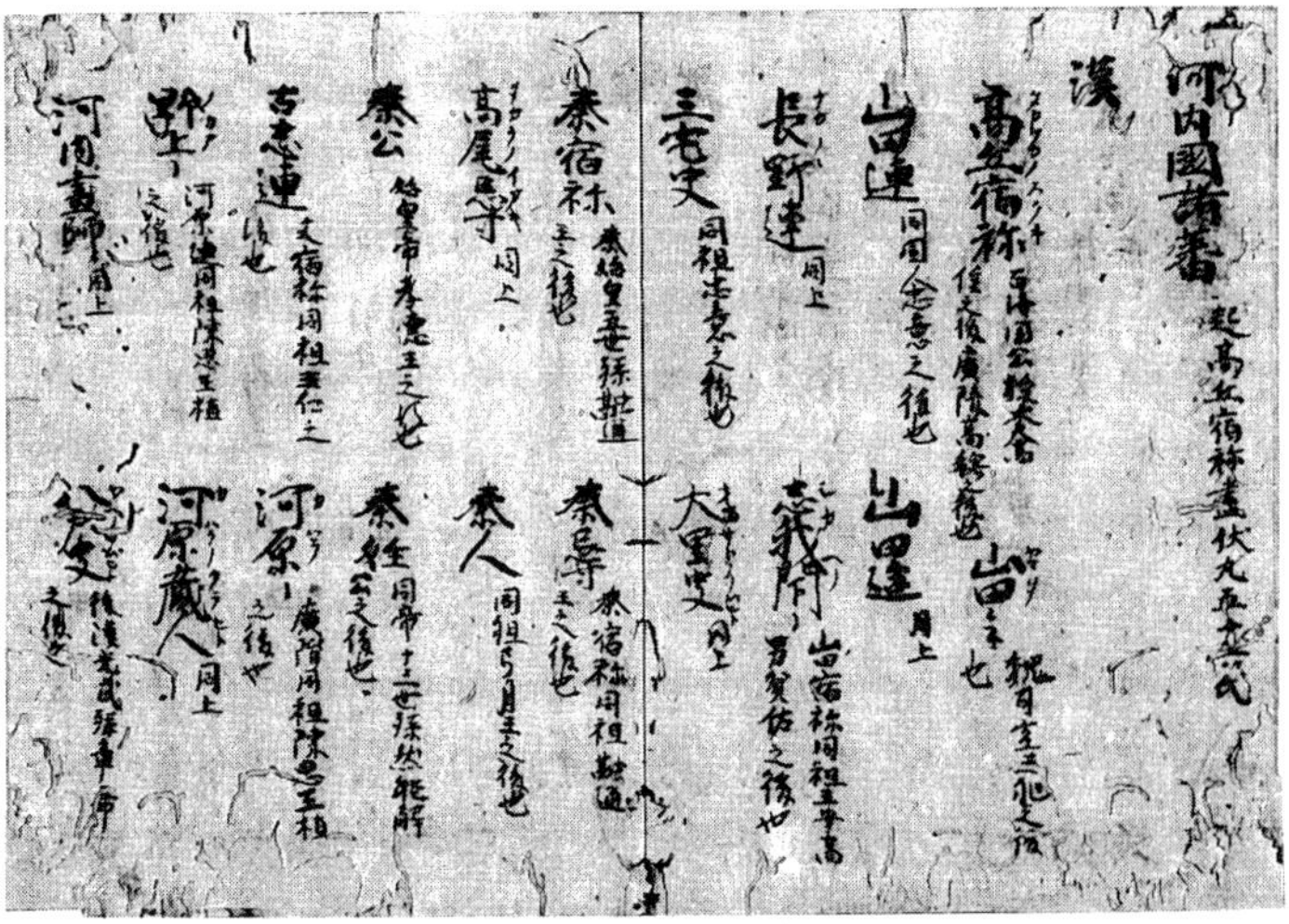

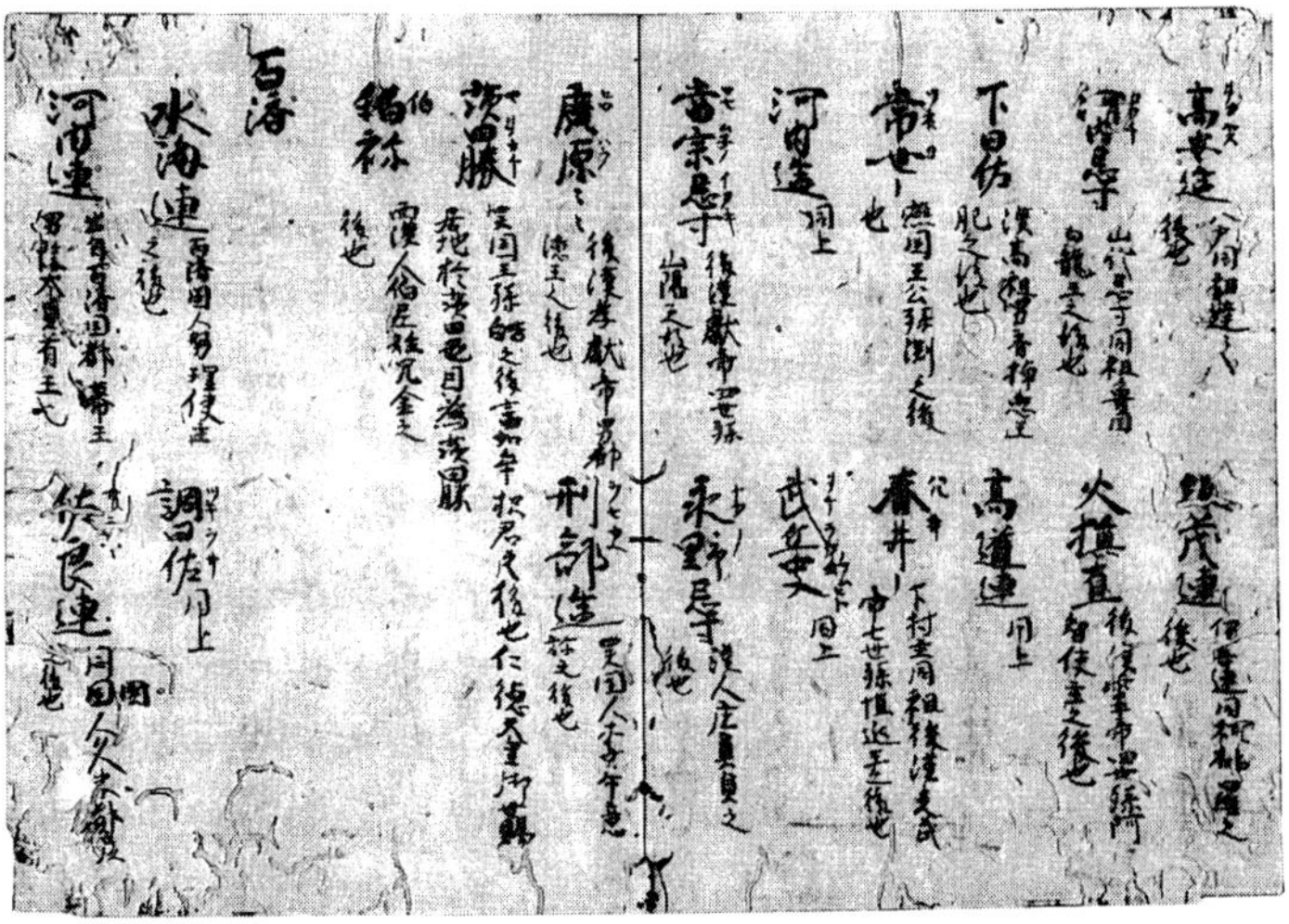

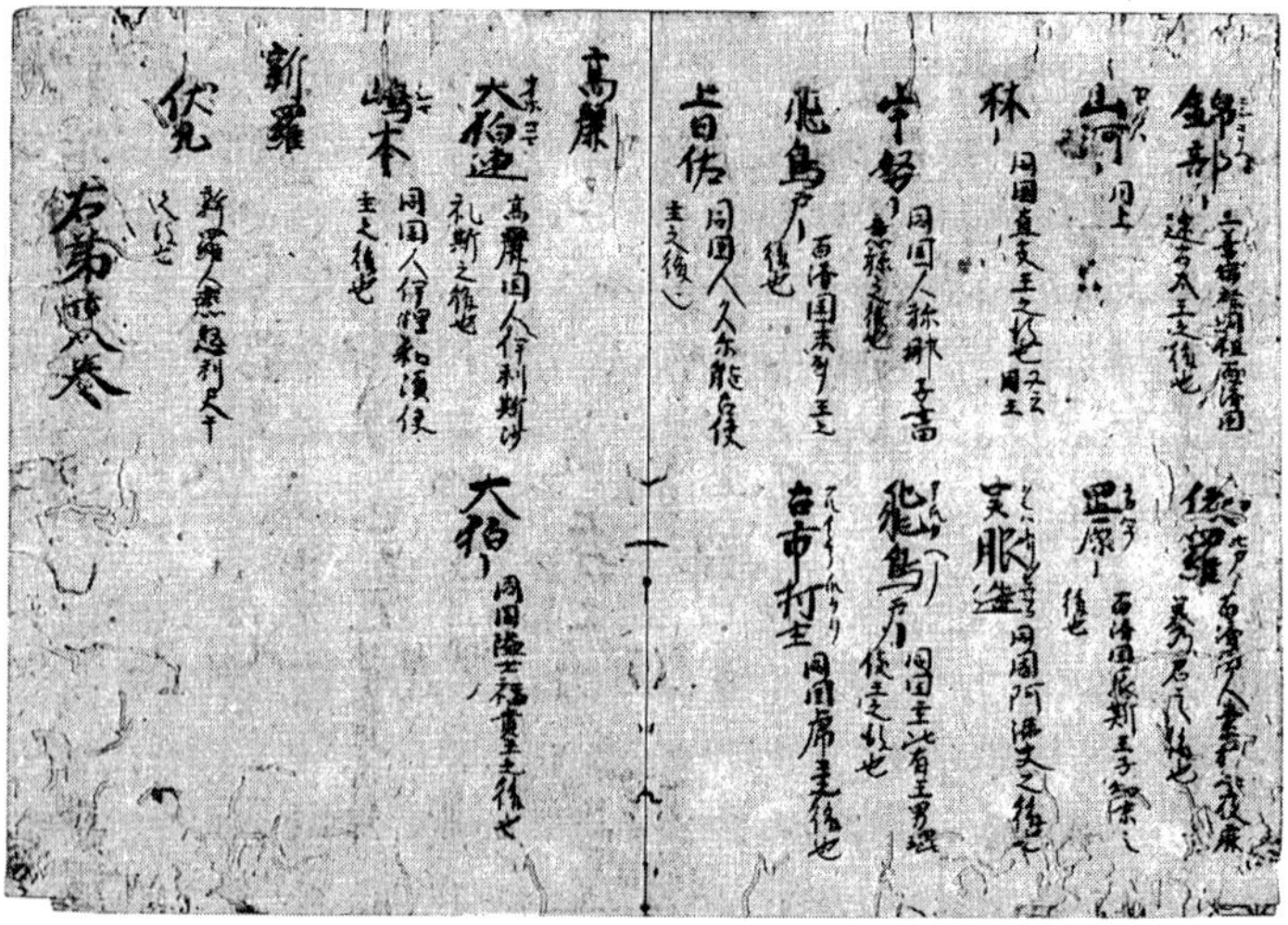

錦部連　三善宿禰同祖　百済国速古大王之後也
山河連　同上
林　同国直支王之後也
宇努造　同国人弥那子富意弥之後也
飛鳥戸　百済国末多王之後也
上曰佐　同国人久尓能古使主之後也
佐良々連　百済国人久米都彦之後也
巴原　百済国辰斯王子知宗之後也
安勅連　同国阿漏史之後也
飛鳥戸造　同国主比有王男琨伎之後也
古市村主　同国席主之後也
高麗
大狛連　高麗国人伊利斯沙礼斯之後也
大狛　同国溢士福貴王之後也
島本　同国人伊理和須使主之後也
新羅
伏丸　新羅人燕怒利尺干之後也
右第廿八巻

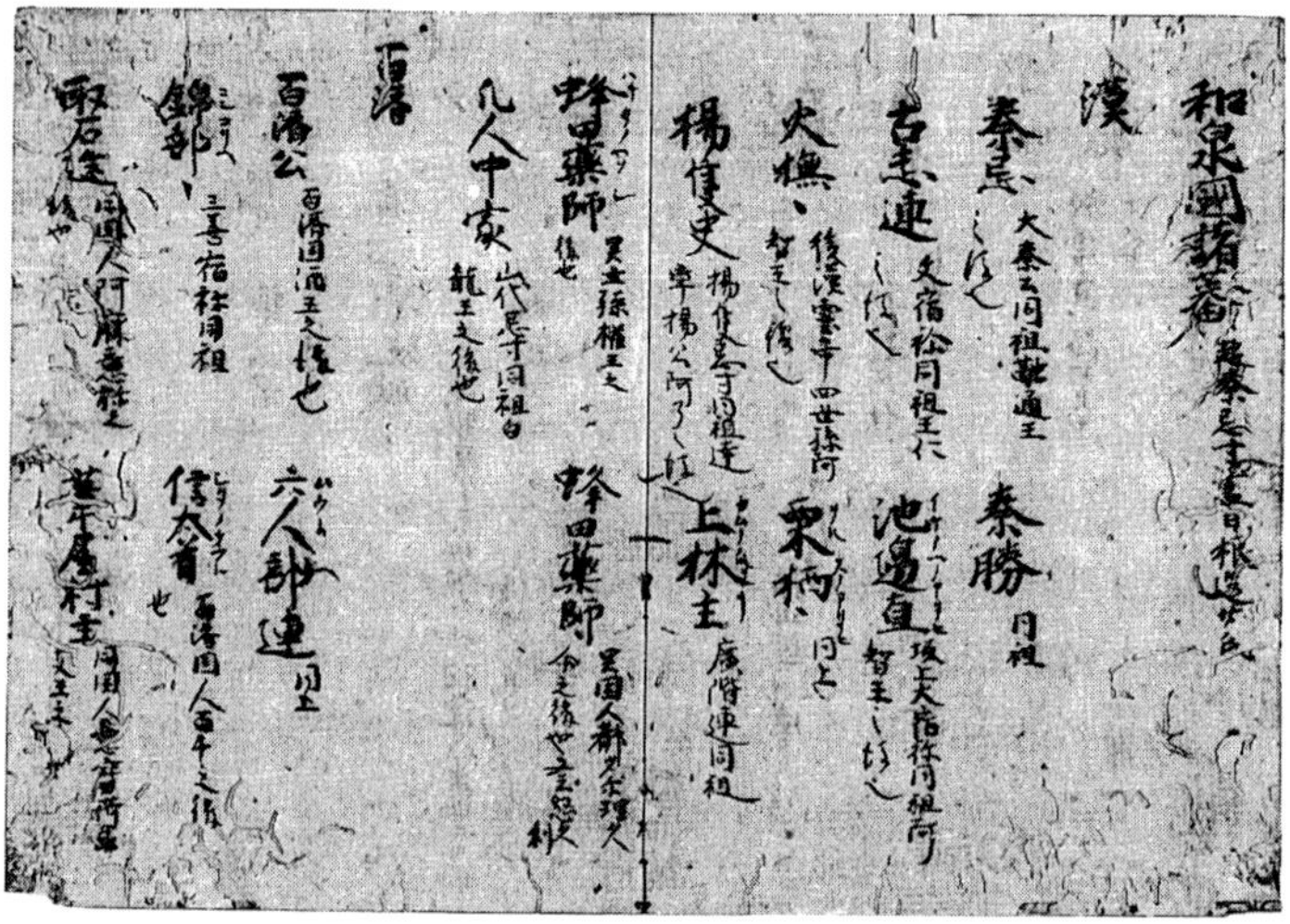

和泉國諸蕃
漢
秦忌寸　大秦公同祖
秦勝　同祖
古志連　文宿祢同祖王仁之後也
池辺直　坂上大宿祢同祖阿智王之後也
火撫　後漢霊帝四世孫阿智王之後也
栗栖　同上
楊侯史　楊侯忌寸同祖達率楊公阿了王之後也
上村主　広階連同祖
蜂田薬師　呉主孫権王之後也
蜂田薬師　呉国人都久尓理久尓之後也
凡人中家　山代忌寸同祖白龍王之後也
百済
百済公　百済国酒王之後也
六人部連　同上
錦部　三善宿禰同祖
信太首　百済国人百千之後也
取石造　同国人阿麻意弥之後也
葦屋村主　同国人意宝荷羅支王之後也

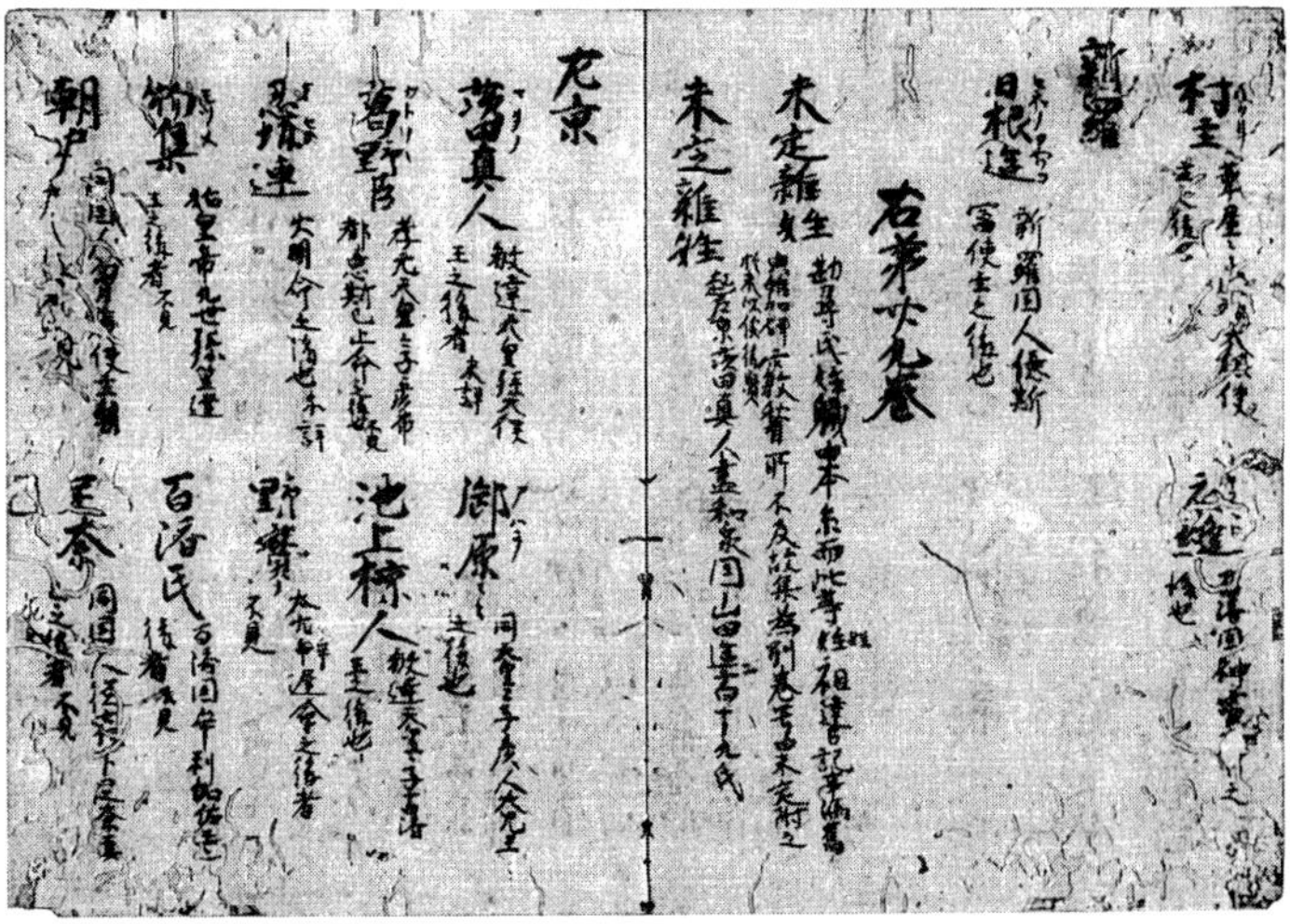

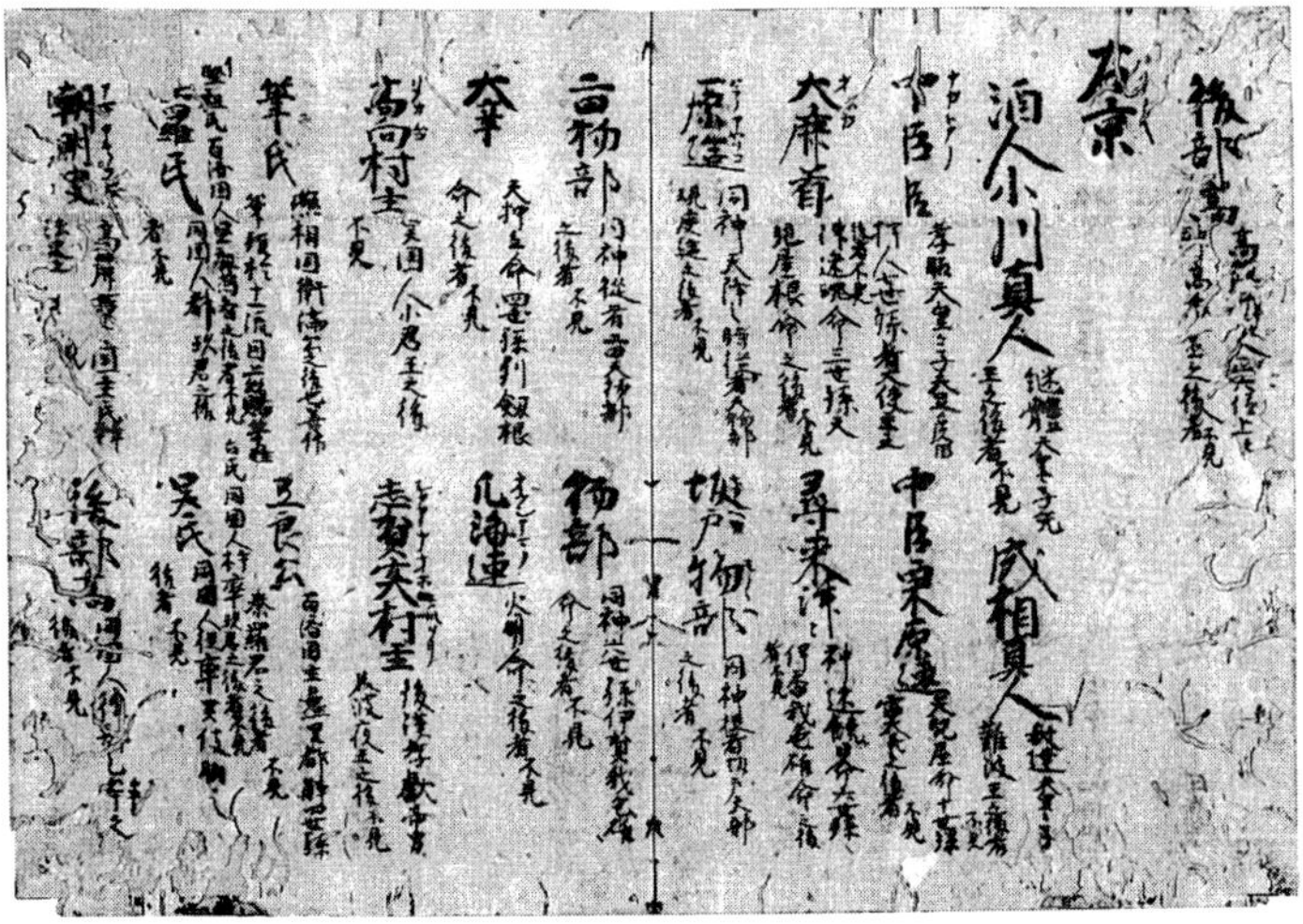

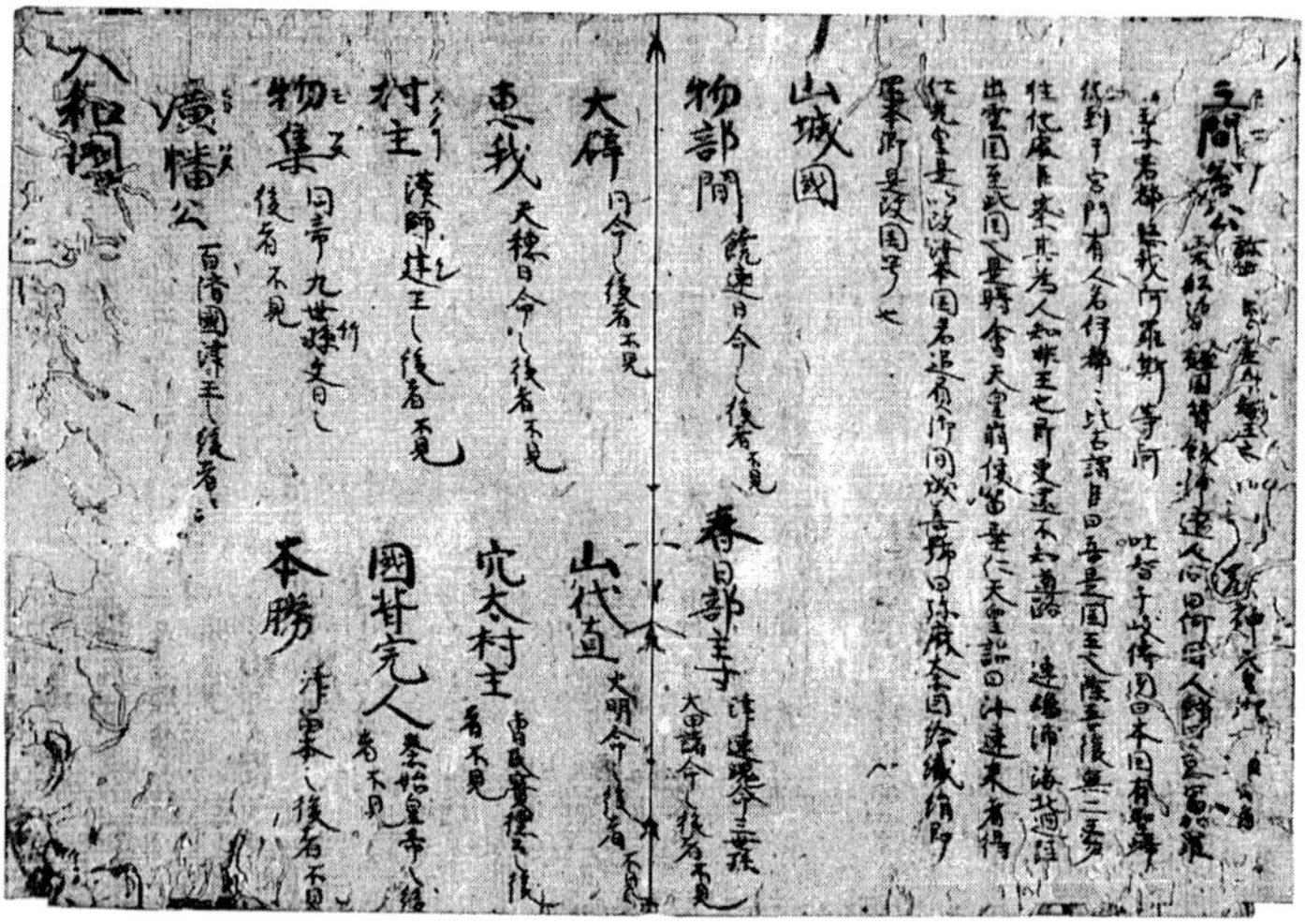

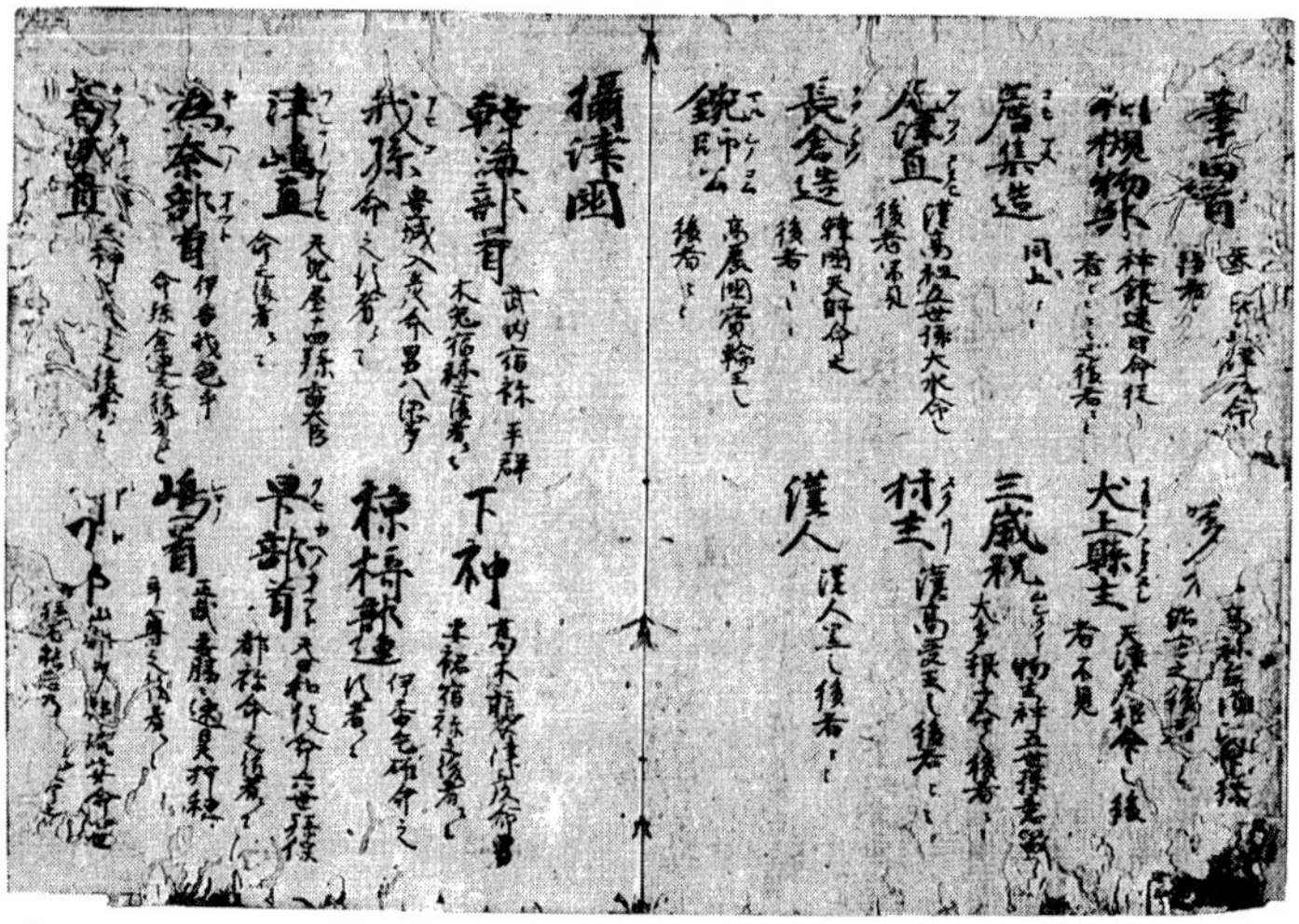

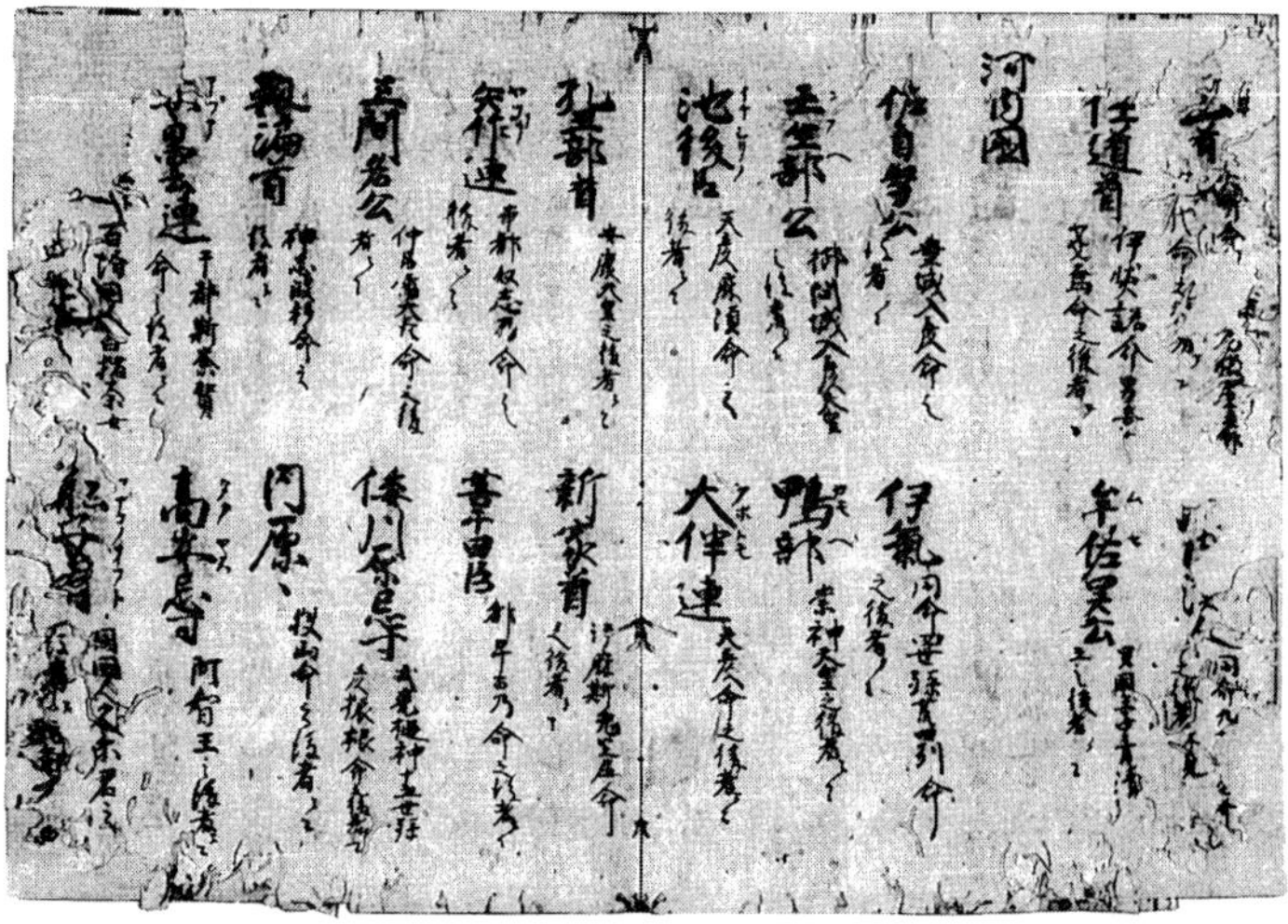

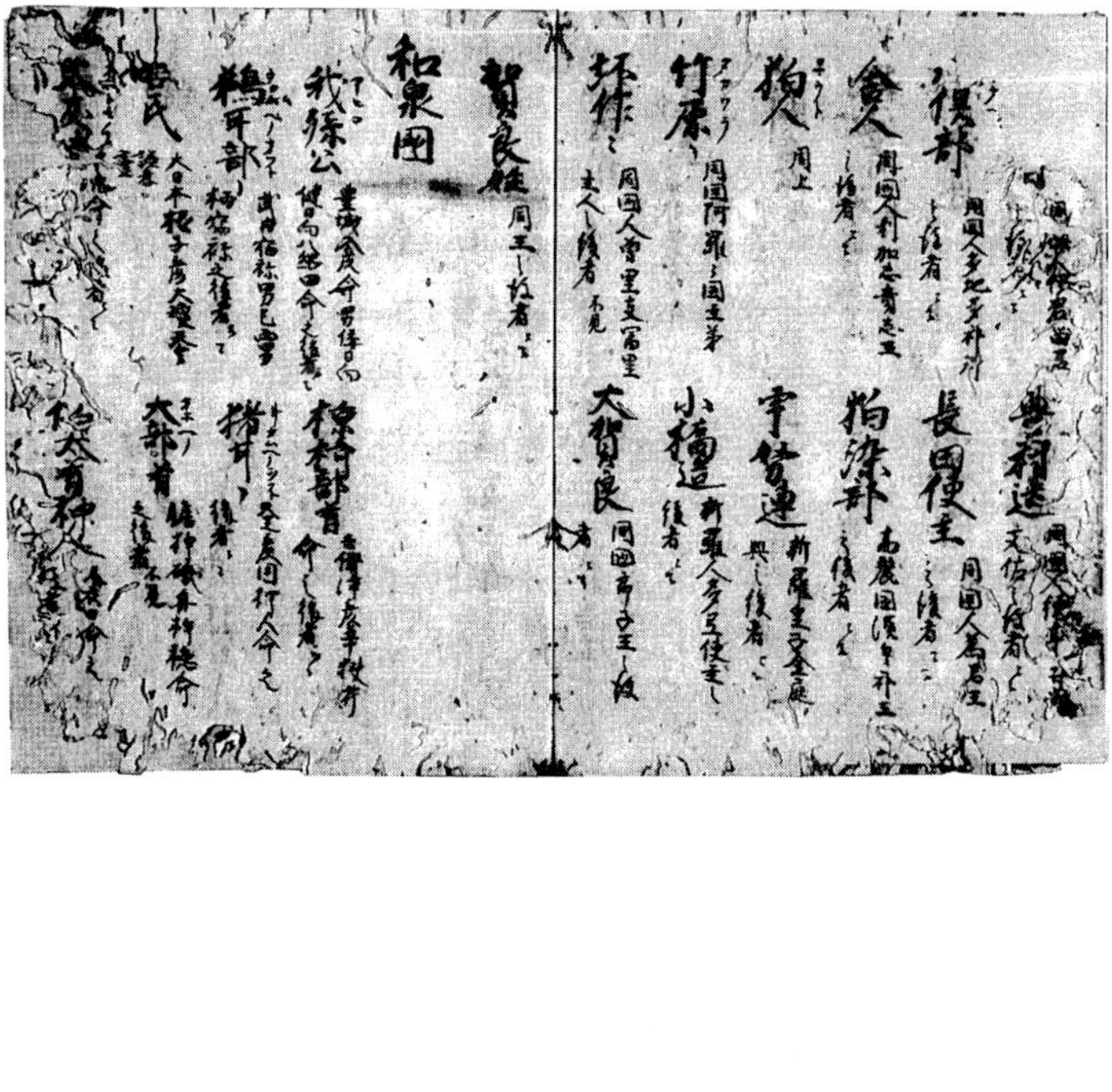

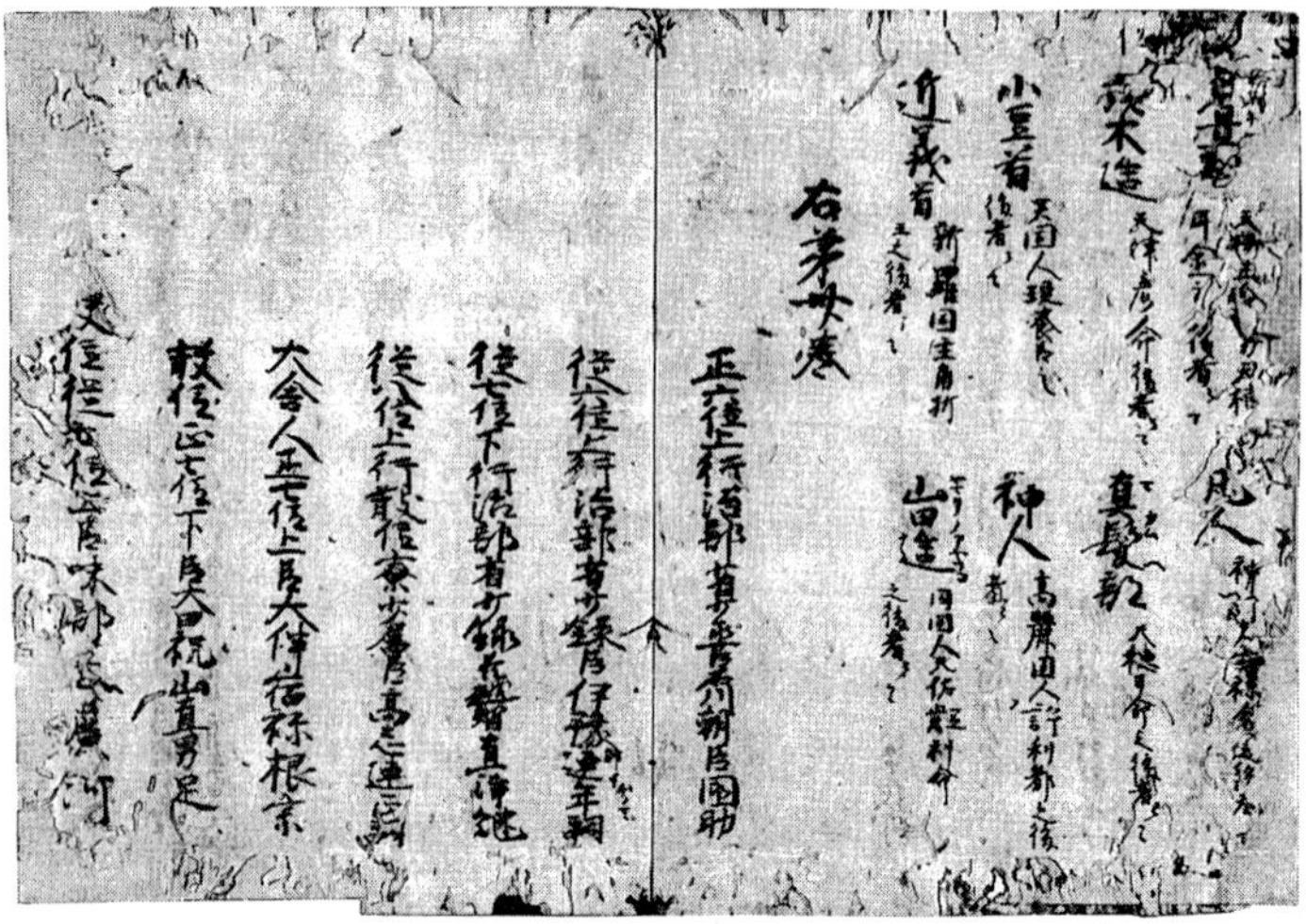

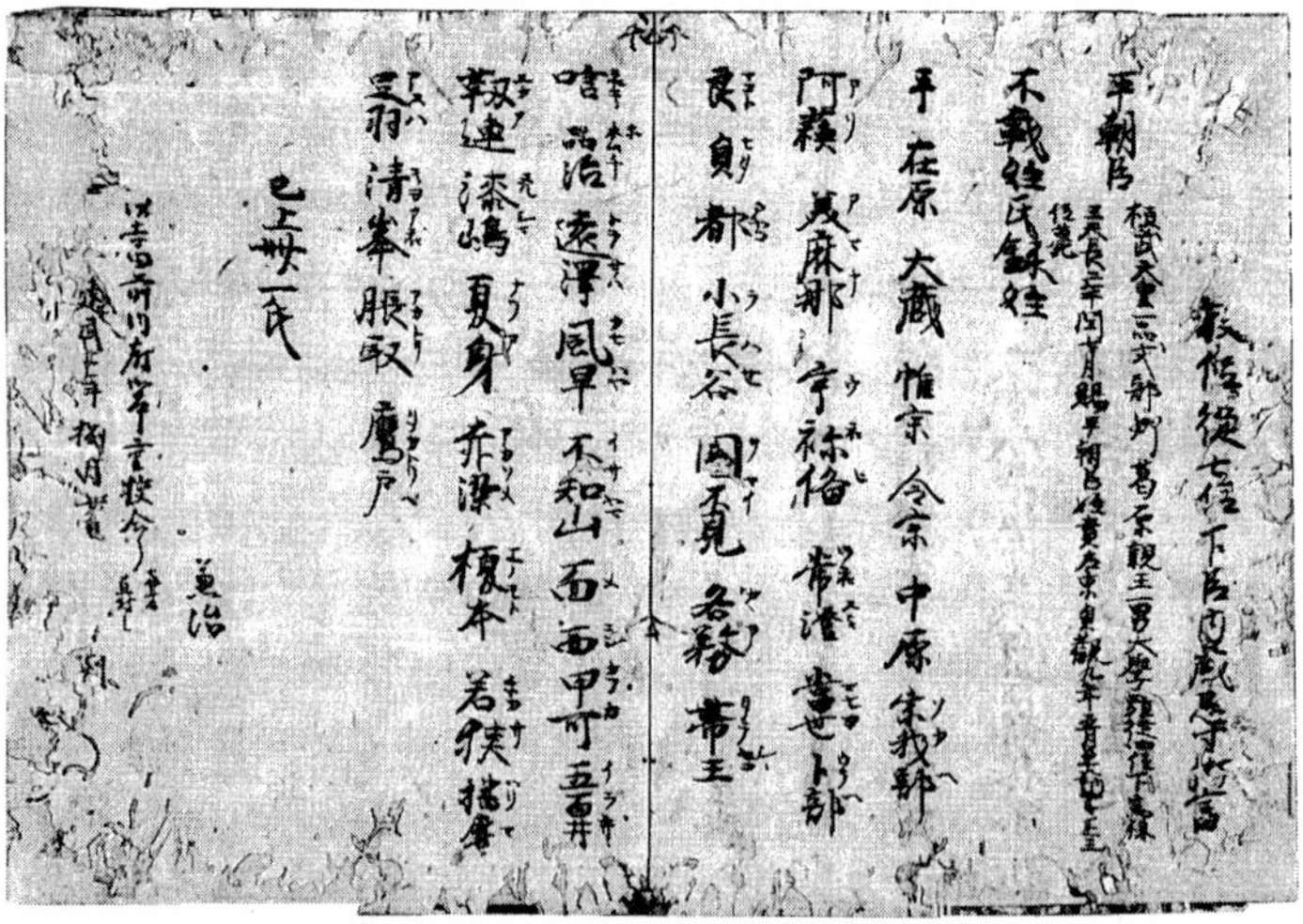

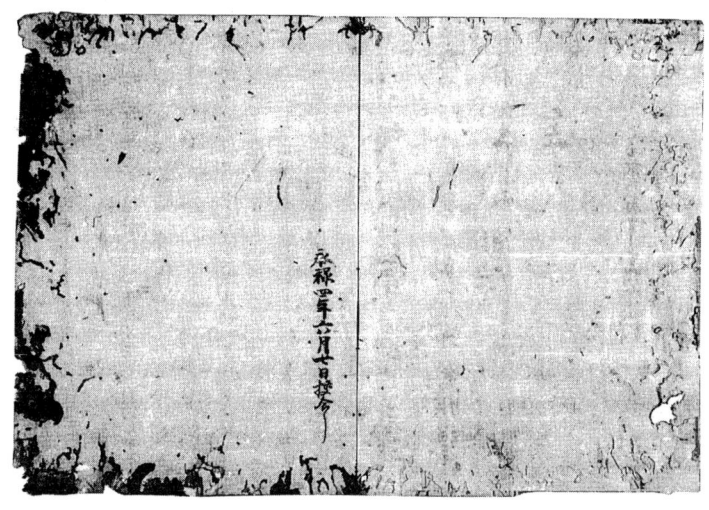

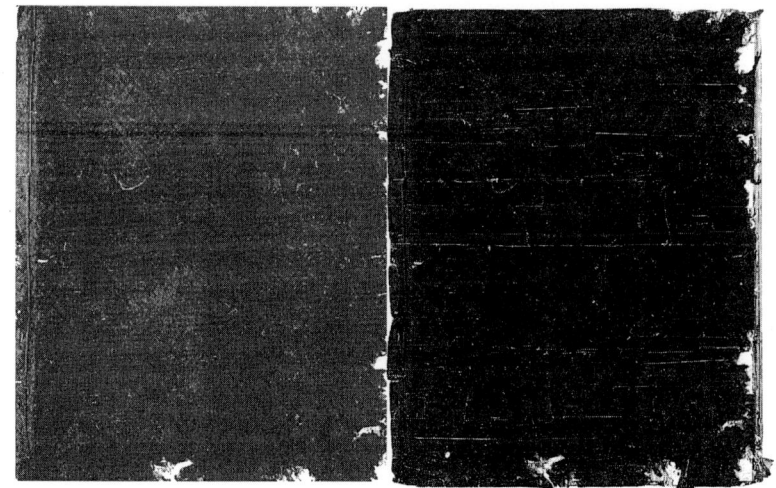

第四　菊亭文庫本　新撰姓氏録翻刻

凡例

一、本編は、「菊亭文庫本　新撰姓氏録翻刻」という標題のとおり、京都大学附属図書館架蔵の菊亭文庫本『新撰姓氏録』写本の全文を翻刻し、諸本による簡単な校訂を施したものである。

一、菊亭文庫本の本文標目の氏姓名の下の本系記事は、小字による二行割り書きで記しており、長文記事を例外として、その多くは二段に分けて記述されている。この翻刻では、その形状を踏襲したが、組み版の都合によって、かならずしも菊亭文庫本のとおりではない。

一、「上新撰姓氏録表」、および「新撰姓氏録序」の本文だけは、同文庫本の字詰どおりに組んである。

一、翻刻本文には、異体字・俗字をそのままに表記したところもあり、また旧字・正字のすべてを常用漢字に統一することをしなかった。

一、畳用記号の「々」「ゝ」「ㄧ」はすべて「々」に統一した。ただし「ㄧ」の記号を一ヵ所残したところがある。

一、氏姓名に付されている振り仮名は、すべて写本で使用されている古体の片仮名をそのまま生かした。

一、翻字本文には、読みやすくするため返り点・句点を付した。

一、校訂を示す頭注は、本文と同一頁内に収めることを原則とした。ただし頭注の数が多く前後の頁にわたる場合には、同一頁の頭注と区別するために罫線をもって画した。

一、右のような罫線を入れるために、必要度の薄いものは已むなく頭注から削除した場合が少数ある。

一、頭注に掲げた諸本の略称として「他本」とあるのは、主として延文五年系の諸本、また「他の建武二年系本」とあるのは、菊亭文庫本以外の建武二年系の諸本である。

一、頭注に掲げた板本・版本は、白本（白井宗因訓点『新撰姓氏録』）、松本（松下見林是正『新撰姓氏録抄』）、群本（『群書類従』所収『新撰姓氏録』）、橋本（橋本稲彦校『訂正新撰姓氏録』）、栗本（栗田寛『新撰姓氏録考證』）の略称をもちいた。ただし、すべての板本が同一の文字である場合には、単に「板本」と記してある。

一、その他、頭注には、田中卓「新校・新撰姓氏録」での考説を「田中説」、『日本書紀』を「紀」、『続日本紀』を「続紀」、「天孫本紀」を「本紀」として掲げたものがある。

上新撰姓氏録表

臣萬多等言。臣聞。陰陽定レ位。裁二萬物一以先二人倫一。叡聖正レ名叶二五音一。而甄二姓氏一。是以。因レ生之本自遠。胙レ土之基増崇。沿二帝道一而汙隆。襲二王風一而興替者也。伏惟。國家降二天孫一而創レ業。横二地軸一以開レ邦。一統架レ宗。環二八洲一以御。辨二五運一無レ代。跨二億載一而期レ圖。高門接レ軫。甲姓聯レ衡。枝葉寔繁。派流弥衆。既而徳廣所レ覃。占レ雲靡レ輟。情願編戸。星陳相尋。或擬二丘陵一而挺レ峻。或飛二軒盖一以騰レ華。又有下僞レ曾冒レ祖。妄認二膏腴一。證レ神

○臣―コノ字「𦣞」ニ作ル、下ノ「臣」モスベテ同ジ
○因―コノ字、異体字ノ「囙」ニ作ル
○沿―コノ字、異体字ノ「㳂」ニ作ル
○孫而―コノ二字破損ニヨリ他本ニテ補ウ
○五運無代―コノ四字破損ニヨリ他本ニテ補ウ
○軫―コノ字「軨」ニ作ル
○衡枝葉寔―コノ四字破損ニヨリ他本ニテ補ウ
○覃占雲―コノ三字破損ニヨリ他本ニテ補ウ
○擬―コノ字「撰」ニ作リ、右傍ニ「擬ィ」トアルニヨリ訂ス

引レ皇。虚詑中巘冕上。先朝。鑒二其假濫一。留二慮根源一。昧旦臨レ軒。昃景忘レ膳。今臣等。謹奉二綸言一。追二逐前旨一。徒勤二三絶一。空淹二四時一。矧夫。才非二博物一。識謝二通贍一。何以温二知本枝一。抑二揚緒閲一。然書府舊文。見進新系。雠校合之。則惣以入レ録。其未レ詳者。則集為二別巻一。年肇二神武一。人兼二倭漢一。凡一千一百八十二氏。弁レ目卌一巻。名曰二新撰姓氏録一。譬二窺レ井談レ星。取レ蠡議レ海。恐綜覈踈訛。撰緝謬違。謹詣レ闕奉進。伏増二谷永一。謹言。

弘仁六年七月廿日

中務卿四品臣萬多親王

右大臣従二位兼行皇太弟傅勲五等臣藤原朝臣園人

参議従三位行宮内卿兼近江守臣藤原朝臣緒嗣

正五位下行造東寺長官臣阿倍朝臣真勝

○昃―コノ字「仄」ニ作ルモ正字ニ改ム

○逐―コノ字「遂」ニ誤ル、正字ニ訂ス

○勤―コノ字「對」ニ作リ、右傍ニ「勤ィ」トアルニヨリ訂ス

○贍―コノ字「膽」ニ作ルモ正字ニ訂ス

○系―コノ字「糸」ニ誤ル、他本ニヨリ訂ス

○雠―コノ字、他本「讎」ニ作ル

○肇―コノ字、異体字ノ「肈」ニ作ルモ正字ニ訂ス

○弁―コノ字虫損ニヨリ他本ニテ補ウ

○録譬窺―コノ三字破損、タダシ「窺」ノ字ノ下ノ「規」ノ部分ハ残存スル、他本ニヨリ補ウ

○覈―コノ字破損ニヨリ他本ニテ補ウ

○闕奉―コノ二字破損、タダシ「闕」ノ字ノ上ノ部分残存スル、他本ニヨリ補ウ

○日―破損ニヨリ他本ニテ補ウ

○園人―コノ二字「朝臣」ノ右ニ記スモ、一行書キニ訂ス

○江―コノ字欠ク、他本ニヨリ補ウ

従五位上行尾張守臣三原朝臣弟平
従五位上行大外記兼因幡介臣上毛野朝臣穎人等上表

新撰姓氏録序

此者第一巻之序也。不㆑載㆓於官書目録㆒。而載㆓此巻㆒。又抄㆓姓氏録文㆒注㆓於此巻㆒。是皆為㆑備㆓指掌㆒。私所㆑為也。

蓋聞。天孫降㆑襲。西化之時。神世伊開。書記靡㆑傳。神武臨㆑夏。東征之年。人物漸滋。梟帥間起。洎㆓乎神劔下授。靈烏于飛《ソテ》㆒。帰首星《ノ如ニ》陳。群凶霧散。膺㆓受明命㆒。光㆓宅中州㆒。泰階平齊。海内清謐。既而謹㆑徳考㆑功。胙㆑土命㆑氏。國造縣主。始號㆓於斯㆒。垂仁撫㆑運。恵澤弥新。擧措得㆑中。姓氏稍分。况復。任那欽㆑風。新羅帰㆑賮《タカラ》。尒來。諸蕃仰㆑徳。無㆓思不㆑來。懐㆑遠賜㆑姓。是時著明。允恭御宇。万姓紛紜。時下㆓詔旨㆒。盟㆑神探㆑湯。首㆑實者全。冒㆑虚者害。自㆑茲厥後。涇渭別㆑流。皇極握

○掌―一字ヲ抹消シテ右傍ニ「掌」ト記ス
○所―コノ字ノ左傍ニ一字ヲ記シ抹消ス
○帥―コノ字「師」ニ誤ル、他本ニヨリ訂ス
○膺―コノ字破損スルモ一部分ノ字画残ル
○功―コノ字破損スルモ「功」ト判読デキル
○胙―コノ字破損スルモ「胙」ト判読デキル
○縣―コノ字破損スルモ上部ノ字画残ル
○主始號―コノ三字破損ス、他本ニヨツテ補ウ
○於―コノ字破損スルモ、旁ノ下部ノ字画残ル
○擧措―コノ二字破損スルモ判読デキル
○中―コノ字破損スルモ判読デキル
○分況―コノ二字ノ「分」ノ一画目ノ字画残リ、「況」ノ偏ノ字画残ル
○任那―コノ二字破損スルモ、偏ノ字画残ル
○欽―コノ字「銘」ニ誤リ、右傍ニ「欽ィ」トアリ

レ鏡。國記皆燔。幼弱迷二其根源一。狡強倍二其偽説一。天智天皇儲宮也。船史恵尺奉二進燼書一。至二庚午年一。編造戸籍。人民氏骨。各得二其宜一。自レ茲以降。歴代帝王。随レ時改正。聯綿不レ絶。勝寶年中。時有二恩旨一。聴二許諸蕃一。任レ願賜レ之。遂使二前姓後姓。文字斯同。蕃俗和俗。氏族相疑一。萬方庶氏。陳二高貴之枝葉一。三韓蕃賓。稱二日本之神胤一。時移人易。罕二知而言一。寶字之末。其争猶繁。仍聚二名儒一。撰二氏族志一。抄案弗レ半。逢二時有レ難。諸儒解體。輟而不レ興。皇統弥照聖明。生而叡哲。自躰二性仁一。威被二日出之崖一。徳光二月朏之域一。停レ烽廢レ閞。文軌為レ一。慮周二品物一。思切二正名一。廼降二絲綸一。撰二勘本系一。緗帙未レ畢。鳳輿登遐。天朝。至明継レ明。紹二脩前業一。至聖承レ聖。垂二脊後謀一。爰勅二中務卿四品臣萬多親王。右大臣従二位兼行皇太弟傅

○狡―コノ字「校」ノ字ニ見エルガ、「狡」ノ字ト見ナセル
○船―コノ字異体字ノ「舩」ニ作ル
○疑―コノ字「疑」ノ異体字ニ作ル
○氏―コノ字、松本「民」ニ作ル
○蕃―コノ字破損スルモ右肩ノ字画残ル
○聚―コノ字破損スルモ下部ノ字画残ル
○儒撰―コノ二字右肩ノ字画残ル
○弗―コノ字右肩ノ上部ノ字画残ル
○叡―コノ字破損スルモ偏ノ「睿」残ル
○絲―コノ字ノ上ノ「降」、下ノ「綸」ノ字ノ間ニ「○」ヲ付シ、右傍ニ「絲」ト記ス
○継明―他本ノ多クハ、コノ二字ナシ
○卿―コノ字、他本ニヨリ補ウ
○臣―コノ字、他本ニヨリ補ウ

臣藤原朝臣園人。参議正四位下行右衛門督兼近江守臣藤原朝臣緒嗣。正五位下行陰陽頭臣阿倍朝臣真勝。従五位上行尾張守臣三原朝臣弟平。従五位上行大外記兼因幡介臣上毛野朝臣穀人等。追二慕前志一。雅弘二此文一。開二書府之秘蔵一。尋二諸氏之苑圻一。臣等。歴探二古記《ヲ》一。博観二舊史一。交駮辞踳。音訓組雑。會二釋一事一。還作二楯矛一。搆二合兩説一。則有二抵梧一。新進本系。多違二故實一。或錯二綜兩氏一。混為二一祖一。或不レ知二源流一。倒錯二祖次一。或迷二失己祖《カヲ》一。過《テ》入二他《ノ》氏《ニ》一。或巧入二他氏一。以為二己祖一。新古煩乱。不レ易二芟夷一。彼此謬錯。不レ可二勝數一。是以。雖レ欲レ成二之不日一。而猶十二歳於茲一。京畿本系。未レ進二過半一。今依二見進一。以類銓矣。本二其元生一。則有二三體一。論二其群分一。則有二三例一。天神地祇之冑。謂二之神別一。天皇々子之派。謂二之皇別一。大漢三

○近―下ニ「守」ノ字ヲ記シ抹消ス
○臣―コノ字、他本ニヨリ補ウ
○穀―コノ字ノ右傍ニ「穎ィ」トアリ
○等―コノ字ノ上ニ一字アルモ虫損ニヨリ判読デキナイ、アルイハ「等」ノ字ヲ書キ損ジタタメ抹消シタモノカ
○雅―コノ字、白本・群本・橋本ナド「推」ニ作ル、「雅」ノ字ハ「マサニ」「モトヨリ」ト読メルノデ、モトノママトスル
○記―破損スルモ旁ノ「己」ノ部分ヤヤ判読デキル
○乱―コノ字ノ下ニ重ネテ「乱」ノ字ヲ記シ見セ消チニスル
○冑―コノ字、異体字ノ「冐」ニ作ル
○派―コノ字「孤」ニ作ル、他本ニヨリ訂ス

韓之族。謂二之諸蕃一。所下以別二同異一。序中前後上。是為二三体一也。枝別之宗。特立之祖。書曰二出自一。或古記本系並録而載。或載二古記一而漏二本系一。或載二本系一而漏二古記一。書曰二同祖之後一。宗氏古記雖レ云二遺漏一。而立レ祖不レ謬。但事渉二孤疑一。書曰二之後一。所下以辨二遠近一。示中親疎上。是為二三例一也。夫寸璞尺木。尚有二瑕莭一。況乎後生叵レ知二前世一。故祖次相変。世數頗誤。則不レ為二大失一。討論而裁成。真人是皇別之上氏也。并二集京畿一。以為二一巻一。附二皇別首一。未定是諸氏之未レ明也。惣為二一巻一。附二諸蕃尾一。又有下諸姓漏二本系一而載中古記上。則抄二古記一以寫附。本系之与二古記一違。則據二古記一以删定。今案之中。證二引古記一。則雖二文駁一。而不二必改一。所下以存二其文一。取中辞達上也。京畿之氏。大體牢二籠諸國之氏一。或不三必入二京畿一。臣等奉レ勅。謹加二研精一。捃二摭群言一。沙二汰金礫一。截二舊

○曰―コノ字ノ下ニ「日」ノ字ヲ記ス、衍字ナノデ削ル
○系―コノ字「糸」ニ作ル、他本ニヨリ訂ス、以下ノ「系」ノ字モ同ジ
○雖云―コノ二字破損ノタメ他本ニヨリ補ウ、タダシ「雖」ノ字ノ旁ノ「隹」ハ残ル
○之―コノ字ノトコロ、「○」ニ作ル、破損ノタメ右傍ノ字ハ見エヌガ、「之」ノ傍書ガアツタ可能性ガアル
○所以―破損スルモ「所以」ト判読デキル
○遠―コノ字破損ニヨリ他本ニテ補ウ
○三―コノ字破損ニヨリ他本ニテ補ウ、タダシ三画目ノ「一」ハ残ル
○璞―コノ字「璞」ノ異体字ニ作ル
○莭「節」ニ同ジ、右下部分字画破損スルモ判読デキル
○世―コノ字ノ箇所一字ヲ抹消シ、右傍ノ字モ消シ、左傍ニ「世」ト記ス、抹消ノ二字ハ「十廿」ノ字ト思ワレル
○首―コノ字ノ右傍ニモ「首」ノ字ヲ記ス
○文―コノ字「父」ノ字ニ見エルガ「文」ノ字ト見ナシテヨイ
○摭―コノ字「摭」ニ誤ル、板本ニヨリ訂ス

記之煩蕪一。採二會新之機要一。除二新系之塗
説一。撮二通古之折中一。思レ所三以令二文約辞易一。
冷然示レ掌。煥乎指南一。起レ自二神武一。迄二乎
弘仁一。温レ故知レ新。能事粗畢。凡一千一百八十
二氏。惣為二卅巻一。勒成二三部一。名曰二新撰姓氏
録一。雖レ非二韋編躭樂之氣一。玉板翫好之文一。抑
亦人倫之樞機。國家之隠栝也。唯京畿未
進。幷諸国且進等類。一時難レ盡。闕而不究。
其諸姓目。列二於別巻一。云尒。新撰姓氏録抄

○説―コノ字「說」ノ異体字ニ作ル
○思所以―コノ三字破損スルモ判読デキル
○煥―コノ字「燰」ノ異体字ニ作ル
○南―コノ字破損スルモ「亠」ノ字画残ル
○起―コノ字破損スルモ「走」ノ部分ヤヤ残ル
○躭―コノ字「耽」ノ俗字、他本「耽」ニ作ル
○新撰姓氏録抄―コノ六字、左端ニ朱デ線引キス

新撰姓氏録抄

第一帙

左京皇別

起レ自二左京息長真人一。盡二摂津國為奈真人一。卌四氏。

息長《オキナカノ》真人《マウト》 出レ自二譽田天皇諡應神。皇子稚渟毛二俣王之後一也。

山道《ヤマチノ》々々 息長々々同祖。稚渟毛二俣親王之後也。日本紀合也。

坂田《セカタ》酒人《セカウトノ》 々々 息長々々同祖。

八多《ヤタ》々々 出レ自二諡應神皇子稚野毛二俣王一也。日本紀合也。

三國《アクニノ》 々々 諡継體皇子椀子王之後也。依二日本紀一附。

路《オホチノ》 々々 出レ自二諡敏達皇子難波王一也。日本紀合。

守山《モリヤマノ》 々々 路々々同祖。難波親王之後也。日本紀合。

甘南備《カムナヒノ》々々 路々々同祖。續日本紀合。

飛多《ヒタノ》々々 路々々同祖。

英多《アイタノ》々々 路々々同祖。

大宅《オホヤケノ》 々々 路々々同祖。依二續日本紀一刊定。

大原《オホハラノ》 々々 出レ自二諡敏達孫百済王一也。續日本紀合也。

○京―コノ「京」ハモトノママ
○奈―コノ字「奈」ニ作ル
○卌四―コノ字「卌三」ニ作ル、他本ニヨリ改ム
○王―コノ字「五」ニ作ルモ他本ニヨリ改ム
○々々―コノ同一文字ノ畳用記号ハ本文デ「ゝゝ」ト混用シテイルガ「々々」ニ統一スル
○毛―コノ字ナシ、他本ニヨリ補ウ
○紀―コノ字「記」ニ作ルコト多シ、スベテ「紀」ニ改ム
○原―コノ字破損ニヨリ他本ニテ補ウ
○々々―コノ箇所破損ニヨリ他ノ例ニナラッテ補ウ

嶋根《シマネ》々々　大原々々同祖。百済親王之後也。
山於《ヤマノウヘ》々々　大原々々同祖。
桑田《クワタノ》々々　大原々々同祖。
海上《アマノウヘ》々々　大原々々同祖。依二續日本紀一附。
香山《カヤマノ》々々　出レ自二諡敏達皇子春日王一也。○
蜷淵《ニナフチ》々々　出レ自二諡用明皇子殖栗王一也。
淡海《アフア》々々　出レ自二諡天智皇子大友王○一也。續日本紀合。
笠原《カセハラ》々々　三園○々々同祖。磯城親王之後也。
氷上《ヒカア》々々　出レ自二諡天武皇子一品太惣管新○田部王一也。續日本紀合。

右京皇別

山道《ヤマチ》々々　息長々々同祖。應神皇子稚渟○毛二俣親王之後也。
三國《アクニ》々々　諡継體皇子椀子王之○後也。○日本紀合也。
多治《タチ》々々　宣化天皇々子賀美恵波王之後也。

○豊國○々○々　大原々々同祖。續日本紀合也。
吉野《ヨシノ》々々　大原々々同祖。
池上《イケカミノ》々々　大原々々同祖。
清原《キヨハラ》々々　桒原々々同祖。百済親王之○後也。
登美《トア》々々　出レ自二諡用明皇子來目王一也。續日本紀合也。
三嶋《アシマ》々々　出レ自二諡舒明皇子賀陽王一也。續日本紀合。
三園《アソノ》々々　出レ自二諡天武皇子浄廣○磯城親王之後也。
高階《タカシナ》々々　出レ自二諡天武皇子浄廣壹太政大臣高市王一也。續日本紀合也。
罡《ヲカ》々々　出レ自二諡天武皇子一品贈太政大臣舎人王一也。續日本紀合也。

息長丹生々々　息長々々同祖。
○坂田《セカタノ》○々○々　出レ自二継體皇子仲王○之後一也。日本紀合也。
為《井》○名○々○々　同天皇々子火焔王之後也。日本紀合也。

○豊國々―コノ三字破損スルモ「豊」ノ字ノ上部ノ部分残存スル
○之―コノ字他本ニヨリ補ウ
○也―下ニ「敏達皇子春日也」ノ七字アリ
○王―「末」ノ字ニ作ル、他本ニヨリ訂ス
○園―「國」ノ字ニ作ル、他本ニヨリ訂ス
○廣―コノ字ノ下ハ欠字、アルイハ「壹」ノ字ヲ脱スルカ
○新―コノ字「親」ニ誤ル、他本ニヨリ訂ス
○渟―コノ字「停」ニ誤ル、他本ニヨリ訂ス
○之―コノ字破損、他本ニヨリ補ウ
○也―コノ字破損、他本ニヨリ補ウ、タダシ「也」ノ上部残ル
○々々―コノ畳用記号破損、他ノ例ニヨリ補ウ
○之―コノ字破損スルモ「之」ノ字ノ痕跡アリ
○為―コノ字、上半ノ字画ヲ残ス
○井―コノ振リ仮名ノ上半部残ル
○名々―コノ字ト記号破損スルニヨリ他本ニテ補ウ

○之後—コノ二字ヲ欠ク、他本ニヨリ補ウ
○長—コノ字「長屋」ニ誤ル、板本ニヨリ訂ス
○之後—コノ二字ナシ、他ノ例ニヨリ補ウ

春日《カスカ》々々 敏達天皇々子春日王之後也。

當麻《タイマ》々々 用明皇子麿古王之後也。日本紀合也。

豊野《トヨノ》々々 同天皇々子浄廣壹高市王之後也。續日本紀合。

高額《タカヌカ》々々 春日々々同祖。春日親王之後也。

文室《フムヤ》々々 天武皇子二品長王之後也。續日本紀合也。

山城國皇別

三國《アクニ》々々 継體皇子椀子王之後也。日本紀合也。

大和國皇別

酒人《セカヒト》々々 継體皇子兎王之後也。日本紀合也。

攝津國皇別

為奈《ヰナ》々々 宣化皇子火焰王之後也。日本紀合也。

右第一卷。

左京皇別上 起二源朝臣一。盡新田部宿祢一。卌二氏。

源朝臣

源々々信。年六。腹廣井氏。弟源々々弘。年四。腹上毛野氏。弟源々々常。年四。弟源々々明。年二。已上二人腹飯高氏。妹源々々貞姫。年六。腹布勢氏。妹源々々潔姫。年六。妹源々々全姫。年四。已上二人腹當麻氏。妹源々々善姫。年二。腹百済氏。信等八人。是今上親王也。而依二弘仁五年五月八日勅一賜レ姓。貫二於左京一條一坊一。即以レ信為二戸主一。

良岑《ヨシアネ》朝臣 從四位下良岑々々安世。是。皇統弥照天皇諡桓武御宇也。從七位下百済宿祢之継。為二女孺一而供奉所レ生也。延暦廿一年二月廿七日特賜二姓良岑々々一貫二於右京一。

長罡《ナカヲカ》々々 正六位上長罡々々罡成。是。皇統弥照天皇諡桓武。之御二東宮一也。多治比真人豊継。為二女孺一而供奉所レ生也。延暦六年。特賜二姓長罡々々一。貫二於右京一。續日本紀合。

廣根《ヒロネ》々々 正六位上廣根々々諸勝。是。光仁天皇龍潜之時。女孺從五位下縣犬養宿祢勇耳。侍御所レ生也。桓武天皇延暦六年。特賜二廣根々々一。續日本紀合。

春原《ハルハラ》々々 天智天皇々子浄廣壹河嶋王之後也。

三原《アハラ》々々 天武天皇々子一品新田部王之後也。

○永原々々 同天皇々子浄廣壹高市王之後也。續日本紀合。

橘《タチハナ》々々 甘南備真人同祖。敏達天皇□難波皇子男。贈從二位栗隈王男。治部卿從四位下美努王。々々々娶二從四位下縣犬養宿祢東人女。贈正一位縣犬養橘宿祢三千代大夫人一。生二左大臣諸兄。中宮大夫佐為宿祢。贈從二位牟漏女王一。々々適二贈太政大臣藤原房前一。

○盡―コノ字、破損スルモ判読デキル

○新―コノ字欠ク、本文ノ標目ニヨリ「新」ノ字ヲ補ウ

○田―コノ字、虫損スルモ判読デキル

○卌―コノ字、「卅」ニ誤ル、他本ニヨリ改ム

○養―コノ字「食」ニ誤ル、他本ニヨリ改ム

○武―コノ字「智」ニ作リ、見セ消チニシテ右傍ニ「武」ト記ス

○品―コノ字虫損スルモ、上部ノ「口」ノトコロ残ル

○原―コノ字破損スル、他本ニヨリ補ウ

○廣壹―「廣」ノ字ヲ見セ消チニシテ右傍ニ「壹」ト記ス、下ノ「壹」ノ字ヲ欠クモ他本ニヨリ補ウ

○天皇―コノ二字破損スルモ「天皇」ト判読デキル

○□―コノ箇所不明、本来ナラバ「皇子難波王之後也」トアルベキトコロ、早クカラ脱文トナルカ

○從―コノ字破損スルモ、下ノ一部残リ、「從」ノ字ト判読デキル

○縣―コノ字「贈」ニ誤ルハ、右ノ行ニ「贈從二位」トアル「贈」ノ目移リシタコトニヨル、他本ニヨリ改ム

○贈正―コノ二字欠ク、板本ニヨ

リ補ウ
○縣—コノ字「贈」ニ作リ、右ニ小字デ「縣」ト記ス、下ノ「犬養」マデ□デ囲ム
○輿—コノ字「與」ニ誤ル、他本ニヨリ訂ス
○供—コノ字ナシ、他本ニヨリ補ウ
○渟—コノ字「停」ニ誤ル、板本ニヨリ訂ス
○天皇—コノ二字欠ク、他本ニヨリ補ウ
○武—コノ字「皇」ニ作リ、見セ消チニシテ右傍ニ「武」ト記ス
○阿—コノ字ノ偏「阝」虫損スルモ「阿」ノ字デアルコト明確
○竹—コノ字「作」ニ作リ、左傍ニ「竹」ト記ス
○磐鹿—コノ二字「般若庲」ニ作リ、右傍ニ「磐麻ィ」ト記ス、「庲」ハ「鹿」ノ異体字
○六—コノ字ナシ、上記ニ準ジ「六」ノ字ヲ補ウ
○臣—コノ字「占」ノ字ヲ見セ消チニシテ、右傍ニ「臣」ト記ス
○哉—コノ字「代」ニ誤ル、他本ニヨリ訂ス
○々々—ココハ「朝臣」ガ正シイ、下ノ「々」ハ判読デキル
○大—コノ字虫損、他本ニヨリ補ウ
○豊—コノ字破損、タダシ下ノ字画残ル
○田—コノ字破損、タダシ下ノ字画残ル

生二太政大臣永手。大納言真楯等一。和銅元年十一月己卯。大嘗會。廿五日癸未。曲宴賜二橘宿祢於大夫人一。天平八年十一月甲午。詔二参議従三位行左大辨葛城王一賜二橘宿祢諸兄一。

淡海《ヲファ》々々　春原々々同祖。河嶋親王之後也。

阿倍《アヘ》々々　孝元天皇々子大彦命之後也。日本紀。續日本紀合。

布勢《フセ》々々　阿倍々々同祖。日本紀漏。

完人《シヽヒト》々々　阿倍々々同祖。大彦命男。彦背立大稲胥命之後也。日本紀合。

髙橋々々　阿倍々々同祖。大稲輿命之後也。景行天皇巡二狩東國一。供二獻大蛤一。于レ時天皇喜二其奇美一。賜二姓膳臣一。天渟中原瀛真人天皇謚天武十二年。改二膳臣一賜二高橋々々一。

許曽倍《コソヘ》々々　阿倍々々同祖。大彦命之後也。日本紀漏。

阿閇《アヘ》臣　阿倍々々同祖。

竹田《タケタ》々　阿倍々々同祖。大彦命男。武渟川別命之後也。

名張《ナハリ》々　阿倍々々同祖。大彦命之後也。

佐々貴《セヽキ》山公　阿倍々々同祖。

膳大伴部《カシハテヲヽトモ》　阿倍々々同祖。大彦命孫。磐鹿六鴈命之後也。景行天皇巡二狩東國一。至二上総國一。従二海路一渡二淡水門一。出二海中一得二白蛤一。於レ是磐鹿六鴈為レ膳進レ之。故美二六鴈一賜二膳大伴部一。

阿倍志斐連《アヘシヒノムラシ》　大彦命八世孫稚子臣之後也。孫自臣八世孫。名代。謚天武御世。獻二之楊花一。勅曰。何花哉。奏曰。辛夷花也。群臣奏曰。是楊花也。名代。猶強奏二辛夷花一。因賜二阿倍志斐連姓一也。日本紀漏。

石川《イシカハ》々々　孝元天皇々子。彦太忍信命之後也。日本紀合。

田口《タクチ》々々　石川々々同祖。武内宿祢大臣之後也。蝙蝠臣。豊御食炊屋姫天皇謚推古。御世。家二於大和国高市郡田口村一。仍号二田口臣一。日本紀漏。

櫻井《セクラヰ》々々　石川々々同祖。蘇我石川宿祢四世孫稲目宿祢大臣之後也。日本紀合。

紀《キ》々々　石川々々同祖。建内宿祢男。紀角宿祢之後也。

角《ツノ》々々　紀々々同祖。紀角宿祢之後也。日本紀合。

坂本《セカモト》々々　紀々々同祖。紀角宿祢男。白城宿祢之後也。

林《ハヤシ》々々 石川々々同祖。武内宿祢之後也。日本紀合。

雀部《セヽイヘ》々々 巨勢々々同祖。建内宿祢之後也。星川建彦宿祢。諡應神御世。代二於皇太子大鷦鷯尊一。繫二木綿襷一。掌二監御膳一。因賜レ名曰二大雀臣一。日本紀合。

生江《イクエ》臣 石川々々同祖。武内宿祢之後也。日本紀合。

箭口《ヤノクチ》朝臣 宗我石川宿祢四世孫。稲目宿祢之後也。

小子部《チイサコヘ》宿祢 多々々同祖。神八井耳命之後也。大泊瀬幼武天皇御世。所レ遣二諸国一。収二斂蚕兒一。誤聚二小兒一貢レ之。天皇大哂。賜二姓小兒部連一。日本紀合。

吉備《キヒ》朝臣 大日本根子彦太瓊天皇々子。稚武彦命之後也。

道守《チモリ》々々 開化天皇々子。武豊葉列別命之後也。

犬上《イヌカミ》々々 出レ自二諡景行皇子日本武尊一也。

間人《ハシウト》宿祢 仲哀天皇々子。誉屋別命之後也。

道守《チモリ》々々 波多々々同祖。波多矢代宿祢之後也。日本紀合。

布師《ヌノシ》首 生江臣同祖。武内宿祢之後也。

多《オホ》々々 出レ自二諡神武皇子神八井耳命之後也。日本紀合。

下道《シモツアチ》々々 吉備々々同祖。稚武彦命之後吉備武彦命之後也。

御使々々 出レ自二諡景行皇子。氣入彦命之後一也。誉田天皇御世。御室雑使大壬生等。逋逃不レ仕。天皇遣レ使尋求。並不二復命一。於レ是。氣入彦。奉レ詔括二追於参河國一。捕獲参來。天皇嘉レ合二使旨一。賜二姓御使連一也。續日本紀合。

坂田《セカタ》々々 息長真人同祖。應神皇子。稚渟毛二派王之後也。天渟中原瀛真人天皇諡天武御世。出家入道。法名信正。娶二近江国人槻本公轉戸女一。生二男石村一。附二母氏姓一。冒二槻本公一。男。外従五位下老。男。従五位上奈弖麻呂。々々次。従五位下豊成。次。豊人等。皇統弥照天皇諡桓武。延暦廿二年。賜二宿祢姓一。於レ是追二陳父志一。取二祖父生長之地名一。改二槻本一賜二坂田宿祢一。今上弘仁四年。同奈弖麻呂等。改賜二朝臣姓一也。

新田部《ニヒタヘ》々々 安寧天皇々子。磯津彦命之後也。日本紀合。

右第二巻

○目—コノ字ノ右傍ニ「田ィ」ト記ス

○建—コノ字「達」ト記シタ上ニ「建」ト重ネ書キシ、右傍ニ「建」ト記ス

○建—コノ字「達」トアリ、右傍ニ「建」ト記ス

○襷—コノ字「擇」ニ作ル、正字ニ訂ス

○曰—コノ字「田」ニ誤ル、他本ニヨリ訂ス

○朝臣—コノ二字「々々」ニ作ル、「々々」デハ「宿祢」ニナッテシマウノデ「朝臣」ト改ム

○太—コノ字「火」ニ誤ル、正字ニ訂ス

○列—コノ字「判」ニ作ル、群本ニヨリ改ム

○入—コノ字「入々」ニ作リ、「々」ノ右傍ニ「イ无」ト記ス、衍入ナノデ削ル

○追—コノ字ヲ欠ク、右傍ニ「追イ」ト記ス、他本ニヨリ補ウ

○御—コノ字破損スルモ判読デキル

○名—コノ字「各」ラシキ字ヲ見セ消チニシ、右傍ニ「名」ト記ス

○老—コノ字異体字ノ「差」ニ作ル

○姓—コノ字ナシ、他本ニヨリ補ウ

左京皇別下 起二大春日朝臣一。盡二鴨縣主一。卅二氏。

大春日《オホカルカ》朝臣 出レ自二孝昭天皇々子。天帯彦押国人命一也。仲臣令下家重二千金一。委レ糟為上レ堵。于レ時。大鷦鷯天皇諡仁徳。臨二幸其家一。詔號二糟垣臣一。後改為二春日臣一。桓武天皇延暦廿年。賜二大春日朝臣姓一。

小野々々 大春日々々同祖。彦姥津命五世孫。米餅搗大使主命之後也。大徳小野臣妹子。家二于近江国滋賀郡小野村一。因以為レ氏。日本紀合。

和安部《ヤマトアヘ》々々 大春日々々同祖。彦姥津命三世孫。難波宿祢之後也。日本紀合。

和尒部《ワニヘ》宿祢 和安部朝臣同祖。彦姥津命四世孫。矢田宿祢之後也。續日本紀合。

櫟井《イチ井ノ》臣 和安部同祖。彦姥津命五世孫。米餅春大使主命之後也。

和安部々々 和安部朝臣同祖。彦姥津命五世之孫也。

葉栗《ハクリ》々々 和安部々々同祖。彦姥津命三世孫。建穴命之後也。

吉田《ヨシタ》連 大春日朝臣同祖。観松彦香殖稲天皇諡孝昭。皇子天帯彦国押人命四世孫。彦国葺命之後也。昔磯城瑞籬宮御宇御間城入彦天皇御代。任那国奏曰。臣国東北有二三己汶地一。上己汶。中己汶。下己汶。地方三百里。土地沃壌。民亦富饒。与二新羅国一相争。彼此不レ能二攝治一。兵戈相尋。民不レ聊レ生。臣請。将レ軍令レ治二此地一。即為二貴国之部一也。天皇大悦。勅二群卿一。令レ奏二應レ遣之人一。卿等奏曰。彦国葺命孫。塩乗津彦命。頭上有レ贅。三岐如二松樹一。因号二松樹君一。其長五尺。力過二衆人一。性亦勇悍也。天皇令二塩乗津彦命遣一。奉レ勅而鎮守。彼俗稱レ宰為レ吉。故謂二其苗裔之姓一。為二吉氏一男。従五位下知須等。家二居奈良京田村里河一。仍天璽國押開豊櫻彦天皇諡聖武。神亀元年。賜二吉田連姓一。吉在二本姓一。田取二居地名一也。今上弘仁二年。改賜二宿祢姓一也。續日本紀合。

凢部《ワヘ》 和安部同祖。彦姥津命男。伊冨都久命之後。

丈部《ハセツカヘ》 天足彦國押人命孫。比古意祁豆命之後也。

下毛野《シモツケノ》朝臣 崇神天皇々子。豊城入彦命之後也。日本紀合。

上毛野《カムツケノ》朝臣 下毛野朝臣同祖。豊城入彦五世孫。多奇波世君之後也。大泊

○麻呂―コノ字「麿」ノ一字ニ作ル、他本ニヨリ改ム
○盡―コノ字「書」ニ作ル、他本ニヨリ改ム
○重―コノ字ノ右傍ニ「壹」ト記ス、「壹」ニハ「聚」ノ意味モアリ、コノ字デモ文意ハ通ジル
○千金―コノ二字カラ「詔號」マデノ二十二字、綴ジ目ノタメニ読ミトレズ、タダシ右傍ニ記ス「糟」ノ字、「鷦鷯」ノ旁「鳥」ノ字、「謚仁」ノ旁ノ部分ハ判読デキル、コノ行、他本ニヨリ補ウ
○姥―コノ字ヲ欠ク、他本ニヨリ補ウ
○妹―コノ字「姓」ニ誤ル、他本ニヨリ訂ス
○氏―コノ字「民」ヲ見セ消チニシテ、右傍ニ「氏」ト記ス
○姥―コノ字ヲ欠ク、他本ニヨリ補ウ
○孫―コノ字ヲ欠ク、他本ニヨリ補ウ
○己―コノ字「巳」ニ作ル、紀ニヨリ訂ス
○沃―コノ字「祓」ニ作ル、田中説ニヨリ「沃」ノ誤写トミテ訂ス
○即―破損スルモ判読デキル
○奏―コノ字「巻」ニ作リ、見セ消チニシテ右傍ニ「奏」ト記ス
○因―コノ字「国」ニ作ル、板本

瀬幼武天皇謚雄略御世。努賀君男。百尊。為阿女産向聟家。犯夜而帰。於應神天皇御陵邊。逢騎馬人。相共語話。換馬而別。明日看所換馬。是土馬也。因負姓陵邊君。百尊男。徳尊。孫。斯羅。謚皇極御世。賜河内山下田。以解文書。為田邊史。寶字稱徳孝謙皇帝天平勝寶二年。改賜上毛野公。今上弘仁元年。改賜朝臣姓。續日本紀合。

池田《イケタ》々々　上毛野々々同祖。豊城入彦命十世孫佐太公之後也。

住吉《スミヨシ》々々　上毛野同祖氏。豊城入彦命五世孫。多奇波世君之後也。日本紀賜姓合也。依續日本紀。

池原々々　住吉同氏。多奇波世君之後也。

上毛野坂本《カムツケノセカモト》々々　上毛野同祖。豊城入彦命十世孫。佐太公之後也。續日本紀合。

車持《クラモチノ》公　上毛野朝臣同祖。豊城入彦命八世孫。射狹君之後也。雄略天皇御世。供進乗輿。仍賜姓車持公。

大網《オホアア》々　上毛野々々同祖。豊城入彦六世孫。下毛君奈良弟。真若君之後也。

桑原《クハハラ》々　上毛野同氏。豊城入彦命五世孫。多奇波世君之後。

川合《カハアヒ》々　上毛野同氏。多奇波世君之後。

垂水史《タルアフムトヒト》　上毛野同氏。豊城入彦命男。彦狭嶋命之後。

商長首　上毛野同氏。多奇波世君之後也。三世孫。久比。泊瀬部天皇謚崇峻御世。被遣呉國。貢雑寶物等献於天皇。其中有呉権。天皇勅此何物也。久比奏曰。呉國以此懸定萬物。令為交易。其名曰波賀理。天皇勅之。勿令他人同。久比男。宗麿。舒明天皇御代。負商長姓也。日本紀漏。

吉弥侯《キアコウ》○《チヘ》部イ　上毛野々々同祖。豊城入彦命六世孫。奈良君之後。

甲能　従五位下御方大野之後也。續日本紀合。

ニヨリ改ム
○尺―コノ字「寸」ニ作ル、板本ニヨリ改ム
○性―コノ字「性」ニ作リ、右傍ニ「性」ト記ス
○天―コノ字「大」ニ誤ル、他本ニヨリ訂ス
○璽―コノ字「玺」ニ作ル、異体字「玺」ノ誤写カ
○田―コノ字ノ右傍ニ「用ィ」ト記ス
○姓―コノ字「始」ニ作リ、右傍ニ「姓」ト記ス
○古―コノ字「吉」ニ作ル、他本ニヨリ訂ス
○之―コノ字欠ク、例ニヨリ補ウ
○ケ―コノ字、不明ノ字ヲ抹消シテ右傍ニ「ケ」ト記ス
○世―コノ字ノ下ニ「々」ト記ス、衍入ノタメ削ル
○泊―コノ字「佰」ニ誤ル、他本ニヨリ訂ス
○稱―コノ字「拼」ニ作ル、異体字ノ「秤」ヲ崩シタモノカ
○賜―コノ字ノ右下ニ一字ヲ記シ抹消シテアル
○十世「七世」ニ作リ、抹消シテ左傍ニ「十世」ト記ス
○乗―コノ字ノ左傍下ニ「乗」ト重ネ記ス
○網―コノ字異体字ノ「網」ニ作

ル、正字ニ改ム
○毛野―コノ二字「野毛」ニ誤ル、他本ニヨリ改ム
○長―コノ字「商」ト「首」ノ右傍ニ小字デ「長」ト記ス
○泊―コノ字「佰」ニ作ル、他本ニヨリ訂ス
○賷―コノ字草体ノモノヲ判読
○宗麿―コノ字「宗磨」ト記シ、「磨」ヲ見セ消チニシテ、右傍ニ「宗麿」ト記ス
○侯―コノ字「侵」ニ作ル、「侯」ノ異体字ト見ナシテ良シ
○甲―コノ字ノ右傍ニ「申ィ」ト記ス

○碓―コノ字「雄」ニ誤ル、他本ニヨリ訂ス、下モ同ジ
○由―コノ字「甲」ニ誤ル、板本ニヨリ改ム
○内―コノ字「氏」ニ作リ、抹消シテ右傍ニ「内」ト記ス
○樴―コノ字「樴」ニ誤ル、松本ニヨリ改ム、下モ同ジ
○佃―コノ字「細」ニ誤ル、他本ニヨリ訂ス
○灘―コノ字「灘」ノ異体字ニシテ、「解」ニ通ジル
○太―コノ字「大」ニ誤ル、他本ニヨリ訂ス
○男―コノ字ナシ、他本ニヨリ補ウ

葛城《カツラキ》々々 葛城襲津彦命之後也。日本紀。續日本紀。官符改姓並合。

稲城《イナキ》壬生《ミフノ》公 出レ自二垂仁天皇々子。鐸石別命一也。

小槻《ヲツキノ》臣 同天皇々子。於知別命之後也。

牟義《ムケノ》公 景行天皇々子。大碓命之後。

守《モリ》々 牟義公同氏。大碓命之後。

治田《ハタノ》連《ムラシ》 開化天皇々子。彦坐命之後也。四世孫。彦命《ヒコイ》征二北夷一有二功効一。因割二近江國浅井郡地一賜レ之。為二墾田地一。大海。真持等。墾二開彼地一。以為二居地一。大海六世之後。熊田。宮手等。因二行事一賜二治田連姓一也。

輕我孫《カロアイコ》 治田連同氏。彦坐命之後。四世孫。白髪王。初彦坐。分来賜二阿比古姓一。成務天皇御代。賜二輕地卅千代一。是負二輕我孫姓一之由也。

鴨縣主《カモノアカタヌシ》 治田連同祖。彦坐命之後也。

右第三巻。

右京皇別上 起二八多朝臣一。盡二猪使宿祢一。卅三氏。

八多《ヤタ》朝臣 石川朝臣同祖。武内宿祢命之後也。日本紀合。

巨勢《コセ》々々 石川同氏。巨勢雄柄宿祢之後也。日本紀合。

巨勢《コセ》樴田《ヤシケタ》々々 雄柄宿祢四世孫。稲茂臣之後。男。荒人。天豊財重日足姫天皇諡皇極。御世。遣二佃葛城屯田一。其地野上。漑レ水難レ至。荒人能灘二機術一。始造二長樴一。川水灌レ田。天皇大悦。賜二樴田臣姓一也。日本紀漏。

巨勢斐太臣 巨勢樴田同氏。巨勢雄柄四世孫。稲茂男。荒人之後也。

紀朝臣 石川々々同氏。屋主忍雄建猪心命之後也。日本紀合。

平群《ヘクリ》々々 石川々々同氏。武内宿祢男平群都久宿祢之後也。日本紀合。

平群文室々々　同都久宿祢之後也。日本紀漏。

都保《ツホ》々々　平群々々同祖。都久足尼之後。

高向《タカムコノアソン》々々　石川同氏。武内宿祢六世孫。猪子臣之後也。日本紀合。

田中々々　武内宿祢五世孫。稲目宿祢之後也。日本紀合。

小治田《ヲハタ》々々　同上。日本紀合。

川邊《カハノヘノ》々々　武内宿祢四世孫。宗我宿祢之後也。日本紀合。

岸田《キシタ》々々　武内宿祢五世孫。稲目宿祢之後也。男。小祚臣孫。耳高。家ニ居岸田村一。因負ニ岸田臣号一。日本紀合。

久米《クメ》々々　武内宿祢五世孫稲目宿祢之後也。日本紀合。

御炊《アカシキ》々々　武内宿祢六世孫。宗我馬背宿祢之後也。日本紀漏。

玉手《タマテ》々々　同宿祢男。葛木曽頭日古命之後也。日本紀合。

掃守田首《カモリタノオフト》　武内宿祢男。紀都宿祢之後也。

上毛野朝臣　崇神天皇々子。豊城入彦命之後也。日本紀合。

佐味《セア》々々　上毛野々々同祖。豊城入彦命之後也。日本紀合。

大野《オホノ》々々　同豊城入彦命四世孫。大荒田別命之後也。日本紀合。

垂水《タルア》公　豊城入彦命四世孫。賀表乃真稚命之後也。六世孫。阿利真公。謚孝徳天皇御世。天下旱魃。河井涸絶。于レ時。阿利真公。造ニ作高樋一。以ニ垂水岡基之水一。令レ通ニ宮内一。供ニ奉御膳一。天皇美ニ其功一。使下賜ニ垂水公姓一。掌中垂水神社上也。日本紀漏。

田邊史《タノヘノフンヒト》　豊城入彦命四世孫。大荒田別命之後。

佐自努公　同上。日本紀漏。

若櫻部《ワカサクラヘ》朝臣　阿倍々々同氏。大彦命孫。伊波我加利命之後也。日本紀合。

阿閇《アヘ》臣　大彦命男。彦背立大稲輿命之後也。日本紀合。

伊賀　大稲輿命男。彦屋主田心命之後也。日本紀合。

阿閇間人《アヘハシウトノ》々　同氏。

他田《ヲセタ》廣瀬《ヒロせ》朝臣　同氏。續日本紀。加ニ廣瀬二字一不レ見。

道公《ミチノ》　同祖。大彦命孫。彦屋主田心命之後。

音《オト》太《フト》部《ヘ》　高橋朝臣同祖。彦屋主田心命之後。

○都—コノ字ナシ、他本ニヨリ補ウ

○都久—コノ二字「郡久」ニ作リ、「久」ノ右傍ニ「木免ィ」ト記ス

○保—コノ字ノ下ノ「朝臣」ヲ意味スル畳用記号ノ「々々」ヲ脱ス、例ニヨリ補ウ

○々—コノ畳用記号ナシ、例ニヨリ補ウ

○五世孫—コノ三字ナシ、前条ノ「久米々々」条ノ記事ニヨリ補ウ

○徳—コノ字「元」ニ作ル、「阿利真公」ノ生存年代カラ推シテ「徳」ニ改ム

○垂—コノ字「重」ニ作リ、左傍ニ「〻」、右傍ニ「垂」ト記ス

○大—コノ字「犬」ニ誤ル、他本ニヨリ訂ス

○輿—コノ字「與」ニ誤ル、次条ノ「伊賀」ノ本文ニヨッテ訂ス

○賀—コノ字ノ下ニ「臣」ヲ意味スル「々」ノ畳用記号ガ記サレテイタカ

○田—コノ字「日」ニ作リ、右傍ニ「田ィ」ト記ス、他本ニヨリ訂ス、下ノ「道公」「音太部」条ノ「田」モ同ジ

○太—コノ字「大」ト記ス、群本ニヨリ改ム

會加臣《エカノ》孝元天皇々子。大彦命之後。

猪使宿祢《ヰツカヒノスクネ》安寧天皇々子。志紀都比古命之後也。日本紀合。

杖部造《ツエヘノミヤツコ》同氏。

右第四巻。

○孝―コノ字「老」ニ作ル、他本ニヨリ訂ス

○志―コノ字ヲ欠ク、板本ニヨリ補ウ

右京皇別下起二栗田朝臣一。盡二新良貴一。卅四氏。

栗田《アリタ》朝臣大春日朝臣同祖。天足彦国忍人命之後也。日本紀合。

山上《ヤマノウヘ》々々同氏。日本紀合。

真野《マノ》臣天足彦國押人命三世孫。彦國葺命之後也。男。大口納命男。難波宿祢男。大矢田宿祢。從二氣長足姫皇尊論神功一。征二伐新羅一。凱旋之日。便留為二鎮守将軍一。于レ時。娶二彼國王猶榻之女一。生二二男一。々々兄佐久命。次。武義命。佐久命九世孫。和珥部臣鳥。務大肆忍勝等。居二住近江國志賀郡真野村一。庚寅年。負二真野臣姓一也。

和迩部《ワニヘ》天足彦國押人命三世孫。兄佐久命國葺命之後也。

安那公同上。

野中《ノナカ》同彦國押人命之後。

和氣朝臣垂仁天皇々子。鐸石別命之後也。神功皇后征二伐新羅一凱歸。明年車駕還レ都。于レ時。忍熊別皇子等。竊構二逆謀一。於二明石堺一。備レ兵待レ之。皇后鑒識。遣二弟彦王於針間吉備堺一。造レ閞防レ之。所謂和氣閞是也。太平之後。録二從レ駕勳一。酬以二封地一。仍被レ賜二吉備磐梨縣一。始家レ之焉。光仁天皇宝亀五年。改賜二和氣朝臣姓一也。續日本紀合。

山邊《ヤマノヘ》公和気朝臣同祖。

阿保朝臣垂仁天皇々子。息速別命之後也。息速別命幼弱之時。天皇為二皇子一。築二宮室於伊賀國阿保村一。以為二封邑一。子孫因家レ之焉。允恭天皇御代。以二居地名一。賜二阿保君姓一。廢帝天平宝字八年。改レ公賜二朝臣姓一。續日本紀合。

羽咋《ハクヒ》公同天皇々子。磐衝別命之後。

○男―コノ字「女」ニ作ル、橋本ノ説ニヨリ改ム

○久―コノ字「元」ニ作リ、右傍ニ「久ィ」ト記ス、下ノ「佐久命」ニヨリ訂ス

○後也―コノ字「三世」ニ作ル、右ノ「三世」ニ目移リシタコトニヨル誤記デアロウ、例ニヨリ訂ス

○後―コノ字ノ下ニ「亦名神櫛別命」ノ割リ書キト、「也続日本紀合」ノ六字ガアルガ、次条ノ「讃岐々」ノ本文「五十香彦命」ノモトニ入ルベキモノ、スナワチ「亦名神櫛別命之後也。續日本紀合」トスルノガ正シイ

讃岐々 大足彦忍別天皇々子。五十香彦命之後。

酒部《セカヘ》々 同皇子三世孫。足彦大兄王之後也。大鷦鷯天皇之御代。従㆓韓國㆒參來人。兄曽保利。弟曽々保利二人。天皇勅㆑有㆓何才㆒。皆有㆓造㆑酒之才㆒。令㆑造㆓御酒㆒。於㆑是。賜㆓麿号酒看都子㆒。賜㆓山鹿比咩号酒看都女㆒。因以㆓酒看都㆒為㆑氏。

建部々 犬上朝臣同祖。日本武尊之後也。續日本紀合。

別々 建部公同氏。

御立史《アタテノフンヒト》 御使同氏。気入彦命之後也。持統天皇御代。依㆑居㆓參河國青海郡御立地㆒。賜㆓御立史姓㆒。日本紀漏。

髙篠連《タカシノムラシ》 景行天皇々子。五百木入彦命之後也。續日本紀合。

佐伯直《セヘキノアタヒ》 景行天皇々子。稲背入彦命之後。男。御諸別命。稚足彦天皇諡成務。御代。中㆓分針間國㆒給㆑之。仍号㆓針間別㆒。男。阿良都命。一名伊許自別。誉田天皇為㆑定㆓國堺㆒。車駕巡幸。到㆓針間國神埼郡瓦村東崗上㆒。于㆑時。青菜葉自㆓罡邊川㆒流下。天皇詔㆑應㆓川上有㆒㆑人也。仍差㆓伊許自命㆒往問。即答曰。己等是日本武尊平㆓東夷㆒時。所㆑俘「東夷時可俘」蝦夷之後也。散㆓遣於針間。阿藝。阿波。讃岐。伊豫等國㆒。仍居㆓此等州㆒氏也。後改為㆓佐伯㆒。伊許自別命以㆑状復奏。天皇詔曰。宜㆓汝為㆑君治㆒㆑之。即賜㆓氏針間別佐伯直㆒。佐伯者所㆑賜氏姓也。直者謂㆑君也。尓後。至㆓庚午年㆒。脱㆓落針間別三字㆒。偏為㆓佐伯直㆒。

笠《カサ》朝臣 孝霊天皇々子。稚武彦命之後也。應神天皇巡㆓幸吉備國㆒。登㆓加佐米山㆒之時。飄風吹㆓放御笠㆒。天皇恠㆑之。鴨別命言。神祇欲㆑奉㆓天皇㆒。故其状尓。天皇欲㆑知㆓其真偽㆒。令㆑獦㆓其山㆒。所㆑得甚多。天皇大悦。賜㆓名賀佐㆒。

笠《カサノ》臣 笠々同祖。稚武彦命孫。鴨別命之後也。

吉備《キヒ》々 ○稚武彦命孫。御支別之後也。

真髪部《マカムヘ》 同命男。吉備武彦命之後也。

盧原《イホハラ》公 笠々同祖。稚武彦命之後也。孫。吉備建彦命。景行天皇御世。被㆑遣㆓東方㆒。伐㆓毛人及凶鬼神㆒。到㆓于阿倍盧原國㆒。復命之日。以㆓盧原國㆒給㆑之。

○人兄―コノ二字「兄人」ニ作ル、他本ニヨリ訂ス
○都―コノ字「即」ニ誤ル、下ノ「都」モ同ジ、他本ニヨリ訂ス
○犬―コノ字「大」ニ誤ル
○依居参河國―コノ五字ノ右傍ニ「或云河余字〻氣入河内國ィ」ノ割リ書キアリ、コノ注記ニ判読、意味不明ノトコロアリ
○自―コノ字「白」ニ作リ、右傍ニ「自ィ」ト記ス
○所―コノ字「可」ニ作ル、板本ニヨリ改ム
○東夷時可俘―コノ五字、上文ト重複、衍入ノタメ「　」デククル
○藝―コノ字、異体字ノ「藝」ニ作ル
○放―コノ字「於」ニ誤ル、他本ニヨリ訂ス
○其―コノ字ノ下ニ一字ヲ書キカケ、ソレヲ抹消シテアル
○々―コノ畳用記号ナシ、「笠臣」ノ「臣」ヲ受ケテ「々」ヲ補ウ
○武―コノ字ノ下、「盧原公」ノ上ニ「广（まだれ）」ヲ書キカケ、ソレヲ抹消シテアル
○伐―コノ字「代」ニ誤ル、他本ニヨリ訂ス

宇自可臣《ウシカ》孝霊天皇々子。彦狭嶋命之後也。

道守《チモリ》々道守朝臣同祖。豊葉頬別命之後也。

嶋田々○多朝臣同祖。神八井耳命之後也。五世孫。武恵賀前命孫。仲臣子上。稚足天皇謚成務。御代。尾張國嶋田上下二縣有二悪神一。遣二子上一平二服之一。復命之日。賜二号嶋田臣一也。

茨田連《マタノムラシ》多朝臣同祖。神八井耳命男。彦八井耳命之後也。日本紀漏。

志紀首《シキノオフト》多々々同祖。神八井耳命之後也。

薗部《ソノヘ》同氏。

火《ヒ》同氏。

高圓朝臣出レ自二正六位上高圓朝臣廣世一也。元就二母氏一。為二石川朝臣一。續日本紀合。

日置《ヒヲキ》々々應神天皇々子。大山守王之後也。續日本紀合。

息長連《オキナカノムラシ》同天皇々子。稚淳毛二派王之後也。

大私部《キセイチヘ》開化天皇々子。彦坐命之後也。日本紀漏。

新良貴彦波瀲武鸕鷀草葺不合尊男。稲飯命之後也。是出二於新良國一。即為二国主一。稲飯命出二於新羅国王一者祖。日本紀不レ見。

右第五巻。

山城國皇別起二小野朝臣一。盡二息長竹原公一。廿四氏。

小野《ヲノ》朝臣孝昭天皇々子。天足彦国押人命之後。

粟田《アワタ》々々天足彦国押人命三世孫。彦国葺命之後也。

小野臣同命七世孫。人花命之後也。

和迩部《ワニヘノ》小野々々同祖。天足彦国押人命六世孫。米餅搗大使主命之後。一本。彦姥津命三世孫。難波宿祢之後也。日本紀漏。

大宅《オホヤケ》小野々々同祖。

葉栗《ハクリ》小野同祖。彦国葺命之後也。

村《ムラ》公天足彦国押人命之後也。

○々—コノ畳用記号ナシ、「宇自可臣」ノ「臣」ヲ受ケテ「々」ヲ補ウ

○同—コノ字ノ下ニ「神」ノ字ヲ記シ見セ消チニシテアル

○六—コノ字ノ右傍ニ「五」ト記ス

○上—コノ字ノ右傍ニ「下ィ」ト記ス

○淳—コノ字「停」ニ誤ル、他本ニヨリ訂ス

○派—コノ字「流」ニ誤ル、他本ニヨリ訂ス

○後也—コノ二字ノ右傍ニ「後也」ト重ネテ記ス

○姥—コノ字「姥」ニ作リ、右傍ニ「姥」ト記ス

度守首《ワタシモリノオフト》　村公同祖。

阿閇《アヘ》臣　阿倍々々。大彦命之後也。

的《イクハノ》々　石川々々同祖。彦太忍信命三世孫。葛城襲津彦命之後也。

与等連《ヨトノムラシ》　塩屋連同祖。彦太忍信命之後也。

曰佐《ヲセ》　紀々々同祖。武内宿祢之後也。欽明天皇御世。率二同族四人。国民卅五人一帰化。天皇矜二其遠来一。勅二弥勲臣一。為二卅九人之譯一。時人号曰二譯氏一。男。諸石臣。次。麻奈臣。是近江国野洲郡曰佐。山代国相楽郡山村曰佐。大和国添上郡曰佐等祖也。

早部《クセカヘノ》　宿祢　開化天皇々子。彦坐命之後也。日本紀合。

出庭臣　孝元天皇々子。彦太忍信命之後也。

堅井《カタヰ》々　彦坐命之後也。續日本紀合。

輕我孫公《カロアヒコ》　治田連同祖。彦今簀命之後也。

別ー　同上。

道守《チモリ》臣　道守朝臣同祖。武波都良和気命之後也。

今木《イマキ》　道守同祖。建豊羽頬別命之後也。

間人造《ハシウトノミヤツコ》　間人宿祢同祖。譽屋別命之後也。

布勢《フセ》公　仲哀天皇々子。忍稚命之後也。續日本紀不レ見。

茨田連《マタノムラシ》　茨田宿祢同祖。彦八井耳命之後也。

茨田勝《マタカテ》　景行天皇々子。息長彦人大兄瑞城命之後也。

息長竹原公《オキナカタカケラノコム》　應神天皇三世孫。阿居乃王之後也。

大和國皇別　起二星川朝臣一。盡二川俣公一。十八氏。

星川《ホシカハ》朝臣　石川々々同祖。武内宿祢之後也。敏達天皇御世。依レ居改賜二姓星川臣一。日本紀合。

江沼《エノマ》臣　石川同氏。建内宿祢男。若子宿祢之後也。日本紀漏。

内《ウチノ》々　孝元天皇々子。彦太忍信命之後也。

○矜ーコノ字「務」ニ作ル、群本ニヨリ改ム

○彦ーコノ字ナシ、橋本ニヨリ補ウ

○今ーコノ字「命」ニ誤ル、白本ニヨリ改ム

○々ーコノ畳用記号ナシ、他本「公」ニ作ルニヨリ、前条ノ「軽我孫公」ノ「公」ヲ受ケテイルモノトシテ「々」ヲ補ウ、次条ノ「ー」ハ「公」ノ畳用記号

○之ーコノ字「之」ヲ見セ消チニシテ右傍ニ「之」ト記ス

○波ーコノ字「彼」ニ誤ル、他本ニヨリ訂ス

○景行天皇々子息長ーコノ箇所「茨田宿祢同祖」ト前条ノ本文ニ引カレテ誤記シ、コノ六字ニ線引キシテ右傍ニ「景行天皇々子息長」ノ八字ヲ記ス

○皇ーコノ字ナシ、他本ニヨリ補ウ

○建ーコノ字「達」ニ作ル、白本ニヨリ改ム

山公《ヤマノ》内臣同祖。味内宿祢之後也。

阿祇奈君玉手朝臣同祖。彦太忍信命孫。武内宿祢命之後也。

馬工連《マヒセウ》平群朝臣同祖。平群木兎宿祢之後也。

曰佐紀朝臣同祖。武内宿祢之後也。○

池後《イケシリノ》○臣建内宿祢之後也。日本紀不レ見。

巨勢《コせ》楲田《カシケタノ》臣々々朝臣同祖。武内宿祢命之後也。

音太部《オトフトヘノ》高橋々々同祖。大日子命之後也。

坂合部首《セカアヒノオウト》阿倍々々同氏。大彦命之後也。

柿本《カキノモトノ》朝臣大春日々々同祖。天足彦国押人命之後也。敏達天皇御代。依三家門有二柿樹一。為二柿本臣氏一。

布留《フルノ》宿祢柿本々々同祖。天足彦国押人命七世孫。米餅搗大使主命之後也。男。木事命男。市川臣。大鷦鷯天皇御世。達レ倭賀二布都努斯神社於石上御布瑠村高庭之地一。以二市川臣一為二神主一。四世孫。額田臣。武蔵臣。齊明天皇御世。宗我蝦夷大臣。号二武蔵一曰二物部首并神主首一。因レ茲失二臣姓一為二物部首一。男。正五位上日向。天武天皇御代。依二社地名一改二布瑠宿祢姓一。日向三世孫。邑智等也。

久米《クメノシ》臣柿本同祖。天足彦国押人命五世孫。大難波命之後也。

肥直多朝臣同祖。神八井耳命之後也。

下養公上毛野朝臣同祖。豊城入彦命之後也。

廣来津々○下養公同祖。豊城入彦命四世孫。大荒田別命之後也。

川俣《カハマタノ》々日下部宿祢同祖。彦坐命之後也。

右第七卷。

○攝津國皇別起二川原公一。盡二車持一。廿九氏。

川原公《カワラノ》為奈真人同祖。火焰親王之後也。天智天皇御世。依レ居賜二川原公姓一。日本紀漏。

○ノ—コノ振リ仮名モトノママ

○臣—コノ字「⺒」ト記シ、右傍ニ「臣」ト記ス

○米—コノ字「米」ニ作リ、右傍ニモ「米」ト記ス

○天足彦—コノ三字「天皇彦」ト記シ、ソレヲ抹消シテ、左傍ニ「天足彦」ト記シ、右傍ニ「足」ト記ス

○大荒—コノ二字「大巟」ニ作リ、右傍ニ「大荒」ト記シ、左傍ニ「大荒」ト記シテ抹消ス

○々—コノ畳用記号「丶」ニ作ル

○々—コノ畳用記号「ノ」ニ作ル

○摂—コノ字「攝」ト異体字ニテ記ス、以下ノ「摂」ノ字モ同ジ

榛原々《ハイハラ》息長真人同祖。大山守命之後也。

佐々貴山君《サヽキノヤマキミ》同レ上。

坂合部《セカアヒヘ》同大彦命之後也。允恭天皇御世。造二立国境之標一。因賜二姓坂合部連一。

伊我水取《イカモトリ》阿倍々々同祖。大彦命之後也。

三宅人大彦命男。波多武日子命之後也。

坂本臣《セカモト》紀々々同祖。彦太忍信命孫。武内宿祢命之後也。

布敷　首《ヌノシキノオウト》玉手同祖。葛木襲津彦命之後也。

居二大和国添上郡井手村一。因負二姓井出臣一。

物部首《モノヽヘ》大春日々々同祖。

物部物部首同祖。米餅搗大使主命之後也。

早部宿祢出レ自二開化天皇々子。彦坐命一也。日本紀合。

鴨君同二前氏一。

山守垂仁天皇々子。五十日《ノ》足彦命之後。

松津　首《マツツノオフト》豊嶋連同祖。

髙橋朝臣阿倍々々同祖。大彦命之後也。日本紀不レ見。

久々智《クヽチ》同レ上。

吉志《キシ》難波忌寸同祖。大彦命之後也。

雀部朝臣《セヽイヘ》巨勢々々同祖。建内宿祢命之後也。

阿支奈々《アキナノ》玉手々々同祖。武内宿祢男。葛城曽豆比古命之後也。

井代臣《ヰシロ》大春日々々同祖。米餅搗大使主命之後也。

津門　首《ツトノオウト》櫟井臣同祖。米餅搗大使主命之後也。

和迩部大春日々々同祖。天足彦国忍人命之後也。

羽束　首《ハツカノオフト》天足彦国押人命男。彦姥津命之後也。

依羅宿祢《ヨサミノ》早部々々同祖。彦坐命之後也。續日本紀合。

山邊公和気朝臣同祖。大鐸石和居命之後也。

豊嶋　連《テシマノムラシ》多々々同祖。彦八井耳命之後也。日本紀漏。

道守　臣《チモリノ》道守朝臣同祖。武葉列別命之後也。

○也―コノ字「丶」ニ作ル、「也」ノ略号ニヨリ正字ニ改ム

○使―コノ字ナシ、板本ニヨリ補ウ

○姥―コノ字「姥」ニ作ル

○石―コノ字ナシ、群本ニヨリ補ウ

○列―コノ字「判」ニ作ル、誤字ト見ナシテ改ム、ナオ左京皇別上・「道守々々（朝臣）」条ノ頭注参照

韓矢田部造《カラヤタヘノミヤツコ》 上毛野朝臣同祖。豊城入彦命之後也。三世孫。弥母里別命孫。現古君。氣長足比賣謚神功。筑紫橿氷宮御宇之時。海中有レ物。爰差二現古君一遣レ見。復奏之日。率二韓藴使主等一参来。因レ茲賜二韓矢田部造姓一。日本紀漏。

車持 同豊城入彦命之後也。

右第八巻。

河内國皇別 起二阿閇朝臣一。盡二蓁原一。卌六氏。

阿閇朝臣 阿閇々々同祖。孝元天皇々子。大彦命之後也。

阿閇臣 阿閇々々同祖。大彦男。瀬立大稲起命之後也。

旱連《クサカノムラジ》 阿閇々々同氏。大彦男。紐結命之後也。日本紀漏。

大戸首《オホヘノオフト》 阿閇々々同祖。大彦命男。比毛由比命之後也。謚安閑御世。河内國日下大戸村造二立御宅一。為レ首仕奉。仍賜二大戸首姓一。日本紀漏。

難波忌寸《ナハノイアキ》 大彦命之後也。阿倍氏遠祖大彦命。磯城瑞籬宮御宇天皇御世。遣レ治二蝦夷一之時。至二於兎田墨坂一。忽聞二嬰兒啼泣一。即認覔獲二棄嬰兒一。大彦命見而大歡。即訪二求乳母一。得二兎田弟原媛一。便付二嬰兒一曰。能養長安酬レ功。於レ是成レ人奉レ送レ之。大彦命為レ子愛育。号曰二得彦宿祢一者。異説並存。

難波《ナハ》 難波忌寸同祖。大彦命孫。波多武彦命之後也。

道守朝臣《チモリ》 波多朝臣同祖。武内宿祢男。八多八代宿祢之後也。日本紀合。

山口々々 道守々々同祖。武内宿祢之後也。續日本紀合。

林々々《ハヤシ》 同レ上。

道守臣《チモリ》 道守々々同祖。武内宿祢男。波多八代宿祢之後也。

的臣《イクハノ》 道守々々同祖。武内宿祢男。葛木曽都比古命之後也。

塩屋連《シホノヤノムラシ》 同レ上。日本紀漏。

小家連《コヤケノムラシ》 塩屋連同祖。武内宿祢男。葛木襲津彦命之後也。

○蓁―コノ字、異体字ノ「featureSize」ニ作ル

○立―コノ字「立」ノ字ラシキ字ヲ消シテ右傍ニ「立」ト記ス

○ノ―コノ振リ仮名「リ」ヲ消シ、右傍ニ「ノ」ト記ス

○由―コノ字「田」ニ誤ル、他本ニヨリ訂ス

○波―コノ字「破」ニ作ル、次条ノ「難波」ノ氏名ニヨリ改ム

○覔―コノ字「不見」ノ二字ニ作リ、見セ消チニシテ右傍ニ「覔」ト記ス

○武内宿祢之後也―コノ七字ノ左本文ニ「大彦命孫波多武彦命之後也」ト記シ、「孫」以下九字ヲ見セ消チニスル

○久―コノ字「人」ニ誤ル、他本ニヨリ訂ス
○兎―コノ字「兎」ト記シ、見セ消チニシテ、右傍ニ「兎」ト記ス
○不尋―以下十二字、左ニ線デ囲ミ、「イ无」ト記ス
○牟―コノ字「牟」ニ作ル、正字ニ改ム
○堤―コノ字「提」ニ誤ル、他本ニヨリ訂ス
○目―コノ字「自」ニ誤ル、他本ニヨリ訂ス
○大雨宿祢―コノ四字ハ「大田宿祢」ノ氏姓標目ノ衍入、「大雨」ノ「雨」ハ「田」ノ誤リ、モトコノ条ノ次ノ「尾張部」条ニツヅイテ「大田宿祢、大碓命之後也」トイウ条文ガアッタカ
○碓―コノ字「雄」ニ誤ル、他本ニヨリ訂ス
○碓―コノ字「雄」ニ誤ル、他本ニヨリ訂ス
○入―コノ字ヲ欠ク、他本ニヨリ補ウ

原井連《ハラヰノムラシ》 同レ上。續日本紀漏。
布忍首 的臣同祖。武内宿祢之後也。日本紀漏。
紀《キ》祝 建内宿祢男。紀角宿祢之後也。
蘇何 彦太忍信命之後也。
壬生《ニフノ》臣 大宅同祖。
旱部連《クサカヘノムラシ》 彦坐命子。狭穂彦命之後也。
豊階《トヨシナノ》公 河俣公同祖。彦坐命男。澤道彦命之後也。
旱部《クサカヘ》 旱部連同祖。
忍海部《オシノウアヘ》 開化天皇々子。比古由牟須美命之後也。
茨田堤。日本紀合。
紺口々々 志紀縣主同祖。神八井耳命之後。
下家連 彦八井耳命之後也。
尾張部《オハリヘ》 彦八井耳命之後也。
阿礼首 守公同祖。大碓命之後也。

早良臣 平群朝臣同祖。武内宿祢男。平群都久宿祢之後也。
額田首《ヌカタノオフト》 早良臣同祖。平群木兎宿祢之後也。不レ尋二父氏一。負二母氏額田首一。
紀部《キヘ》 建内宿祢男。都野宿祢命之後也。
大宅《オホヤケノ》臣 大春日同祖。天足彦国押人命之後也。
物部《モノヽヘ》 天足彦国押人命七世孫。米餅搗大使主命之後也。
川俣《カワマタノ》公 旱部連同祖。彦坐命之後也。
酒人造《サカヒトノアヤツコ》 旱部同祖。日本紀不レ見。
茨田宿祢《マタノスクネ》 多朝臣同祖。彦八井耳命之後也。男。野現宿祢。仁徳天皇御代。造二
志紀縣主《シキノアカタヌシ》 多同祖。神八井耳命之後也。
志紀首《シキノオフト》 志紀々々同祖。神八井耳命之後。
江首《エノオフト》 江人附。彦八井耳命七世孫来目津彦大雨宿祢命之後。
守公《モリ》 牟義公同祖。大碓命之後也。日本紀漏。
廣来津公 上毛野々々同祖。豊城入彦命之後也。三世孫。赤麻里。依二家地名一

○来—コノ字ヲ欠ク、他本ニヨリ補ウ
○吉—コノ字ノ下ノ「雄」ノ上ニ「○」ヲ付シ、右傍ニ「吉」ト記ス
○ノ—コノ振リ仮名「ろ」ニ作リ、見セ消チニシテ右傍ニ「ノ」ト記ス
○守—コノ字「寺」ト書キ損ジ右傍ニ「守」ト記ス

負ニ尋来津君一者。

止美連《トアミろムラシ》 尋来津公同祖。豊城入彦命之後也。四世孫。荒田別命男。田道公。被レ遣ニ百済國一。娶ニ止美邑呉女一生男。田持君三世孫。熊。次新羅等。欽明天皇御世。参来。新羅男。吉雄。依レ居賜ニ姓止美連一也。日本紀漏。

村擧首 豊城入彦命之後也。

佐伯直《セヘキノアタヒ》 大足彦忍代別天皇々子。稲背入彦命之後也。日本紀不レ見。

蕪冝部首 仲哀天皇々子。譽屋別命之後也。日本紀漏。

礒部臣《イソヘノレ》 同レ上。

蓁原 譽田天皇々子。大山守命之後也。

右第九巻。

○辛—コノ字、異体字ノ「𨐌」ニ作ル
○年—コノ字、異体字ノ「羊」ニ作ル、「羊（ひつじ）」ノ誤リデハナカロウ

和泉國皇別 起ニ道守朝臣一。盡ニ山公一。卅三氏。

道守朝臣《チモリノアソム》 波多朝臣同祖。八多八代宿祢之後也。日本紀合。

坂本朝臣《セカモト》 紀朝臣同祖。建内宿祢男。紀角宿祢之後也。男。白城宿祢三世孫。建日臣。因レ居賜ニ姓坂本臣一。日本紀合。

的臣《イクハノミ》 坂本々々同祖。建内宿祢男。葛城襲津彦命之後也。

布師臣《ヌノシノミ》 同レ上。

紀辛梶臣 建内宿祢男紀角宿祢之後也。

大家臣 建内宿祢男。紀角宿祢之後也。論天智庚午年。依レ居ニ大家一。負ニ大宅臣姓一。

掃守田首《カモリタノオフト》 武内宿祢男。紀角宿祢之後也。

丈部首《ハセツカヘノ》 同レ上。

雀部臣《セヽイヘノミ》 多朝臣同祖。神八井耳命之後也。

小子部連《チヒセコヘノムラシ》 同神八井耳命之後也。

志紀縣主《シキノアカタヌシ》雀部臣同祖。

膳臣《カシハテノ》宇太臣。松原臣。阿倍朝臣同祖。大鳥膳臣等。付㆓大彦命之後㆒也。

他田《ヲサタ》膳臣同祖。

葦占臣《アシノウラ》大春日同祖。天足彦國押人命之後也。

物部《モノヽヘ》布留宿祢同祖。天足彦國押人命之後也。

○網部物部同㆑上。日本紀漏。

根連《ネノムラシ》同㆑上。

櫛代造《クレスノ》同㆑上。

⿱日下部首《クサカヘノ》⿱日下部宿祢同祖。彦坐命之後也。

⿱日下部⿱日下部首同祖。

佐代公上毛野々々同祖。豊城入彦命之後也。敏達天皇行㆓幸吉野川瀬㆒之時。依㆑有㆓勇事㆒。負賜㆓佐代公㆒。

珎縣主《チノアカタヌシ》佐代公同祖。豊城入彦命三世孫。御諸別命之後也。日本紀漏。

登美首《トアノ》佐代公同祖。豊城入彦命男。倭日向建日向八綛田命之後也。日本紀漏。

葛原部《カツラハラヘ》佐代公同祖。豊城入彦三世孫。大御諸別命之後也。日本紀漏。

茨木造豊城入彦命之後也。

丹比部《タチヒヘ》同㆑上。日本紀漏。

輕部《カロヘ》倭日向建日向八綛多命之後也。雄略天皇御世。獻㆓加里乃郷㆒。仍賜㆓姓輕部君㆒。

和氣公《ワケノ》犬上朝臣同祖。倭建尊之後也。

縣主《アカタヌシ》和気公同祖。日本武尊之後也。

酒部公《サケヘノ》讃岐公同祖。神櫛別命之後也。

池田首《イケタノ》景行天皇々子。大碓命之後也。日本紀漏。

○聟本倭建尊三世孫。大荒田命之後也。

山公《ヤマ》垂仁天皇々子。五十日足彦別命之後也。

○國押人—コノ三字「大彦」ニ作ル、他本ニヨリ訂ス

○網—コノ字、異体字ノ「䋄」ニ作ル

○⿱日下—コノ字「同下」ノ二字ニ作リ、右傍ニ「⿱日下ィ」ト記ス

○後—コノ字ヲ欠ク、他本ニヨリ補ウ

○ノ—コノ振リ仮名「ク」ニ作ル、抹消シテ右傍ニ「ノ」ト記ス

○碓—コノ字「雄」ニ誤ル、他本ニヨリ訂ス

○聟—コノ字、異体字ノ「聟」ニ作ル

右第十巻。

第二帙○

左京神別上起二藤原朝臣一。盡二猪名部造一。卅八氏。

天神アマツヤシロ

藤原朝臣出レ自二津速魂命三世孫。天兒屋命一也。廿三世孫。内大臣大織冠中臣連鎌子古記云二鎌足一。天命開別天皇諡天智。八年。賜二藤原氏一。男。正一位贈太政大臣不比等。天渟中原瀛真人天皇諡天武。十三年。賜二朝臣姓一。

大中臣々々藤原々々同祖。

中臣酒人宿祢大中臣々々同祖。天兒屋命十世孫。臣狭山命之後也。

伊香連《イカツノムラシ》大中臣同祖。天兒屋十○世孫臣知人命之後也。

中臣宮處連《ナカトア、ヤノトコロノムラシ》大中臣同祖。

中臣方岳連《ナカトアカタヲカノムラシ》大中臣同祖。

中臣志斐連《ナカトアシヒノムラシ》天兒屋命十一世孫。雷大臣○命男。弟子之後。六世孫。意富○乃古連。雄略御世。東夷有二不臣之民一。毎レ人強力。押二防朝軍一。於レ是意富○乃古連。○甲冑五重。跨二進敵庭一。無レ勞二官軍一。一朝夷滅。天皇悦二其功績○一。更加二名字一。号二暴代連一。

殖栗連《ゑクリノムラシ》大中臣同祖。

中臣大家連《ナカトアオホヤケノムラシ》大中臣同氏。

中村連《ナカムラノムラシ》己々都生湏比命子。天乃古矢根命之後也。

石上朝臣《イソノカアノアソム》神饒速日命之後也。

穂積々々《ホツアノアソム》石上同祖。神饒速日命五世孫。香色雄命之後也。

阿刀宿祢《アトノスクネ》《ツイシネノスクネ》石上同祖。

若湯坐々々《ワカユヘイノスクネ》石上同祖。

○春米々々石上同祖。

小治田々々石上同祖。欽明天皇御代。依レ墾二開小治田鮎田一。賜二小治田

○帙—コノ字、異体字ノ「帙」ニ作ル

○十—コノ字ノ右下傍ニ「七ィ」ト注記ス

○臣—コノ字、消シタ跡アリ

○富—コノ字「當」ニ誤ル、白本ニヨリ改ム、左行ノ「富」モ同ジ

○甲冑—コノ二字「田—曺」ニ作ル、他本ニヨリ訂ス

○績—コノ字「續」に誤ル、他本ニヨリ訂ス

○春—コノ字「春」ニ作リ、左傍ニ「、」ノ抹消符ヲ付シ、左下ニ線ヲ引キ「春」ト記ス

大連。

氷々々《ヒノ㕝クチ》石上同祖。

矢田部連 伊香我色乎命之後也。

物部肩野連《モノヽヘカタノヽムラシ》同レ上。

依羅連《ヨセアノ》饒速日命十二世孫。懐大連之後也。

佐為々 速日命六世孫。伊香我色乎之後也。

登美々 同レ上。

大貞々 速日命十五世孫。弥加利大連之後也。上宮太子攝政之年。任二大椋官一。于レ時。家邊有二大俣楊樹一。太子巡二行巻向宮一之時。親指レ樹問レ之。即詔二阿比太連一。賜二大俣連一。四世孫。正六位上千継等。天平神護元年。改レ字賜二大貞連一。

越智直《ヲチノアタヒ》石上同祖。

輕部々《カロヘノアヤツコ》石上同氏。

真神田曽祢連《イカアタソネノムラシ》神饒速日命六世孫。伊我香色乎命男。氣津別命之後也。

大宅首《オホヤケノオフト》大閇蘇杵命孫。建新川命之後也。

弓削々々《ユケノ㕝クネ》石上同祖。

穂積臣《ホツアノシム》伊香賀色雄男。大水口宿祢之後也。

矢集連《ヤツメノムラシ》同レ上。

柏原連《カシハラ》同レ上。

柴垣々 同レ上。

葛野々 同レ上。

水取《モトリ》々 同レ上。

曽祢々《ソネゝムラシ》石上同祖。

衣縫造《キヌヌヒノアヤツコ》石上同祖。

物部《モノヽヘ》石上同氏。

猪名部造《ヰナヘノアヤツコ》伊香我色男命之後也。

○ロ―コノ字「日」ニ作リ、他本ノ傍注「口歟」トアルニヨリ改ム
○命―コノ字「令」ニ書キ誤リ、ソレヲ消シテ右傍ニ「命」ト記ス
○弥―コノ字「珎」ニ誤ル、他本ニヨリ訂ス
○利―コノ字ノ下ニ「々」アルモ削ル
○攝―コノ字、異体字ノ「搆」ニ作ル
○椋―コノ字「掠」ニ作ル、正字ニ訂ス
○大―コノ字ノ右傍上ニ「イ元」ト記ス
○太―コノ字「大」ニ誤ル、他本ニヨリ訂ス
○太―コノ字虫損ノタメ「太」ノ字ノ四画目「、」、オソラク欠落
○ヌ―コノ振リ仮名、上ノ「ヌ」ノ下ニ「○」ヲ付シ、右傍ニ「ヌ」ト記ス
○イ―コノ振リ仮名「マ」ノ古体、右傍ニ「マイ」ト記ス
○真―コノ字「直」ニ作ル、正字ニ改ム
○杵―コノ字「旆」ニ誤ル、他本ニヨリ訂ス
○川―コノ字欠落シ、右傍ニ「ムシクイ」ト注記ス

右第十一巻。

左京神別中起二大伴宿祢一。盡二佐伯連一。廿三氏。

天神　□

大伴宿祢《オホトモノ》　高皇産霊尊五世孫。天押日命之後也。初。天孫彦火瓊々杵尊。神駕之降也。天押日命。大来目部立二於御前一。降二乎日向高千穂峯一。然後。以二大来目部一。為二天靫部一。靫負之号起二於此一也。雄略天皇御世。以二入部靫負一。賜二大連公一。奏曰。衞門開闔之務。於レ職已重。若有二一身一難レ堪。望与二愚児語一。相併奉レ衞二左右一。有レ勅依レ奏。是大伴。佐伯二氏。掌二左右開闔一之縁也。

佐伯宿祢　大伴々々同祖。道臣命七世孫。室屋大連公之後也。

榎本《エノモト》々　同レ上。

日奉連《ヒマツリノムラシ》　高魂命之後也。

大椋置始連　縣犬甘同祖。阿居太都命之後也。

竹田《タケタノムラシ》々　神魂十三世孫。八束脛命之後也。

小山《コヤマ》々　高御魂命子。櫛玉命之後也。

大伴連《オホトモノムラシ》　道臣命十世孫。佐弖彦之後也。

神松造　道臣八世孫。金村大連公之後也。

縣犬養宿祢《アカタイヌカイノスクネ》　神魂命八世孫。阿居太都命之後也

雄儀連　角凝命十五世孫。乎伏連之後也。

掃守《カモリ》々　振魂命四世孫。天忍人命之後也。

畝尾《ウネヲ》々　天辞代命子。國辞代之後也。

○名―コノ字「者」ニ作リ、右傍ニ「名ィ」トアルニヨリ改ム
○□―コノ箇所ニ「後也初天孫彦」ノ六字ヲ記シ抹消シテアル、コノ文大伴宿祢条ニ見エル
○産―コノ字「彦」ニ作リ、右傍ニ「産」ト記シ「ムスヒ」ト振リ仮名ス
○押―コノ字「神」ニ作リ、右傍ニ「押」ト記ス、下ノ「押」モ同ジク「神」ニ作ル
○之―コノ字ナシ、以下六字ノ箇所ニ「大来日部立」ト記シ、コノ五字ヲ抹消シテ、「大」字ノ上ニ「○」ヲ付シ、右ニ横線ヲ引キ、「後也初天孫彦」ノ六字ヲ記ス、「後也」ノ上ニ例ニヨリ「之」ノ字ヲ補ウ、「大来日部立」ト記シタノハ、左ノ行ノ文ガ目移リシタモノ
○目―コノ字「日」ニ誤ル、他本ニヨリ訂ス
○来―コノ字「米」ニ作リ、抹消シテ右傍ニ「来」ト記ス
○靫―「負」ノ字ノ上ニ「○」ヲ付シ、右傍ニ「靫」ト記ス
○闔―コノ字「圖」ニ誤ル、坂本ニヨリ改ム
○縁―コノ字「級」ニ作リ、見セ消チニシテ右傍ニ「縁」ト記ス

久米直《クメ》高御魂命八世孫。味耳命之後也。
浮穴々《ウキアナノアタヒ》移受牟受比命五世孫。弟意孫連之後也。

宮部造《アヤヘノアヤツコ》天壁立命子。天背男命之後也。
間人宿祢《ハシウトノスクネ》神魂命五世孫。玉櫛比古命之後也。

爪工連神魂命子。多久都玉命三世孫。天仁木命之後也。
多米々《タメノムラシ》多米宿祢同祖。神魂命五世孫。天日和志命之後。成務天皇御世。仕㆓奉炊職㆒。賜㆓多米連㆒也。

天孫《アマヒコ》

出雲宿祢《イツモノスクネ》天穂日命子。天夷鳥命之後也。
出雲天穂日命五世孫。久志和都命之後也。

入間宿祢《イルマ》同神十七世孫。天日古曽乃己呂命之後也。
佐伯連《セヘキ》木根乃命男。丹波真太玉之後也。

右第十二巻。

左京神別下起㆓伊勢朝臣㆒。盡㆓石邊公㆒。廿一氏。

天神

伊勢朝臣《イセ》天底立命孫。天日別命之後也。
弓削宿祢《ユケ》高魂命孫。天日鷲翔矢命之後也。

若倭部神ム須比命十八世孫。子田知之後也。

天孫

○後―コノ字「孫」ト記シ見セ消チニシテ右傍ニ「後」ト記ス
○マ―コノ振リ仮名「ヤ」ト記シ、右傍ニ「マ」ト記ス
○太―コノ字「大」ニ誤ル、他本ニヨリ訂ス

○牟―コノ字「厶」ニ作ル、オソラク「ム」ノ仮名カ
○孫―コノ字ノ上ノ「世」ノ字ノ下ニ「○」ヲ付シ、右傍ニ「孫」ト記ス
○孫―コノ字ヲ欠ク、板本ニヨリ補ウ
○多―コノ字「多」ニ作リ、左傍ニ「多」ト記ス
○ノ―コノ振リ仮名「ク」ニ作リ、右傍ニ「ノ」ト記ス
○奉―上ノ「仕」ノ字ノ下ニ「○」ヲ付シ、右傍ニ「奉」ト記ス
○命―コノ字ヲ欠ク、前条ノ「天穂日命」ノ例ニヨリ補ウ
○一―コノ字、他本ニヨリ補ウ
○ム―コノ字「ハ」ニ作ル、「ム」ノ字ト見テ良シ、「ハ」ハ古体ノ仮名ニアリ

尾張宿祢《オハリノスクネ》　火明命廿世孫。阿曽連之後也。

尾張連　尾張宿祢同祖。火明命男。天賀吾山命之後也。

伊福部宿祢《イフクヘノスクネ》　尾張連同祖。火明命之後也。

湯母竹田連　火明命五世孫。建刀米命之後也。男。武田折命。景行天皇御世。擬レ殖賜レ田。夜宿之間。薗生二其田一。天皇聞食而。賜二姓薗田連一。後改為二湯母竹田連一。

竹田川邊連《タケタカワヘノムラシ》　同命五世之後也。仁徳天皇御世。大和國十市郡刑坂天皇聞食而。賜二姓薗田連一。後改為二湯母竹田連一。川之邊有二竹田神社一。因以為二氏神一。同居住焉。緑竹大美。供二御箸竹一。因レ茲賜二竹田川邊連一。

石作連《イシツクリ》　火明命六世孫。建真利根命之後也。垂仁天皇御世。奉二為皇后日葉酢媛命一。作二石棺一獻レ之。仍賜二姓石作大連公一也。大連公也。

檜前舎人々《ヒノクマノトネノムラシ》　火明命十四世孫。波利那乃連公之後也。

榎室々《エムロノムラシ》　火明命十七世孫。呉足尼之後也。山猪子連等。仕二奉上宮豊聡耳皇太子御杖代一。尒時。太子巡二行山代国一。于レ時。古麻呂家在二山城國久世郡水主村一。其門有二大榎樹一。太子曰。是樹如レ室。大雨不レ漏。仍賜二榎室連一。

丹比須布　火明命三世孫。天忍男命之後也。

但島海直　火明命之後也。

○大炊刑部造　火明命四世孫。阿麻刀祢命之後也。

坂合部宿祢《セカアヒヘノスクネ》　火明命八世孫。迩倍足尼之後也。

額田部湯坐連《ヌカタヘユヱノムラシ》　天津彦根命子。明立天御影命之後也。允恭天皇御世。被レ遣二薩摩国一。平二隼人一。復奏之日。獻二御馬一疋一。額有二町形廻毛一。天皇嘉レ之。賜二姓額田部一也。

三枝部連《セイクセヘノムラシ》《サヘクサ》　額田部湯坐同祖。顕宗天皇御世。喚二集諸氏人等一。賜二饗醮一。于レ時。三莖之草生二於宮庭一。採以奉獻。仍負二姓三枝部造一。

奄智造《アムチノアヤツコ》　額田部湯坐連同祖。

額田部《ヌカタヘ》　同命孫。意富伊我都命之後也。

○薗—コノ字「茵」ニ作リ、下ノ「薗」ノ字ハ「薗」ト記ス、正字ニ改ム
○天皇聞—以下十八字ノ罫線内ノ記事ハ右ノ「湯母竹田連」条ノ文ノ衍入
○因以—「因」ノ字ヲ「门」ニ作リ、「以」ハ「似」ノ字ノゴトク見エルガ「以」ト見ナシテ良シ
○因—コノ字「田」ニ作ル、上ノ「竹」ノ字ニ引カレテ誤ツタカ、他本ニヨリ訂ス
○利—コノ字「刑」ニ誤ル、他本ニヨリ訂ス
○大—以下四字、前行下ノ「大連公也」ノ重ネ書キニヨル衍入
○男—コノ字ヲ欠ク、他本ニヨリ補ウ
○大—コノ字「火」ニ誤ル、他本ニヨリ訂ス
○富—コノ字「宮」ニ誤ル、他本ニヨリ訂ス

地祇《クニツヤシロ》《クツヤシロ》

弓削宿祢《ユケノスクネ》出㆑自㆓天押穂根命洗㆓御手㆒。水中化生神尒伎都麻也。

石邊公《イハヘノ》《イハヘノ》

大國主古記一云。大物主命男。久斯比賀多命之後也。

右第十三巻。

右京神別上起㆓采女朝臣㆒。盡㆓神門臣㆒。卅六氏。

天神

采女朝臣《ウネメノアソム》石上朝臣同祖。神饒速日命六世孫。大水口宿祢之後也。

中臣習宜々々同神孫。味瓊杵田命之後也。

中臣熊凝々々同㆑上。

巫部宿祢《カムナイヘノスクネ》同神六世孫。伊香我色雄命之後也。

箭集《ヤツメ》々々同㆑上。

内田臣《ウチタノ》同㆑上。

長谷置始連《ハセノキイソメノムラシ》《ハセノオソメノ》同神七世孫。大新河命之後也。

髙橋《タカハミノムラミ》々同㆑上。

水取連同神六世孫。伊香我色乎命之後也。

小治田《ヲハタノムラシ》々同㆑上。

依羅《ヨセアノムラシ》々同神十世孫。伊己布都大連之後也。

曽祢《ソネノ》々同神六世之後也。

肩野《カタノ》々同㆑上。

若櫻部造《ワカサクラヘノアヤツコ》同神三世孫。出雲色男命之後。四世孫物部長真膽連。初。去

○命—コノ字ノ下ニ「洗」ト記シ抹消ス

○大國主—コノ条、標目ヲ立テテ記事トスルノハ誤リ、前条「石邊公」ノ本系ト見ナスベキモノ

○祖—コノ字、「同神」ノ右傍中間ニ「祖」ト記ス

○速—コノ字ヲ欠ク、他本ニヨリ補ウ

○河—コノ字「阿」ニ誤ル、他本ニヨリ訂ス

○乎—コノ字「平」ニ作ル、オソラク「乎」ノ一画ヲ欠キシモノナラン

○色—コノ字「包」ニ作ル、他本ニヨリ訂ス

来穂別天皇諡履仲。泛二両枝船於磐余市磯池一。与二皇妃一分駕遊宴。是時。膳臣余磯。獻レ酒。櫻花飛来。浮二于御盞一。天皇異レ之。遣二物部長真膽連一尋求。乃採二得掖上室山一獻レ之。天皇歓レ之。賜二余磯姓稚櫻部臣一也。

大宅首《オホヤケノオフト》大閇蘇杵命孫。建新川命之後也。

神麻續連《カムヲァノムラシ》天物知命之後也。

鳥取々《トヽリ》角凝魂命三世孫。天湯河桁命之後也。垂仁天皇々子。譽津別命。年向二三十一。不二言語一。于レ時。見二飛鵠一。問曰。此何物。爰。天皇悦レ之遣二天湯河桁一尋求。詣二出雲國宇夜江一。捕貢レ之。天皇大嘉。即賜二姓鳥取連一。

三嶋宿祢《アシマノスクネ》神魂命十六世孫。建日穂命之後也。

天語連　縣犬養宿祢同祖。神魂命七世孫。天日鷲命之後也。

佐伯造《セエキノアヤツコ》天雷神孫。天押人命之後也。

大伴大田宿祢《オヰトモオヲタノスクネ》高魂命六世孫。天押日命之後也。

佐伯日奉造　天押日命十一世孫。談連之後也。

高志連　高魂命九世孫。日臣命之後也。

高志壬生《コシニフ》日臣命七世孫。室屋大連之後也。

額田部宿祢《ヌカタノヘノスクネ》明日名門命三世孫。天村雲命之後也。

○額田部𤭖玉《ヌカタヘノアカタマ》額田部々々同祖。明日名門命十一世孫。御支宿祢之後也。

久米直《クメノアタヒ》神御魂命八世孫。味日命之後也。

屋連　神御魂命十世孫。天御行命之後也。

多米宿祢《タメ》同神五世孫。天日鷲命之後也。成務天皇御世。仕二奉大炊寮一。御飯香美。特賜二嘉名一。

○齋部々々《イヘ》高皇産霊尊子。天太玉命之後也。

玉祖々々　高御牟須比乃命十三世孫。大荒木命之後也。

忌玉作　高魂命孫。天明玉命之後。天津彦火瓊々杵命。降二幸於葦原中国一時。与二五氏神部一。陪二従皇孫一降来。是時。造二作玉璧一以為二神幣一。故号二玉祖連一。亦号二玉作連一。

○臣―コノ字「連」ニ作リ、見セ消チニシテ右傍ニ「臣」ト記ス
○採―コノ字「捋」ニ作ル、「採」ノ字ノ草体ニ近シ
○河桁―コノ字「桁河」ニ作ル、他本ニヨリ改ム
○犬―コノ字「大」ニ誤ル、他本ニヨリ訂ス
○天日―コノ字「呑」ニ作リ、右傍ニ「天日」ト記ス
○天―コノ字ノ上ノ「孫」ノ字ノ下ニ「○」ヲ付シ右傍ニ「天」ト記ス
○魂―コノ字「神」ニ作ル、白本ニヨリ改ム
○佐伯日奉造―コノ条「イ」本ニヨリ行間ニ補ウ
○也―コノ字ノ下ニ「イ」ト記シ、ソレヲ抹消シテ右傍ニ「イ」ト記ス
○高志連―コノ条「イ」本ニヨリ行間ニ補ウ
○也―下ニ「イ」ト記ス
○日―コノ字「曰」ニ作リ、ソレヲ抹消シテ左傍ニ「日」ト記ス
○額―コノ字ノ左上ニ「𤭖」ト小書ス
○日―コノ字ヲ欠ク、他本ニヨリ補ウ
○齋―コノ字「晉」ニ作ル、他本ニヨリ改ム
○産―コノ字「彦」ニ誤ル、他本ニヨリ訂ス

波多門部造 神魂命十三世孫。意冨支閇連公之後也。

壹伎直《ユキノアタヒ》 天児屋命九世孫。雷大臣之後也。

天孫

出雲臣《イツモノシム》 天穂日命十三世孫。鵜濡渟命之後也。

神門臣《カムトノシム》 同レ上。

右第十四巻。

○九―コノ字ノ下ニ、一字を消ス、「也」ノ字ノ書キ損ジカ
○雷―コノ字ヲ欠ク、他本ニヨリ補ウ
○渟―コノ字「停」ニ誤ル、板本ニヨリ改ム
○トノ―コノ振リ仮名「トソ」ニ作リ、ソレヲ消シテ右傍ニ「トノ」ト記ス

右京神別下 起二若倭部一。盡レ倭。廿九氏。

天神

若倭部連 神魂命七世孫。天筒草命之後也。

伊与部 高媚ム須比命三世孫。天辞代主命之後也。

天孫

土師宿祢《ハシノスクネ》 天穂日命十二世孫。可美乾飯根命之後也。光仁天皇天應元年。改二土師一賜二菅原氏一。有レ勅改賜二大枝朝臣姓一也。

菅原朝臣《スカハラノ》 土師々々同祖。乾飯根命七世孫。大保度連之後也。

秋篠々々《アキシノ》 同レ上。

大枝々々《オホエ》 同レ上。

丹比宿祢《タチヒ》 火明命三世孫。天忍男命之後也。男。武額赤命七世孫。御殿宿祢男。色鳴。大鷦鷯天皇御世。皇子瑞歯別尊誕二生淡路宮一之時。淡路瑞井水奉レ灌二御湯一。于レ時。虎杖花飛二入御湯瓮中一。色鳴宿祢稱二天神壽詞一。奉レ号曰二多治比瑞歯別名一。乃定二多治部於諸国一。為二皇子湯沐邑一。即以二色鳴一為レ宰。令レ領二丹比部戸一。因号二丹比連一。遂為二氏姓一。其後。庚午年。依レ作二新家一。加二新家二字一。為二丹比新家連一也。

○須比―コノ二字「比須」ニ作ル、他本ニヨリ改ム
○美―コノ字「義」ニ誤ル、他本ニヨリ訂ス
○土―コノ字「ち」ニ作リ、右傍ニ「土」ト記ス
○度―コノ字「慶」ニ作ル、他本ニヨリ訂ス
○額―コノ字ノ右下ニ「額」ト小書ス
○子―コノ字ヲ欠ク、板本ニヨリ補ウ
○花―コノ字ノ右傍ニモ「花」ト記ス
○氏―コノ字「民」ニ作リ、ソレヲ抹消シテ右傍ニ「氏」ト記ス

尾張連《ヲハリ》火明命五世孫。武礪。目命之後也。

六人部《ムトヘ》同レ上。

大炊刑部　造《オホイヒカヘノアヤツコ》同神三世孫。天礪。目命之後也。

若倭部《ワカヤマトヘ》同神四世孫。建額明命之後也。

坂合部宿祢《ヒカアヒヘノ》火闌降命八世孫。迩陪足尼。之後也。

滋野宿祢《シケノ》紀直同祖。神魂命五世孫。天道根命之。後也。

大家　首《オホヤケノ》天道尼。乃命孫。比古麻夜真。止乃命之後也。

桑名首天津彦根命男。天久之波比乃命之後也。

地祇

宗形朝臣《ムナカタ》大神々々同祖。吾田片隅命之後也。

海犬養《アマイヌカヒ》海神綿積命之後也。

青海首《アラウァ》椎根津彦命之後也。

倭太。神知津彦之後也。

右第十五巻。

伊与部《イヨヘ》同レ上。

子部《コヘ》火明命三世孫。建刀米命之後也。

朝来直《アセコ》同レ上。

川上首《カハカアノオフト》火明命之後也。

阿多御手養同神六世孫。薩麻若相楽之後也。

大村　直《オホムラノアタヒ》天道根命六世孫。君積命之後也。

高市連《タケイチ》額田部同祖。天津彦根命三世孫。彦伊賀都命之後也。

安曇宿祢海神綿積豊玉彦神子。穂高見命之後也。

凡　海連《オフシアマ》同神男。穂高見命之後也。

八木造《ヤキ》和多罪。豊命兒。布留多摩乃命之後也。

○礪―コノ字「礪」ノ字ヲ書キカケ、ソレヲ消シテ下ニ「礪」ト記ス、ソノ右傍ニ「石」偏ノ字ガ見エルガ、綴目ノタメ、ソノ字ハ不明、板本ニヨリ改ム

○礪―コノ字「礪」ニ作ル、正字ニ改ム

○尼―コノ字ヲ欠ク、他本ニヨリ補ウ

○之―コノ字ヲ欠ク、例ニヨリテ補ウ

○尼―コノ字、異体字ノ「尸」ニ作ル、正字ニ改ム

○真―コノ字「直」ニ誤ル、白本ニヨリ改ム

○額―コノ字ノ上に偏ノ「客」ヲ記シ抹消ス

○罪―コノ字「羅」ニ誤ル、橋本ニヨリ改ム

○太―コノ字「本」ニ作ル、松本ニヨリ改ム

山城國神別起二阿刀宿祢一。盡二狛人野一。卌五氏。

天神

阿刀《アト》宿祢石上朝臣同祖。饒速日命孫。味饒田命之後也。

阿刀連同レ上。

熊野《クマノ》連同レ上。

宇治宿祢饒速日命六世孫。伊香我色雄命之後也。

佐為《セ井》々同レ上。

佐為《セ井》連同神八世孫。物部牟伎利足尼之後也。

中臣葛野々《ナカトアカトノ、ムラシ》

巫部々《カムナイヘノムラシ》同神十世孫。伊己布都乃連公之後也。

髙橋《タカハシノ》々同神十二世孫。小前宿祢之後也。

宇治山守《ウチヤマモリノムラシ》々同神六世孫。伊香我色雄命之後也。

奈癸私造《ナイキ、セイノアヤツコ》同レ上。

真髪部造神饒速日命七世孫。大賣大布乃命之後也。

今木《キナシ》同レ上。

奈癸勝《ナイキカチ》佐為宿祢同祖。

額田臣伊香我色雄命之後也。

筑紫連饒速日命男。味真治命之後也。

秦忌寸神饒速日命之後也。

錦部首同神十二世孫。物部目大連之後也。

鳥取連天角己利命八世孫。天湯河板擧命之後也。

今木々神魂命五世孫。阿麻乃西乎命之後也。

巨椋々今木連同祖。止与波知命之後也。

額田部《ヌカタヘノ》宿祢明日名門命六世孫。天由久富命之後也。

○マ—コノ振リ仮名「ラ」ノ字ニ記シ、抹消シテ右傍ニ「マ」ト記ス
○カ—以下七字「ヤツムラシ」ト記シ、抹消シテ右傍ニ「カトノ、ムラシ」ト記ス
○都—コノ字「都」ニ作リ、右傍ニ「都」ト記ス
○モリ—不明ノ振リ仮名ヲ消シ、右傍ニ「モリ」ト記ス
○癸—コノ字「矣」ニ作ル、正字ニ改ム、下ノ「奈癸勝」ノ「癸」モ同ジ
○私—コノ字「和」ニ誤ル、松本ニヨリ改ム
○キナシ—コノ振リ仮名、モトノママ
○速—コノ字ヲ欠ク、他本ニヨリ補ウ
○目—コノ字「日」ニ誤ル、他本ニヨリ訂ス
○利—コノ字「斯」ニ誤ル、他本ニヨリ訂ス
○擧—コノ字「與」ニ誤ル、他本ニヨリ訂ス
○巨—コノ字「臣」ニ見エルガ、「巨」ノ字ト見ナシテ良シ
○由—コノ字「申」ニ誤ル、橋本頭注ニヨリ改ム

賀茂縣主《カモアカタヌシ》 神魂命孫。武津之身命之後也。

鴨縣主《カモアカタヌシ》 賀茂縣主同祖。神日本磐余彦天皇論神武。欲レ向ニ中洲一之時。山中嶮絶。跋渉失レ路。於レ是。神魂命孫。鴨建津之身命。化レ如ニ大鳥一。翔飛奉レ導。遂達ニ中洲一。天皇嘉ニ其有レ功。特厚褒賞。天八咫烏之号。従レ此始也。

矢田部《ヤタヘ》 鴨縣主同祖。鴨建津身命之後也。

丈部《ハせツカヒ》 同レ上。

西泥土部 鴨縣主同祖。鴨建玉依彦命之後也。

祝部《ハフリヘ》 同祖。建角身命之後也。

~~呉公 天相命十三世孫。雷大臣命之後也。~~

税部 神魂命本ノマヽムシクヒ魂命之後也。

呉公《クレノ》 天相命十三世孫。雷大臣命之後也。

神宮部造《カムアヤヘノアヤツコ》 葛木猪石罡天下神。天破命之後也。六世孫。吉足日命。磯城瑞籬宮御宇崇神天皇御世。天下有レ災。因遣ニ吉足日命一。令レ齋ニ祭大物主神一。灾異即止。天皇詔曰。消ニ天下灾一。百姓得レ福。自レ今以後。可レ為ニ宮能賣神一。仍賜ニ姓宮能賣公一。然後。庚午年籍。注ニ神宮部造一也。

菅田首《スカタ》 天久斯麻比止都命之後也。

天孫

土師宿祢《ハシ》 天穂日命十四世孫。野見宿祢之後也。

出雲臣《イヅモ》 同神子。天日名鳥命之後也。

出雲臣 同天穂日命之後也。

尾張連《ヲハリ》 火明命子。天香山命之後也。

六人部《ムウトヘ》 火明命之後也。

伊福部《イフクヘ》 同レ上。

石作《イシツクリ》 同レ上。

水主直《アノせノアタヒ》 同レ上。

三冨部 同レ上。

山背忌寸《ヤマシロノイアキ》 天都比古祢命子。天麻比止都祢命之後也。

○余—コノ字「金」ニ誤ル、他本ニヨリ訂ス
○論—コノ字ヲ欠ク、逸文ニヨリ補ウ
○欲向—コノ二字「後也」ニ誤ル、他本ニヨリ補ウ
○渉—コノ字ヲ欠ク、他本ニヨリ補ウ
○之身—コノ二字ヲ欠ク、他本ニヨリ補ウ
○津—コノ字ヲ欠ク、他本ニヨリ補ウ
○ツ—コノ振リ仮名「ツ」ヲ消シ、右傍ニアラタメテ「ツ」ト記ス
○泥—コノ字、異体字ノ「涅」ニ作ル
○呉公—コノ条、線引キシテ消ス、左ノ条参照
○本—以下「本ノママムシクヒ」ノ箇所、橋本ニ「子角凝魂命」ト記ス
○命—コノ字「本」ニ誤ル、他本ニヨリ訂ス
○日—コノ字ノ上ニ「吉足」ノ二字アツテ抹消シテアル
○齋—コノ字「齎」ニ作ル
○止—コノ字「上」ニ作ル、群本・橋本ニヨリ改ム
○香—コノ字「穂」ニ作リ、見セ消チニシテ右傍ニ「香」ト記ス
○ト—コノ振リ仮名ノ下ニ「ろ」ノ字ヲシキモノヲ抹消シテアル
○部—下ニ他本「連」、マタハ

「—」アリ、「—」ハ前条ノ「尾張連」ノ「連」ヲ受ケタモノ、「連」ノカバネヲ補ウベキカ
○作—コノ字ノ下ニ建武二年系ノ他本「—」トアリ、コレハ前条ノ「伊福部」ノ「部」ヲ受ケタモノ、「部」ノ字ヲ補ウベキカ
○之—コノ字「之」ニ作リ、コレヲ抹消シテ右傍ニ「之」ト記ス

○ハ—コノ振リ仮名「ノ」ニ作リ、コレヲ抹消シテ右傍ニ「ハ」ト記ス

○十七—コノ二字、本紀ニヨリ「九」トスル説、妥当カ
○止—コノ字「上」ニ作ル、松本ニヨリ改ム
○摩—コノ字ヲ欠ク、他本ニヨリ補ウ
○文—コノ字「父」ノ字ニ見エルガ「文」ニ「攵」ト書ク例アレバ「文」ト見ナシテ良シ
○意—コノ字「意」ノ草体デ記シ左傍ニ「意」ト記ス
○之—コノ字ヲ欠ク、他本ニヨリ補ウ

阿多《アタ》隼人《ハヤヒト》冨乃須佐利乃命之後也。

地祇

石邊《イシヘノ》公大物主命子。久斯比賀多命之後也。

狛人野同命兒。櫛日方命之後也。

右第十六巻。

大和國神別起㆓佐為連㆒。盡㆓国栖㆒。卌四氏。

天神

佐《セ》為《ヰ》連石上朝臣同祖。神饒速日命十七世孫。伊己止足尼之後也。

志貴《シキ》々同神孫。日子湯支命之後也。

真神田《マカムタ》首伊香我色乎命之後也。

長谷山直《ハセヤマノアタヒ》石上々々同祖。神饒速日命六世孫。伊香我色男命之後也。

矢田部《ヤタヘ》饒速日命七世孫。大新河命之後也。

縣使《アカタツカヒ》首宇麻志摩遅之後也。

長谷部《ハセヘ》造神饒速日命十二世孫。千速見命之後也。

委文《シトリ》宿祢出㆑自㆓神魂命之後。大味宿祢㆒也。

田邊《タヘ》々々同神五世孫。天日鷲命之後也。

多米《タメ》々々同神廾二世孫。意保止命之後也。

葛木《カツラ木》忌寸高御魂命五世孫。劔根命之後也。

門部《カトヘ》連牟須比命兒。安牟須比命之後也。

服部々天御中主命十一世孫。天御梓命之後也。

白堤《シロツ、ア》首天櫛玉命八世孫。大熊命之後也。

○命―コノ字「本」ニ誤ル、他本ニヨリ訂ス
○穂―コノ字「種」ニ誤ル、白本ニヨリ改ム
○命―コノ字「本」ト記シ、抹消シテ右傍ニ「命」ト記ス
○祢―コノ字「祖」ニ誤ル、他本ニヨリ訂ス
○部―コノ字「許」ニ誤ル、橋本ニヨリ改ム
○天―コノ字ノ上ニ「祖」ト記シ、見セ消チニスル
○河―コノ字「佀」ニ作ル、橋本ニヨリ改ム

高志《コシ》連　天押日命十一世孫。大伴室屋大連公之後也。
仲丸子々　日臣命九世孫。金村大連之後也。
大家《オホヤケ》臣　大中臣々々同祖。津速魂命之後也。
添縣主　出レ自二津速魂命男武乳遺命一也。
御手代《アテシロ》首　天御中主命十世孫。天諸神命之後也。
掃守《カモリ》　振魂命四世孫。天忍人命之後也。
飛鳥直《アスカノアタヒ》　天事代主命之後也。
大田祝山直　天杖命子。天尓支命之後也。
踰部大炊　天之三穂命八世孫。意富麻羅之後也。

天孫

土師《ハシ》宿祢　秋篠朝臣同祖。天穂日命十二世孫。可美乾飯根命之後也。
贄土師連　同神十六世孫。意富曽婆連之後也。
尾張々　天火明命子。天香山命之後也。
伊福部《イフクヘ》宿祢　同レ上。
伊福部連　伊福部宿祢同祖。
蝮王部首　火明命孫。天五百原命之後也。
工造　同祖。十世孫。大美和都祢乃命之後也。
二見首　富須洗利命之後也。
大角隼人《オホスミハヤヒト》　出レ自二火闌降命一也。
大坂直　天道根命之後也。
三枝部《セイクセヘ》連　額田部湯坐連同祖。天津彦根命十四世孫。達己呂命之後也。顕宗天皇御世。諸氏賜二饗醼一。于レ時。宮庭有二三茎草一獻レ之。因賜二姓三枝部造一。
額田部河田連　同神三世孫。意富伊我都命之後也。允恭天皇御世。獻二額田馬一。天皇勅。此馬額如二田町一。仍賜二姓額田連一也。

奄智造《アムチ》同神十四世孫。建凝命之後也。

伊蘇志臣滋野宿祢同祖。天道根命之後也。

地祇

吉野連《ヨシノ》 ○加弥比加尼之後也。謚神武天皇行二幸吉野一。到二神瀬一。遣レ人汲レ水。使者還曰。有二光井女一。天皇召問レ之。汝誰人。答曰。○妾是自レ天降来白雲別神之女也。名曰二豊御冨一。天皇即名二水光姫一。今。吉野連所レ祭水光神。是也。

大《オウ》神《禾》朝臣○素佐能雄命六世孫。大國主之後也。初。大國主神娶二三嶋溝杭耳之女玉櫛姫一。夜未レ曙○去。未二曽晝到一。於レ是。玉櫛姫績レ苧○係レ衣。至レ明随レ苧尋覓。經二於茅渟縣陶邑一。直指二大和國真穂御諸山一。還視二苧遺一。唯有二三縈一。因レ之号二姓大三縈一。

賀茂《カモ》々々大神朝臣同祖。大國主神之後也。大田田祢古命孫。大賀茂都美命一名大賀茂足尼。奉レ齋二賀茂神社一也。

大和宿祢《オホヤマト》出レ自二神知津彦命一也。神日本磐余彦天皇。従二日向地一。向二大倭洲一。到二速吸門一時。有二漁人一乗レ艇而至。天皇問曰。汝誰也。對曰。臣是国神。名宇豆彦。聞二天神子来一。故以奉レ迎。即牽二納皇船一。以為二海導一。仍号二神知津彦一。一名。椎根津彦。能宣二軍機之策一。天皇嘉レ之。任二大倭國造一。是。大倭直始祖也。

和仁古大國主六世孫。阿太賀太須命之後也。

國《ク》栖《凢》出レ自二石穂押別神一也。神武天皇行二幸吉野一時。川上有二遊人一。于レ時。天皇御覧。即入レ穴。須臾又出遊。竊窺レ之喚問。答曰。石穂押別神子也。尓時。詔賜二国栖名一。然後。孝徳天皇御世。始賜レ名人。国栖意世古。次。号二世古二一人。允恭天皇御世。己未年。中七節進二御贄一。仕二奉神態一。至レ今不レ絶。

長柄首《ナカラ》天乃八重事代主神之後也。

右第十七巻。

○連—コノ字「朝臣」ト記シ、見セ消チニシテ、右傍ニ「連」ト記ス
○妾—コノ字「彦」ニ誤ル、群本ニヨリ改ム
○曙—コノ字「贈」ニ作リ、右傍ニ「腈」ト記ス、他本ニヨリ改ム
○苧—コノ字「苧」ニ作ル、他本ニヨリ改ム、下モ同ジ
○田—コノ字ヲ欠ク、他本ニヨリ補ウ

○太—コノ字「大」ニ作ル、橋本ニヨリ改ム

○向—コノ字ヲ欠ク、白本ニヨリ補ウ

○艇—コノ字「般」ニ作リ、見セ消チニシテ右傍ニ「艇」ト記ス
○海—コノ字「汝」ニ作ル、橋本ニヨリ改ム
○之後—コノ二字ヲ欠ク、他本ニヨリ補ウ
○孝徳—コノ二字「仁徳」トスルノガ妥当カ、下文ニ「允恭天皇」トアルニヨレバ「仁徳天皇」トスベキデアロウ
○態—コノ字ノ原文「熊」ノ字ニ見エルガ、「態」ノ草体ト見ナシテ良シ

摂津國神別

起二津嶋朝臣一。盡二神人一。卌○五氏。

天神

津嶋朝臣 大中臣々々同祖。津速魂命三世孫。天兒屋根命之後。

荒城《アラキ》々々 同レ上。

神奴《カムノヤツコノ》連 同神十世孫。雷大臣命之後也。

中臣大田々々 同神十三世孫。御身宿祢之後也。

若湯坐《禾カユヘ》宿祢 石上朝臣同祖○。神饒速日命六世孫。伊香我色○雄命之後也。

田々内臣 同レ上。

物部韓國々々 伊香我色雄命之後也。

佐夜部首 同レ上。

多米《タメ》々々 神魂命五世孫。天比和志命之後也。

目色部真時 同神十二世孫。大見尼○命之後也。

竹原《タカワラ》 同レ上。

額田部 額田部宿祢同祖。明日名門命之後也。

椋垣《クラカキ》々々 同レ上。

中臣東連 天兒屋根命九世孫。鯛身命之後也。

中臣藍連 同神十二世孫。大江臣之後也。

生田首 同神九世孫。雷大臣命之後也。

巫部《カムナイヘ》々々 同レ上。

阿刀《アト》連 神饒速日命之後也。

矢田部《ヤタヘ》造 同レ上。

小山《コヤマ》連 高魂命子。櫛玉命之後也。

犬養《イヌカヒ》 同神十九世孫。田根連之後也。

委文《シトリ》連 角凝魂命男。伊佐布魂命之後也。

額田部《ヌカタヘ》宿祢○○ 同神男。五十狭經魂命之後也。

服部《ハトリヘ》連 熯之速日命十二世孫。麻羅宿祢之後。允恭天皇御世。任二織部司一。捴二領諸

○卌—コノ字「卅」ニ作ル、他本ニヨリ改ム

○祖—コノ字ヲ欠ク、他本ニヨリ補ウ

○色—コノ字「包」ニ誤ル、他本ニコリ訂ス

○尼—コノ字、異体字ノ「𡰥」ニ作ル

○宿祢—コノ二字ヲ欠ク、他本ニヨリ補ウ

國織部。因号二
服部連。

天孫

津守宿祢《ツモリ》尾張々々同祖。火明命八世孫。大御田足尼之後也。

石作々《イシツクリ》同神六世孫。武椀根命之後也。

刑部首《オサカヘ》同神十七世孫。屋主宿祢之後也。

早部《クサカヘ》阿多御手養同祖。火闌降命之後也。

國造《クノアヤツコ》天津彦根命男。大戸間見命之後也。

土師連《ハシ》天穂日命十二世孫。飯入根命之後也。

羽束《ハツカ》天佐鬼利命三世孫。斯鬼乃命之後也。

地祇

大和連《ラホヤマト》神知津彦命十一世孫。御物足尼之後也。

阿曇犬養々海神大和多罪神三世孫。穂己都久命之後也。

鴨部祝賀茂朝臣同祖。大國主神之後也。

神人大國主命五世孫。大田々根子命之後也。

六人部連《ムウトヘ》同神五世孫。建刀米命之後也。

蝮部同神十一世孫。蝮王部犬手之後也。

津守《ツモリ》火明命之後也。

凡河内忌寸《オウシカウチ》額田部湯坐連同祖。

山直《ヤマタヘ》天御影命十一世孫。山代根子之後也。

凡川内忌寸同神十三世孫。可美乾飯根命之後也。

凡海《オウシアマ》《オウシアマ》安曇宿祢同祖。綿積命六世孫。小栲梨命之後也。

物忌直《モノイミノツカサ》《モノイミノアタヒ》椎根津彦命九世孫。矢代宿祢之後也。

我孫《アヒコ》大己貴命孫。天八現津彦命之後也。

神人同レ上。

○田—コノ字「日」ニ作ル、津守氏系図ナドニヨリ改ム

○サ—コノ振リ仮名、一字ヲ抹消シテ右傍ニ「サ」ト記ス

○ク—コノ振リ仮名「オ」ニ誤ル、右ノ「刑部首」条ノ「オサカヘ」ニ引カレタモノ、「ク」ニ訂ス

○ク—コノ振リ仮名、一、二字ヲ消シ「ク」ト記ス

○斯—コノ字「斯」ヲ書キ損ジ、下ニ「斯」ト小書スル

○大—コノ字ヲ欠ク、他本ニヨリ補ウ

右第十八巻。

河内國神別起㆓菅生朝臣㆒。盡㆓等祢直㆒。六十三氏。

天神

菅生《スカウ》朝臣大中臣々々同祖。津速魂命三世孫。天兒屋命之後也。

中臣《ナカトア》連同神十四世孫。雷大臣命之後也。

中臣酒屋々同神十九世孫。真人連公之後也。

村山《ムラヤマ》々中臣連同祖。

中臣高良比々津速魂十三世孫。臣狭山命之後也。

平罡《ヒラヲカ》々同神十四世孫。鯛身臣之後也。

川跨々同神九世孫。梨富命之後也。

中臣々天兒屋命之後也。

中臣中臣高良比連同祖。

弓削《ユケ》宿祢天高御魂乃命孫天毗和志可氣流夜命之後也。

玉祖々々同神十三世孫。建荒木命之後也。又大荒木。又大荒田。

林《ハヤシ》々々大伴宿祢同祖。室屋大連公男。御物宿祢之後也。

家内連高魂命五世孫。天忍日命之後也。

佐伯《セヘキ》首天押日命十一世孫。大伴室屋大連公之後也。

葛木《カツラキ》直高魂命五世孫。劔根命之後也。

俣々高御魂尊孫。天押立命之後也。

恩智《オチ》神主《カムヌシ》高魂命兒。伊久魂命之後也。

委文《シトリ》宿祢角凝魂命之後也。

美努《ミ奴イ》《アノ》連同神四世孫。天川田奈命之後也。

鳥取《トヽリ》同神三世孫。天湯河桁命之後也。

○祢─コノ字「孫」ニ作リ、右傍ニ「祢ィ」ト記ス

○孫─コノ字ヲ欠ク、白本ニヨリ補ウ

○毗─コノ字「肶」ニ作ル、白本ニヨリ改ム

○志─コノ字「加」ニ誤ル、他本ニヨリ訂ス

○後─コノ字「命」ニ誤ル、他本ニヨリ訂ス

○荒─コノ字「荒」ノ草体ニ作リ、右傍ニ「荒」ト記ス

○世―コノ字、「五」ト「孫」ノ間ニ「○」ヲ付シ、右傍ニ「世」ト記ス
○速―コノ字「連」ニ作リ、見セ消チニシテ右傍ニ「連」ト記ス
○尼―コノ字、異体字ノ「𡰱」ニ作ル
○我―コノ字ヲ欠ク、他本ニヨリ補ウ
○同―コノ字ヲ欠ク、橋本ニヨリ補ウ
○志―コノ下ニ「摩志」ノ二字重ネ書キス
○由―コノ字「田」ニ作ル、他本ニヨリ訂ス
○伊―コノ字ノ上ニ「仲」ノ字アリ削ル、コノ条ノ標目「津首」ハ「津門首」トスル説アリ

多米《タメ》連神魂命兒。天石都委居命之後也。
紀直神魂命五世孫。天道根命之後也。
氷々石上朝臣同祖。饒速日命十世孫。伊己燈宿祢之後也。
髙屋々同神十世孫。伊己止足尼大連之後也。
宇治部《ウチヘ》々同神六世孫。伊香我色乎命之後也。
矢田部《ヤタヘ》首同神六世孫。伊香我色雄命之後也。
物部《モノヽヘ》飛鳥《アスカ》同神六世孫。伊香我色雄命之後也。
早部《クサカヘ》神饒速日命孫。比古由支命之後也。
若湯坐《ワカユヘ》々膽杵磯丹杵穂命之後也。
物部《モノヽヘ》首同神子。味嶋乳命之後也。
掃守《カモリ》宿祢振魂命之後也。
守部《モリヘ》々振魂命之後也。
浮穴直移受牟受比命之後也。
神人御手代首同祖。阿比良命之後也。

城原《キハラ》同神五世孫。大廣目命之後也。
大村直田連大村直同祖。天道根命之後也。
鳥見々同神十二世孫。小前宿祢之後也。
髙橋《タカハシ》々同神十四世孫。伊己布都大連之後也。
物部《モノヽヘ》依羅《ヨサァ》々神饒速日命之後也。
物部同神十三世孫。物部布都久呂大連之後也。
積組造阿刀宿祢同祖。同神子。于摩志摩治命之後也。
栗《クル》栖連同神子。于摩志摩治命之後也。
勇山々神饒速日命三世孫。出雲醜大使主命之後也。
津《ツ》首同神六世孫。伊香我色男命之後也。
掃守連同神四世孫。天忍人命之後也。
掃守造《カモリノアヤツコ》同神四世孫。天忍人命之後也。
服《ハトリ》連熯之速日命之後也。

天孫

襷多治比宿祢　火明命十一世孫。殿諸足尼命之後也。男。兄男庶。其心如レ女。故賜レ襷為二御膳部一。次。弟男庶。其心勇健。其力足レ制二十千軍衆一。故賜レ靫号二四十千健彦一。因負二姓靫負一。

丹比連《タチヒ》　火明命之後也。

若犬養宿祢《ワカイヌカヒ》　同神十六世孫。尻調根命之後也。

笛吹《フエフキ》　火明命之後也。

尾張連《ヲハリ》　同神十四世孫。小豊命之後也。

吹田《フヰタ》《スヰタ》々　火明命児。天香山命之後也。

身人部《アウトヘ》々　火明命之後也。

五百木部《イウキヘ》々　同レ上。

出雲臣《イツモ》　天穂日命十二世孫。宇賀都久野命之後也。

額田部湯坐連《ヌカタヘユヘノムラシ》　天津彦根命五世孫。乎田部連之後也。

津夫江　天津彦根命之後也。

凡河内忌寸《オウシカウチノイアキ》　同レ上。

大縣主《オホアカタヌシ》　同レ上。

地祇

宗形君《ムナカタノキア》　大國主命六世孫。吾田片隅《カタス》命之後也。

安曇連《アツア》　綿積神命児。穂高見命之後也。

等祢直　椎根津彦命之後也。

右第十九巻。

○諸―コノ字「讀」ニ作ル、白本ニヨリ改ム
○弟―コノ字「第」ニ作ル、白本ニヨリ改ム
○庶―コノ字「鹿」ニ作リ、抹消シテ右傍ニ「庻」ト記ス
○勇―コノ字ノ上ニ「其心」ノ二字重ネテ記スタメ削ル
○軍―コノ字ノ上ニ「里」ノ字ヲ記シ消ス
○負―上ノ「因」ノ右下ニ「○」ヲ付シ、右傍ニ「負」ノ字ヲ記ス
○吹―コノ字「次」ニ見エルガ「吹」ノ草体ト見ナセル、左条ノ「吹」モ同ジ
○ユ―コノ振リ仮名ノ下ニ「ノ」ノ字ラシキモノ抹消ス
○江―コノ字ノ下ニ他本「連」ノ字アリ、建武二年系ノ他本ハ「―」ニ作ル、コレハ前条「額田部湯坐連」ノカバネ「連」ノ畳用記号ナノデ「連」ノ字ヲ補ウベキカ
○穂―コノ字ヲ欠ク、橋本ニヨリ補ウ
○見―コノ字「兒」ニ誤ル、他本ニヨリ訂ス

和泉國神別起㆓宮處朝臣㆒。盡㆓長公㆒。六十氏。
天神
宮處《アヤトコロ》朝臣大中臣々々同祖。天兒屋命之後也。
狹山《セヤマ》連同㆑上。
和太《ワタ》々○同㆑上。
志悲《シヒ》々○同㆑上。
蜂田《ハチタ》々同㆑上。
殿来《トノク》々同㆑上。
大鳥《オホトリ》々同㆑上。
中臣部《ナカトア》同㆑上。
民直《タアノアタヒ》同㆑上。
○評連同㆑上。
畝尾々同㆑上。

中臣表々○同㆑上。

采女臣《ウネメ》神饒速日命六世孫。伊香我色雄命之後也。

韓國連《カラクニノムラシ》采女臣同祖。武烈天皇御世。被㆑遣㆓韓國㆒。復命之日。賜㆓姓韓國連㆒。

阿刀《アト》々同㆑上。

宇遅《ウチ》○○部連同㆑上。

巫部《カムナイ》々同㆑上。雄略天皇御體不豫。因㆑玆。召㆓上筑紫豊国奇巫㆒。令㆓真椋擧㆑巫仕奉㆒。仍賜㆓姓巫部連㆒。

曽祢《ソネ》々采女臣同㆑上。

志貴縣主《シキノアカタヌシ》饒速日命十世孫。大賣布之後也。

若櫻部造《ワカセクラヘノアヤツコ》速日命十四世孫。止智尼大連之後也。履中御世。採㆓櫻花㆒獻㆑之。仍改㆓物部連㆒。賜㆓姓若櫻部造㆒。

榎井部《エノヰ○ヘ》同神四世孫。大矢口根大臣命之後也。

物部《モノヽヘ》同神六世孫。伊香我色雄命之後也。

○氏―コノ字「民」ニ作リ、右傍ニ「氏ィ」ト記ス
○々―コノ畳用記号ナシ、他本「連」ニ作リ、建武二年系ノ他本「―」ニ作ル、「―」ハ前条「狭山連」ノカバネ「連」ヲ受ケタ記号デアルノデ例ニナラッテ「々」ヲ補ウ、次ノ「志悲々」ノ「々」モ同ジ
○評―コノ字「許」ニ作ル、アルイハ「評」ノ草体ト見ナシテ良イカ
○々―コノ畳用記号ナシ、他本ニ「連」トアリ、例ニナラッテ「々」ヲ補ウ
○部連―コノ二字ヲ欠ク、他本ニヨッテ補ウ
○奇―コノ字「安」ニ作ル、松本ナドニヨリ改ム
○十四世―コノ三字ノウチ「四」ノ右傍ニ「七ィ」トアリ、「世」ノ字ヲ欠ク、他本ニヨリ「世」ノ字ヲ補ウ、他本ノ「七世」ガ正シイカ
○尼―コノ字、異体字ノ「老」ニ作ル
○へ―コノ振リ仮名「ノ」ノ字ニ作リ、ソレヲ消シテ右傍ニ「へ」ト記ス

○網部《アムヘ》同レ上。

高岳首《タカヲカノオフト》同神十五世孫。物部○麁鹿火大連之後也。

大伴山前連《オホトモヤマサキノムラシ》大伴宿祢同祖。○日臣命之後也。賜二爪工連姓一。連一。

和山守首《ヤマトヤマモリ》同レ上。

高家々《タイヘノ》同レ上。

神直《アネノアタヒ》同神五世孫。生玉兄日子命之後也。

大村々《オホムラノ》紀直同祖。大名草彦命男。枳弥都弥命之後也。

○直尻家大村直同祖。

鳥取《トヽリ》角凝命三世孫。天湯河桁命之後也。

荒田直《アラタノアタヒ》高魂命五世孫。劔根命之後也。

天孫

土師宿祢《ハシノスクネ》秋篠朝臣同祖。天穂日命○十四世孫。野見宿祢之後也。

衣縫《キヌヽヒ》同レ上。

安幕々《アマク》○同神七世孫。十千尼大○連之後也。

爪工神魂命男。多久豆玉命之後也。雄略天皇御世。造二紫蓋。爪一。并奉レ餝二御座一。仍

掃守首《カモリ》振魂命四世孫。天忍人命之後也。雄略天皇御代。監二掃除事一。賜二姓掃守

物部連神魂命五世孫。天道根命之後也。

和田々《ネコタノオフト》同レ上。

大庭造《オホウハノアヤツコ》神魂命八世孫。天津麻良命之後也。

紀々《キ》神魂命子。御食持命之後也。

川瀬《カハセ》神魂命五世孫。天道根命之後也。

高野《タカノ》大名草命之後也。

○川枯首《カワカレノオフト》阿目加伎表命四世孫。阿目夷沙比止命之後也。

土師連同レ上。

○網―コノ字、虫損アルモ右傍ニ「アムヘ」ノ振リ仮名アルニヨッテ「網」ト判定デキル
○麁―コノ字ヲ欠ク、橋本ニヨリ補ウ
○々―コノ畳用記号ヲ欠ク、他ノ建武二年系本ニ「―」トアルノデ例ニナライ「々」ヲ補ウ
○大―コノ字「太」ニ作ル、他本ニヨッテ訂ス
○日―コノ字ヲ欠ク、他本ニヨリ補ウ
○尻―コノ字「尻」ニ作ル、正字ニ改ム
○枯―コノ字「栝」ニ作リ、左傍ニ「枯」ト記ス
○十―コノ字ヲ欠ク、下ノ「石津連」条ノ「十四世孫」ニヨリ補ウ
○古―コノ字「吉」ニ作リ、右傍ニ「古ィ」ト記ス

山直《ヤマタヘ》天穂日命十七世孫。日古曽乃己呂命之後也。

民直《タアノアタヒ》同神十七世孫。若桑足尼之後也。

丹比《タテヒ》連同神男。天香山命之後也。

津守《ツモリ》々同上。

椋々《クラノムラシ》同上。

高市縣主《タカイチノアカタヌシ》天津彦根命十二世孫。建許呂命之後也。

穴師神主《アナレノカムヌシ》天富貴命五世孫。古佐麻豆智命之後也。

地祇

長公大奈牟智神兒。積羽八重事代主命之後也。

右第廿巻。

○々—コノ畳用記号欠ク、他本ニ「連」、他ノ建武二年系本ニ「—」トアルニヨリ例ニナライ補ウ

○々—コノ畳用記号欠ク、他本ニ「連」トアルニヨリ、例ニナラッテ補ウ

○タカイ—コノ三字、虫損スルモ、判読デキル

○カ—コノ振リ仮名、「ア」ト「タ」ノ間ノ右傍ニ「カ」ト記ス

○等—コノ字「寺」ニ作リ、抹消シテ右傍ニ「等」ト記ス

○大—コノ字、下ノ「奈」ノ字ノ上ニ「○」ヲ付シ、右傍ニ「大」ト記ス

石津《イシツ》連天穂日命十四世孫。野見宿祢之後也。

若犬養宿祢《ヰカイヌカヒ》火明命十五世孫。古利命之後也。

石作《イシツクリ》々同上。

網津守《アアツモリ》々同上。

綺《カンハタ》々津守連同祖。天香山命之後也。

末使主天津彦根命子。彦稲勝命之後也。

坂合部《サカヒヘ》火闌降命七世孫。夜麻等古命之後也。

第三帙

左京諸蕃上起㆓太秦公宿祢㆒。盡㆓筑紫史㆒。卅五氏。

漢

太秦《ウツマセノ》公《コムノ》宿祢《スクネ》秦始皇帝三世孫。孝武王之後也。男。功満王。仲哀天皇八年来朝。男。融通王一云㆓弓月王㆒。應神天皇十四年。来㆓率百廿七縣百姓㆒歸化。獻㆓金銀玉帛等物㆒。仁徳天皇御世。以㆓百廿七縣秦氏㆒。分㆓置諸郡㆒。即使㆓養㆑蠶織㆑絹貢㆑之。天皇詔曰。秦王所㆑獻絲綿絹帛。朕服用柔軟。温煖如㆓肌膚㆒。賜㆓姓波多公㆒。次。登呂志公。秦公酒。雄略天皇御世。絲綿絹帛、委積如㆑岳。天皇嘉㆑之。賜㆑号曰㆓禹都萬佐㆒。

秦長蔵連太秦公同祖。融通王之後也。

秦忌寸《ハタノイアキ》同王五世孫。丹照之後也。

秦忌寸同王四世孫。大蔵秦公志勝之後也。

秦造《ハタノアヤツコ》始皇帝五世孫。融通王之後也。

文宿祢《フムノスクネ》出㆑自㆓漢高皇帝之後。鸞王㆒也。

文忌寸《フムノイアキ》文宿祢同祖。宇尓古首之後也。

武生《タケフノ》宿祢同祖。王仁孫。阿浪古首之後也。

櫻野首《セクラノ、オフト》同㆑上。

伊吉連《イキノムラシ》出㆑自㆓長安人劉家楊雍㆒也。

常世々《ツネヨ》燕国王公孫淵之後也。

山代忌寸出㆑自㆓魯国。白龍王㆒也。

大崑忌寸《オホオカノイアキ》出㆑自㆓魏文帝之後。安貴公㆒也。雄略天皇御世。率㆓四部衆㆒歸化。男龍一名辰貴。善㆓繪工㆒。小泊瀬稚鷦鷯天皇。美㆓其能㆒賜㆓姓首㆒。五世孫。勤大壹恵尊。亦工㆓繪才㆒。天智天皇御世。賜㆓姓倭畫師㆒。高野天皇神護景雲三年、依㆓居地㆒。改賜㆓大崑忌寸姓㆒。

幡文造同祖。

○帙―コノ字「帙」ニ作ル
○太―コノ字「大」ニ作ル、松本ニヨリ改ム
○太―コノ字「大」ニ作ル、白本ニヨリ改ム
○秦―コノ字、異体字ノ「桊」ニ作ル
○百―コノ字欠クモ、他本ニヨリ補ウ
○縣―コノ字「孫」ニ作ル、他本ニヨリ訂ス
○百―コノ字ヲ欠ク、他本ニヨリ補ウ
○郡―コノ字「邪」ニ作ル、他本ニヨリ改ム
○曰―コノ字ヲ欠ク、他本ニヨリ補ウ
○肌膚賜姓波多公―コノ七字欠ク、橋本ニヨリ補ウ
○太―コノ字「大」ニ作ル、白本ニヨリ改ム
○公―コノ字ヲ欠ク、他本ニヨリ補ウ
○祖―コノ字「祢」ニ誤ル、他本ニヨリ訂ス
○ノ―コノ振リ仮名「メ」ニ作ル
○阿―コノ字「河」ノゴトク見エルガ「阿」ノ草体ト見ナシテ良イ
○雍―コノ字「雍」ニ作ルガ、サラニ下ニ線ヲ引イテ「雍」ノ字ヲ小書ス
○恵―コノ字、一旦「恵」ト記シ、

楊侯忌寸 出レ自隋煬帝之後。達率楊侯阿了王一也。
楊胡史 同レ上。
木津《コツ》忌寸 後漢霊帝三世孫。阿智使主之後也。
浄村《キヨムラ》宿祢 陳袁濤塗之後也。
清宗々々 唐人正五位下李元環之後也。
清海《キヨウア》々々 唐人従五位下沈惟岳之後也。
嵩山《スヤマ》忌寸 唐人外従五位下舩典賜緑。張道光入朝焉。沈惟岳同時。
榮山忌寸 唐人正六位上本司兵賜緑。晏子欽入朝焉。沈惟岳同時。
長国《ナカクニ》忌寸 唐人正六位上大押官賜緑。五税児入朝焉。沈惟岳同時。
榮山忌寸 唐人正六位上本判官賜緑 徐公卿入朝焉。沈惟岳同時。
嵩山忌寸 唐人正六位上本司倉賜緑。孟恵芝入朝焉。沈惟岳同時。
清川《キヨカハ》忌寸 唐人正六位上本賜緑。盧如津入朝焉。沈惟岳同時。
清海《キヨウア》忌寸 唐人正六位上本賜緑。沈庭勗入朝焉。沈惟岳同時。
新長忌寸《ニヰヲセノイアキ》 唐人正六位上馬清朝之後也。
當宗《マサムチ》々々 後漢獻帝四世孫。山陽公之後也。
丹波史《タハノフムヒト》 後漢霊帝八世孫。孝日王之後也。
大原《オホハラノ》々々 漢人西姓令貴之後也。
桑原村主《クワハラノスクリ》 漢高祖七世孫。萬徳使主之後也。
下村々《シモノスクリ》 後漢光武帝七世孫。慎近王之後也。
上村々《カムノスクリ》 廣階連同祖。陳思王植之後也。
筑紫史《ツクシノフムヒト》 陳思王植一名。東阿王。之後也。

右第廿一巻。

左京諸蕃下 起ニ吉水連一。盡ニ清水首一。卌七氏。

ソレヲ消シテ右傍ニ「恵」ト記ス
○地―コノ字「汶」ニ誤ル、他本ニヨリ訂ス
○達―コノ字「遠」ニ誤ル、他本ニヨリ訂ス
○了―コノ字「子」ニ誤ル、橋本ニヨリ訂ス
○袁―コノ字「表」ニ誤ル、白本ニヨリ改ム
○惟―コノ字「推」ニ誤ル、他本ニヨリ改ム
○司兵―コノ二字「国」ノ一字ニ作ル、続紀、天平宝字六年五月丁酉条ニヨリ訂ス
○上―コノ字、一旦「下」ト記シ、上ニ「上」ト重ネ書キシタタメ「正」ノ字ニ見エルガ、「上」ト見ナシテ良シ
○司―コノ字「丑」ニ誤ル、栗本ノ説ニヨリ改ム
○勗―コノ字「四助」ノ二字ノゴトク見エルガ、「勗」ノ一字ト見ナシテ良シ、「勗」ニ訂ス
○入―コノ字「人」ニ誤ル、他本ニヨリ訂ス
○馬―コノ字ノ右傍ニ「焉ィ」ト記ス
○朝―コノ字ヲ欠ク、続紀、延暦七年五月丁巳条ニ「馬清朝」トアルニヨリ補ウ
○入―コノ字、虫損アルモ「之」ト判読デキル

○日―コノ字「白」ニ作リ、右傍ニ「日ィ」トアリ
○廣―コノ字「唐」ニ誤ル、他本ニコリ訂ス

○弖―コノ字ノ右傍ニ「久ィ」ト記ス
○古―コノ字ノ右傍ニ「圡ィ」ト記ス
○堂―コノ字「営」ニ作リ、右傍ニ「堂」ト記ス
○獻―コノ字ヲ欠ク、白本ニヨリ補ウ
○寺―コノ字「等」ニ誤ル、他本ニヨリ訂ス
○祖―コノ字「祢」ニ誤ル、他本ニヨリ訂ス
○荊―コノ字「莉」ニ作ル、他本ニヨリ改ム
○々―コノ畳用記号ナシ、他ノ建武二年系本ニ「―」トアルニヨリ、例ニナラッテ「々」ヲ補ウ、下ノ「神前々」ノ「々」モ同ジ
○辛―コノ字「争」ニ作ル、他本ニヨリ改ム
○憶―コノ字ノ上ノ「孫」ト下ノ「頼」ノ字ノ間ニ「○」ヲ付シ、右傍ニ「小」ガ記サレテイルノガ綴リ目ノ左ニ見エル、他本ニヨリ「憶」ノ字ト推定デキル

漢

吉水連《ヨシアツノムラシ》 前漢魏郡人盖寛饒之後也。

牟佐村主《ムサスクリ》 呉孫権男。高之後也。

和藥使主《ヤマトクスリツカヒヌシ》 出ㇾ自㆓呉国主照淵孫㆒。智聡㆒也。欽明天皇御世。随㆓使大伴佐弖比古㆒。持㆓内外典。藥書。明堂圖等百六十四巻。佛像一軀。伎樂調度一具等㆒入朝。男。善那使主。孝徳天皇御世。依ㇾ獻㆓牛乳㆒。賜㆓姓和藥使主㆒。奉ㇾ度本方書一百卅巻。明堂圖一。藥臼一。及伎樂一具。今在㆓大寺㆒也。

大石《オホシ》 高丘宿祢同祖。廣陵高穆之後也。

百済

和朝臣《ヤマトノアソム》 百済国都慕王十八世孫。武寧王之後也。

百濟々々《クタラノアソム》 同王卅世孫。恵王之後也。

百濟公 同王廿四世孫。汶洲王之後也。

調連《ツキノムラシ》 百済国努理使主之後也。應神天皇御世。歸化。孫。阿久太男。弥和。次。賀夜。次。麻利。弥和。顯宗天皇御世。蚕織獻㆓絁絹之様㆒。仍賜㆓調首姓㆒。

林々《ハヤシノムラシ》 同国人木貴公之後也。

香山々《カヤマノ》 同国人達率荊員常之後也。

高槻々《タカツキ》 百済国人達率各進之後也。

廣田《ヒロタ》々 同国人辛臣君之後也。

石野《イハノ》々 同国人近速王孫。憶頼福留之後也。

神前《カムセキ》々 同国人正六位上賈受君之後也。

沙田史 同国人意保尼王之後也。

大丘造《オウヲカノアヤツコ》 同国速古王十二世孫。恩率高難延子之後也。

小高使主 同国人毛甲姓加須流氣之後也。

飛鳥部《アスカベ》 同国人木吉志之後也。

高麗○

高麗朝臣《コマノアソム》高句麗王好台七世孫。延興王之後也。

福當々同国人前部能妻之後也。

出《イツ》水《ア》々○同国人後部能致元之後也。

男捄々同国人高道士之後也。

日置《ヒヲキノ》造《アヤツコ》男。馬手裔孫。衰古君之後也。

河内民首高麗国安卿王之後也。

王高麗国人従五位下王仲文之後也。

高同国人従五位下高金蔵之後也。法名信成。

新羅

橘守三宅連同祖。天日桙命之後也。

任那

道田連《アチタノムラシ》任那国賀室王之後也。

清水々同レ上。

豊原連《トヨハラノムラシ》高麗国人上部王虫麿之後也。

御笠々《ツカセノ》○同国人従五位下高庄子之後也。

新城々同国人高福裕之後也。

高史《カワノフムヒト》同国人元羅郡杵王九世孫。延拏王之後也。

福當々高麗国人前部志發之後也。

後部藥使主同国人大兄億徳之後也。

高《カウ》同国人高助介之後也。

大市首《オホチノオフト》同国人都努加阿羅斯止之後也。

○麗―コノ字異体字ノ「𪊲」ニ作ル、以下ノ「麗」ノ字モ同ジ
○部―コノ字「那」ニ作ル、他本ニヨリ改ム
○妻―コノ字「韋」ニ誤ル、紀、天智天皇五年正月戊寅、同年六月戊戌条ノ「前部能妻」トアルニヨリ改ム
○々―コノ畳用記号ヲ欠ク、他ノ建武二年系本ニ「―」トアルニヨリ、前条ノ「豊原連」ノ「連」ノカバネヲ受ケテイル記号ト解シテ補ウ
○々―コノ畳用記号モ右ニ同ジ
○後部―コノ二字「邦・」ニ作リ、右傍ニ「後祁ィ」ニ記ス、他本ニヨリ「後部」ト改ム
○裕―コノ字「俗」ニ誤ル、松本ニヨリ改ム
○士―コノ字「土」ニ作リ、見セ消チニシテ右傍ニ「士」ト記ス
○部―コノ字「那」ニ作ル、他本ニヨリ改ム
○兄―コノ字「兄」ノ字ラシキモノニ作リ、ソレヲ見セ消チニシテ右傍ニ「兄」ト記ス
○室―コノ字ノ上ノ「賀」ノ下ニ「○」ヲ付シ右傍ニ「室ィ」ト記ス
○阿―コノ字ヲ欠ク、他本ニヨリ補ウ

右第廿二巻。

右京諸蕃上起二坂上大宿祢一。盡二田邊史一。卅九氏。

漢

坂上大宿祢《セカノウヘノオホイスク衣》後漢靈帝男。延王○之後也。

檜原《ヒノハラ》々々坂上大宿祢同祖。都賀直○孫。賀提直之後也。

内蔵《ウチノクラ》々々都賀直四世孫東人直之後也。

山口《ヤマクチ》々々同四世孫。都黄直之後也。

平田《ヒラタ》々々同五世孫。色夫直之後也。

佐太《セタ》々々同三世孫。○兎子直之後也。

谷《タニ》々々同四世孫。宇志直之後也。

畝火《ウスヒ》々々同三世孫。大父直之後也。

櫻井《サクラ井》々々同四世孫。東人直之後也。

路《オホチ》々々谷々々同祖。

文忌寸《フムノイアキ》都賀直之後也。

山田宿祢《ヤマタノスクネ》周靈王太子。晉之後也。

志我閇連山田々々同祖。王安高之後也。

長野々《ナカノ、ムラシ》同祖。忠意之後也。

山田造《ヤマタノアヤツコ》同レ上。

高村宿祢《タカムラノスクネ》魯恭王之後。青洲刺○史劉琮之後也。

伊吉連○長安人劉家楊雍之後也。

常世連《ツネヨ》燕国王公孫渕之後也。

○臺忌寸漢孝獻帝男。白龍王之後也。

錦織村主韓国人波怒志之後也。

○之―コノ字ヲ欠ク、群本ニヨリ補ウ

○孫―コノ字ヲ欠ク、逸文ニ檜原宿祢ハ都賀使主ノ子山木直ヲ祖トスルノデ、賀提直ハ山木直ノ子デ都賀直ノ孫ト推定、タダシ田中説ノヨウニ「口世孫」トイフコトモアリウルノデ確定ハデキズ

○兎―コノ字「免」ニ作ル、松本ニヨリ改ム

○史―コノ字「吏」ニ誤ル、他本ニヨリ訂ス

○連―コノ字「造」ニ作ル、他本ニヨリ「連」ニ改ム、「造」ト記シタノハ右ノ「山田造」ノ「造」ニ目移リシタモノカ

○臺―コノ字、異体字ノ「臺」ニ作ル

檜前々々《ヒノクマスクリ》漢高祖男。斉王肥之後也。
平松々《ヒラマツ》同㆑上。
椋人《クラヒト》阿祖使主男。武勢之後也。
八清水連○唐左衞郎将王文度○之後也。
若江造《ワカヘ》後漢霊帝苗裔。奈率張安力之後也。
秦忌寸《ハタノイアキ》功満王三世孫。秦公酒之後也。
秦忌寸始皇帝十四世孫。尊義王之後也。
秦人酒秦公之後也。
栗栖首《クルスノオフト》文宿祢同祖。王仁之後也。
田邊史《タノヘノフヒト》漢王之後。知惣之後也。

廣階連《ヒロシナノムラシ》魏武皇帝男。陳思王植之後也。
上村主《カムノスクリ》廣階同祖。通剛王之後也。
松野《マツノ》連呉王夫差之後也。
楊津々同㆑上。
下村主《シモノスクリ》後漢光武帝七世孫。慎近王之後也。
秦忌寸同㆑上。
秦忌寸始皇○四世孫。功満王之後也。
淨山忌寸唐人賜緑沈清庭之後也。
工造呉国人太利須々之後也。

右第廿三巻。

右京諸蕃下起㆓大山忌寸㆒。盡㆓海原造㆒。六十三氏。

漢

○連—コノ字ヲ欠ク、他本ニヨリ補ウ
○度—コノ字ノ右傍ニ「イ元」ト記ス
○皇—コノ字ノ下ニ「帝」ノ字ヲ欠ク

大山忌寸《オホヤマノイァキ》 高丘宿祢同祖。廣陵高穆之後也。

雲梯連《ウテナノ》《ウナテ》 高向々々同祖。寳徳公之後也。

祝部《ハフリヘ》 同祖。呉國人田利須々之後也。

百濟

百済王《クタラノオホキミ》 百済国義慈王之後也。

葛井宿祢《カツラヰノスクネ》 同祖。塩君男。味散君之後也。

津《ツ》々々 同祖。塩君男。番侶君之後也。

船《フネ》連 同祖。大阿郎王三世孫。智仁君之後也。

鳫高々々 同国貴首王之後也。

城篠々 同国人達率支母未恵遠之後也。

罡連《ヲカノムラシ》 市往公同祖。目圖王男。安貴之後也。

百済伎 同国都慕王孫。徳佐王之後也。

清道々 同国人恩率納比旦止之後也。

不波《フハ》々 出レ自ニ百済国都慕之後。毗有王一也。

高向村主《タカムコノスクリ》 魏武帝太子。文帝之後也。

郡首《コオリノオフト》 同祖。段姓夫公之後也。

菅野朝臣《スカノヽアソム》 同国都慕王十世孫。貴首王之後也。

宮原《アヤハラ》々々 同祖。塩君男。智仁君之後也。

中科《ナカシナ》々々 同祖。塩君孫。宇志之後也。

三吉《アヨシ》宿祢 同国速古大王之後也。

安勅連 同国魯王之後也。

市往公《イチケノ》 同国明王之後也。

百済公 因ニ鬼神感和之義一。命レ氏謂ニ鬼室一。廢帝天平寳字三年。改賜ニ百済公姓一。

廣津連《ヒロツノムラシ》 同国近貴首王之後也。

廣海《ヒロウァ》々 韓王信之後也。王須教之後也。

麻田《アセタ》々 朝鮮王淮之後也。

○郡—コノ字「那」ニ作ル
○オホキミ—コノ振リ仮名「ホキア」ヲ抹消シテ右傍ニ「オホキミ」ト記ス
○同—コノ字「周」ニ誤ル、群本ニヨリ訂ス
○男—コノ字ヲ欠ク、他本ニヨリ補ウ
○ナ—コノ振リ仮名「ナ」ヲ消シ、右傍ニアラタメテ「ナ」ト記ス
○速—コノ字ノ右傍ニ「連」ト記ス
○首王—上ノ「貴」ノ字ノ下ニ「○」ヲ付シ右傍ニ「首」ト記ス、「王」ノ字、「山」ニ誤ル、他本ニヨリ訂ス
○支—コノ字ノ右傍ニ「文」ト記ス
○目圖王—コノ三字、三字分ノ空白ノ右傍ニ小書ス、「圖」ノ字ハ「啚」ノ異体字デ記ス
○百済公—コノ氏姓ノ標目ヲ欠ク、他本ニヨリ補ウ
○因—コノ字「曰」ニ誤ル、他本ニヨリ訂ス、以下ノ文ハ上ノ条ノ「安貴之後也」ニツヅケテ記ス
○々—コノ畳用記号、他本ニ「連」トアル例ニナライ補ウ、下条ノ「不破々」モ同ジ
○淮—コノ字「維」ニ作ル、他本ニヨリ改ム

廣田《ヒロタ》々辛臣君之後也。
面氏同レ上。
○汶斯々同王孫。比流王之後也。
道祖《フナトノ》々百済国主孫許里之後也。
菀部首百済国久知豆神之後也。
髙野《タカノ、》造《ミヤツコ、アヤツコ》同国人佐平余自信之後也。
御池《アイケ》々百済扶餘地卓斤国主施比王之後也。
真野《マノ》々同国肖古王之後也。
坂田村主《セカタスクリ》同国人顯貴村主之後也。
不破々同国人淳武止等之後也。
漢人《アヤウト》百済国人多夜加之後也。
○半毘々同国沙半王之後也。
林々々連同祖。貴之後也。百済国人木
髙麗

春野《ハルノ》々速古王孫。比流王之後也。
○己汶々春野々同祖。速古王孫。汶休矣之後也。
大縣史《オフアカタノフムヒト》百済国人和徳之後也。
大原《オフハラ》々漢人木姓阿留素。西姓令貴之後也。
民々《タアノラウト》同国人努利使主之後也。
飛鳥戸《アスカヘノ》造同国比有王之後也。
中野《ナカノ、》々同国人杵率答他斯智之後也。
○枌谷々同国人堅祖州耳之後也。
上勝同国人多利湏々之後也。
刑部《オサカヘ》百済国酒王之後也。
賈氏同国人賈義将之後也。
○大石椅立同国人庭姓蚊尒之後也。
大石林同レ上。

○己―コノ字「巳」ニ誤ル、他本ニヨリ訂ス
○矣―コノ字ノ右傍ニ不明ノ二字ヲ記シ、コレヲ消シ、左傍ニ「奚」ト記ス
○々―コノ畳用記号、他本ハ「氏」ト記シ、他ノ建武二年系本ニ「、」ノ記号ガアルノデ例ニナラッテ補ウ
○主孫―コノ二字「王挨」ニ作ル、栗本ニヨリ改ム
○同―「国」ノ字ノ上ニ「○」ヲ付シ右傍ニ「同」ト記ス
○平―コノ字「千」ニ誤ル、他本ニヨリ訂ス
○国―コノ字ノ右傍ニ「國」ト記ス
○施―コノ字「於」ニ作ル、他本ニヨリ改ム
○古―コノ字ノ右傍ニ「占ィ」ト記ス
○々―コノ畳用記号ヲ欠ク、他本ニ「造」トアリ、例ニナラッテ「々」ヲ補ウ
○将―コノ字ノ右傍ニ「時ィ」ト記ス
○々―コノ畳用記号ヲ欠ク、他本ニ「氏」トアリ、前条ノ「賈氏」ノ「氏」ヲ受ケテイルモノト見ナシ、例ニナラッテ「々」ノ記号ヲ補ウ
○椅―コノ字「掎」ニ作ル、他本ニヨリ改ム

長背連　高麗国主鄒牟一名朱蒙。之後也。欽明天皇御世。率レ衆投化。皃美體大。其背巾長。仍賜二名長背王一。

難破《ナハ》連　同国好太王之後也。

嶋岐史　同国能祁王之後也。

嶋々《シマノフムヒト》　同国和興之後也。

狛首《コマノオフト》　同国安罡上王之後也。

高田々《タカタ》　同国人多高子使主之後也。

日置造《ヒオキノアヤツコ》　同国人伊利須使主之後也。一名伊和須。

高安下村主《タカヤスシモツㇽクリ》　同国人大鈴之後也。

後部王　同国長王周之後也。

新羅

三宅連《ミヤケノムラシ》　新羅国王子。天日杵命之後也。

豊原々《トヨワラ》　同国人壹呂比麻呂之後也。

海原造《アマハラ》　同国人進廣肆金加志毛礼之後也。

右第廿四巻

山城國諸蕃　起二秦忌寸一。盡二多々良公一。廿二氏。

漢

秦忌寸　太秦公宿祢同祖。物智王。弓月王。應神天皇十四年来朝。上表更歸レ国。率二百廿七縣佰姓一歸化。幷獻二金銀玉帛種々寶物等一。天皇嘉レ之。賜二大和朝津間腋上地一居レ之焉。男。真徳王。次。普洞王古記云二浦東君一。仁徳天皇御世。賜レ姓曰二波陁一。今秦字之訓也。次。雲師王。次。武良王。普洞王男。秦公酒。雄略天皇御世。奏侮。普洞王時。秦氏惣被二劫略一。今見在者。

○牟―コノ字ノ右傍ニ「爭ィ」ト記ス
○巾―コノ字「市」ニ作ル、「巾」ノ誤リト見ナシテ訂ス
○主―コノ字ヲ欠ク、他本ニヨリ補ウ
○アマ―コノ振リ仮名、虫損アルモ「マ」ノ箇所判読デキルノデ「アマ」ト推定
○志―コノ字ヲ欠ク、他本ニヨリ補ウ
○太―コノ字「大」ニ作ル、橋本ニヨリ改ム
○王―コノ字ヲ欠ク、他本ニヨリ補ウ
○奏―コノ字「秦」ニ作ル、「奏」ノ字ノ誤リト見ナシテ改ム

○九—コノ字以下二十一字ヲ欠ク、他本ニヨリ補ウ、コノ脱文ハ前行ト後行ニ見エル「秦氏」ノ二字ニ目移リシタタメ、一行分ヲ脱シテ書写シタタメニ生ジタモノトスル田中説ハ妥当、サラニコノ原写本ハ一行二十一字詰デアッタト推定デキルトスル田中説モ妥当

○員—コノ字「貢」ニ誤ル、他本ニヨリ訂ス

○冠—コノ字、異体字ノ「㓻」ニ作ル

○徳—コノ字ヲ欠ク、他本ニヨリ補ウ

○曰—コノ字「日」ノ字ニ見エルガ、「曰」ノ字ト見ナシテ良シ

○湏—コノ字ヲ欠ク、他本ニヨリ補ウ、下ノ「々」ハアリ

○文—コノ字「父」ノ字ニ見エルガ、「文」ノ字ト見ナシテ良シ

○鄒—コノ字「郚」ニ作ル、他本ニヨリ改ム

十不レ存レ一。請下遣二勅使一撿括招集上。天皇。遣下使小子部雷率二大隅阿多隼人等一。捜括鳩集上。得二秦氏「九十二部一萬八千六百七十人一。遂賜二於酒一。爰率二秦氏一。」養レ蠺織レ絹。盛レ篚詣レ闕貢進。如レ岳如レ山。積二蓄朝廷一。天皇嘉レ之。特降二寵命一。賜レ号曰二禹都萬在一。是盈積有二利益一之義。役二諸秦氏一。搆二八丈大蔵於宮側一。納二其貢物一。故名二其地一曰二長谷朝倉宮一。是時。始置二大蔵官員一。以レ酒為二長官一。秦氏等一祖子孫。或就二居住一。或依二行事一。別為二数腹一。天平廿年。在二京畿一者。咸賜二伊美吉姓一也。

秦忌寸 同帝十五世孫。川秦公之後也。

秦々々 同帝五世孫。弓月王之後也。

秦冠 同帝四世孫。法成王之後也。

民使首 高向村主同祖。寳徳公之後也。

錦部村主 錦織村主同祖。波能志之後也。

工造 呉国人田利湏々之後也。

祝部 同レ上。

谷直《タニノアタヒ》 漢師建王之後也。

百済

民首 水海連同祖。百済国人怒理使主之後也。

伊部《イヘノ》造 同国人乃里使主之後也。

末使主 同国人津留牙使主之後也。

木曰佐 同レ上。

勝《カチ》 同国人多利湏々之後也。

罡屋《ラカノヤ》公 同国比流王之後也。

高麗

黄文連 高麗国人久斯祁王之後也。

桑原《クハヽラ》史 狛国人漢胷之後也。

高井《タカヰ》造 高麗国主鄒牟廿世孫。汝安祁王之後也。

狛造 同国主夫連王之後也。

○麻―コノ字ノ右傍ニ「原ィ」ト記ス

○真―コノ字「直」ニ作ル、他本ニヨリ改ム

○己―コノ字「巳」ニ作ル、他本ニヨリ改ム

○亥―コノ字、異体字ノ「兞」ニ作ル

八坂《ヤセカ》同国人久留川麻乃意利佐之後也。

新羅

○真城史新羅国人金氏尊之後也。

任那

多々良《タ、ラ》公御間名国主尒利久牟王之後也。欽明天皇御世。投化。獻ニ金多々利。金乎居等一。天皇譽レ之。賜ニ多々良公姓一也。

右第廿五巻

大和國諸蕃起ニ真神宿祢一。盡ニ大伴造一。廿六氏。

漢

真神《マカア》宿祢漢福徳王之後也。

秦忌寸秦始皇四世孫功満王之後也。

○己智秦太子。胡亥之後也。

長罡《ナカヲカ》忌寸同レ上。

櫻田《サクラタ》連己智同祖。諸齒王之後也。

豊罡《トヨヲカ》連漢高祖苗裔。伊須久牟治使主之後也。

桑原直《クハ、ラノアタヒ》漢皇帝十世孫。萬得使主之後也。

三林《アハヤシ》公己智同祖。諸齒王之後也。

山村《ヤマムラ》々々己智同祖。古礼公之後也。

朝妻《アサツマ》造韓国人都留使主之後也。

〇人天―コノ二字「呉」ニ誤ル、他本ニヨリ訂ス
〇縵―コノ字、異体字ノ「縵」ニ作ル
〇同―「国」ノ字ノ上ニ「〇」ヲ付シ、右傍ニ「同」ト記ス
〇ミ―コノ振リ仮名、一字ヲ抹消シ、右傍ニ「ミ」ト記ス
〇出自国久―コノ四字、「同国人」トスベキカ
〇阿―コノ字ヲ欠ク、他本ニヨリ補ウ

額田村主《ヌカタノスクリ》遠呉国人天国古之後也。

百濟

縵　連《カツラノムラシ》百済人狛之後也。

宇奴首同国君男。弥奈曽富意弥之後也。

薦口々《コモクチノミヤツコ》同国人抜田自城君之後也。

髙麗

日置造《ヒオヽ》髙麗国人利須使主之後也。

榮井々々日置造同祖。伊利須使主男。麻弖臣之後也。

和《ヤマト》造同レ上。

新羅

糸井造《イトヰ》新羅人三宅連同祖。天日桙命之後也。

任那

辟田首《セイタノオフト》任那国主都奴加阿羅志等之後也。

右第廿六巻。

和《ヤマト》々百済国主雄蘊利紀王之後也。

波多造同国人佐布利智使主之後也。

薗人首《ソノヒトノオフト》出自国。久知豆神之後也。

鳥井《トリヰ》宿祢同レ上。

吉井々々《ヨシヰノスクネ》伊利須使主之後也。

日置倉人《ヒオキノクラヒト》伊利須使主兄。許呂使主之後也。

大伴造《オフトモ》任那国主龍主王孫。佐利王之後也。

攝津國諸蕃起二石占忌寸一。盡二荒々公一。廿九氏。

漢

石占忌寸 坂上大宿祢同祖。阿智王之後也。

檜前《ヒノクマノイアキ》忌寸 同レ上。

蔵人《クラヒト》 同レ上。

葦屋漢人 同レ上。

秦忌寸 太秦公宿祢同祖。功満王之後也。

秦人 秦忌寸同祖。弓月王之後也。

志賀《シカノ》忌寸 後漢孝献帝之後也。

大原史《オホハラノフムヒト》 漢人西姓令貴之後也。

上村主《カムノスクリ》 廣階連同祖。陳思王植之後也。

○竺志史 同レ上

○臺直 漢釋吉王之後也。

史戸《フムヒトヘ》 漢城人韓氏劉徳之後也。

温義 北斉國温公髙緯之後也。

百濟

舩連《フネノムラシ》 菅野朝臣同祖。大阿郎王之後也。

廣井々《ヒロヰノ》 百済國避流王之後也。

林史《ハヤシノフンヒト》 林連同祖。百済國人木貴之後也。

為奈部首《ヰナヘノオフト》 同國(マヽ)津波手之後也。

牟古首 同國人汗礼吉志之後也。

原首 真神宿祢同祖。福徳王之後也。

○太―コノ字「大」ニ作ル、他本ニヨリ改ム
○竺―コノ字「笠」ニ誤ル、他本ニヨリ訂ス
○臺―コノ字、異体字ノ「臺」ニ作ル
○阿―コノ字ノ下ニ「郎」ノ字ヲ記シ抹消スル
○國―コノ字ノ下ノ一字分ノ空白ニ、他本「人中」ノ二字アリ、スナワチコノ条「同國人中津波手之後也」トナル
○徳―コノ字ヲ欠ク、他本ニヨリ補ウ

○弥—コノ字「祢」ニ誤ル、他本ニヨリ訂ス

○々—コノ畳用記号ヲ欠ク、他ノ建武二年系本ニヨリ補ウ

三野造《アノヽアヤツコ》 百済國人布須麻乃古意弥之後也。

村主《スクリ》 葦屋村主同祖。意寶荷羅支王之後也。

勝《カチ》 上勝同祖。多利須々之後也。

高麗

桑原史《クハヽラノフンヒト》 高麗國人萬徳使主之後也。

日置造《ヒオキ》 鳥井宿祢同祖。伊利須使主之後也。

高安漢人 狛國人小須々之後也。

新羅

三宅連 新羅國王子。天日桙命之後也。而或記以二伊久米入彦命一為レ祖。

任那

豊津造《トヨツノミヤツコ》 任那國人左李金之後。亦名佐利己牟。

韓人《カラヒト》 同レ上。

荒々公 任那國豊貴王之後也。

右第廿七巻。

○五—コノ字「六」ニ作ル、「五十五氏」ガ正シイノデ改ム

河内國諸蕃 起二高丘宿祢一。盡二伏丸一。五十五氏。

漢

髙丘 宿祢《タカラカノスクネ》百済国公族。大夫高侯之後。廣陵高穆之後也。

山田連同国人忠意之後也。

長野連《ナカノ、》同レ上。

三宅史同祖。忠意之後也。

秦宿祢秦始皇五世孫。融通王之後也。

髙尾忌寸《タカラノイアキ》同レ上。

秦公始皇帝孫。孝徳王之後也。

古志連文宿祢同祖。王仁之後也。

野上々《ノカア》河原連同祖。陳思王植之後也。

河内畫師同レ上。

髙安造《タカヤス》八戸同祖。盡達王之後也。

河内忌寸《カカチ》山代忌寸同祖。魯国白龍王之後也。

下曰佐漢髙祖男。斉悼恵王肥之後也。

常世々《ツネヨ》燕国王公孫淵之後也。

山田々々《ヤマタ》魏司空王昶之後也。

山田造同レ上。

志我閇々《シカヘノ》山田宿祢同祖。王安高男。賀佐之後也。

大里 史《オフサトノフムヒト》同レ上。

秦忌寸秦宿祢同祖。融通王之後也。

秦人同祖。弓月王之後也。

秦姓同帝十三世孫。然能解公之後也。

河原々《カハラ》廣階同祖。陳思王植之後也。

河原 蔵人《カハラノクラヒト》同レ上。

八戸 史《ヤヘノフムヒト》後漢光武孫。章帝之後也。

○板茂連伊吉連同祖。楊雍之後也。

火撫直後漢霊帝四世孫。阿智使主之後也。

髙道連同レ上。

春井々《ハルヰ》下村主同祖。後漢光武帝七世孫。慎近王之後也。

○孫—コノ字ヲ欠ク、他本ニヨリ補ウ

○盡—コノ字ヲ欠ク、他本ニヨリ補ウ

○王—コノ字ヲ欠ク、他本ニヨリ補ウ

○板—コノ字「坂」ニ誤ル、他本ニヨリ訂ス

○雍—コノ字「羅」ニ誤ル、他本ニヨリ訂ス

○悼—コノ字「掉」ニ作ル、他本ニヨリ改ム

河内造同㆑上。

當宗《マセムチノ》 忌寸《イアキ》後漢獻帝四世孫。山陽之後也。

廣原《ヒロハラ》々々後漢孝獻帝男。都德王之後也。

茨田勝《マタカチ》呉国王孫皓之後。意富加牟枳君之後也。仁德天皇御世。賜㆓居地於茨田邑㆒。因為㆓茨田勝㆒。

○伯祢西漢人伯尼姓光金之後也。

百済

水海連百済国人努理使主之後也。

河内連出㆑自㆓百済国都慕王男。陰太貴首王㆒也。

錦《ニシコリ》 部《ヘ》々三善宿祢同祖。百済国速古太王之後也。

山河《ヤマカハ》々同㆑上。

林々同国直支王之後也。又云。周王。

宇努々同国人弥那子富意弥之後也。

飛鳥戸々百済国末多王之後也。

上曰○佐同国人久尔能古使主之後也。

武丘《タケラカノ》 史《フムヒト》同㆑上。

永野《ナカノ》忌寸漢人庄貞之後也。

刑部《ラセカヘ》造呉国人李牟意弥之後也。

調曰佐《ツキラサ》同㆑上。

佐良《サラ、》連同国人久米都彦之後也。

依羅《ヨセア》々○百済国人素弥志夜麻美乃君之後也。

罡原《ヲカハラ》々百済国辰斯王子。知宗之後也。

呉服《クレハトリノ》 造《ミヤツコ》同国阿漏史之後也。

飛鳥戸《アスカヘノ》々同国主比有王男。琨伎王之後也。

古市《フルイチノ》 村主《スクリ》同国庸王之後也。

○ノフ—コノ振リ仮名、一字ヲ抹消シテ右傍ニ記ス

○貞—コノ字ノ上ニ「真」ト記シ、抹消シテ下ニ「貞」ト記ス、他本ニ「員」ト記スモノアリ

○意—コノ字ヲ欠ク、他本ニヨリ補ウ

○伯—コノ字「伯」ト記シ、偏ノ「イ」ヲ「亻」トシタタメカ、右傍ニ「伯」ト小書ス

○尼—コノ字、異体字ノ「屔」ニ作ル

○光—コノ字「冗」ニ作ル、異体字ト見ナシテ良イカ

○慕—コノ字「幕」ニ誤ル、他本ニヨリ訂ス

○国—コノ字ノ右傍ニ「國」ト記ス

○々—コノ畳用記号ナシ、例ニナラッテ補ウ、他本ニハ「連」ト記ス

○弥志—コノ二字、虫損アルモ「弥志」ト判読デキル

○国—コノ字「周」ニ誤ル、他本ハ「國人」ノ二字ニ作ル

○曰—コノ字「日」ノ字ニ見エルガ「曰」ノ字ト見ナシテ良シ

高麗

大狛連《オホコマ》高麗国人伊利斯沙礼斯之後也。

大狛々同国溢士福貴王之後也。

嶋本《シマ》同国人伊理和須使主之後也。

新羅

伏丸新羅人燕怒利尺干之後也。

右第廿八巻。

和泉國諸蕃起ニ秦忌寸一。盡ニ日根造一。廿氏。

漢

秦忌寸太秦公同祖。融通王之後也。

秦勝同祖。

古志連文宿祢同祖。王仁之後也。

池邊直《イケノヘノアタヒ》坂上大宿祢同祖。阿智王之後也。

火撫々後漢靈帝四世孫。阿智王之後也。

栗栖々《クルスノアタヒ》同ㇾ上。

楊侯史楊侯忌寸同祖。達率楊公阿了之後也。

上村主《カムノムラクリ》廣階連同祖。

蜂田藥師《ハチタノヤクシ》呉主孫権王之後也。

蜂田藥師呉国人都久尒理久尒之後也。又云。怒久利。

○寸―コノ字ヲ欠ク、他本ニヨリ補ウ
○太―コノ字「大」ニ作ル、白本ニヨリ改ム
○侯―コノ字「隻」ニ作ル、群本ニヨリ改ム
○侯―右ニ同ジ
○村―コノ字「林」ニ誤ル、他本ニヨリ訂ス
○利―コノ字、上ノ「久」ノ左傍ニ記ス

凡人中家山代忌寸同祖。白龍王之後也。

百済

百済公百済国酒王之後也。

六人部連《ムウトヘ》同㆑上。

錦部々《ニシコリヘ》三善宿祢同祖。

信太首《シタノオフト》百済国人百千之後也。

取石造同国人阿麻意弥之後也。

葦屋村主同国人意寶荷羅支王之後也。

村主《スクリ》葦屋々々同祖。大根使主之後也。

衣縫《キヌヽヒ》百済国神靈命之後也。

新羅

日根造《ヒネノアヤツコ》新羅国人億斯冨使主之後也。

右第廿九巻。

未定雑姓勘㆓尋氏姓職由本系㆒。而此等姓。祖違㆓古記㆒。事漏㆓舊典㆒。雖㆑加㆓研覈㆒。稽所㆑不㆑及。故集為㆓別巻㆒。号曰㆓未定㆒。附㆓之於末㆒。以俟㆓後賢㆒。

未定雑姓起㆓左京茨田真人㆒。盡㆓和泉国山田造㆒。一百十七氏。

左京

茨田真人《マタノ》敏達天皇孫。大俣王之後者。未㆑詳。

御原々々《アハラ》同天皇々子。彦人大兄王之後也。

○後也―コノ二字、虫損スル、他本ニヨリ補ウ

○同祖―コノ二字、虫損スルモ判読デキル

○命―コノ字、虫損スルモ判読デキル

○姓―コノ字「姓」ト記シ、偏ノ「女」ヲ消シテ右傍ニ「姓」ト記ス

○一―コノ字「造」ノ下ニ「○」ヲ付シ、右傍ニ「二」ト記ス、「二」ハ他本ニ「一」トアルヨウニ「一」ガ正シイガ、アルイハ「二」ノ上ノ「一」ハ、「○」ノ付号カラ引イタ線カ

○七―コノ字「九」ニ作ルガ、橋本ニヨリ「七」ト訂ス

○麻—コノ字ヲ欠ク、他本ニヨリ補ウ

○大—コノ字「太」ニ作ル、他本ニヨリ改ム

○々—コノ畳用記号ヲ欠ク、他本ニ「連」トアルニヨリ例ニテラシテ「々」ヲ補ウ

○後—コノ字、虫損アリ、タダシ旁ノ上部ヲ残シ、「後」ノ字ト判読デキル

○鏩—コノ字ヲ欠ク、橋本「鑒」ノ字ニ作ルノヲ勘案シテ「鏩」ノ字ヲ補ウ

○鹿—コノ字、異体字ノ「庲」ニ作ル

○饒速—コノ二字「速饒」ニ転倒シテ記ス

○物—コノ字ヲ欠ク、他本ニヨリ補ウ

○辛—コノ字、異体字ノ「辛」ニ作ル

○劔—コノ字「列劔」ノ二字ニ作ル、「列」ハ衍入ノタメ削ル

○穴太—コノ字「突」ニ作ル、他本ニヨリ改ム

○預—コノ字「頭」ノ草体ニ見エルノデ、田中説デハ「頭」ヲ良シトスル、他本ハ、イズレモ「預」ニ作ル

葛野臣《カトノ、》　孝元天皇々子。彦布都意斯麻已止命之後也。不レ見。

池上椋人　敏達天皇々子。百済王之後也。

忍坂連《オセカ》　火明命之後也。未レ詳。

野實々　大穴牟遅命之後者。不レ見。

物集々《モツメ》　始皇帝九世孫。笠達王之後者。不レ見。

百済氏　百済国牟利加佐王之後者。不レ見。

朝戸　同国人瞀廣使主朝戸之後者。不レ見。

足奈　同国人従七位下足奈真己之後者。不レ見。

後部高　高麗国人正六位上後部高千金之後者。不レ見。

右京

酒人小川真人　継體天皇々子。兎王之後者。不レ見。

成相真人　敏達天皇々子。難波王之後者。不レ見。

中臣《ナカトアノ》臣　孝昭天皇々子。天足彦国押人七世孫。鏩着大使主之後者。不レ見。

中臣栗原連　天兒屋命十世孫。雷大臣之後者。不レ見。

大鹿《オホカ》首　津速魂命三世孫。天兒屋根命之後者。不レ見。

尋来津々　神饒速日命六世孫。伊香我色雄命之後者。不レ見。

原造《ハラノアヤツコ》　同神天降之時従者。天物部現度造之後者。不レ見。

坂戸物部《セカヘモノヽヘ》　同神従者。坂戸天物部之後者。不レ見。

二田物部　同神従者。二田天物部之後者。不レ見。

物部　同神六世孫。伊賀我色雄命之後者。不レ見。

大辛　天押立命四世孫劔根命之後者。不レ見。

凡海《オフシアマノ》連　火明命之後者。不レ見。

高向《タカムコ》村主　呉国人小君王之後。不レ見。

志賀穴太《シカアナオホノ》村主《スクリ》　後漢孝獻帝男。美波夜王之後。不レ見。

筆氏　燕相国衞満公之後也。善作レ筆。預ニ於十一流一。因レ茲賜ニ筆姓一。

弖良公　百済国主意里都解四世孫。秦羅君之後者。不レ見。

堅祖氏 百済国人堅祖為智之後者。不レ見。

古氏 同国人杆率玖君之後者。不レ見。

加羅氏 同国人都玖君之後者。不レ見。

呉氏 同国人徳率呉伎卅之後者。不レ見。

朝明史《アセアキノフンヒト》 高麗帯方国主氏。韓法史之後者。不レ見。

後部高 同国人後部乙牟之後者。不レ見。

三間名《ミマナ》公 弥麻奈国主。牟留智王之後者。不レ見。初。崇神天皇御世。額有レ角人。乗レ舩泊二于越国笥飯浦一。遣レ人問曰。何国人也。對曰。意冨加羅国王子。名。都怒我阿羅斯等。亦。阿利叱智干岐。傳二聞日本国有レ聖。歸化。到二于穴門一。有レ人。名。伊都々比古。謂レ臣曰。吾是国王也。除レ吾復無二二王一。勿レ往二他處一。臣察二其為レ人。知レ非レ王也。即更還。不レ知二道路一。留二連嶋浦一。海北廻。經二出雲国一至二此国一也。是時。會二天皇崩一。便留。仕二垂仁天皇一。詔曰。汝速来者。得レ仕二先皇一。是以改二汝本国名一。追負二御間城善號一。曰二弥麻奈一。因給二織絹一。即還二本郷一。是改二国号一之縁也。

山城國

物部首 饒速日命之後者。不レ見。

春日部主寸 津速魂命三世孫。大田諸命之後者。不レ見。

大辟 同命之後者。不レ見。

山代直 火明命之後者。不レ見。

恵我 天穂日命之後者。不レ見。

穴太村主 曺氏寶徳公之後者。不レ見。

村主《スクリ》 漢師建《ケン》王之後者。不レ見。

國背完人 秦始皇帝之後者。不レ見。

物集《モツメ》 同帝九世孫。竹文日之後者。不レ見。

木勝 津留木之後者。不レ見。

○堅祖氏—コノ氏ノ標目、条文ハ「イ」トシテ「筆氏」ト「加羅氏」ノ条ノ行間ニ小字デ記ス

○古氏—コノ氏ノ標目、条文、右ニ同ジ

○杆—コノ字「杵」ニ誤ル、他本ニヨリ訂ス

○加—コノ字、虫損スル、タダシ旁ノ「ロ」ハ判読デキル

○徳—コノ字「従」ニ作ル、他本ニヨリ訂ス

○方—コノ字、虫損スル、部分的ニ字画残ル

○後者不—コノ三字、虫損スル、部分的ニ字画残ル

○牟—コノ字ノ右傍ニモ「牟」ト記ス

○麻奈国—コノ三字、虫損アルモ、字画残リ、「麻奈国」ト判読デキル

○後者不見—コノ四字、虫損スル、他本ニヨリ補ウ

○留—コノ字ヲ欠ク、他本ニヨリ補ウ

○初崇—コノ二字、虫損スル、「崇」ノ下部ノ字画残ル

○世額有—コノ三字、虫損スル、「額」ノ字ノ旁、「有」ノ字ノ「月」ノ部分残ル

○人—コノ字、虫損スル、他本ニヨリ補ウ

○也—コノ字ヲ欠ク、他本ニヨリ補ウ

廣幡公《ヒロハタ》百済國津王之後者。々々。

大和國

葦田首　天麻比止津乃命後者。々々

相槻物部神饒速日命従者々々々之後者。々々。

薦集造《コモツメ》同レ上。々々。

尾津直《ヲヲツノアタヒ》　漢高祖五世孫。大水命之後者。不レ見。

長倉《ナカクラノ》造韓國天師命之後者。々々。

鋺師公《マルシノコム》高麗國寶輪王之後者。々々。

攝津國

韓海部首武内宿祢男。平群木兎宿祢之後者。々々。

我孫《アヒコ》豊城入彦命男。八綱多命之後者。々々。

津嶋直《ツレマノアタヒ》　天兒屋十四世孫。雷大臣命之後者。々々。

為奈部首《井ナヘノオフト》　伊香我色乎命孫。金連之後者。々々。

葛城直《カツラキノアタヒ》　天神立命之後者。々々。

○波多祝高弥牟須比命孫。治方之後者。々々。

犬上縣主《イヌカミノアカタヌシ》天津彦根命之後者。不レ見。

三歳祝　ムシクイ物主神五世孫。意富太多根子命之後者。々々。

村主《スクリ》漢高受王之後者。不レ見。

漢人漢人黒之後者。々々。

下神葛木襲津彦命男。要裙宿祢之後者。々々。

椋椅部連伊香色雄命之後者。々々。

早部首《クセカヘノオフト》　天日和伎命六世孫。保都祢命之後者。々々。

嶋《シマノ》首正哉吾勝々速日天押穂耳尊之後者。々々。

○阿○刀《アト》部　山都多祁流比女命四世孫。毛能志乃和氣命之後者。々々。

○国—コノ字、虫損スル、他本ニヨリ補ウ
○亦—コノ字ヲ欠ク、他本ニヨリ補ウ
○利—コノ字ヲ欠キ、コノ箇所、二字分ノ空白アリ
○吐—コノ字「吐」ニ誤ル、群本ニヨリ改ム
○干—コノ字「千」ニ誤ル、他本ニコリ訂ス
○穴—コノ字「宮」ニ誤ル、他本ニヨリ訂ス
○留—コノ字ヲ欠キ、空白アリ、他本ニヨリ補ウ
○仕—コノ字ヲ欠ク、他本ニヨリ補ウ
○之縁—コノ二字ヲ欠ク、他本ニヨリ補ウ
○首—コノ字「間」ニ作ル、松本ニヨリ改ム
○竹—コノ字、上ノ「孫」ノ字ヲ見セ消チニシテ、右傍ニ「竹」ト記ス、他本ノスベテ「孫」ノ字ヲ欠クノハ、「孫」ノ字ヲ見セ消チニシタ原写本ノ流レニ属スルタメカ、右傍ノ「竹」ノ字ヲ「孫」字ノ下ニ移ス
○木—コノ字「本」ニ作ル、他ノ建武二年系本ニヨリ改ム
○麻比止—コノ三字、虫損ス、部分的ニ字画残ル、他本ニヨリ補ウ
○々々—コノ畳用記号、虫損ス、

他ノ建武二年系本ニヨリ補ウ
○波―コノ字、虫損ス、他本ニヨリ補ウ
○祝―右ニ同ジ
○弥―コノ字「祢」ニ誤ル、他本ニヨリ改ム
○ムシクイ―コノ箇所、「大」ノ字ヲ他本ニヨリ補ウコトガデキル
○太―コノ字「大」ニ誤ル、他本ニヨリ訂ス
○男―コノ字ヲ欠ク、他本ニヨリ補ウ
○要―コノ字「腰」ノ字ニ同ジ
○立命―コノ二字、虫損ス、他本ニヨリ補ウ、タダシ「命」ノ右側ノ字画ハ部分的ニ残ル
○阿刀―コノ二字、虫損スルモ、振リ仮名ニ「アト」トアルノヲ便リニ「阿刀」ト判読デキル
○和氣―以下八字、虫損ス、タダシ「和氣」ノ二字ハ、二丁後ノ河内国ノ「船子首」条ノ左下ニ残リ、「命之」ノ二字ハ、「阿刀部」条ニ残ル、「和氣」以下ノ文ハ、他本ニアリ
○十一世孫―コノ四字、虫損ス、他本ニヨリ補ウ
○久―コノ字、虫損ス、他本ニヨリ補ウ
○川―コノ字、虫損ス、他本ニヨリ補ウ

山首《ヤマ》 火明命十一世孫。尾張屋主都久代命之後者。々々。
住道首 伊弉諾命男。素戔烏命之後者。々々

河内國

佐自努公 豊城入彦命之後者。々々。
壬生部《ミフヘ》公 御間城入彦天皇之後者。々々。
池後《イケシリノ》臣 天彦麻須命之後者。々々。
孔王部首 安康天皇之後者。々々。
矢作《ヤツクリ》連 布都奴志乃命之後者。々々。
三間名公 仲臣雷大臣命之後者。々々。
靫編首 神志波移命之後者。々々。
安曇《アツア》連 于都斯奈賀命之後者。々々。
大友史《オホトモノフムト》 百済國人白猪奈世之後者。々々。
新木首 同國人伊居留君之後者。々々。
八俣部《マタヘ》 同国人多地多祁卿之後者。々々。

川内漢人 同命九世孫。否井命之後者。不レ見。
牟佐《ムセ》呉公 呉国王子。青清王之後者。々々。
伊氣 同命四世孫。荒田別命之後者。々々。
鴨部《カモヘ》 祟神天皇之後者。々々。
大伴《ヲホトモ》連 天彦命之後者。々々。
新家首 汗麻斯鬼足尼命之後者。々々。
葦田臣 都早古乃命之後者。々々。
倭川原忌寸 武甕槌神十五世孫。彦振根命之後者。々々。
内原々 狭山命之後者。々々。
髙安《タカヤス》忌寸 阿智王之後者。々々。
舩子首《フナコノオフト》 同國人久尓君之後者。々々。
豊村造 同國人徳率古曽文佐之後者。々々。
長田使主 同国人為君王之後者。々々。

舎人同國人利加志貴志王之後者。々々。

狛人同レ上。

竹原《タカワラ》々同国阿羅々國主弟。伊賀都君之後也。

坏作々同國人曽里支富里主人之後者。不レ見。

賀良姓同王之後者。々々。

狛染部高麗國須牟祁王之後者。々々。

宇努連新羅皇子。金庭興之後者。々々。

小橋造新羅人多弖使主之後者。々々。

大賀良同國郎子王之後者。々々。

和泉國

我孫《アヒコ》公豊城入彦命男。倭日向健日向八綱田命之後者。々々。

鵜甘部《ウカムヘノオフト》々武内宿祢男。己西男柄宿祢之後者。々々。

古氏大日本根子彦大瓊天皇諡孝霊。皇子。稚多祁比古命之後。

工首神魂命之後者。々々。

日置部《ヒオキヘ》天櫛玉命男。天櫛耳命之後者。々々。

茨木造天津彦命之後者。々々。

小豆首呉国人現養臣之後者。々々。

近義首新羅国主角折王之後者。々々。

椋椅部首吉備津彦五十狭芹命之後者。々々。

猪甘《ヰカムヘノヲフト》々天足彦国押人命之後者。々々。

大部《オホヘノ》首贍杵磯丹杵穂命之後者。不レ見。

伯太首神人天表日命之後者。々々。

凡人神汙久宿祢命之後者。々々。

真髪部《マカムヘ》天穂日命之後者。々々。

神人高麗国人許利都之後者。々々。

山田造《ヤマタノアヤツコ》同国人天佐疑利命之後者。々々。

○漢―コノ字、虫損ス、タダシ偏ノ「氵」ハ残ル、他本ニヨリ補ウ

○世孫否―コノ三字、虫損ス、他本ニヨリ補ウ

○命―コノ字、虫損ス、他本ニヨリ補ウ

○住―コノ字、上ノ部分虫損ス、「住」ト解シテ良シ

○于―コノ字「亍」ニ作ル、他本ニヨリ改ム

○大友史―コノ三字ノ標目、虫損ス、タダシ二丁後ノ和泉国ノ「古氏」条ノ左ニ「大友史《オオトモノフ》」ノ標目ガ残ル、虫損ニヨリ二丁後ニ貼リ付イタモノ

○之―以下ノ五字、虫損ノタメ例ニテラシテ補ウ

○新木首―コノ標目、虫損ス、タダシ三字目ノ「首」ノ下端部ニ少シク字画ヲ残シ、「首」ト判読デキル

○居―コノ字「君」ニ作ル、他本ニヨリ改ム

○八―コノ字、虫損ス、他本ニヨリ補ウ

○伊―以下七字ヲ欠ク、他本ニヨリ補ウ

○甘―コノ字、異体字ノ「耳」ニ作ル、次条ノ「猪甘々」ノ「甘」モ同ジ

○大―コノ字「太」トスベキカト

思ワレルガ「大」デモ「フト」ニ通用スル
○皇子—以下十字、他本ニヨリ補ウ
○後—コノ下ニ「者々」ノ三字、原写本ニアッタカ
○杵—コノ字「桙」ニ作ル、他本ニヨリ改ム
○丹杵—コノ二字「舟桙」ニ誤ル
○工首—コノ標目、他本ニヨリ補ウ、コノ箇所ニ未定雑姓・河内国ノ「大友史」ノ標目ガ虫損ノタメ貼リ付イテイル、河内国ノ「大友史」条ノ頭注参照
○神—コノ字、虫損ノタメ、旁ノ一部ヲ残ス、他本ニヨリ補ウ
○部—コノ字、虫損スルモ上部ノ字画ヲ残ス、他本ニヨリ補ウ
○命—コノ字「金」ニ作ル、他本ニヨリ改ム
○汙—コノ字「汀」ノゴトク見エルガ虫損ノタメ字画ガ欠ケタモノデ「汙」ノ字ト見テ良シ
○之—コノ字ヲ欠ク、例ニナラッテ補ウ

○部—コノ字、上ノ「豫」ノ下ニ「○」ヲ付シ、右傍ニ「部イ本ノマヽ」ト記ス
○男—コノ字ヲ欠ク、他本ニヨリ補ウ

右第卅巻。

正六位上行治部省少丞臣石川朝臣國助
従六位上行治部省少録臣伊豫部○連年嗣
従七位下行治部省少録臣越智直浄継
従八位上行散位寮少屬臣高志連正嗣
大舎人正七位上臣大伴宿祢根宗
散位正七位下臣大田祝山直男足
散位従七位上臣味部公廣河
散位従七位下臣内蔵忌寸御富

平朝臣（桓武天皇男○。一品式部卿葛原親王一男。大學頭従四位下高棟王。天長二年閏七月。賜二平朝臣姓一。貫二左京一。貞觀九年五月。至二大納言正三位一薨。）

不レ載二姓氏録一姓

平。在原。大蔵。惟宗。令宗。中原。宗我部《ソカヘ》。
阿蘇《アソ》。美麻那《アマナ》。宇祢備《ウネヒ》。常澄《ツネスミ》。當世《マセヨ》。卜部《ウラヘ》。

良《ヽコト》。貞《セタ》。都《アヤコ》。小長谷《ラハセ》。國覔《クマイ》。各務《カヽア》。帯王《タラレコ》。

唁《ネキ》。品治《ホムチ》。遠澤《トラサハ》。風早《カセハヤ》。不知山《イサヤマ》。面《メ》。西《ニレ》。甲可《カフカ》。五百井《イラ井》。

靫連《ユカア》。漆嶋《ヌルシマ》。夏身《ナツア》。赤染《アカソメ》。榎本《エノモト》。若狭《禾カサ》。播磨《ハリマ》。

足羽《アスハ》。清峯《キヨアネ》。𨁈《アカ》取《トリ》。鷹取《タカトリ》。戸《ヘ》。

已上卌一氏

以二吉田前内府御本一重挍合了。両方点付之。　兼治

建武二年捌月七日　判

永禄四年六月七日挍合了（裏表紙の見返し奥右下に別筆で記す）

○レ―コノ振リ仮名「セ」ト記シ、消シテ右傍ニ「レ」ト記ス
○ホ―コノ振リ仮名「本」ト記シ、消シテ右傍ニ「ホ」ト記ス
○𨁈―コノ字、異体字ノ「脹」ニ作ル
○取―コノ字ナシ、他本ニヨリ補ウ

第五　新撰姓氏録記事編年

凡例

一、この記事編年は、「菊亭文庫本　新撰姓氏録翻刻」にもとづいて、それぞれの記事で、年代の記されているものを時代順に配列し、その記事の掲出条を示したものである。

一、菊亭文庫本の翻刻本文記事に加えて、年代が明記されている逸文記事も掲載した。

一、それぞれの記事の掲出条は、たとえば「(左京神別中、天神、大伴宿祢)」のようにして示してある。

一、『新撰姓氏録』の逸文記事については、「(山城国神別、天神、鴨県主本系逸文、鴨脚家本『新撰姓氏録抄録』)」「(摂津国皇別、高橋朝臣本系逸文、『太子伝玉林抄』巻第十)」のごとくに示してある。

一、『新撰姓氏録』の本文記事ではないが、編年記事の末尾に、天長二年閏七月、および貞観九年五月の平朝臣についての記事を参考までに掲げておいた。

天津彦火瓊々杵尊

天孫降レ襲。西化之時。神世伊開。書記靡レ傳。（新撰姓氏録序）

初。天孫彦火瓊々杵尊。神駕之降也。天押日命。大来目部立二於御前一。降二乎日向高千穂峯一。然後。以二大来目部一。為二天靫部一。靫負之号起二於此一也。（左京神別中、天神、大伴宿祢）

天津彦火瓊々杵命。降二幸於葦原中国一時。与二五氏神部一。陪二従皇孫一降来。是時。造二作玉璧一以為二神幣一。故号二玉祖連一。亦号二玉作連一。（右京神別上、天神、忌玉作）

神饒速日命

同神（神饒速日命）天降之時従者。天物部現度造之後者。不レ見。（未定雑姓、右京、原造）

同神従者。坂戸天物部之後者。不レ見。（未定雑姓、右京、坂戸物部）

同神従者。二田天物部之後者。不レ見。（未定雑姓、右京、二田物部）

神武天皇

神武臨レ夏。東征之年。人物漸滋。梟帥間起。洎二乎神劔下授。靈烏于飛一。帰首星陳。群凶霧散。膺二受明命一。光二宅中州一。泰階平齊。海内清謐。既而謹レ徳考レ功。胙レ土命レ氏。國造縣主。始號二於斯一。（新撰姓氏録序）

神日本磐余彦天皇諡神武。欲レ向二中洲一之時。山中嶮絶。跋渉失レ路。於レ是。神魂命孫。鴨建津之身命。化レ如二大烏一。翔

飛奉レ導。遂達二中洲一。天皇嘉二其有一レ功。特厚褒賞。天八咫烏之号。従レ此始也。（山城国神別、天神、鴨縣主）

日本磐余彦命子(ママ)天皇論神武。欲レ向二中洲一之時。山中嶮絶。跋渉失レ路。於レ是。神魂命孫。鴨建耳津身(ママ)命。化レ如二大烏一。翔飛奉レ道(ママ)。遂達二中洲一。天皇嘉二其有一レ功。特厚褒賞。天八咫烏之号。従レ此始也。因賜二葛野縣一居焉。（山城国神別、天神、鴨縣主本系逸文、鴨脚家本『新撰姓氏録抄録』）

謚神武天皇行二幸吉野一。到二神瀬一。遣レ人汲レ水。使者還曰。有二光井女一。天皇召問レ之。汝誰人。答曰。妾是自レ天降来白雲別神之女也。名曰二豊御富一。天皇即名二水光姫一。今。吉野連所レ祭水光神。是也。（大和国神別、地祇、吉野連）

神日本磐余彦天皇。従二日向地一。向二大倭洲一。到二速吸門一時。有二漁人一乗レ艇而至。天皇問曰。汝誰也。對曰。臣是国神。名宇豆彦。聞二天神子来一。故以奉レ迎。即牽二納皇船一。以為二海導一。仍号二神知津彦一。一名。椎根津彦。能宣二軍機之策一。天皇嘉レ之。任二大和國造一。是。大倭直始祖也。（大和国神別、地祇、大和宿祢）

神武天皇行二幸吉野一時。川上有二遊人一。于レ時。天皇御覧。即入レ穴。須臾又出遊。竊窺レ之喚問。答曰。石穂押別神子也。尒時。詔賜二国栖名一。（大和国神別、地祇、國栖）

崇神天皇

昔磯城瑞籬宮御宇御間城入彦天皇御代。任那国奏曰。臣国東北有二三己汶地一。上己汶。中己汶。下己汶。地方三百里。土地沃壌。民亦富饒。与二新羅国一相争。彼此不レ能二攝治一。兵戈相尋。民不レ聊レ生。臣請。将レ軍令レ治二此地一。即為二貴国之部一也。天皇大悦。勅二群卿一。令レ奏二應レ遣之人一。卿等奏曰。彦国葺命孫。塩乗津彦命。頭上有レ贅、三岐如二松樹一。因号二松樹君一。其長五尺。力過二衆人一。性亦勇悍也。天皇令二塩乗津彦命遣一。奉レ勅而鎮守。彼俗稱レ宰為レ吉。故謂二其苗裔之姓一。

為二吉氏一。（左京皇別下、吉田連）
阿倍氏遠祖大彦命。磯城瑞籬宮御宇天皇御世。遣レ治二蝦夷一之時。至二於兎田墨坂一。忽聞二嬰兒啼泣一。即認覔獲二棄嬰兒一。大彦命見而大歓。即訪二求乳母一。得二兎田弟原媛一。便付二嬰兒一曰。能養長安酬レ功。於レ是成レ人奉レ送レ之。大彦命為レ子愛育。号曰二得彦宿祢一者。異説並存。（河内国皇別、難波忌寸）
磯城瑞籬宮御宇崇神天皇御世。天下有レ災。因遣二吉足日命一。令レ齋二祭大物主神一。灾異即止。天皇詔曰。消二天下灾一。百姓得レ福。自レ今以後。可レ為二宮能賣神一。仍賜二姓宮能賣公一。（山城国神別、天神、神宮部造）
初。崇神天皇御世。額有レ角人。乗レ舩泊二于越国笥飯浦一。遣レ人問曰。何国人也。對曰。意冨加羅国王子。名。都怒我阿羅斯等。亦。阿利叱智干岐。傳二聞日本国有レ聖。歸化。到二于穴門一。有レ人。名。伊都々比古。謂レ臣曰。吾是国王也。除レ吾復無二二王一。勿レ往二他處一。臣察二其為レ人。知レ非レ王也。即更還。不レ知二道路一。留二連嶋浦一。海北廻。経二出雲国一至二此国一也。是時。會二天皇崩一。便留。（未定雑姓、右京、三間名公）

垂仁天皇

垂仁撫レ運。恵澤弥新。擧措得レ中。姓氏稍分。况復。任那欽レ風。新羅帰レ賮。尒來。諸蕃仰レ徳。無二思不レ來。懐レ遠賜レ姓。是時著明。（新撰姓氏録序）
息速別命幼弱之時。（垂仁）天皇為二皇子一。築二宮室於伊賀國阿保村一。以為二封邑一。子孫因家レ之焉。（右京皇別下、阿保朝臣）
垂仁天皇御世。奉二為皇后日葉酢媛命一。作二石棺一獻レ之。仍賜二姓石作大連公一也。（左京神別下、天孫、石作連）

垂仁天皇々子。譽津別命。年向二三十一不二言語一。于レ時。見二飛鵠一。問曰。此何物。爰。天皇悦レ之遣二天湯河桁一。尋求。詣二出雲國宇夜江一。捕貢レ之。天皇大嘉。即賜二姓鳥取連一。（右京神別上、天神、鳥取連）

是時。會二（崇神）天皇崩一。便留。仕二垂仁天皇一。詔曰。汝速来者。得レ仕二先皇一。是以改二汝本国名一。追負二御間城善號一。曰二弥麻奈一。因給二織絹一。即還二本郷一。是改二国号一之縁也。（未定雑姓、右京、三間名公）

景行天皇

景行天皇巡二狩東國一。供二獻大蛤一。于レ時。天皇喜二其奇美一。賜二姓膳臣一。（左京皇別上、高橋朝臣）

景行天皇巡二狩東國一。至二上総國一。従二海路一渡二淡水門一。出二海中一得二白蛤一。於レ是磐鹿六鴈為レ膳進レ之。故美二六鴈一賜二膳大伴部一。（左京皇別上、膳大伴部）

孫。吉備建彦命。景行天皇御世。被レ遣二東方一。伐二毛人及凶鬼神一。到二于阿倍廬原國一。復命之日。以二廬原國一給レ之。（右京皇別下、廬原公）

孫。磐鹿六獦命。大足彦忍代別天皇諡景行。御世。賜二姓膳臣一。（摂津国皇別、高橋朝臣本系逸文、『太子伝玉林抄』巻第十）

男。武田折命。景行天皇御世。擬レ殖賜レ田。夜宿之間。菌生二其田一。天皇聞食而。賜二姓菌田連一。後改為二湯母竹田連一。（左京神別下、天孫、湯母竹田連）

成務天皇

初彦坐。分来賜二阿比古姓一。成務天皇御代。賜二輕地卌千代一。是負二輕我孫姓一之由也。（左京皇別下、輕我孫）

男。御諸別命。稚足彦天皇諡成務。御代。中二分針間國一給レ之。仍号二針間別一。（右京皇別下、佐伯直）

武恵賀前命孫。仲臣子上。稚足天皇諡成務。御代。尾張國嶋田上下二縣有二悪神一。遣二子上一平二服之一。復命之日。賜二号嶋田臣一也。（右京皇別下、嶋田臣）

成務天皇御世。仕二奉炊職一。賜二多米連一也。（左京神別中、天神、多米連）

成務天皇御世。仕二奉大炊寮一。御飯香美。特賜二嘉名一。（右京神別上、天神、多米宿祢）

四世孫。小長田。稚足彦天皇諡成務。御世。仕二奉大炊寮一。御飯香美。特賜二嘉名一。負二朕御多米一。（右京神別上、天神、多米宿祢本系逸文、『政事要略』巻廿六）

男。玉依彦命十一世孫。大伊乃伎命男。大屋奈世。若帯彦天皇諡成務。御世。定二賜鴨縣主一。（山城国神別、天神、鴨県主本系逸文、鴨脚家本『新撰姓氏録抄録』）

仲哀天皇

男。功滿王。仲哀天皇八年来朝。（左京諸蕃上、漢、太秦公宿祢）

神功皇后

難波宿祢男。大矢田宿祢。従二氣長足姫皇尊一諡神功。征二伐新羅一。凱旋之日。便留為二鎮守将軍一。于レ時。娶二彼國王猶榻之女一。生二二男一。々々兄佐久命。次武義命。（右京皇別下、真野臣）

神功皇后征二伐新羅一凱歸。明年車駕還レ都。于レ時。忍熊別皇子等。竊構二逆謀一。於二明石埼一。備レ兵待レ之。皇后鑒識。

遣二弟彦王於針間吉備堺一。造レ開防レ之。所謂和氣開是也。太平之後。録二従レ駕勲一。酬以二封地一。仍被レ賜二吉備磐梨縣一。始家レ之焉（右京皇別下、和氣朝臣）

弥母里別命孫。現古君。氣長足比賣諡神功。筑紫橿氷宮御宇之時。海中有レ物。爰差二現古君一遣レ見。復奏之日。率二韓蘊使主等一参来。因レ茲賜二韓矢田部造姓一。（摂津国皇別、韓矢田部造）

百濟人後。神功皇后時。歸化。裔孫。三野石持等。云々。（摂津国諸蕃、百済、三野造本系逸文、『古葉略類聚鈔』巻十）

応神天皇

星川建彦宿祢。諡應神御世。代二於皇太子大鷦鷯尊一。繫二木綿襷一。掌二監御膳一。因賜レ名曰二大雀臣一。（左京皇別上、雀部朝臣）

譽田天皇御世。御室雜使大壬生等。逋逃不レ仕。天皇遣レ使尋求。並不二復命一。於レ是。氣入彦。奉レ詔括二追於参河國一。捕獲参来。天皇嘉レ合二使旨一。賜二姓御使連一也。（左京皇別上、御使朝臣）

男。阿良都命一名伊許自別。譽田天皇為レ定二國堺一。車駕巡幸。到二針間國神埼郡瓦村東崗上一。于レ時。青菜葉自二罡邊川一流下。天皇詔レ應二川上有一レ人也。仍差二伊許自命一往問。即答曰。己等是日本武尊平二東夷一時。所レ俘蝦夷之後也。散二遣於針間。阿藝。阿波。讃岐。伊豫等國一。仍居二此等州一氏也。後改為二佐伯一。伊許自別命以レ状復奏。天皇詔曰。宜二汝為レ君治一レ之。即賜二氏針間別佐伯直一。佐伯者所レ賜氏姓也。直者謂レ君也。（右京皇別下、佐伯直）

應神天皇巡二幸吉備國一。登二加佐米山一之時。飄風吹二於御笠一。天皇恠レ之。鴨別命言。神祇欲レ奉二天皇一。故其状尒。天皇欲レ知二其真偽一。令レ獦二其山一。所レ得甚多。天皇大悦。賜二名賀佐一。（右京皇別下、笠朝臣）

男。融通王一云二弓月王一。應神天皇十四年。来二率百廿七縣百姓一歸化。獻二金銀玉帛等物一。（左京諸蕃上、漢、太秦公宿祢）
應神天皇御世。歸化。（左京諸蕃下、百済、調連）
阿智王。譽田天皇諡應神。御世。避二本國亂一。率二母幷妻子一。母弟迂興德。七姓漢人等一歸化。七姓者。第一段。古記。段光公。字畐等。一云二員姓一。是高向村主。高向史。高向調使。評首。民使主首等祖也。次。李姓。是。刑部史祖也。次。皂郭姓。是。坂合部首。佐大首等祖也。次。朱姓。是。小市。佐奈宜等祖也。次。多姓。是。檜前調使等祖也。次。皁姓。是。大和國宇太郡佐波多村主。長幡部等祖也。次。高姓。是。檜前村主祖也。
天皇矜二其来志一。號二阿智王一為二使主一。仍賜二大和國檜隈郡郷一居レ之焉。于レ時。阿智使主奏言。臣入朝之時。本郷人民往離散。今聞偏在二高麗。百済。新羅等國一。望請遣レ使喚来。天皇即遣レ使喚レ之。（右京諸蕃上、漢、坂上大宿祢本系逸文、『坂上氏系図』）
物智王。弓月王。應神天皇十四年来朝。上表更歸レ国。率二百廿七縣佰姓一歸化。幷獻二金銀玉帛種々寶物等一。天皇嘉レ之。賜二大和朝津間腋上地一居レ之焉。（山城国諸蕃、漢、秦忌寸）
出二百済國一。應神天皇御代。初歸化。（大和国諸蕃、百済、宇努首本系逸文、『古葉略類聚鈔』巻十）

仁徳天皇

仲臣令下家重二千金一。委レ糟為レ堵。于レ時。大鷦鷯天皇諡仁德。臨二幸其家一。詔號二糟垣臣一。後改為二春日臣一。（左京皇別下、大春日朝臣）
大鷦鷯天皇之御代。従二韓國一参来人。兄曾保利。弟曾々保利二人。天皇勅レ有二何才一。皆有二造レ酒之才一。令レ造二御酒一。

於レ是。賜二暦号酒看都子一。賜二山鹿比咩号酒看都女一。因以二酒看都一為レ氏。（右京皇別下、酒部公）

木事命男。市川臣。大鷦鷯天皇御世。達レ倭賀二布都努斯神社於石上御布瑠村高庭之地一。以二市川臣一為二神主一。（大和国皇別、布留宿祢）〔『石上神宮御事抄』所引の布留宿祢条には、「新撰姓氏録曰。大鷦鷯諡仁徳天皇御世。達レ倭賀二布都努斯神社於石上御布瑠村高庭之地一」とあって「諡仁徳」の三字が記されているので、参考までにここに付記しておく。〕

男。野現宿祢。仁徳天皇御代。造二茨田堤一。（河内国皇別、茨田宿祢）

仁徳天皇御世。大和國十市郡刑坂川之邊有二竹田神社一。因以為二氏神一。同居住焉。緑竹大美。供二御箸竹一。因レ茲賜二竹田川邊連一。（左京神別下、天孫、竹田川邊連）

御殿宿祢男。色鳴。大鷦鷯天皇御世。皇子瑞歯別尊誕二生淡路宮一之時。淡路瑞井水奉レ灌二御湯一。于レ時。虎杖花飛二入御湯瓮中一。色鳴宿祢稱二天神壽詞一。奉レ号曰二多治比瑞歯別命一。乃定二多治部於諸国一。為二皇子湯沐邑一。即以二色鳴一為レ宰。令レ領二丹比部戸一。因号二丹比連一。遂為二氏姓一。（右京神別下、天孫、丹比宿祢）

然後。孝徳(仁徳)天皇御世。始賜レ名人。国栖意世古。次。号二世古一二人。（大和国神別、地祇、國栖）

仁徳天皇御世。以二百廿七縣秦氏一。分二置諸郡一。即使二養レ蚕織レ絹貢レ之。天皇詔曰。秦王所レ獻絲綿絹帛。朕服用柔軟。温煖如二肌膚一。賜二姓波多公一。（左京諸蕃上、漢、太秦公宿祢）

男。真徳王。次。普洞王。古記云二浦東君一。仁徳天皇御世。賜レ姓曰二波陁一。今秦字之訓也。（山城国諸蕃、漢、秦忌寸）

仁徳天皇御世。賜二居地於茨田邑一。因為二茨田勝一。（河内国諸蕃、漢、茨田勝）

大鷦鷯天皇諡仁徳。御世。挙レ落随来。今高向村主。西波多村主。平方村主。石村村主。飽波村主。危寸村主。長野村主。俾加村主。茅沼山村主。高宮村主。大石村主。飛鳥村主。西大友村主。長田村主。錦部村主。田村村主。忍海村主。

佐味村主。桑原村主。白鳥村主。額田村主。牟佐村主。甲賀村主。鞍作村主。播磨村主。漢人村主。今来村主。石寸村主。金作村主。尾張次角村主等。是其後也。爾時。阿智王奏。建二今来郡一。後改號二高市郡一。而人衆巨多。居地隘狭。更分二置諸國一。摂津。参河。近江。播磨。阿波等國漢人村主。是也。（右京諸蕃上、漢、坂上大宿祢本系逸文、『坂上氏系図』）

履中天皇

四世孫。物部長真膽連。初。去来穂別天皇謚履仲。泛二両枝船於磐余市磯池一。与二皇妃一分駕遊宴。是時。膳臣余磯。獻レ酒。櫻花飛来。浮二于御盞一。天皇異レ之。遣一物部長真膽連一尋求。乃採二得掖上室山一獻レ之。天皇歓レ之。賜二余磯姓稚櫻部臣一也。（右京神別上、天神、若櫻部造）

履中御世。採二櫻花一獻レ之。仍改二物部連一。賜二姓若櫻部造一。（和泉国神別、天神、若櫻部造）

允恭天皇

允恭御宇。万姓紛紜。時下二詔旨一。盟レ神探レ湯。首レ實者全。冒レ虚者害。自レ茲厥後。涇渭別レ流。（新撰姓氏録序）

允恭天皇御代。以二居地名一。賜二阿保君姓一。（右京皇別下、阿保朝臣）

允恭天皇御世。造二立国境之標一。因賜二姓坂合部連一。（摂津国皇別、坂合部）

允恭天皇御世。被レ遣二薩摩国一。平二隼人一。復奏之曰。獻二御馬一疋一。額有二町形廻毛一。天皇嘉レ之。賜二姓額田部一也。（左京神別下、天孫、額田部湯坐連）

允恭天皇御世。献二額田馬一。天皇勅。此馬額如二田町一。仍賜二姓額田連一也。（大和国神別、天孫、額田部河田連）

允恭天皇御世。己未年。中七節進二御贄一。仕二奉神態一。至レ今不レ絶。（大和国神別、地祇、国栖）

允恭天皇御世。任二織部司一。捴二領諸國織部一。因号二服部連一。（摂津国神別、天神、服部連）

雄略天皇

大泊瀬幼武天皇御世。所レ遣二諸国一。収二斂蚕兒一。誤聚二小兒一貢レ之。天皇大哂。賜二姓小兒部連一。（左京皇別上、小子部宿祢）

大泊瀬幼武天皇謚雄略御世。努賀君男。百尊。為二阿女産一向二聟家一。犯レ夜而帰。於二應神天皇御陵邊一。逢二騎馬人一。相共語話。換レ馬而別。明日看二所レ換馬一。是土馬也。因負二姓陵邊君一。（左京皇別下、上毛野朝臣）

雄略天皇御世。供二進乗輿一。仍賜二姓車持公一。（左京皇別下、車持公）

雄略天皇御世。献二加里乃郷一。仍賜二姓輕部君一。（和泉国皇別、輕部）

六世孫。意富乃古連。雄略御世。東夷有二不臣之民一。毎レ人強力。押二防朝軍一。於レ是意富乃古連。甲冑五重。跨二進敵庭一。無レ勞二官軍一。一朝夷滅。天皇悦二其功績一。更加二名字一。号二暴代連一。（左京神別上、天神、中臣志斐連）

大泊瀬幼武天皇謚雄略御世。改賜二大宅首姓一。云々。（左京神別上、天孫、大宅首本系逸文、『太鏡底容鈔』巻一）

雄略天皇御世。以二入部靫負一。賜二大連公一。奏曰。衞門開闔之務。於レ職已重。若有二一身一難レ堪。望与二愚兒語一。相併奉レ衞二左右一。有レ勅依レ奏。是大伴。佐伯二氏。掌二左右開闔一之縁也。（左京神別中、天神、大伴宿祢）

雄略天皇御體不豫。因レ茲。召二上筑紫豊国奇巫一。令二真椋率レ巫仕奉一。仍賜二姓巫部連一。（和泉国神別、天神、巫部連）

雄略天皇御世。造二紫蓋爪一。幷奉レ餝二御座一。仍賜二爪工連姓一。（和泉国神別、天神、爪工）

雄略天皇御代。監二掃除事一。賜二姓掃守連一。（和泉国神別、天神、掃守首）

秦公酒。雄略天皇御世。絲綿絹帛。委積如レ岳。天皇嘉レ之。賜レ号曰二禹都萬佐一。（左京諸蕃上、漢、太秦公宿祢）

雄略天皇御世。率二四部衆一帰化。（左京諸蕃上、漢、大崗忌寸）

阿智使主男。都賀使主。大泊瀬稚武天皇諡雄略。御世。改二使主一賜二直姓一。子孫因為レ姓。（右京諸蕃上、漢、坂上大宿祢本系逸文、『坂上氏系図』）

普洞王男。秦公酒。雄略天皇御世。奏偁。普洞王時。秦氏惣被二劫略一。今見在者。十不レ存レ一。請下遣二勅使一撿括招集上。天皇。遣下使小子部雷率二大隅阿多隼人等一。捜括鳩集上。得二秦氏九十二部一萬八千六百七十人一。遂賜二於酒一。爰率二秦氏一。養レ蚕織レ絹。盛レ篚詣レ闕貢進。如レ岳如レ山。積二蓄朝廷一。天皇嘉レ之。特降二寵命一。賜レ号曰二禹都萬佐一。是盈積有二利益一之義。役二諸秦氏一。搆二八丈大蔵於宮側一。納二其貢物一。故名二其地一曰二長谷朝倉宮一。是時。始置二大蔵官員一。以レ酒為二長官一。秦氏等一祖子孫。或就二居住一。或依二行事一。別為二数腹一。（山城国諸蕃、漢、秦忌寸）

顕宗天皇

顕宗天皇御世。喚二集諸氏人等一。賜二饗醼一。于レ時三莖之草生二於宮庭一。採以奉獻。仍負二姓三枝部連一。（左京神別下、天孫、三枝部連）

顕宗天皇御世。諸氏賜二饗醼一。于レ時。宮庭有二三莖草一獻之。因賜二姓三枝部造一。（大和国神別、天孫、三枝部連）

弥和。顕宗天皇御世。蚕織獻二絁絹之様一。仍賜二調首姓一。（左京諸蕃下、百済、調連）

武烈天皇

武烈大皇御世。被レ遣二韓國一。復命之日。賜二姓韓國連一。（和泉国神別、天神、韓國連）

男龍一名辰貴。善二繪工一。小泊瀬稚鷦鷯天皇。美二其能一賜二姓首一。（左京諸蕃上、漢、大崗忌寸）

安閑天皇

謚安閑御世。河内國日下大戸村造二立御宅一。為レ首仕奉。仍賜二大戸首姓一。（河内国皇別、大戸首）

欽明天皇

欽明天皇御世。率二同族四人。国民卅五人一歸化。天皇矜二其遠来一。勅二珎勲臣一。為二卌九人之譯一。時人号曰二譯氏一。男。諸石臣。次麻奈臣。是近江国野洲郡曰佐。山代国相楽郡山村曰佐。大和国添上郡曰佐等祖也。（山城国皇別、曰佐）

四世孫。荒田別命男。田道公。被レ遣二百済國一。娶二止美邑呉女一生男。田持君三世孫。熊。次新羅等。欽明天皇御世。参来。新羅男。吉雄。依レ居賜二姓止美連一也。（河内国皇別、止美連）

欽明天皇御代。依レ墾二開小治田鮎田一。賜二小治田大連一。（左京神別上、天神、小治田宿祢）

欽明天皇御世。随二使大伴佐弖比古一。持二内外典。藥書。明堂圖等百六十四巻。佛像一軀。伎樂調度一具等一入朝。（左京諸蕃下、漢、和藥使主）

欽明天皇御世。率レ衆投化。皃美體大。其背巾長。仍賜二名長背王一。（右京諸蕃下、高麗、長背連）

欽明天皇御世。投化。獻二金多々利。金平居等一。天皇譽レ之。賜二多々良公姓一也。（山城国諸蕃、任那、多々良公）

敏達天皇

「其後。敏達天皇御世。」大徳小野臣妹子。家二于近江国滋賀郡小野村一。因以為レ氏。（左京皇別下、小野朝臣）〔諸写本には、「其後。敏達天皇御世」の八字はないが、文政元年（一八一八）刊の橋本稲彦校『訂正新撰姓氏録』の左京皇別下、小野朝臣条の本文に、はじめて「其後《ソノノチ》。敏達天皇御世《ノミヨニ》」とみえ、この記事を受けついだものに栗田寛『新撰姓氏録考證』がある。またこの栗田が採用した記事を「イ」として校勘した『新校群書類従』第十九巻所収の『新撰姓氏録』小野朝臣条には、その本文に「（《イ》其後敏達天皇御世）」とある。弘正方転写本（佐伯有清所蔵本）の小野朝臣条には、朱筆で「「○其後敏天皇《（ママ）》三世《（ママ）》」或古本、此八字《（ママ）》後人ノサカシラ也」とあるが、ここに記されている「三世」は、「御世」の誤記であろう。「其後。敏達天皇御世」の記載、参考までにここに掲げることにした。〕

敏達天皇御世。依レ居改賜二姓星川臣一。（大和国皇別、星川朝臣）

敏達天皇御代。依三家門有二柿樹一。為二柿本臣一也。（大和国皇別、柿本朝臣）

敏達天皇行二幸吉野川瀬一之時。依レ有二勇事一。負賜二佐代公一。（和泉国皇別、佐代公）

崇峻天皇

泊瀬部天皇謚崇峻御世。被レ遣二呉國一。賚二雑寶物等一獻二於天皇一。其中有二呉権一。天皇勅二此何物一也。久比奏曰。呉國以レ此懸二定萬物一。令レ為二交易一。其名曰二波賀理一。天皇勅之。勿レ令二他人同一。（左京皇別下、商長首）

推古天皇・上宮太子

蝙蝠臣。豊御食炊屋姫天皇諡推古。御世。家於大和国高市郡田口村。仍号田口臣。（左京皇別上、田口朝臣）

上宮太子攝政之年。任大椋官。于時。家邊有大俣楊樹。太子巡行巻向宮之時。親指樹問之。即詔阿比太連。賜大俣連。（左京神別上、天神、大貞連）

山猪子連等。仕奉上宮豊聡耳皇太子御杖代。尓時。太子巡行山代国。于時。古麻呂家在山城國久世郡水主村。其門有大榎樹。太子曰。是樹如室。大雨不漏。仍賜榎室連。（左京神別下、天孫、榎室連）

舒明天皇

久比男。宗麿。舒明天皇御代。負商長姓也。（左京皇別下、商長首）

皇極天皇

皇極握鏡。國記皆燔。幼弱迷其根源。狡強倍其偽説。（新撰姓氏録序）

百尊男。徳尊。孫。斯羅。諡皇極御世。賜河内山下田。以解文書。為田邊史。（左京皇別下、上毛野朝臣）

男。荒人。天豊財重日足姫天皇諡皇極。御世。遣佃葛城屯田。其地野上。漑水難至。荒人能澥機術。始造長楲。川水灌田。天皇大悦。賜楲田臣姓也。（右京皇別上、巨勢楲田朝臣）

孝徳天皇

六世孫。阿利真公。謚孝徳天皇御世。天下旱魃。河井涸絶。于レ時。阿利真公。造二作高樋一。以二垂水罡基之水一。令レ通二宮内一。供二奉御膳一。天皇美二其功一。使下賜二垂水公姓一。掌中垂水神社上也。（右京皇別上、垂水公）

孫。阿良都別命男。豊嶋。天萬豊日天皇謚孝徳。御世。初賜二佐伯直姓一矣。（河内国皇別、佐伯直本系逸文、『日本高僧伝要文抄』『高野大師御廣傳』）

男。善那使主。孝徳天皇御世。依レ獻二牛乳一。賜二姓和藥使主一。奉レ度本方書一百卅巻。明堂圖一。藥臼一。及伎樂一具。今在二大寺一也。（左京諸蕃下、和藥使主）

斉明天皇

四世孫。額田臣。武蔵臣。齊明天皇御世。宗我蝦夷大臣。号二武蔵一曰二物部首并神主首一。因レ茲失二臣姓一為二物部首一。（大和国皇別、布留宿祢）

七世孫。衣古之裔孫。中石男。齊明天皇御代。賜二宇努首一。（大和国諸蕃、百済、宇奴首本系逸文、『古葉略類聚鈔』巻十）

天智天皇・庚午年

天智天皇儲宮也。船史恵尺奉二進燼書一。至二庚午年一。編造戸籍。人民氏骨。各得二其宜一。自レ茲以降。歴代帝王。随レ時改正。聯綿不レ絶。（新撰姓氏録序）

尒後。至二庚午年一。脱二落針間別三字一。偏為二佐伯直一。（右京皇別下、佐伯直）
天智天皇御世。依レ居賜二川原公姓一。（摂津国皇別、川原公）
諡天智庚午年。依レ居二大家一。負二大宅臣姓一。（和泉国皇別、大家臣）
廿三世孫。内大臣大織冠中臣連鎌子古記云二鎌足一。天命開別天皇諡天智。八年。賜二藤原氏一。（左京神別上、天神、藤原朝臣）
其後。庚午年。依レ作二新家一。加二新家二字一。為二丹比新家連一也。（右京神別下、天孫、丹比宿祢）
然後。庚午年籍。注二神宮部造一也。（山城国神別、天神、神宮部造）
五世孫。勤大壹恵尊。亦工二繪才一。天智天皇御世。賜二姓倭畫師一。（左京諸蕃上、漢、大崗忌寸）

天武天皇

天渟中原瀛真人天皇諡天武十二年。改二膳臣一賜二高橋々々一。（左京皇別上、高橋朝臣）
孫自臣八世孫。名代。諡天武御世。獻二之楊花一。勅曰。何花哉。奏曰。辛夷花也。群臣奏曰。是楊花也。名代。猶強奏二辛夷花一。因賜二阿倍志斐連姓一也。（左京皇別上、阿倍志斐連）
豊嶋男。正五位上益人。天武御時。給二朝臣一。（左京皇別上、田口朝臣本系逸文、『古葉略類聚鈔』巻十）
天渟中原瀛真人天皇諡天武。御世。出家入道。法名信正。娶二近江国人槻本公轉戸女一。生二男石村一。附二母氏姓一。冒二槻本公一。（左京皇別上、坂田朝臣）
男。正五位上日向。天武天皇御代。依二社地名一改二布瑠宿祢姓一。日向三世孫。邑智等也。（大和国皇別、布留宿祢）
十世之孫。小錦上國益。天渟中原瀛真人天皇諡天武。御世。改二高橋朝臣姓一。（摂津国皇別、高橋朝臣本系逸文、『太子傳玉林

抄』巻第十）

男。正一位贈太政大臣不比等。天渟中原瀛真人天皇〈諡天武。〉十三年。賜二朝臣姓一。（左京神別上、天神、藤原朝臣）

六世孫。三枝連男。倭古連之後。天渟中原瀛真人天皇諡天武御世。改賜二宿祢姓一。（右京神別上、天神、多米宿祢本系逸文、『政事要略』巻廿六）

乎祢足尼四世孫。黒彦。天渟中原瀛真人天皇〈諡天武。〉十三年。賜二姓朝臣一。（大和国神別、地祇、賀茂朝臣本系逸文、鴨脚家本『新撰姓氏録抄録』）

甲由之後。贈大錦下坂上熊毛等。天渟中原瀛真人天皇〈諡天武。〉十年。改レ直賜二姓連一。（右京諸蕃上、漢、坂上大宿祢本系逸文、『坂上氏系図』）

弓束之後。正四位上犬養。天渟中原瀛真人天皇〈諡天武。〉十四年。〈日本書紀曰。白鳳十三年。〉擧レ族改レ連賜二伊美吉姓一。（右京諸蕃上、漢、坂上大宿祢本系逸文、『坂上氏系図』）

持統天皇・庚寅年

持統天皇御代。依レ居二参河國青海郡御立地一。賜二御立史姓一。（右京皇別下、御立史）

佐久命九世孫。和珥部臣鳥。務大肆忽勝等。居二住近江國志賀郡真野村一。庚寅年。負二真野臣姓一也。（右京皇別下、真野臣）

和銅元年

和銅元年十一月己卯。大嘗會。廿五日癸未。曲宴賜二橘宿祢於大夫人一。（左京皇別上、橘朝臣）

神亀元年

男。従五位下知須等。家二居奈良京田村里河一。仍天璽國押開豊櫻彦天皇諡聖武。神亀元年。賜二吉田連姓一。（左京皇別下、吉田連）

神亀二年

神亀二年。廿二世孫。従八位下智麿男。東人。云々。（未定雑姓、右京、中臣臣本系逸文、『古今和歌集目録』中臣東人一首）

天平八年

天平八年十二月甲午。詔二参議従三位行左大辨葛城王一。賜二橘宿祢諸兄一。（左京皇別上、橘朝臣）

天平廿年

天平廿年。在二京畿一者。咸賜二伊美吉姓一也。（山城国諸蕃、漢、秦忌寸）

天平勝宝二年

寶字稱徳孝謙皇帝天平勝寶二年。改賜二上毛野公一。（左京皇別下、上毛野朝臣）

勝宝年中（天平勝宝九歳）

勝寶年中。時有二恩旨一。聴二許諸蕃一。任レ願賜レ之。遂使二前姓後姓。文字斯同。蕃俗和俗。氏族相疑一。萬方庶氏。陳二高貴枝葉一。三韓蕃賓。稱二日本之神胤一。時移人易。罕二知而言一。（新撰姓氏録序）

天平宝字二年

高野天皇天平寶字二年。又改賜二忌寸姓一。（右京諸蕃上、漢、坂上大宿祢本系逸文、『坂上氏系図』）

天平宝字三年

因二鬼神感和之義一。命レ氏謂二鬼室一。廢帝天平寶字三年。改賜二百済公姓一。（右京諸蕃下、百済、百済公）

宝字之末（天平宝字五年）

寶字之末。其争猶繁。仍聚二名儒一。撰二氏族志一。抄案弗レ半。逢二時有レ難。諸儒解體。輟而不レ興。（新撰姓氏録序）

天平宝字八年

廢帝天平宝字八年。改ㇾ公賜二朝臣一。（右京皇別下、阿保朝臣）

犬養男。従三位苅田麿。廢帝天平宝字八年。特賜二大忌寸一。（右京諸蕃上、漢、坂上大宿祢本系逸文、『坂上氏系図』）

天平神護元年

四世孫。正六位上千継等。天平神護元年。改ㇾ字賜二大貞連一。（左京神別上、天神、大貞連）

神護景雲三年

神護景雲三年。右大臣中臣朝臣清麻呂。加二賜大字一。（左京神別上、天神、大中臣朝臣本系逸文、『東大寺要録』巻第六、『祭主補任』大中臣清麻呂条）

高野天皇神護景雲三年。依二居地一。改賜二大豈忌寸姓一。（左京諸蕃上、漢、大崗忌寸）

光仁天皇

正六位上廣根々々（朝臣）諸勝。是。光仁天皇龍潜之時。女孺従五位下縣犬養宿祢勇耳。侍御所ㇾ生也。（左京皇別上、廣根朝臣）

宝亀五年

光仁天皇宝亀五年。改賜二和氣朝臣姓一也。（右京皇別下、和氣朝臣）

天応元年

光仁天應元年。改二土師一賜二菅原氏一。有レ勅改賜二大枝朝臣姓一也。（右京神別下、天孫、土師宿祢）

桓武天皇

先朝。鑒二其假濫一。留二慮根源一。味旦臨レ軒。昃景忘レ膳。（上新選姓氏録表）

皇統弥照聖明。生而叡哲。自躰二性仁一。威被二日出之崖一。徳光二月胐之域一。停レ烽廢レ閑。文軌為レ一。慮周二品物一。思切二正名一。廼降二綵綸一。撰二勘本系一。緗帙未レ畢。鳳輿登遐。（新撰姓氏録序）

是。皇統弥照天皇諱桓武御宇也。従七位下百済宿祢之継。為二女孺一而供奉所レ生也。（左京皇別上、良岑朝臣）

是。皇統弥照天皇諱桓武之御二東宮一也。多治比真人豊継。為二女孺一而供奉所レ生也。（左京皇別上、長罡朝臣）

延暦六年

延暦六年。特賜二姓長罡々々（朝臣）一。貫二於右京一。（左京皇別上、長罡朝臣）

桓武天皇延暦六年。特賜二廣根々々（朝臣）一。（左京皇別上、廣根朝臣）

延暦十六年

厥後。延暦十六年。宅成等四十八人。同加二賜大字一。（左京神別上、天神、大中臣朝臣本系逸文、『東大寺要録』巻第六、『祭主補任』大中臣清麻呂条）

延暦十七年

同（延暦）十七年。船長等卅七人。加二賜大字一。自餘猶留為二中臣朝臣一。（左京神別上、天神、大中臣朝臣本系逸文、『東大寺要録』巻第六、『祭主補任』大中臣清麻呂条）

延暦廿年

桓武天皇延暦廿年。賜二大春日朝臣姓一。（左京皇別下、大春日朝臣）

延暦廿一年

延暦廿一年二月廿七日。特賜二姓良岑々々（朝臣）一。貫二於右京一。（左京皇別上、良岑朝臣）

延暦廿二年

男。従五位上奈弖麻呂。々々次。従五位下豊成。次。豊人等。皇統弥照天皇諡桓武。延暦廿二年。賜二宿祢姓一。於レ是追二

陳父志一。取二祖父生長之地名一。改二槻本一賜二坂田宿祢一。（左京皇別上、坂田朝臣）

嵯峨天皇

天朝。至明継レ明。紹二脩前業一。至聖承レ聖。垂二眷後謀一。（新撰姓氏録序）

弘仁元年

今上弘仁元年。改賜二朝臣姓一。（左京皇別下、上毛野朝臣）

弘仁二年

今上弘仁二年。改賜二宿祢姓一也。（左京皇別下、吉田連）

今上弘仁二年。正六位上賀茂宿祢河守。弟。正七位上關守。甥。春成。従七位上高岡。友主。弟廣友。野長等七人。同賜二賀茂朝臣一也。（大和国神別、地祇、賀茂朝臣本系逸文、鴨脚家本『新撰姓氏録抄録』）

弘仁四年

今上弘仁四年。同奈弖麻呂等。改賜二朝臣姓一也。（左京皇別上、坂田朝臣）

弘仁五年

信等八人。是今上親王也。而依二弘仁五年五月八日勅一賜レ姓。貫二於左京一條一坊一。即以レ信為二戸主一。（左京皇別上、源朝臣）

……………………………………

天長二年

大學頭従四位下高棟王。天長二年閏七月。賜二平朝臣姓一。貫二左京一。（平朝臣）

貞観九年

貞観九年五月。至二（平朝臣高棟）大納言正三位一薨。（平朝臣）

第六　古代氏族の系図と新撰姓氏録

一　古代の系譜と新撰姓氏録

1　因支首氏と海部直氏の系図

智証大師円珍（八一四—八九一）は、承知の初め（八三四—）、生家より送られてきた「系図」を手にした。円珍自身の書き入れによると、たぶん円珍の父宅成が、その「系図」を円珍のもとに送ったものと推定される。さらに円珍が「承和の初め」と記した文の上に、「天長」と書き、それを抹消しているところから察すると、おそらくその「系図」は、天長年間（八二四—八三四）に書写・作成されたものであろう。この「系図」にかかわって円珍の頭のなかには、天長という年次がこびりついていたために、つい「此の系図は天長」云々と書いてしまったものに違いない。また「系図」の記述が円珍の世代で終っていることも天長年間、もしくは承和のごく初頭に書かれたものとみなしてよい。とすると、この「系図」は、「系図」そのものとして作成され、そして、今日にまで伝えられている最古の「系図」となる。

この「系図」は、『円珍系図』『和気氏系図』と呼ばれているが、円珍の俗姓因支首（和気公）氏の始祖から円珍、および同一世代の一族に至るまでの系譜が、この「系図」に、つぶさにしめされている。現在、この「系図」は三井寺（園城寺）に所蔵され、『円珍俗姓系図』と称されて国宝に指定されている。これを(A)系図と呼んでおこう。

現在残っている最古の「系図」、すなわちⒶ系図についで古い「系図」は、「籠名神社祝部氏係図」と冒頭に記され、今日『海部氏系図』として、これまた国宝となっている貴重な「系図」である。この「系図」の成立は、籠神社の祭神である籠神の位階が「従四位下」と記されていることから、貞観十三年（八七一）六月から元慶元年（八七七）十二月までのあいだであったとされていたが、『海部氏勘注系図』には、「貞観年中に至り、海部直田雄祝等、勅を奉じて本系を撰進す」とあるので、さらにこの「系図」の成立時期はせばめられ、貞観十三年（八七一）六月以降、貞観の年号が元慶と改元された貞観十九年（八七七）四月十六日以前のあいだとなる。この「系図」を以下、Ⓑ系図とする。

2　因支首と海部直系図の特徴

さてⒶ系図の末尾に記されている円珍から曾祖父の陶道へさかのぼる部分の「系図」は、左図の通りである。またⒷ系図は、その末尾に記されている海部直田雄から三代前の望麿までの部分の「系図」をしめすと次頁のごとくである。これらⒶⒷ両系図にみられる共通する特徴は、父から子へ、子から孫へと、その続柄をしめすのに系線をほどこし、人名に「子」、あるいは「児」という字をかぶせていること、そしてまた父から子、子から孫へと、つぎつぎに下方へ書きついでいることである。このような「系図」は、「竪系図」、もしくは「柱系図」と呼ばれている。ちなみにⒶ系図の縦の全長は三二三・三糎、Ⓑ系図の全長は二二九・二糎である。

Ⓐ系図

（上略）子陶道之─子道万呂之─子宅成─子得度也僧円珍
　　　　　　　　　次宅主之　　次得度僧仁徳　　次福雄

次人□
次船人
次山人

(B)系図

（上略）児海部直望麿祝　従天平神護元年至于（延暦）□十年合十五年奉仕
児海部直雄豊祝　従延暦十二（年至于）□弘仁十年合廿五年奉仕
児海部直田継祝　従弘仁（十一年）□至于承和十四年合廿八年（奉仕）□
児海部直田雄祝　従嘉□

つぎに両系図の異なるところは、(A)系図が「之―子」（末尾のほうでは、単に「―子」とある）と続柄を記しているのにたいして、(B)系図は、「―児」という表記法をとっていること、および(A)系図が、たとえば「之―子道万呂」の左に「次宅主」「次人□」と兄弟の人名を詳細に列挙しているのにたいして、(B)系図では、「―児海部直千嶋祝」の左に「弟海部直千足」「弟海部直千成」とあるように、弟の名前を記している箇所以外は、すべて「児」でもって、一直線につなぎ、それぞれの兄弟の人名に記載がおよんでいないことである。

これらの相違で、「之―子」「―子」の記載と「―児」と記す違いは、「系図」を読む場合に、いずれも「の子」、あるいは「の児」と読んだはずであるから、単に表記する字の異同であって、それほど問題があるわけではない。

ところで、(A)系図において「次」の字をもちいて弟の人名を詳細に書きあげているのは、一族の人名を網羅して、それぞれの系譜を明らかにするという意識のもとに書きついでいるのである。これに反して、(B)系図では、そのような意識のもとで「系図」を作成したのでなく、別の意図のもとに「系図」が書かれたものと考えられる。(A)系図は、父子の継承を事実に則して記し、(B)系図は、かならずしも父子の継承をしめしたものでなく、(B)系図にもとづいていえば、祝（神職の職掌名）という「政治的」地位の継承関係を具体的に記したものであると考えられる（義江明子説）。(B)系図の記載で異例となっている「弟」の字が付けられている海部直千足と千成とは、『海部氏勘注系図』によると、前者は「丹波直等の祖」であり、また後者は「笑原神宮の祝部の祖」であったから、とくにこの両名を「弟」として掲げたものとみなされる。

(B)系図にみられるような「政治的」地位の継承関係をあらわした系譜で現在に伝わる最古のものは、埼玉県行田市稲荷山古墳出土の鉄剣銘にみえる系譜である。その銘文には、

辛亥の年七月中に記す。乎獲居臣の上祖、名は意富比垝、其の児は多加利足尼、其の児、名は弖已加利獲居、其の児、名は多加披次獲居、其の児、名は多沙鬼獲居、其の児、名は半弖比、其の児、名は加差披余、其の児、名は乎獲居臣、世々杖刀人の首と為て事え奉り来りて今に至る。

とあって、代々、杖刀人の首となって「奉事」してきたことを系譜に書き記している。この銘文は、「此の百練の利刀を作ら令めて、吾が奉事（事え奉れる）根原を記す也」という文で締め括られていて、杖刀人の首という職掌の継承が一族のどのような名前の人物によってなされてきたかを具体的に系譜によって書きあげたものということができる。

(B)系図は、「丹後国与謝郡の従四位下籠名神を元従り今に斎き奉れる所の祝部として仕え奉りし海部直等の氏」と書きはじめており、祝としての地位の継承関係を語るのに、もとは、稲荷山鉄剣銘のように、「系図」ではなく文章で記されていた系譜であったであろう。海幸・山幸の神話にかかわって、『日本書紀』神代下、第十段一書の第二に、「火酢芹命の苗裔、諸の隼人等、今に至るまでに天皇の宮墻の傍を離れずして、代に吠ゆる狗して奉事る者なり」とあって、ここでも代々、隼人たちが宮中での諸儀式、あるいは車駕の供奉・先導するさいに狗吠の所作をして天皇に「奉事」してきたことが語られている。こうした「奉事」「仕奉」の由緒が代々の個個人の名前を書きつらねて、系譜として文章化されだしたのが、「竪系図」の起源となったのである。

(A)系図は、讃岐国那珂郡、および多度郡の因支首氏の系図であり、(B)系図は、丹後国与謝郡の海部直氏の系図である。前者の成立は、九世紀の前半、後者は九世紀の後半の成立であって、平安初期には、讃岐国（香川県）や丹後国（京都府）にかぎらず、ひろくこうした「竪系図」が、諸氏族のあいだで作成されていたとみなしてよい。

3　本系帳と新撰姓氏録

平安初期に(B)系図とは違って、一族の人名を網羅する(A)系図のような「竪系図」が作成されたのは、おそらく賜氏姓の問題と深く関係していたと思われる。(A)系図が作成された当時の讃岐国の因支首氏は、和気公という氏姓に改姓する問題があったからである。

古代の系譜は、氏族の出自、氏名の由来、「奉事」「仕奉」の態様、そして賜氏姓の変遷が主たる内容であった。このような系譜は、「本系」もしくは「本系帳」と呼称されていた。

かかる系譜の作成は、『中臣氏系図』が引用している『延喜本系』に、「去る天平宝字五年、撰氏族志所の宣に依り、勘造し進ずる所の本系帳を案うるに云う」とあるので、記録のうえでは、「本系帳」の作成は、天平宝字五年（七六一）にまで、さかのぼることができる。

右に掲げた文中にみえる「撰氏族志所」というのは、時の太師（太政大臣）藤原仲麻呂（恵美押勝）が始めた事業の一つである『氏族志』の撰述・編纂を担当する役所である。この役所が諸氏族にたいして「本系帳」を作成・進上させる命令をだしたのである。もっとも「本系帳」の作成・進上は、この時が最初ではなかった。『弘仁私記』の序文に、

凡そ厥れ天平勝宝の前……一代毎に天下の諸氏に各本系を献ぜしめ〈譜牒を謂いて本系と為す也〉、永く秘府に蔵し輙く出すを得ず。今、図書寮に存するは是れ也。

とあるのによれば、天平勝宝年間（七四九―七五七）以前にも、一代ごとに諸氏族に「本系帳」を作成・進上させていたのである。そして『延喜本系』に「夫れ本系とは、祖宗（先祖と中興の祖）を立て、昭穆（世代の順序）を分ち、濫吹（胡麻化すこと）を正し、後世（子孫）に表す所以の書なり」とあるように、「本系帳」は、先祖と中興の祖とを記し、世代の順序を区別した系譜であって、その作成の目的は虚偽を正すことにあった。

さて「本系帳」にもとづいて編纂しようとした天平宝字末年の『氏族志』に関しては、『新撰姓氏録』の序文に、

宝字の末、其の争い猶繁し。仍りて名儒を聚めて、氏族志を撰ばしめしに、抄案半ならざるに、時の難有るに逢い、諸儒解体して、輟みて興らず。

とみえる。『氏族志』は、「時の難」、すなわち藤原仲麻呂の乱と淳仁天皇の廃位という大事件に遭遇して完成しなか

ったのである。この編纂事業を受けついで弘仁六年（八一五）に最終的に成立したのが『新撰姓氏録』であった。
同書の編纂のため、延暦十八年（七九九）十二月に諸氏族にたいして「本系帳」を作らせた。これに応えて諸国の氏族は、「本系帳」を中央政府に提出した明証はあるが、その集まり具合は、まことに悪く、結局『新撰姓氏録』のかたちになったのは、京畿内の諸氏族の「本系」だけであった。しかも現在伝えられているものは、その抄録本であるので、各氏族の「本系」をみるには、いたって限られている。

それでも『新撰姓氏録』には、各氏族が提出した「本系帳」の断片的記載が、ところどころに残っているから、「本系帳」の内容が、どのようなものであったかを知ることができる。一、二の例をあげてみると、

㈠（上略）信正は、近江国の人、槻本公転戸が女に娶て、生める男、石村、母の氏姓に附きて槻本公を冒る。男、外従五位下老の男、従五位下奈弖麻呂、次に従五位下豊成、次に豊人等……延暦二十二年に、宿禰の姓を賜う。

（左京皇別上、坂田宿禰条）

㈡（上略）玉依彦命の十一世孫、大伊乃伎命の男、大屋奈世は、若帯彦天皇〈謚は成務〉の御世に、鴨県主に定め賜う。男、荒熊の男、秋の男、荒木の男、長屋、次に多々加比。長屋の男、麻作等なり。（山城国神別、鴨県主条逸文）

という「本系」がある。この「本系」を「系図」になおしてみると、次のとおりである。

㈠信正──男石村──男老─┬─男奈弖麻呂
　　　　　　　　　　　　├─次豊成
　　　　　　　　　　　　└─次豊人

㈡大伊乃伎命——男大屋奈世——男荒熊——男秋——男荒木——男長屋——男麻作
　　　　　　　　　　　　　　　　　　　　　　　　　次多々加比

これらの「本系」に記されている「男」「次」という続柄の表記法は、(A)系図に記されている続柄と同様であって、系図化した㈠、㈡をみれば、(A)系図や(B)系図のもとになっているものが、㈠、㈡の「本系」のように、文章で書かれていたことが明らかとなる。「本系」のような文章で記された系譜（「譜牒」）が、やがて「系図」、いわゆる「竪系図」へと変化をとげたのであった。

4　古代氏族系図の本質

文章で書かれた系譜が、のちに「竪系図」となり、さらに「横系図」へと移り変わった姿を、われわれは、『新撰姓氏録』の「本系」㈡に関係する『鴨県主氏系図』にみることができる。「横系図」は、「系図」のもっとも発展したかたちであって、今日ひろく見ることのできる「系図」の形式である。

『鴨県主氏系図』は、京都の賀茂神社の神官家に伝えられていた「系図」であって、『賀茂神官鴨氏系図』『河合神職鴨県主系図』などと称されている。この「系図」で黒比古という人物の子孫の部分を抜きだしてみると、次のごとくである。

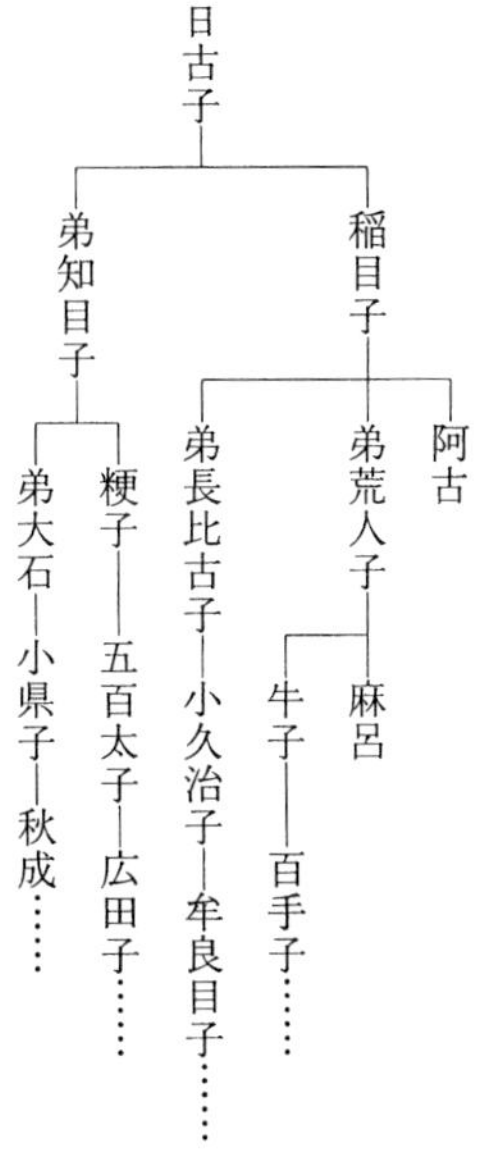

この「系図」を一見して明らかなように、たとえば「日古子」「稲目子」「粳子」のように、人名の下に「子」の字が記されており、また「弟知目子」「弟荒人子」「弟長比古子」のごとく、人名の上に「弟」の字が付せられている。「弟」は、「次」と同義語であることは、言うまでもない。

この『鴨県主氏系図』は、「横系図」という、もっとも新しい「系図」の様式で書き記されているけれども、「子」「弟」という続柄をあらわしている語句が人名の上下に記されていることは、この「系図」の原型が「竪系図」であったことを物語っており、さらには、それがもともと文章で書かれていた系譜であったことをも、しめしているのである。

さらに『鴨県主氏系図』の注目されるところは、たとえば、「大二目命」という人名のもとに、「子孫等、鴨建津身命社を斎き奉る。又、主殿寮・主水司に名負と為て仕え奉る」とあり、あるいは、「黒日子――吉備子」と父子関係をしめしている部分の前者の譜文には、「難波長柄朝に主水司の水部として仕え奉る」と記されており、また後者のそれには、「奈良朝に主水司の水部・祝として仕え奉る。禰宜として仕え奉る。天平七年に起り、丶丶丶迄、合せて七年なり」とある記載である。祝・禰宜など神官としての「斎奉」、水部という官人としての「仕奉」のことが、事細かく書きこまれているのは、「系図」の本質がどのあたりにあったかを、まことによく物語っている。

古代の系譜は、神への「斎奉」、王者への「仕奉」「奉事」のさまを、世にしめす、きわめて「政治的」な意味をもっていたのである。『古事記』の崇神天皇段に、疫病が流行し、人民が死に尽きようとしたのを食い止めるため、大物主大神を祭らなければならないことになったさいに、祭主として意富多々泥古（太田田根子）という人物が、河内の美努村から貢進されたと伝える話がみえる。召しだされてきた意富多々泥古にたいして、天皇が、「汝者誰が子ぞ」と問うと、意富多々泥古は、

僕者、大物主大神、陶津耳命の女、活玉依毗売に娶して、生みませる子、名は櫛御方命之子、飯肩巣見命之子、建甕槌命子、僕意富多々泥古ぞ。

と答えたのである。そこで天皇は、意富多々泥古を神主として、御諸山に意富美和大神を拝き祭ったという。

意富多々泥古が話したのは「斎奉」「仕奉」の由来を語る系譜であって、それは『新撰姓氏録』に記載されている前掲㈠の「本系」と、まったく形式が同じである。しかも意富多々泥古が語った系譜は、「僕者」に始まり、「僕意富多々泥古」で終わっている。しかも、このかたちは、稲荷山古墳出土の鉄剣銘で、「乎獲居臣」本人に始まり、「名は乎獲居臣」で終っている系譜と共通しているのである。系譜を語る本人からその本人の名にいたる系譜のかたちをみれば、「系図」そのものの始源は、自己の祖先の歴代の人名を口誦することに求められると考えてもよいであろう。

（原題「古代の系譜」『日本姓氏家系総覧』平成三年七月、補訂）

二　古代氏族系図の性格

1　井上光貞氏の鴨県主氏系図研究

古代史の研究にあたって、古代氏族にかかわる系図が史料として活用されるようになったのは、それほど古いことではない。それは系図の有する否定的な特性、すなわち系図の記載には疑わしいものが多く、いわゆる偽系図の類が横行し、史料としての価値が著しく劣る、ないしは信憑性にまったく欠ける点があると、一般的にみなされていたことによるのである。

しかし、第二次世界大戦後、日本古代史の研究が飛躍的に発展した中で、史料に乏しい古代史の研究に、古代氏族の系図があらためて見なおされ、系図の記載の分析や、系図の成立時点の追究がすすめられ、注目すべき成果も生まれている。その最高の成果の一つとしてあげられるのは、井上光貞氏による『鴨県主氏系図』の研究である。

井上光貞氏は「カモ県主の研究」において[1]、鴨県主氏の系図の史料批判を行ない、この系図の「原型図」の成立年代を延暦元年（七八二）から同十六年（七九七）までの間とみることができるとしたうえで、鴨県主の性格、神官職の継承法、さらには県主一般の姿を、次のように論じ、古代国家の構造の解明に資そうとしたのである。

すなわち井上氏は、㈠鴨県主氏は、山城の葛野県の県主として、大和朝廷の内廷に直結し、天皇の家政に奉仕して、宮廷供御の薪炭と水とを供給していたこと、㈡律令体制の成立によって、鴨県主氏は、県主の職掌を失ったが、その一族は、主殿寮の殿部、主水司の水部という伴部として、依然宮廷との関係を保っていたこと、㈢かつて葛野県の県神社であった賀茂神社は、一般の県神社が県の解体にともなって衰退したのとは違って、ひろく各地の崇拝を受ける大社へと発展し、鴨県主氏の族長は、この大社の神官となったこと、㈣神官職の継承法が、平安前期まで嫡子相続でなくかなり広範囲の親族内を移動したこと、㈤畿外の国造が、かつて大和朝廷に直結していたのとは異なって、畿内の県主は、朝廷の内廷に結ばれ、その下部構造をなしていたのであろうことなどを明確にしたのである。

この井上氏の研究は、古代氏族の系図研究の一典型であって、古代氏族系図の性格の研究に示唆されるところは、きわめて多い。

2　日下部氏系図と私市氏系図

いままで、ほとんど顧りみられていない古代氏族の系図の記載の一つの例を、ここで取りあげてみよう。

それは、兵庫県朝来郡山東町の粟鹿神社に所蔵されている『田道間国造日下部足尼家譜大綱』の浜人の子広成のもとに、

神護景雲三年西大寺建立ノ時、浜人広成依レ為二大福長者一、布二千五百匹。稲六万束寄進、（達ノ字脱カ）上聞叙二従五位上一。

とみえる記載と、『続群書類従』第七輯、系図部に載せられている『私市氏系図』に、

神護景雲三年西大寺建立時。浜人広成依レ為二大福者一。布（ママ）一千五百疋。稲六万束寄進。達二上聞一。叙二従五位上一。

とある尻付である。この尻付も広成なる人物のもとにあるものであるが、両者の記述は、ほとんど同文で、その意味するところは明瞭である。

西大寺の主要な堂舎の本格的な工事は、天平神護三年（七六七）二月から始まり、神護景雲三年（七六九）四月に、ほぼ完成したものとみなされている。したがって、右に掲げた広成の尻付に「神護景雲三年西大寺建立時」とあるのは、西大寺の堂舎の完成した年次を示している。

広成の尻付に記されている「依〻為二大福（長）者一」「達二上聞一」の文言は、後世の表現であろうが、浜人・広成父子が神護景雲三年（七六九）に西大寺に布・稲など莫大な物品を寄進したことは事実とみなしてよい。それは『続日本紀』神護景雲元年五月戊辰条に、

先〻是。左京人従八位上荒木臣道麻呂。及其男无位忍国。墾田一百町。稲一万二千五百束。庄三区。近江国人外正七位上大友村主人主。稲一万束。墾田十町献二於西大寺一。至〻是道麻呂身死。贈二外従五位下一。忍国。人主並授二外従五位下一。

とあるのをはじめ、この種の史料が『続日本紀』や『西大寺資財流記帳』にみられることによって確かめられる。その意味で広成の尻付は貴重な史料であるといえるのである。

3　津守氏と紀伊国造氏の古系図

貴重な史料といえば、宮内庁書陵部と津守通秀氏の所蔵にかかる『津守氏系図』の二本も古代における神官職の継承の実態や遣外使に加わった主神の人びとが知られるうえで、これまた貴重な史料である。(2)

この系図によって、七、八世紀の住吉大社の神官職の継承は、少なくとも三系統の津守宿禰氏の一族のあいだでなされていたことが知られる。この神官職の継承法は、井上光貞氏によってあきらかにされた鴨県主氏の賀茂大社の神官職の継承法、すなわち平安前期まで嫡子相続でなく、かなり広範囲の親族内を移動していたことに通じるものである。しかも、この継承法は、神官職ばかりでなく、たとえば国造職の継承法にも通じるものがあろうし、さらにまた古い時代における王の継承法を考えるばあいにも示唆的であろう。

現に、紀伊国造の継承次第を、『国造次第』と『紀伊国造系図』とによって調べてみると、紀伊国造の継承法は、嫡子相続ではなく、かなり広範囲の親族内を移動していたことが知られる。このように、古代氏族の系図のいくつかは、この方面の実態を知るのに不可欠の史料を提供しているのである。

なお『津守氏系図』を見て、注目させられるのは、正八位下津守宿禰池吉の尻付に、

平安宮（城カ）天皇御世遣唐神主給借五位還来大神祭祀。

とみえ、従八位（マヽ）津守男足の譜文に、

奉仕奈良朝廷女帝御世渤海神主不還来。

とあり、また従六位上津守国麿の尻付に、

柏原天皇御世讃岐国大目兼遣唐神主再当社神主少初位上八国一男。

とあって、池吉が遣唐神主（主神）、男足が遣渤海神主（主神）、国麿が遣唐神主（主神）となったこと伝えていることである。

この三名のうち、国麿については、『続日本紀』宝亀九年十一月乙卯条に、

第二船到二泊薩摩国出水郡一。又第一船海中々断。舳艫各分。主神津守宿禰国麻呂。并唐判官等五十六人。乗二其艫一而着二甑嶋郡一。

とあって、国麿（国麻呂）が遣唐主神として入唐したことが確かめられる。池吉の遣唐主神、男足の遣渤海主神については、他に所見がないが、池吉は、養老元年（七一七）度の第八次の遣唐使の主神として、また男足は、天平宝字七年（七六三）度の送渤海客使の主神として渡海したことは事実であろう。これらは、津守氏の一族が、対外交渉の任務についていたことを知るのに系図の記載が重要な情報源であることを示している。

4　口承系譜から文章系譜へ

近年、古代氏族の最古の系図が発見された。それは、いうまでもなく埼玉県行田市稲荷山古墳出土の鉄剣銘にみられる系図である。系図の部分には、

乎獲居臣上祖名意富比垝。其児多加利足尼。其児名弖已加利獲居。其児名多加波次獲居。其児名多沙鬼獲居。其児名半弖比。其児名加差波余。其児名乎獲居臣。

とある。この系図をみて注目させられるのは、まず自分の名をあげて、次に「上祖」の名から順次、祖先たちの名を書き記して、最後に再び自分の名を明記するという点である。この記載様式は、『古事記』崇神天皇段に、

僕者大物主大神。娶二陶津耳命之女。活玉依毘売一。生子。名櫛御方命之子。飯肩巣見命之子。建甕槌命之子。僕意富多多泥古白。

とあるのに類似している。

かつて太田亮氏は、この大物主大神から意富多多泥古に至る記事を採りあげて、「意富多多泥古が自己の祖先を物語っている言葉書の如きは」、「恐らくは太古は口々に伝誦されていた系図の一例とみるべきもの」であるとしたが、(3)確かに古い時代において、系図は、口承系譜に起源があり、その姿を右の記事は、伝えていると考えてよいであろう。これに類似する稲荷山古墳出土の鉄剣銘の系図記事も、もともとは口承系譜であったものが、鉄剣に銘文として刻まれたものであって、古代氏族の系図の最古のかたちが、どのようなものであったかを知るのに、鉄剣銘は、またとない材料をわれわれに提供してくれているのである。

また、鉄剣銘の「其児」、意富多多泥古の系譜にみられる「之子」という語句でもって、歴代の人名をつないでいく表現は『釈日本紀』に引用されている『上宮記』所引の「一云」に、

伊久牟尼利比古大王児。伊波都久和希。児伊波智和希。児伊波己里和気。児麻和加介。児阿加波智君。児乎波智君。娶二余奴臣祖。名阿那爾比弥一。生児都奴牟斯君。

とみえる系譜にも見受けられ、さらに古い系図である『鴨県主氏系図』や『和気氏系図』にみえる「之子」、『海部氏系図』にみえる「児」などの表記に、それが受けつがれている。

これらの古系図を通覧すると、古代氏族の系図は、口承系譜から文章系譜となり、さらに系線でもって歴代を表示する、いわゆる「系図」へと推移してきたことがうかがわれる。また古い時期の系図は、父から子へ、子から孫への血脈を示す「単系系図」であるのに、やがて一族のかなりの範囲までを書きあげる複雑な「複合系図」となっているのに気がつく。こうした「複合系図」は、まさしく古代氏族の系図といってよいが、やがてそれは、「家」単位の「家系図」(「家譜」)へと移り変っていくのである。(4)

注

（1）井上光貞『日本古代国家の研究』、七三頁以下、および『井上光貞著作集』第一巻、『日本古代国家の研究』、七三頁以下参照。

（2）津守氏の古系図については、田中卓『住吉大社神代記の研究』（『田中卓著作集』7）、三五三—三六三頁、および四六五—四七二頁参照。

（3）太田亮「系図」（『国史辞典』三）、五九四頁。

（4）古代から中世にかけての系図を詳細に説いた論著に、古くは太田亮『系図と系譜』（国史研究会編、岩波講座『日本歴史』）があり、近くは田中卓氏の「姓氏と系図」（『日本国家の成立と諸氏族』（『田中卓著作集』2））がある。ともに「本系帳」や『新撰姓氏録』、および古代氏族の系図について適切な言及がある。さらに「本系帳」や『新撰姓氏録』の性格や古代氏族の系図を、新しい視点から分析し、この方面の研究を大きく発展させた著書に、溝口睦子『日本古代氏族系譜の成立』、同『古代氏族の系譜』、義江明子『日本古代の氏の構造』、同『日本古代系譜様式論』などがある。

（『姓氏と家紋』第三八号、昭和五十九年六月、補訂）

三　古代氏族系図の変遷

1　文章系譜の形態

日本古代の氏族系図は、口承系譜からはじまって、文章系譜をへて竪系図ないしは柱系図と呼ばれている系図へと変遷したことが知られている。

文章系譜の形態を伝えている古系譜で、もっともよく知られているのは、卜部兼方（鎌倉時代中期の古典学者・神道家、生没年不詳）が編纂した『釈日本紀』の巻第十三、述義九、第十七「男大迹天皇。誉田天皇五世孫。彦主人王子也。母曰二振媛一」のもとに引用されている「上宮記曰。一云」にみられるものである。

この文章系譜は、凡牟都和希王（応神天皇）から乎富等大公王（継体天皇）にいたる系譜であり、その用字法は、推古朝ないし、それ以前の古いものとされているから(1)、この系譜の成立は、六世紀後末期から七世紀前半期であったことになる。

ところで、この文章系譜のなかに乎富等大公王、すなわち継体天皇の母系の系譜がふくまれている。その部分を掲げれば次のようである。

汗斯王、娶下伊久牟尼利比古大王児、伊波都久和希児、伊波智和希児、伊波己里和気児、麻和加介児、阿加波智君児、乎波智君、娶二余奴臣祖、名阿那尔比弥一生児、都奴牟斯君妹、布利比弥命上也。汗斯王、坐二弥乎国高嶋宮一時、聞二此布利比売命甚美女一。遣レ人召三上自二三国坂井県一、而娶所レ生、伊波礼宮治二天下一乎富等大公王也。

(汗斯王《うし》、伊久牟尼利比古大王《いくむねりひこのおおきみ》の児《こ》、伊波都久和希《いはつくわけ》の児、伊波智和希《いはちわけ》の児、伊波己里和気《いはこりわけ》の児、麻和加介《まわかけ》の児、阿加波智君《あかはちのきみ》の児、乎波智君《おはちのきみ》、余奴臣《えぬのおみ》の祖《おや》、名は阿那尔比弥《あなにひめ》に娶《みあ》いて生める児、都奴牟斯君《つぬむしのきみ》の妹、布利比弥命《ふりひめのみこと》に娶《みあ》いましき。汗斯王、弥呼国《みおのくに》高嶋宮《たかしまのみや》に坐《ま》します時、此の布利比売命の甚美《いとうるわ》しき女《おみな》なりということを聞《き》こしめして、人を遣《まだ》して三国《みくに》の坂井県《さかないのあがた》より召上《めしあ》げて、娶《みあ》いて生みませるは、伊波礼宮《いはれのみや》に天《あめ》の下治《しろ》しめしし乎富等大公王《おほどのおおきみ》なり)(2)。

譜文のなかの人物「伊久牟尼利比古大王」は、垂仁天皇であり、同天皇以下の系譜を和訓によって系図にしてみれば、次のようになる。

伊久牟尼利比古大王の——児伊波都久和希の——児伊波智和希の——児伊波己里和気の——児麻和加介の——児
阿加波智君の——児乎波智君（余奴臣の祖、名は阿那尔比弥に娶いて生める）——児都奴牟斯君の妹布利比弥命。（汗
斯王、布利比弥命に娶いて、生みませるは乎富等大公王）

文章系譜を、このように系図にしてみると、ただちに想起されるのは、国宝となっている貴重な『和気氏系図』（園城寺所蔵）である。

2　最古の竪系図

『和気氏系図』は、俗に『円珍系図』『円珍俗姓系図』『大師御系図』と称されている。纏向日代宮御宇景行天皇

（大足彦忍代別尊）から後年、天台座主となった入唐求法僧円珍（八一四―八九一）の同世代にいたる詳細な竪系図であって、この系図が作成されたのは、この系図に円珍が書き入れた文によって、承和の初め（承和元年は西暦八三四年）ごろであったことがわかる。したがってこの系図は、作成当時の原本が伝えられているものとして、現在、最古の竪系図なのである。

さて、この『和気氏系図』は、いくつかの点で、まことに貴重な内容をふくんでいる。それについては、後でふれることにして、その系図の中段部分に、

忍尾　此人従伊予国到来此土　娶因支首長女生
真浄別君
命之　子忍尾別君之―子□思波之―子忍羽之―子止伊之

とあるのを、まず取りあげたい。この系図の「忍尾別君」の譜のところ以下を文章化してみると、忍尾別君の（此の人伊予国従り此の土に到り来り、因支首長の女に娶いて生める）子、□思波の子、忍羽の子、止伊の（子……）。

となって、前節に引用しておいた「上宮記曰。一云」にみえる文章系譜に、

麻和加介の児、阿加波智君の児、乎波智君、余奴臣の祖、名は阿那尔比弥に娶いて生める児、都奴牟斯君（下略）

とあるのと類同する。したがって『和気氏系図』は、文章系譜を祖本として成り立った系図であることが判明するのである。

竪系図は、やがて横系図の形態へと変化し、その形式の系図は中世以降、現在にまで及んでいる。

こうした形態的には新しい横系図であっても、古代氏族の系図のなかには、文章系譜・竪系図の名残をとどめている系図がある。その代表的な系図として名高いのが『鴨県主氏系図』である。この系図には諸本があって『賀茂神官鴨氏系図』『河合神職鴨県主系図』『賀茂御祖皇太神宮禰宜河合神職鴨県主系図』などの異本が知られている。

いま『和気氏系図』に対する疑問を解く例として、『鴨県主氏系図』の部分を次に掲げてみよう。掲載にあたって譜文の記載を省略したところがある。

この系図の特徴は、「久治良」から「豊国」「主国」まで、すべて「子」の字が、それぞれの人名に付けられていることである。すなわち文章系譜の例としてあげた継体天皇の母系の系譜の人名のもとに記されている「児」、また竪系図である『和気氏系図』にみられる「之――子」という表記に共通するものが、『鴨県主氏系図』にもみとめられ、この横系図の祖本をたどれば竪系図からさらに文章系譜にまで行き着くであろう。

3　和気氏系図の特徴

さて『和気氏系図』は、よく見てみると三つの「系図」によって構成されていることがわかる。

その第一は、冒頭部分の景行天皇とその皇子女の「系図」が、主として『日本書紀』の景行天皇二年三月戊辰、および同四年二月甲子の両条に記されている「系譜」にもとづいて作成されていることである。(3) そしてその第二は、伊予別公氏の系図であり、その第三は、天台座主円珍の家の系図である因支首氏の系図である。これら第二以下の二つの系図は、もともと独自なものとして成り立っていたものであった。

ところで前節において『和気氏系図』に対して疑問視されている箇所を解くことができる例として、『鴨県主氏系図』の「久治良」以下の部分を掲げておいたが、円珍の家の系図「因支首氏系図」で、円珍からすると五代前の「小乙上身」、すなわち小乙上の位階を帯びる身という人物のもとに、「難破(ママ)長柄朝庭任㆓主帳㆒」とあって、彼が孝徳天皇朝に、郡(評)の主帳(おそらく讃岐国多度郡の主帳)に任ぜられたとする記載がある。

ところが貞観九年(八六七)二月十六日付の「讃岐国司解」には、上記の身という人物を「少初位上身」と記している。系図の身の小乙上という位階は、大化五年(六四九)から天武天皇十四年(六八五)まで存在していたものであり、一方、解文の少初位上の位階は、大宝元年(七〇一)三月に施行されたものであるという相違がある。そこで身の子孫の世代数からみなして、身は少初位上の位階の方が正しく、八世紀前半の人物であり、系図に記す難波長柄(孝徳天皇)朝、すなわち大化当時(七世紀半ば)の人物とするのは疑わしいという説がある。(4)

4　因支首身という人物

この身という人物をめぐって『和気氏系図』の難波長柄(孝徳天皇)朝に主帳に任ぜられたという記載を疑問視する見方は、早くからだされている。すなわち身の子孫の世代数を一世代三十年とすると、身はおよそ天武天皇朝の人としか考えられないとする説である。[5]

身を天武天皇朝の人とする説に対して、藤原鎌足の五世の孫である冬緒の生年が円珍の生年に先立つこと六年、すなわち大同三年（八〇八）であること、また小野妹子の五世の孫である篁の生年が延暦二十一年（八〇二）であることをもとに、冬緒に至るまでの一世代は、三十九年強、篁までの一世代は、およそ四十六年という例があることからいっても、身が大化当時の人であっても一向に差し支えがないとする説がだされた。[6]

他方、近時提起されている身が八世紀前半の人であるという説の根拠は、解文が、身の位階を少初位上と記していること、『和気氏系図』において身以外の人物の冠位・官職名は連記されているのに反して、身については、「難破（ママ）長柄朝庭任㆓主帳㆒」の九字が割注で記されていること、そして一世代二十年程度とみなせることなどにあった。[7]

世代数からの疑問は、一世代三十九年強ないしは約四十六年という実例のあることから解決できる。しかも、この例をあげるまでもなく前節に掲げた『鴨県主氏系図』に、「難波長柄朝主水司水部仕奉」とある黒日という人物の曾孫にあたる馬養は、大同四年（八〇九）十一月、外従五位下から外従五位上に昇叙された真簑と同一人物とみなしてよいから、[8] 大同二年（八〇七）当時の人である因支首国益・道万呂が、『和気氏系図』に、「難破（ママ）長柄朝庭任㆓主帳㆒」とある小乙上の身の曾孫であることに、なんら不思議はないのである。身は大化当時の人とみなしてよく、『和気氏系図』の「難破（ママ）長柄朝庭任㆓主帳㆒」に疑いをかける必要は、まったくないであろう。

ただし系図に身の位階が小乙上とあるのに、解文では少初位上となっていることを、どのように解すべきか。既述のように小乙上の位階は、大化五年（六四九）二月から天武天皇十四年（六八五）正月まで行われていたものであり、少初位上のそれは、大宝元年（七〇一）三月より施行されたものであって、小乙上の位階制定から少初位上の位階制定まで五十二年を閲している。もっとも大化当時二十歳代として大宝当時七十歳代とみなせば、身は生存可能である。また小乙上の下級位階は、後の従八位上・下ではなく、大初位上・下、もしくは少初位上・下に対応するものであることが解明されたから、[9] 小乙上の身が、後年、少初位上となっても不自然ではない。

さらに小乙上の身のもとに「難破（ママ）長柄朝庭任二主帳一」と割り書きされている点に疑いが挿まれているが、ここでの系図は、「因支首氏系図」であり、一方、冠位・職名・人名が連記されている部分の系図が「伊予別公氏系図」であることを考えれば、[10] 表記の相違があっても、いささかも疑わしいところがない。もともと別の系図で『和気氏系図』は成り立っているからである。

「伊予別公氏系図」の部分には、「評造」「評督」など評制にかかわる職名の記載もあって、この面からも最古の古代氏族の系図である『和気氏系図』は、まことに貴重なものなのである。

注

（1）黛弘道「継体天皇の系譜について——『釈日本紀』所引上宮記逸文の研究——」(『律令国家成立史の研究』)、四六五頁および四六八頁参照。

（2）田中卓「『上宮記』の校訂と解説」(『日本国家の成立と諸氏族』『田中卓著作集』2)、五一一—五一二頁参照。ただし和訓は、片仮名を平仮名に、また歴史仮名遣いを現代仮名遣いになおした。

（3）佐伯有清『古代氏族の系図』、一二九頁、および義江明子『日本古代の氏の構造』、三〇一頁、三〇六頁、および三〇八—三〇九頁参照。

（4）松原弘宣『古代の地方豪族』、七六—七七頁参照。

（5）田中卓「郡司制の成立」(『律令制の諸問題』『田中卓著作集』6)、八二頁参照。

（6）黛弘道「冠位十二階考」(前掲注(1)書)、三〇七—三〇八頁参照。

（7）松原弘宣、前掲注(4)書、七七頁参照。

（8）井上光貞「カモ県主の研究」(『日本古代国家の研究』)、

九四頁、および（『井上光貞著作集』第一巻）、九四頁参照。

（9）黛弘道「冠位十二階の実態と源流」（前掲注（1）書）、三六五頁第24表参照。

（10）義江明子、前掲注（3）書、二九六―二九七頁参照。

（原題「最古の古代氏族の系図を探る」『歴史読本』第四一巻第一六号、平成八年九月、補訂）

四　負名氏族の系図

1　負名氏族と鴨氏

負名氏族とは、『三代実録』元慶六年十二月二十五日癸亥条に、

聴㆘主殿寮殿部十人以㆓異姓㆒入㆑色加㆗補其闕㆖。先㆑是。宮内省言。主殿寮申請。検㆓職員令㆒。殿部卌人以㆓日置。子部。車持。笠取。鴨五姓人㆒為㆑之。（下略）

とあり、主殿寮の伴部である殿部には、日置・子部・車持・笠取・鴨の五氏族の氏人が任ぜられることになっていたように、諸官司の伴部になる資格を伝統的にもっていた氏族のことをいう。こうした氏族を「負名氏」と呼称していたことは、『延喜式』式部上、伴部条に、

凡諸司伴部者。各以㆓負名氏入色者㆒補之。不㆑得㆔輙取㆓白丁㆒。（下略）

とあることによって、あきらかである。

ところで、主殿寮の殿部の負名氏族の一員であった鴨氏には、古系図があって、『賀茂神官鴨氏系図』や『河合神職鴨県主系図』などによると、大二目命という人名のもとに、「子孫等鴨建津身命社斎奉。又主殿寮主水司為㆓名負㆒

仕奉」とあって、鴨氏の一族が主殿寮の殿部、主水司の水部の「名負」として仕奉したことが、つぶさに語られている。またその古系図に記されている大山下の位をもつ久治良という人物のもとには、「小治田朝〵〵岡本朝飛鳥板蓋朝主殿寮〵〵」とみえ、文面に欠落があるものの、久治良は、岡本朝すなわち舒明天皇時代、および飛鳥板蓋朝すなわち皇極天皇時代に、主殿寮の前身である官司に殿部として仕えていたことが察せられる。さらに久治良の子、黒日の譜文には、「難波長柄朝主水司水部仕奉」とあり、その子、吉備のもとにも、「奈良朝主水司水部祝仕奉」とある。また黒日の弟五百依の子、麻呂の尻付に、「主水司水部仕奉」、その子の津守のもとに、「主水司水部四十年仕奉」とあって、この一族が歴代にわたって主水司の水部に任じていたことが知られ、鴨氏のこの系図は、負名氏族の実態を知るのに貴重な史料なのである。

2　負名氏族としての鴨氏と車持氏

さきに主水司の水部として仕えた人としてあげた麻呂の兄の砦麻呂の子に、国島という人が系図に記されている。この国島と同一人物とみなしてよい人名が、先年、平城宮跡から出土した木簡に書きとめられていた。G611I40という番号がつけられている木簡には、

(A)主殿寮御炬〔車持□□□(婢カ)／鴨国嶋〕女　真木　子祖父　吉末呂　又吉万呂

とあり、またS681J40の木簡には、

(B)[[[〔車持□□／車持租麻呂〕〔車持□□／鴨国嶋〕鴨大人

という五名の人名がみえる。これら両木簡の人名の中にみえる「鴨国嶋」は、系図に記されている国島と同一人物で

あることは確実であろう。

しかも、(A)木簡には、「主殿寮御炬」とあって、この木簡が主殿寮にかかわるものであることは、あきらかである。さらに主殿寮の殿部の負名氏族の一員である車持氏の人名が鴨国嶋とならんで記されていることは、古系図には、なんら注されていない国島も、殿部として仕えたことがあったことを推察させる。(B)木簡にも、鴨国嶋が、車持祖麻呂ら車持氏の人たちと列記されているところからすると、彼が殿部であった時の一端を物語ってくれているといえるであろう。

鴨氏が主殿寮の殿部に任ぜられたのは、大化前代からの遺制であって、鴨氏は、主殿寮での職掌のうちにある松柴（薪）や炭燎（庭火）のことにかかわって殿部の負名氏族となったものと考えられる。

いっぽう車持氏は、主殿寮が担当する職掌のうちにある輿輦に大化前代からかかわって令制の殿部の負名氏族となったことは、あきらかである。事実、『新撰姓氏録』左京皇別下に載せる車持公の本系には、

上毛野朝臣同祖。豊城入彦命八世孫射狭君之後也。雄略天皇御世。供㆓進乗輿㆒。仍賜㆓姓車持公㆒。

とあって、車持氏の乗輿供進の伝承を伝えている。

車持氏の氏人で殿部として仕えていたことを示す史料は、もちろん正史には伝えるところがない。しかし『続日本紀』天平十三年八月丁亥条に、

外従五位下車持朝臣国人為㆓主殿頭㆒。

とみえ、また『三代実録』貞観元年十一月十九日庚午条に、

主殿允車持朝臣広真並従五位下。

とあって、八、九世紀のころ、車持氏の一族の中には、主殿寮の幹部官人に任ぜられる者がいたことがわかるのである。右に掲げた主殿允の車持朝臣広真（『三代実録』貞観五年二月十六日己酉条に「散位従五位下車持朝臣広貞為二大炊頭一」とみえる広貞は、広真と同一人物であろう）は、時の大嘗祭に「仕奉」したために位階を昇叙されたのであるが、車持氏が主殿官人として大嘗祭に仕えたことは、『延喜式』践祚大嘗祭、油以下事条に、

主殿官人二人執レ燭奉レ迎。車持朝臣一人執二菅蓋一。子部宿禰一人。笠取直一人。並執二蓋綱一膝行各供二其職一。

とあることによって、あきらかである。

3　殿部としての車持氏

これまで正史で知られる朝臣姓の車持氏の一族は、上に記した車持朝臣国人と広真（広貞）の両名のほかに、車持朝臣益（『続日本紀』和銅三年正月甲子条など）・車持朝臣塩清（『続日本紀』天平宝字六年正月癸未条、この人物は女性）、車持朝臣諸成（『続日本紀』宝亀八年正月庚申条）らがおり、また車持君長谷（『続日本紀』天平九年正月辛酉条）は、天平九年（七三七）正月に朝臣の姓を賜わっている。

これら正史にみえる車持朝臣氏の人名の続柄がわかる系図が、宝賀寿男氏が著わされた『古代氏族系譜集成』に収載された鈴木真年の稿になる『百家系図』収録の「小池系図」にみられることを、私は最近になって知った。

その系図によると、『新撰姓氏録』にみえる射狭君の父を布禰古君とし、射狭君の子の阿萬乃君の尻付に、「磐余甕栗宮磯城金刺宮為二主殿部一供奉」とあり、阿萬乃君が、磐余甕栗宮、すなわち清寧天皇朝、および磯城金刺宮、すなわち欽明天皇朝に、「主殿部」となって仕えたという。また阿萬乃君の子、国子君は、『尊卑分脈』藤原氏系図の不比

等の尻付に、「母車持国子君之女与志古娘」とみえる人物であるが、その譜文には、「小治田朝岡本朝主殿寮供奉」とある。小治田朝、すなわち推古天皇朝および岡本朝、すなわち舒明天皇朝に、国子君が主殿寮に供奉したと伝えるのは、国子君の子、豊嶋の尻付に「難波長柄豊崎朝主殿寮供奉」、すなわち難波長柄豊崎朝、つまり孝徳天皇時代に主殿寮に供奉したと伝えられていることとともに、鴨氏の古系図の久治良という人物のもとに、「小治田朝〻〻〻岡本朝飛鳥板蓋朝主殿寮〻〻〻」とあるのを思い起こさせる興味深い記載である。

さてこの車持氏にかかわる系図では、右の豊嶋の子に、磨・豊足・馬人の三名を掲げ、磨は、主殿助、馬人は主殿属であったと記す。そして『続日本紀』にみえる車持朝臣益は、豊嶋の長子、磨の子、また車持朝臣国人は、次子豊足の子とし、同紀に伝えるところのない主殿助に益が任じたことを伝えている。さらに車持朝臣諸成と同塩清とを、系図では兄妹とし、益の子として掲げており、諸成の尻付には、主殿允とあり、諸成の子に常継・川魚・広河の三兄弟を記し、常継は主殿允、広河は殿部であったことを注記している。広河の子、良麻呂にも殿部の譜注があり、常継の孫、時望の尻付にも殿部とあって、以下、この系図に殿部としてみえる人物は、四名みうけられる。

この系図は、鴨氏の系図とともに、殿部の負名氏族の系図として注目させられるのである。さきに記した清和天皇の大嘗祭に「仕奉」した主殿允の車持朝臣広真も、この系図には、『続日本紀』にみえる諸成の五世孫としてみえ、その名を広貞に作ってある。その子孫は、歴代、主殿寮の官人となったことが、系図に記されている。

4　門部としての波多門部氏

宝嘉寿男氏編著の『古代氏族系譜集成』には、いま一つ門部の負名氏族の系図が収録されている。その系図は、波多門部造氏のものであって、宝賀氏は、同じく鈴木真年稿の『百家系図稿』などから載録したものである。

波多門部造氏の本系は、『新撰姓氏録』右京神別上に、

波多門部造。神魂命十三世孫、意富支閇連公之後也。

とみられるにすぎない。ところが、右の系図では、『旧事本紀』国造本紀に、

淡道国造。難波高津朝御世。神皇産霊尊九世孫矢口足尼定二賜国造一。

とみえる矢口足尼（宿禰）を祖とし、『新撰姓氏録』にみえる意富支閇連公を、意富支閇乃造に作り、矢口宿禰の三世孫として掲げ、その譜文には、「顕宗天皇御宇為二門部一供奉故負二波多門部造姓一」とある。かつて私は、波多門部造の氏姓名のうちの波多は、後の大和国高市郡波多郷の地名にもとづくものとしたが（『新撰姓氏録の研究』考證篇第三、波多門部造条）、この系図によると、意富支閇乃造の七世孫である老が三原郡司少領、その子鵜足以下が歴代、三原郡司となっているので、波多の氏名は後の淡路国三原郡幡多郷の地名に由来したものとしなければならない。

ところで、系図には三原郡司となった老の系統とは別の一族が歴代、門部となっていたことが記されている。略系図にして示すと次頁に掲げたもののようになる。

この系図に「淡路帝時補二三原郡司少領一為二舎人供奉一」とある老の祖父、白石麿の父を、系図では、石船とし、その譜注に、「浄御原御宇壬申乱有レ功」とあるのによると、系図で、門部としてみえる長人は、文武天皇朝から奈良朝初期にかけての人とみなしてよく、長人の系統の人は、奈良朝以降歴代令制の門部に任じられていた。また長人の孫、川継の尻付に「貫二右京七条一」とあるのによれば、平安初期に平安右京に移貫したと推定され、『新撰姓氏録』右京神別上に本系を載せている波多門部造氏は、系図にみえる長人なる人物の系統の一族であったと考えてよいであろう。

いずれにしても、衛門府の伴部である門部の負名氏族の一員に、波多門部造氏が存在していたことが、この系図によってはじめて知られることになったのである。

意富支閇乃造（顕宗天皇御宇為門部供奉故負波多門部造姓）―（五代略）―┬白石麿―首名―老（外従五下 淡路帝時補三原郡司少領為舎人供奉）―鵜足（従七下 三原郡領 延暦十年五月任郡司、在任十年）―（以下略）
　└金―古―┬根丸（郡司主政）―（以下略）
　　　├波多丸（外従七上）―（以下略）
　　　└長人（門部）―広野（右衛門門部）―川継（外従八上 貫右京七条）―┬魚取（正七下 右衛門府生）―┬統用（門部）―季宗（門部）
　　　　　│　└長用（右衛門門部）―有用（右衛門門部）―（以下略）
　　　　　└乙魚（門部）

鈴木真年が蒐集した古代氏族の系図が、どこまで信頼できるのか、今後に検討を深める必要があるが、負名氏族の興味ある系図として、ここに紹介しておくことにしたのである。

（『姓氏と家紋』第四八号、昭和六十二年一月、補訂）

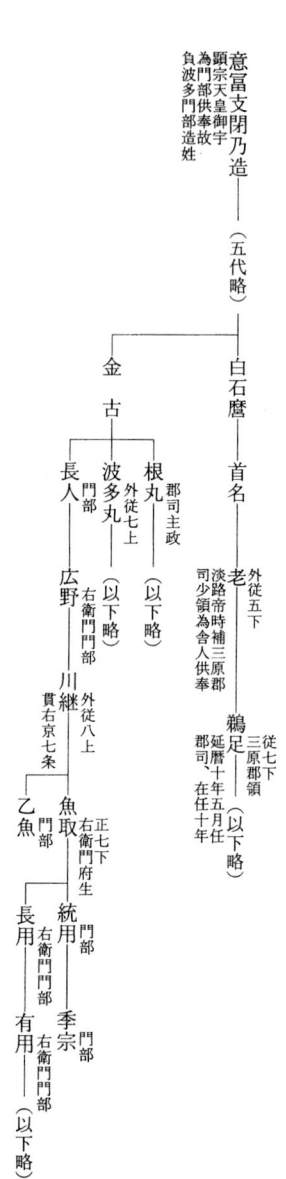

五　背奈氏の氏称とその一族

1　「背奈」の読み方

古代における背奈氏は、高句麗系の渡来氏族であって、背奈公行文、背奈王福信（後に高麗朝臣・高倉朝臣に改姓）らの名前がよく知られている。一般に背奈氏の「背奈」は、「せな」と読まれている。

この通説となっている背奈氏の読み方に疑いをかけられたのは関晃氏である。かつて関氏は、その著『帰化人――古代の政治・経済・文化を語る――』に索引を付せられた新版（昭和四十一年十一月刊）において、「背奈」は「せな」と読むべきでなく、「はいな」と読まなければならないという見地に立って、その索引「は」部の背奈行文の項に「はいなのぎょうぶん」、背奈福徳のそれには、「はいなのふくとく」と読みをつけられたのであった。(1)

もっとも「背奈」を「せな」と読むと同時に、「はいな」と読んだ先学に太田亮（一八八四―一九五六）がおり、その著『姓氏家系辞書』（大正九年十月刊）、および『姓氏家系大辞典』（昭和十九年八月、第五巻刊）の「ハ」部に「背奈」の項を設けて、「ハイナ」の読みをつけ、「セナ条を見よ」とし、(2) また後著の辞典「セ」部の「背奈」の項には「セナ」とならんで「ハイナ」の読みをつけ、「背奈」を「はいな」とも読むべきことを指示されていたのである。(3)

ところで近時、関晃氏は、「背奈氏の氏称」と題する論文を発表され、「背奈」は、「せな」と読むべきでなく、「はいな」と読むのが正しいと論断され、そのように読む理由を明快に説かれている。関氏の論拠は、百済や高句麗からの亡命貴族の例から推して、「背奈」という氏称は、本国にいた時からのものとみてよいであろうから、その「背」の字を倭訓で「せ」と読んだとは、とうてい考えられないということ、また人名・地名などの表記は、ごくまれな例外を除いて、平安初期ころまでは、原則として音訓混用は、ほとんどなく、「背奈」を「せな」と読むのは、音訓混用となるので、高句麗にいた時に、違う漢字を用いていたものを日本に渡来してから日本人が、これに「背奈」の二字をあてたのであると考えるのも、ほとんどありえないことであるという二点である(4)。

関氏が指摘されるとおり、確かに「背奈」を「せな」と読むのは、いわゆる湯桶読みであって、古代においては、「はいな」と読まれていたと考えるのが妥当である。しかしながら背奈公行文の歌一首を載せる『万葉集』巻第十六には、「消奈行文」とあって(5)、この「消奈」を、古くから「せな」と読まれてきていることは無視できない。ここにあらためて背奈氏の氏称について考察を加えてみる必要を感じるのである。

2　「背奈」は「肖奈」か

関晃氏が指摘された二つの論拠のうち第二点にかかわる指摘が、近時、青木和夫氏他校注の『続日本紀』二の校異補注においてなされていることに、まずふれておく必要がある。

『続日本紀』天平十年三月辛未条に、

従六位上背奈公福信授二外従五位下一。

とみえるが、右にふれた青木氏他校注の『続日本紀』には、「背奈公福信」の「背」の字について、その校異補注として、

底「肖」、**兼等**・**印**「背」に作る。**狩**「肖考」、**伴**「肖ィ」と傍書。三五四頁**3**参照。

とある。(6)「底」とは右の校注本が底本とした名古屋市博物館蓬左文庫所蔵本のことであり、この写本には、「背」の字が、「肖」となっていることを示しているのである。また「兼」とは、天理大学附属天理図書館所蔵の吉田兼右本であり、「印」というのは、明暦三年の板本のことであって、吉田兼右本などの写本、および明暦三年の板本では、「背」に作っていることをあらわしている。さらに「狩」とは、無窮会神習文庫所蔵の狩谷棭斎校本であって、「伴」すなわち宮内庁書陵部所蔵の伴信友校本とならんで前者に「肖考」、後者に「肖ィ」の傍書があることを説明しているのである。そして「三五四頁**3**参照」とあるのは、『続日本紀』天平十一年七月乙未条に、

授二外従五位下背奈公福信従五位下。正六位上新城連吉足外従五位下一。

とある記事の「背奈公福信」の「背」の字の校異頭注に、「**3**背〔兼等・東傍・高傍、大改〕→校補(7)」とあるのを参照せよという意味である。この頭注に示されている「東傍」というのは、京都御所東山御文庫所蔵の写本の傍書、「高傍」とは、国立歴史民俗博物館所蔵の高松宮本の傍書、および「大改」とは、新訂増補国史大系本において改められている文字を指している。すなわち、この頭注は、「背奈公福信」の「背」の字は、吉田兼右本などでは「背」の字に作り、東山御文庫所蔵の写本、および高松宮本では「背」と傍書されており、また新訂増補国史大系本では「背」の字に改めてあると説いているのである。さらに「↓校補」とあるので、その校異補注を見てみると、そこでは次のように説かれている。

諸本ともに「肖」と書す（**東**傍は背、**高**傍は背。**印**も「肖」）。**大**ここでは「肖」を別字と見て「背」に改める。諸本、本巻の「背奈」以外の「背」はみな「背」と書し、「肖」と「背」を使い別ける。「肖」は「背」の略体と字形が似る。諸本の「肖」を「背」の異体字ではなく「肖」（セウ）と読取ることも検討しなければならない。「肖」が「背」に転訛したとすると、福信の姓は肖奈公・肖奴王（肖奴はセウヌ）となり、これは高句麗の五部の「消奴部」から生まれた姓であることになる。「背奈」は通常湯桶読みで「せナ」と読まれているが不自然な読み方であると言える。(8)

この論述には、きわめて重要な指摘がみられる。その論点に解説をほどこしながら箇条書きにすれば、次のとおりである。

(一) 底本とした名古屋市博物館蓬左文庫所蔵本をはじめ諸写本には、『続日本紀』天平十一年七月乙未条に記されている「背奈公福信」の「背」の字を、すべて「肖」と書いてある。

(二) 「大」すなわち新訂増補国史大系本は、「肖」の字を「背」に改めている。すなわち同本の頭注には、「背、原作肖、拠上文天平十年三月紀改」とあって、本文を「背」に訂してある。

(三) 諸本では、天平十一年七月乙未条を載せている巻第十三に記されている「背奈」以外の「背」の字は、すべて「背」と記しており、「肖」と「背」の字を、使い別けている。すなわち本巻の天平十二年十一月甲辰条の「山背土」、同年十二月戊午条の「山背国」、および同年十二月丙寅条の「山背国」などの「背」の字を「肖」と書いてはいない。

(四) 「肖」の字は、「背」の略体の字形と似ている。たとえば、「肖」（「肖」）、「背」（「背」）のごとくである。

㈤　諸本に記されている「肖」の字が、「背」の異体字でなく、もともと「肖」(セウ)の字であると読み取ることも検討する必要がある。

㈥　「肖」が「背」の字に転訛したならば、福信の姓は、肖奈公・肖奴王であって、「肖奴」は「セウヌ」となり、高句麗の五部の「消奴部」から生じた姓であることになる。

㈦　「背奈」は、一般的に湯桶読みで「せナ」と読まれているが、この読み方は不自然である。

まず㈠については、村尾元融の『続日本紀考証』が、天平十一年七月条の考証部分で、すでに「肖奈公」に、「肖当下依二堀本ニ一作上背下ニ一皆傚レ此ニ」と注記している(9)。村尾元融が記す「堀本」というのは、元融が「続日本紀考証例言」で、

堀本。出二於平安ノ堀氏ニ一。毎巻首印二平安堀氏時習斎蔵ノ八字ヲ一。巻末載二寛永十四年等ノ字及識語ヲ一。其下捺二重圏印ヲ一。印文ニ曰杏菴堀氏。名正意。時習斎ハ。其曾孫正修ノ別号也。

と述べているように(10)、堀杏庵(一五八五—一六四二)が所蔵していた写本である。この堀杏庵旧蔵本は現存していないようであるが、村尾元融の記述によれば、巻末に「寛永十四年等ノ字及識語」を載せていたので(11)、おそらく十七世紀の初期に書写された本であって、その写本は、「肖奈」の字を「背奈」に作っていたのである。

また佐伯有義校訂標注の『続日本紀』(朝日本)天平十一年七月乙未条の「背奈公福信」の頭注には、「背奈公、原本背を肖に作る十年三月紀に拠て改む下同じ(12)」とある。この注記は、㈡に記した新訂増補国史大系本と同様であるが、朝日本が底本とした「原本」とは、明暦三年(一六五七)に、立野春節(一六二五—?)が校訂した板本である。この板本は、三条西本系統の写本を底本とし、それを蓬左文庫本系統の写本で対校したものとみられており、また板本が底本とし

た三条西本系統の写本は、立野春節の師である中原職忠（一五八〇—一六六〇）が所持していた近世初期の書写にかかる宮内庁書陵部所蔵の中原本の可能性があるといわれている。(13)

このようにみてくると古写本に系統を引く写本は、近世初期に書写された写本にいたるまで、堀杏庵旧蔵本は別として、その多くは天平十一年七月乙未条の「背奈公福信」を「肖奈公福信」と書いてあったことになり、村尾元融が「下皆倣レ此ニ」と注記し、また佐伯有義が「下同じ」と標注しているのによれば、天平十一年七月乙未条以下、同十五年五月癸卯条・同年六月丁酉条などにみえる「背奈王（ママ）福信」は、すべて「肖奈」の姓に作っていたのである。

ところで、「背奈公福信」よりも年代的に早く『続日本紀』に記されている背奈公氏の一族の人物である背奈公行文については、養老五年正月甲戌条に、「第二博士正七位上背奈公行文」とみえ、また神亀四年十二月丁亥条に、「授二正六位上背奈公行文従五位下一」と記されていて、最近の青木和夫氏他の校注本にいたるまで、行文の姓である「背奈公」については、「背」を原本が「肖」に作っているという注記がない。(14)とすれば背奈公行文の人名は、古写本以来、ひとしく「背奈」となっていて、「肖奈」とは書かれていなかったのである。

そこで考えられるのは、(六)で指摘されているように、もともと「肖」であったものが、やがて「背」の字に転化したのではないかということである。また一方、(四)で注意を喚起しているとおり「肖」の字は、「背」の略体の字形と似ているので、背奈公行文のように、「背奈」とあったものが、略体の字形が酷似しているので、背奈公福信の場合は、それを誤って「肖奈」と書いてしまったということもできる。また「肖奈公福信」とあるように、もともと「肖奈」が正しいのに、背奈公行文のところは、「肖」の字を誤写して「背奈」と書き伝えられたともいえるのである。

3　背奈公行文の表記

このように、「背奈」「肖奈」をめぐって、さまざまな考えがめぐらせるのであるが、さらに背奈公（王）行文について、『続日本紀』以外の文献にみえる記載が、どのようになっているかを顧みておく必要がある。

成立の古い順からみてゆくと、まず天平勝宝三年（七五一）十一月に成立した『懐風藻』に背奈王行文の詩二首が採録されているが、その目録には、「従五位下大学助背奈王行文二首〈宴二新羅客一。上巳宴〉」とある。現在通行する『懐風藻』の活字本のいずれもが行文の氏姓を「背奈王」に作っている。ところが実は、室町末期の書写と考えられている現存最古の『懐風藻』写本である蓬左文庫所蔵の尾州家本をはじめ、慶長年間書写の内閣文庫所蔵の来歴志本、江戸初期書写の内閣文庫所蔵の林家本、および静嘉堂文庫所蔵の脇坂本などの諸写本、さらに板本としては最初の天和四年刊本の目録は、いずれも「背奈王行文」を「肖奈王行文」に作っているのである。(15) また『懐風藻』本文の「従五位下大学助背奈王行文二首〈年六十二〉」の「背奈」についても、来歴志本・脇坂本は、ともに「肖奈」に作り、尾州家本は「肖」となっていて、(16) 背奈王行文は、『懐風藻』においても、もとは肖奈王行文と表記されていたことが考えられる。

次に天平宝字四年（七六〇）正月以後、同年八月以前の間に成立した『家伝』下の「武智麻呂伝」に、背奈公行文は、「宿儒」の一人として「肖奈行文」とみえる。これは「建久七年丙辰卯月八日書写之法相宗末葉乗圓舜禎之本也」云々と奥書されている『群書類従』第五輯所収本によったものであるが、同本には「肖」の字の右に「背歟」の傍注がほどこされている。(17) 宮内庁書陵部所蔵の伏見宮本は、文和二年（一三五三）の奥書のある古写本の臨写本であるが、(18) 上巻のみで「武智麻呂伝」を欠いているので、竹内理三氏編『寧楽遺文』下巻所収の『家伝』は、上巻を伏見宮本によって校訂してあるけれども、下巻は『群書類従』所収本にもとづいている。したがって、もちろん「肖奈行文」に作ってある。(19) 背奈公行文を「肖奈行文」と書いている『群書類従』所収本は、建久七年（一一九六）の奥書のある写本を忠実に伝えていると考えてよいから、「肖奈行文」とあるのは、原本の表記そのままを伝えたものとみなすことができる。

以上のように『懐風藻』の古写本、および『家伝』下の「武智麻呂伝」の表記にあたってみると背奈公行文の「背」の字は、いずれも「肖」となっており、「肖奈公行文」とするのが、正しいように思われてくる。

事実、『万葉集』巻第十六に載っている「謗二佞人一歌一首」（一六—三八三六）の左注に、「右歌一首。博士消奈行文大夫作之」とあって、背奈公行文を「消奈行文」としているのが注目されるのである。「消奈」は、あきらかに「肖奈」に通じる。『万葉集』は、奈良末・平安初期に成立したものとされているが、巻第一から巻第十六までは、天平十八年（七四六）から天平勝宝五年（七五三）の間に成立したものといわれているから、(20) そのころの表記が、そのまま伝えられているとすれば、背奈の氏名は、「肖奈」（せうな）が本来の名称であって、「消奈」（せうな）とも通じ用いられていたことになる。

ここにいたって青木和夫氏他校注の㈤における問題の提起、すなわち「背奈」の「背」の字は、「肖」と読み取る検討の必要性にたいする解答が、いちおう提出できたと思われる。そこでさらに㈥で提起されている高句麗の五部の「消奴部」と氏姓である「肖奈」「消奈」との関連の問題について考えてみる必要が生じてくるが、これについては、最後にとりあげることにして、なお背奈氏の一族の人びとのことを取りあげて、「肖奈」という表記の問題を掘りさげることにしたい。

4　背奈公福信の表記

第二節においてふれたごとく『続日本紀』天平十年三月辛未条、および同十一年七月乙未条にみえる背奈公福信は、同十五年五月癸卯条・同年六月丁酉条などに「背奈王《（ママ）》福信」としてみえ、これらの条にあっても「背奈」の氏名は、先学の指摘によれば、いずれも「肖奈」の姓に作っていたのである。

これについて青木和夫氏他校注本によって見てみると天平十五年五月癸卯条にみえる「背奈王福信」の頭注に「**20**背↓校補」とあり、その校異補注には、

　底・兼・谷・東「肖」、**高**「背」（行書体）に作る。「肖」である可能性については三三八頁**9**・三五四頁**3**参照。[21]

と記され、また同十五年六月丁酉条にみえる「背奈王福信」の頭注に「**8**背↓校補」とあり、その校異補注には、

　底・兼・東「肖」、**谷・高**「背」（行書体）に作る。「肖」である可能性については三三八頁**9**・三五四頁**3**参照。[22]

とある。

これらの校異補注に「底」とあるのは、本校注本が底本とした名古屋市博物館蓬左文庫所蔵本、「兼」は天理大学附属天理図書館所蔵吉田兼右本、「谷」は宮内庁書陵部所蔵谷森本、「東」は京都御所東山御文庫所蔵本、「高」は国立歴史民俗博物館所蔵高松宮本であるが、天平十五年五月癸卯、および同年六月丁酉の両条にみえる「背奈王福信」の「背」の字についても、多くの写本が「肖」の字に作っているのである。しかも前条について宮内庁書陵部所蔵の谷森本は、蓬左文庫所蔵本などの写本のように「肖」となっているのに、後条では東山御文庫所蔵本と同様に行書体

で「背」と書かれている。このような「肖」と「背」の字の混用は、天理図書館所蔵の吉田兼右本においてもみられる。当本は右の両条では「肖」に作っているのに、さきにふれた天平十年三月辛未、および同十一年七月乙未の両条では、「背」と記されている。

この場合から知られるように同一写本でも「背」「肖」と両方の字で記されている箇所があるのは、その祖本の書写段階で、四十巻からなる大部の『続日本紀』の筆写事業が、数名の書き手によってなされたことによって生じたのであろう。しかも青木和夫氏他校注本が底本とした蓬左文庫所蔵本が、『続日本紀』巻第十三の冒頭に収める天平十年三月辛未条以下、背奈公福信の「背奈」を一貫して「肖奈」と書いているのに、巻第八に収める養老五年正月甲戌条、および巻第十に記されている神亀四年十二月丁亥条にみえる背奈公行文の「背」が「肖」とは作っていないのは、蓬左文庫所蔵本の性格からして理解できるのである。

というのは、蓬左文庫所蔵本は、江戸時代初期の写本である巻第一から巻第十までと、鎌倉時代後期（十三世紀後半）の写本である巻第十一から巻第四十までの取り合せ本であるからである。(23) 巻第一から巻第十までの二十冊は、吉田兼右（一五一六―一五七三）の子である僧梵舜（一五五三―一六三二）が吉田兼右本を二部書写した転写本のうち一本（内閣文庫本）を補写したものであって、それを巻第十一から巻第四十までの古写本（金沢文庫旧蔵本）に取り合せたのが蓬左文庫所蔵本なのである。(24) したがって蓬左文庫所蔵本の巻第一から巻第十までは、吉田兼右本の孫本となり、同本は、永正十二年（一五一五）に卜部家相伝の『続日本紀』を書写さした三条西本を転写したものである。これにたいして巻第十一から巻第四十までは、十三世紀の後半に書写され、もと金沢文庫に所蔵されていた貴重な古写本であって、十三世紀後半の書写と推定されており、(25) 現存する『続日本紀』の写本としては最古のものである。

したがって巻第八、および巻第十にみえる背奈公行文の「背」の字とは異なって巻第十三や巻第十五にみえる背奈公（王）福信の「背」の字が「肖」となっているのは当然なのである。しかも『続日本紀』最古の写本に「肖奈」と書かれていることは、背奈氏の氏名が実は「背奈」ではなく、「肖奈」であった可能性を強めるといわなければならない。すでにみてきたように背奈公行文の「背」が、『懐風藻』の古写本や『家伝』下の「武智麻呂伝」でも「肖」になっており、また『万葉集』では「消」と記されていることをあわせ考えてみると、「肖（消）奈」が正しく、「背奈」は誤写にもとづくものであって、「背奈」という姓は当時存在しなかった氏名であるとみなしてよいであろう。

しかしながら各種の写本に、「肖」と書かれているといっても、それらは、いずれも後世に書写されたものであるから、伝写の間に「背」の字を「肖」と誤写されたのではないかという可能性は、まだ存在する余地を残している。そこで背奈氏の一族の氏人が現に、その氏名を称していた時代の生の史料にあたることができれば、その氏族の名称が「背奈」か、あるいは「肖奈」か、そのいずれが正しいかを確実なものとすることができるであろう。

5　背奈氏の一族と正倉院文書

背奈氏の一族の人名で『続日本紀』に最初にあらわれるのは、すでにみてきたように、養老五年正月甲戌条に記されている背奈公行文である。行文は養老五年（七二一）正月、明経第二博士・正七位上の時に、「優二遊学業一。堪レ為二師範一者」の一人として賞賜され、絁十五疋・糸十五絇・布三十端・鍬二十口をあたえられ、ついで神亀四年（七二七）十二月、正六位上の行文は、従五位下の位階に叙せられたのである。こうした経歴のほか、行文は『懐風藻』に詩二首、『万葉集』に歌一首を残し、また『家伝』下の「武智麻呂伝」に宿儒の一人としてみえることは、さきにみたとおりである。

次に『続日本紀』に記されている背奈氏の一族は、背奈公福信である。福信についても天平十年三月辛未条以下にみえることは、さきにふれたとおりである。福信は、天平十年（七三八）三月、従六位上から外従五位下に昇り、翌十一年七月、従五位下となり、同十五年五月、正五位下に叙せられ、同年六月、春宮亮に任ぜられている。そして天平十九年六月辛亥条に、

正五位下背奈福信。外正七位下背奈大山。従八位上背奈広山等八人。賜二背奈王姓一。

と記されているように、福信ら八人は、天平十九年（七四七）六月に、背奈王の姓を賜わったのである。さらに福信らは、天平勝宝二年（七五〇）正月に、高麗朝臣の姓を賜わっている。(26)

背奈公福信が背奈王の姓を賜わった時に、一族の氏人として同時に背奈王姓となった大山と広山の両名は、『続日本紀』における初見の人物である。そのうち大山は、『続日本紀』天平勝宝六年四月壬申条に入唐判官として「巨萬朝臣大山」が正六位上から従五位下に叙せられたことがみえ、これよりさき天平勝宝二年八月二十八日付の「造東大寺司解」には、造東大寺司判官として「巨萬朝臣『大山』」（『大日本古文書』一一五—一三四）の自署がみえる。大山が「巨萬朝臣」の氏姓を称していることから、大山も福信が天平勝宝二年正月に高麗朝臣を賜姓されたとき、同時に高麗（巨萬）朝臣の氏姓に改めたものと考えてよい。

一方、広山の『続日本紀』における動静は、右に掲げた天平十九年六月辛亥条の賜姓記事につづくものとして天平宝字六年四月戊午条、および同八年正月乙巳条の記事があげられる。前条は、広山が遣唐副使に任命された記事であって、このとき広山は正六位上であった。また後条は、広山が正六位上から外従五位下に昇叙されたことを伝える記

事である。両記事には、広山の氏姓は、もちろん高麗朝臣に作っており、広山も天平勝宝二年正月、背奈公福信らが高麗朝臣と改姓したさいに、同時に高麗朝臣となったとみなすことができる。

ところが幸いなことに、広山は正倉院文書の天平二十一年（七四九、この年四月十四日、天平感宝元年と改元）正月から同年である天平感宝元年五月までのことを記す『千部法華経料納物帳』以下、しばしば、正倉院文書に、広山の名前が記載され、広山が活躍していた時代に、広山の姓が、どのように記されていたかを、つぶさに知ることができる。『大日本古文書』に記載されている広山の記事を表にして示せば、次のとおりである。

番号	年月日	記事	『大日本古文書』の傍注	『大日本古文書』の巻数・頁数
①	天平二十一年正月二十七日	撿消奈広山		三-二一九
②	〃〃〃	撿納消奈広山	(背カ)	一〇-　一〇
③	〃二月二十四日	消奈広山		三-二〇〇
④	〃〃二十六日	消奈広山		三-二〇一
⑤	〃〃二十七日	消奈広山		三-二〇七
⑥	〃三月二十日	消奈	(背カ)	一〇-五五五
⑦	〃〃二十五日	消奈	(背)	八-四七四
⑧	〃〃〃	消奈	(背カ下同シ)	一〇-五四六
⑨	〃〃二十九日	舎人消奈広山		三-二一四
⑩	〃〃〃	撿納消奈	(背カ下同シ)	一〇-　一八
⑪	〃〃〃	消奈		一〇-五四六
⑫	天平感宝元年四月二十五日	消奈		一〇-　二〇
⑬	〃〃〃	消奈		一〇-五四九

⑭	〃　〃　三十日	知肖奈広山		一〇-五五〇
⑮	〃　〃　〃	肖奈	（背）	二四-五八七
⑯	〃　五月一日	肖奈		三-二一九
⑰	〃　〃　〃	肖奈		一〇-　二一
⑱	〃　〃　〃	肖奈		一〇-五五〇
⑲	〃　〃　三日	肖奈広山		八-四七五
⑳	〃　〃　四日	知肖奈案主	（背）	一〇-四四四
㉑	〃　〃　九日	肖奈広山		三-二二〇
㉒	〃　〃　二十一日	知背奈広山		二四-一八二
㉓	〃　〃　二十二日	肖奈		一〇-　二二
㉔	〃　〃　二十三日	肖奈		三-二二一
㉕	〃　〃　〃	肖奈	（背カ）	一〇-六四九
㉖	〃　〃　二十五日	肖奈広山		一〇-　二三
㉗	〃　〃　二十七日	知肖奈	（背カ）	一〇-二八四
㉘	〃　〃　〃	知背奈広山		二四-一七七
㉙	〃　〃　二十九日	知肖奈		三-二二二
㉚	〃　〃　三十日	肖奈広山		一〇-　二四
㉛	〃　閏五月二日	肖奈広山		一〇-　二四
㉜	天平二十一年正月～天平感宝元年閏五月	坊舎人従八位上肖奈王広山	（背）	一〇-三三八

正倉院文書にみえる背奈（王）広山の名前は、天平二十一年（七四九）から天平感宝元年（七四九）閏五月の半年間に集中して記載され、右の表にみられるように三十二箇所におよんでいる。しかも『大日本古文書』には、㉒（二四―一八二）と㉘（二四―一七七）に「背奈広山」とある以外は、すべて「肖奈広山」「肖奈」「肖奈王広山」と記されている。

たとえば⑧（一〇—五四六）と⑪（一〇—五四六）に記載されている「肖奈」を正倉院文書（続々修三十四帙四）に収められている天平二十一年三月二十五日付『写経所解案』、および同年三月二十九日付『写経所解案』の原文書の写真を掲げてみると、次のごとくである。この二つの文書の記載は、『大日本古文書』が活字化しているように、「肖奈」と記されている。

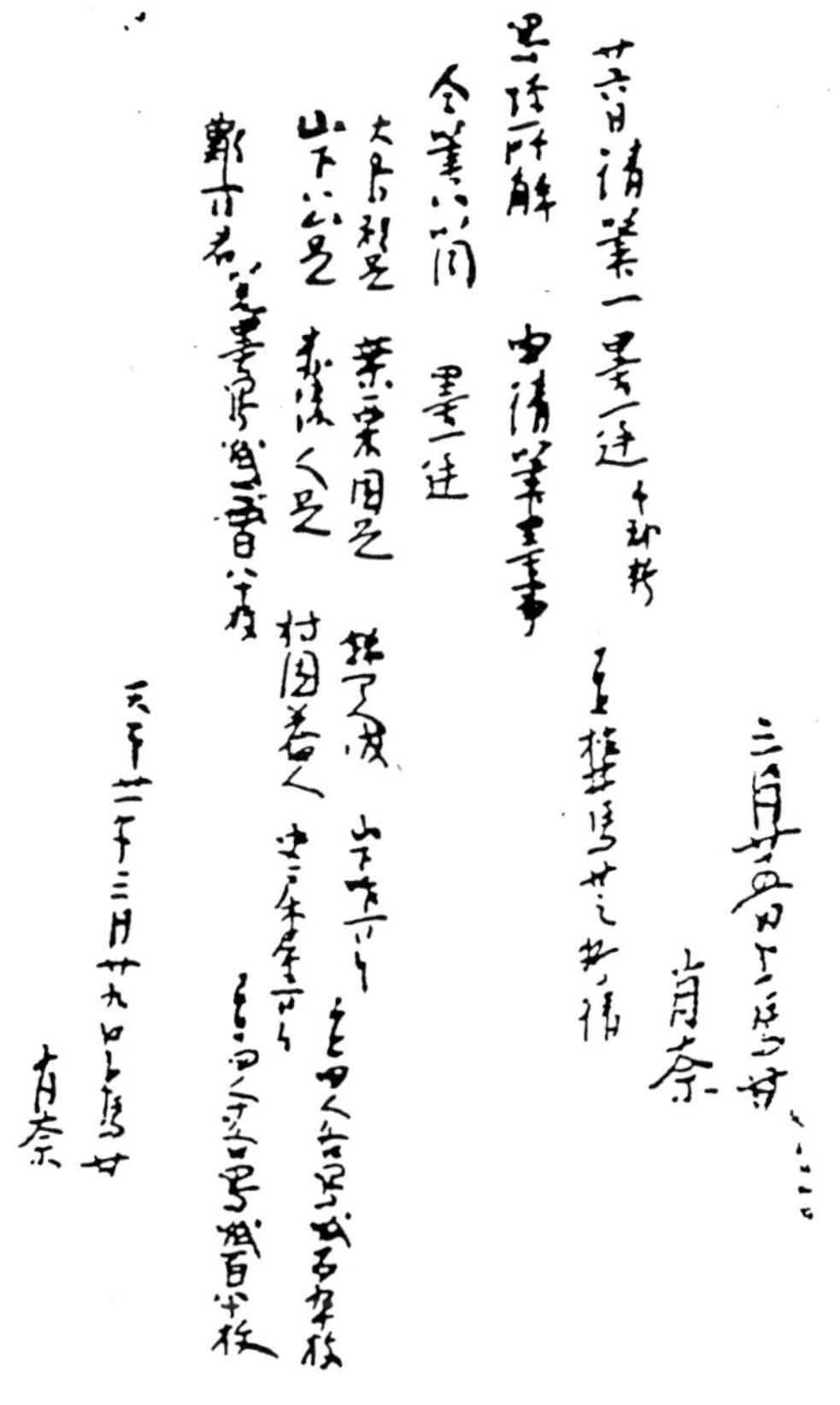

さらに㉜（一〇—三三八）に記載されている「肖奈王広山」を天平二十年八月以来上日の『経師等上日帳』（続々修二十四帙六）の原文書写真に就いて見てみると、次のとおりであって、ここでも、明確に「肖奈王広山」と記されて

いる。

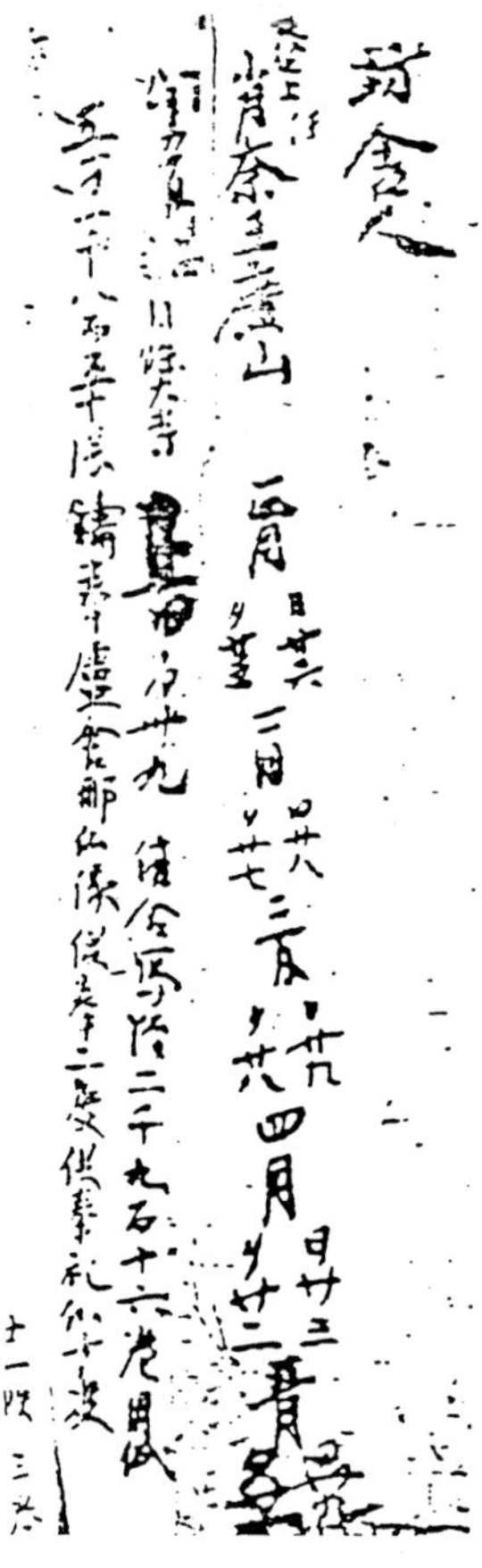

もう一例を原文書にあたってみることにしたい。すなわち②（一〇―一〇）の「天平廿一年正月廿七日」云々とある『十部法華経料紙緒軸帙納帳』（続々修五帙六）の関係部分写真を掲げてみると、次のようである。『大日本古文書』は、「肖」の字の右に「背ヵ」と傍注をほどこしているが、原文書には、明らかに「肖」と記されている。

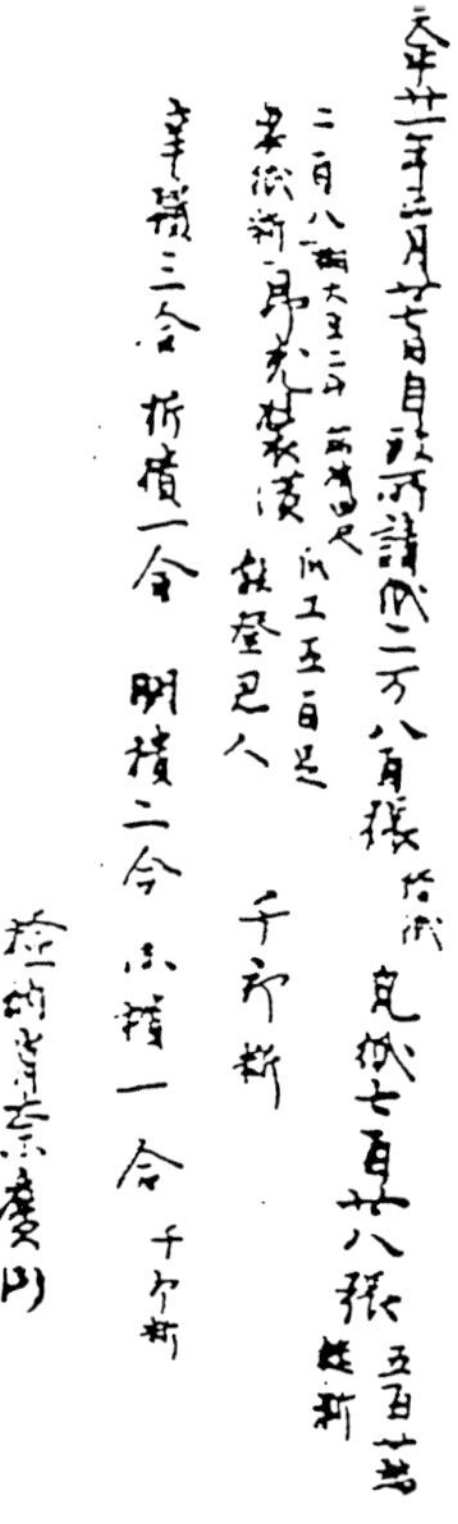

そこで『大日本古文書』が、ただ二箇所「背奈広山」に作っている㉒（二四―一八二）と㉘（二四―一七七）の原文

書、すなわち「天平感宝元年五月廿一日宣」云々とある文書（続々修十五帙三）、および「天平感宝元年五月廿七日奉請内裏」とある文書（続々修十五帙三）にあたってみると、それらの文書にも、あきらかに「背」の字が、「肖」となっていることが知られるのである。

前者の原文書写真を掲げてみると、

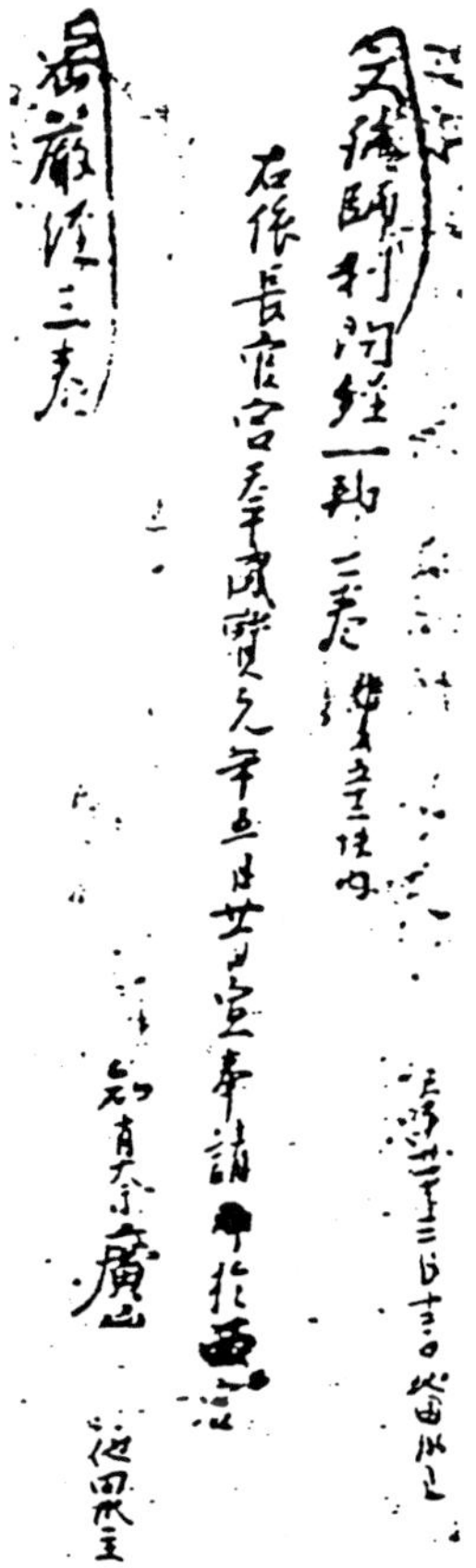

となっており、署名の箇所は、明確に「知肖奈廣山（「廣山」は自署）」と判読できる。また後者の原文書は、

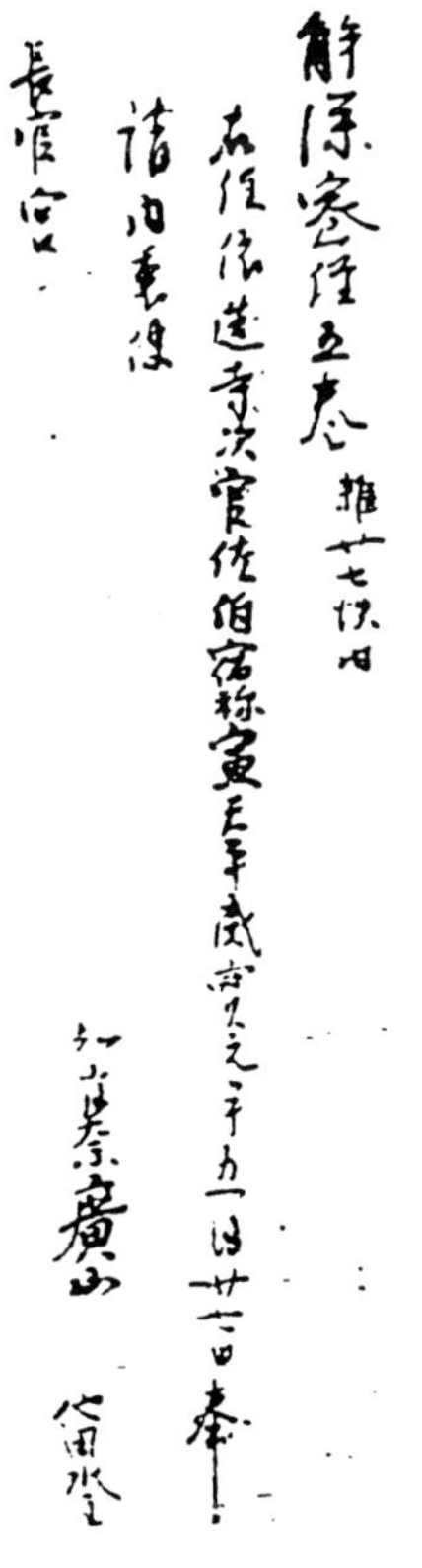

となっていて、その署名の部分は、明白に「知肖奈廣山（「廣山」は自署）」と書かれている。

このように『大日本古文書』が「背奈広山」と記している二つの箇所も、原文書の写真で確かめてみると、そのいずれもが「肖奈広山」になっていて、例外ではなかったことがわかる。

なお青木和夫氏他校注本の校異補注の㈣で指摘されている点、すなわち「肖」の字は、「背」の略体の字形と似ているということに関して、正倉院文書において「背」の字が、どのように書かれているかを、山背野中という人物の記載を例にとって原文書の写真を調べてみると、

（天平二十年二月二十二日『写経料紙筆墨納充帳』）（正集十八裏書）『大日本古文書』三—一四五

（天平二十年二月二十四日『写一切経所解』）（正集十八裏書）『大日本古文書』三—五二

（天平二十年七月一日類従『千部法華経写上帳』）（正集十一裏）『大日本古文書』二四—五〇八

（天平二十年八月二日『千部法華経紙筆墨充帳』）（正集十二裏）『大日本古文書』二四—五〇五

となっており、「山背」の「背」の字が、「肖」とまぎらわしく書かれている字は、まったくない。

以上のように正倉院文書の原文書写真によって背奈広山の名前の記載を調べてみると、すべて「肖奈広山」となっており、また山背野中という人物の「背」の字を見てみると、「肖」の字のようにみとめられるものは、ひとつとしてないことから、「背奈」の氏名は、実は「肖奈」であったとしなければならなくなる。

ここに至って関晃氏が「背奈」の氏称を「はいな」と読むべきであるとした高説は、妥当とはいえなくなり、「背奈」は、「肖奈」の誤記されたものが、正しい字のごとくに考えられてきたのであって、今後は、「肖奈」が本来の氏名であり、「せうな（しょうな）」と読まなければならない。背奈公行文が、『万葉集』に「消奈行文」と表記されているのも、けだし当然のことであったといえるのである。

6　高句麗の五部と消奴部

背奈王福信は、天平勝宝二年（七五〇）正月、高麗朝臣の氏姓を賜わり、宝亀十年（七七九）三月には高倉朝臣と改姓している。[27] 高倉朝臣となった福信は、延暦八年（七八九）十月、散位従三位で薨じたが、『続日本紀』に載せる薨伝には、「其祖福徳属㆓唐将李勣抜㆒平壌城㆒。来㆓帰国家㆒。居㆓武蔵㆒焉。福信即福徳之孫也」[28]とあって、福信は、その祖父福徳の時代に高句麗から日本に渡来したのであった。『新撰姓氏録』には、高倉朝臣氏の本系は載せられていないが、その旧姓高麗朝臣氏の本系が左京諸蕃下の部に収められており、そこには、「高句麗王好台七世孫延典王之後也」とある。

高句麗の出身で、「肖奈」という姓といえば、青木和夫氏他校注本の校異補注の㈥に指摘がみられるように、高句麗の五部制の一つである「消奴部」のことが思いあたり、「肖奈」は、それから生じた姓であるということも考えられるのである。

高句麗の五部制の一つである「消奴部」については、『魏志』高句麗伝に、

㈠本有㆓五族㆒。有㆓涓奴部。絶奴部。順奴部。灌奴部。桂婁部㆒。本涓奴部為㆑王。稍微弱。今桂婁部代㆑之。

とあり、また同伝に、

㈡王之宗族。其大加皆称二古雛加一。涓奴部本国主。今雖レ不レ為レ王。適二統大人一得レ称二古雛加一。亦得下立二宗廟一祠中霊星社稷上。

とみえ、さらに、

㈢抜奇怨二為レ兄而不一レ得レ立。与二涓奴加一各将二下戸三万余口一詣レ康降。還住二沸流水一。

とみえる。この三つの記事は、「消奴部」を「涓奴部」「涓奴加」に作っている。『魏志』高句麗伝の㈠に相当する記事を『後漢書』高句驪伝は、

凡有二五族一。有二消奴部。絶奴部。順奴部。灌奴部。桂婁部一。〈按今高驪五部。一曰二内部一。一名黄部。即桂婁部也。二曰二北部一。一名後部。即絶奴部也。三曰二東部一。一名左部。即順奴部也。四曰二南部一。一名前部。即灌奴部也。五曰二西部一。一名右部。即消奴部也。〉本消奴部為レ王。稍微弱。後桂婁部代レ之。

と記し、『魏志』高句麗伝にみえる「涓奴部」を「消奴部」としている。『梁書』高句驪伝に、「本有二五族一。有二消奴部。絶奴部。慎奴部。雚奴部。桂婁部一。本消奴部為レ王。微弱。桂婁部代レ之」とみえ、『後漢書』高句驪伝の記事に考注をほどこした唐の章懐太子（李賢、六五一―六八四）の注「按今高驪五部」云々の記述に相当するものが、『新唐書』高麗伝に、

分二五部一。曰二内部一。即漢桂婁部也。亦号二黄部一。曰二北部一。即絶奴部也。或号二後部一。曰二東部一。即順奴部也。或号二左部一。曰二南部一。即灌奴部也。亦号二前部一。曰二西部一。即消奴部也。

とあって、『梁書』『新唐書』は、ともに「消奴部」と書いてある。

かつて今西龍（一八七五―一九三二）は、『魏志』の「涓奴部」、『後漢書』などの「消奴部」について、「涓と消と孰れか正

しきやは容易に判定し難し」と述べ、また「涓那《ママ》と消那《ママ》と孰れが正しきか不明なり[29]」と説いた。また池内宏（一八七八—一九五二）は、「魏志に記るされてある涓奴部（或は消奴部）等の高句麗の五族（五部族）」とだけ述べていて、「涓奴部」が正しいのか、それとも「消奴部」が事実を伝えているのか、とくにふれていない[30]。しかしながら張楚金撰、雍公叡注の『翰苑』高麗条の本文「部貴五宗」に注記されている『魏略』逸文には、

其国大《本》有㆓五族㆒。有㆓消奴部。〔絶奴部〕。順〔奴部〕。准《灌》奴部。樓《ママ》桂樓部㆒。〔本消奴部〕為㆑士《王》。〔稍〕徵《微》弱。〔今〕桂樓部代㆑之。

とあって、晋の陳寿（二三三—二九七）が撰述した『魏志』の典拠となった魚豢（?—二六〇—二六九）の『魏略』には、「消奴部」と書かれていたようである。『冊府元亀』巻九五六、外臣部、種族の高句麗条にも、「凡有㆓五族㆒。有㆓消奴部。絶奴部。順奴部。灌如部。桂奴部㆒」とあるのは、『魏略』の記事の流れに属するものであろう。かつ『後漢書』などの諸書には、多く「消奴部」とあるので[31]、『魏志』高句麗伝の「涓奴部」は、後世の誤写によるものと考えられる。

ただし右の『翰苑』残簡は、「天下の孤本[32]」、「海内の孤本[33]」といわれている平安初期の写本（太宰府天満宮所蔵）なので、「涓奴部」よりも「消奴部」のほうが正しいと断定はできない。なぜならば、右に掲げた『翰苑』所引の『魏略』逸文をみて知られるように誤写・脱字がきわめて多く（引用文の字の右側の（ ）内の字は『魏志』によって訂し、また〔 〕内の語句は、『魏志』によって補った）、後世の誤写、もしくは『後漢書』などの影響を受けて、「涓奴部」を「消奴部」と書いた可能性も考えられるからである。さらに版本としては、もっとも古い宋の慶元版『太平御覧』所引の『魏略』逸文には、『翰苑』所引の同逸文の末尾に相当する文が、

本捐奴部為㆑王。稍微弱。今桂婁部代㆑之。

と記されており、「消奴部」が「揖奴部」となっていることも考慮に入れる必要があるからである。『太平御覧』の「揖奴部」は、『魏志』の「涓奴部」に通じるところがある。

しかしながら『魏志』高句麗伝の「涓奴部」をめぐる(二)の記事、すなわち「涓奴部本国主。今雖レ不レ為レ王。適二統大人一得レ称二古雛加一」という記事は、『三国史記』高句麗本紀第三の太祖大王二十二年冬十月条に、

王遣二桓那部沛者薛儒一。伐二朱那一。虜二其王子乙音一為二古鄒加一。

とある記事に相当するものであると考えられるので、この両記事を対比すれば、「涓奴部」と「朱那」とは同じものとすることができる。また、その音韻の対応から「朱那」は、「涓奴部」ではなく、「消奴部」にあたることがわかるのである。(34)

以上みてきたように『魏志』の「涓奴部」は、『魏略』逸文や『後漢書』本文、および李賢注に記されているごとく「消奴部」が正しい名称であり、背奈公行文の氏名「肖奈」は、青木和夫氏他校注の校異補注の(六)で説かれているとおり、高句麗の五部の「消奴部」に由来する姓であるとみなすことができる。(六)で「肖奴」は、「セウヌ」であるとするが、「消奴」が『三国史記』高句麗本紀では、「朱那」と表記されているのによれば、「消奴」は、「せうな」と読むべきであろう。

ところで高句麗の五部の「消奴部」の名称が「肖奈」「消奈」という姓になったと確実にいえることなのであろうか。というのは、『後漢書』の李賢注によれば、桂婁部は、内部・黄部、絶奴部は、北部・後部、順奴部は、東部・左部、灌奴部は、南部・前部、消奴部は西部・右部と、後に称するようになっていたのであって、『翰苑』注にも、

五部皆貴人之族也。一人(曰)二内部一。即後漢書挂(時)婁部。一名黄(中)部。一名黄部。二曰二北部一。即絶奴部。即絶奴部。(ママ)(一)即名

後部。一名黒部。三曰二東部一。即順奴部。一名在（左）部。一名上部。一名青部。四曰二南部一。即灌奴部。一名前〔部〕。
一名赤部。五曰二西部一。即消奴部也。一名右部。〔一名下部。一名白部〕。

とある。これによれば挂婁（桂婁）部は、内部・黄部のほか中部（原鈔本は、「一名黄部」の四字が重複しているが、上の「一名黄部」は、他の部の記述から類推して「一名中部」と考えられる）、絶奴部は、北部・後部のほか黒部、順奴部は、東部・左部のほか上部・青部とも称し、また灌奴部は、南部・前部のほか赤部、そして消奴部は、西部・右部のほか下部・白部（原鈔本は「一名下部。一名白部」が記されていないが、他の部の記述から類推して補う[35]）とも称されていた。

高句麗は、宝蔵王二十七年（天智天皇七年、六六八）に滅亡するが、その二年前の天智天皇五年（宝蔵王二十五年、六六六）、唐が高句麗の内訌に乗じて出兵した年に、高句麗は前部能婁らを日本へ派遣した[36]。これ以後、高句麗の使者が、しばしば日本に派遣されてきており、前部能婁の「前部」のように、高句麗の五部を冠した人物が使者名として『日本書紀』に記されている。すなわち上記した前部能婁は、天智天皇五年六月戊戌条にもみえ、天智天皇十年正月丁未、および八月丁卯条には上部大相可婁、天武天皇元年五月戊午条に前部富加抃、同二年八月癸卯条に上部位頭大兄邯子・前部大兄碩干、同五年十一月丁亥条に後部主簿阿于・前部大兄徳富、同八年二月壬子朔条に上部大相桓父・下部大相師需婁、同九年五月丁亥条に南部大使卯問・西部大兄俊徳、そして同十一年六月壬戌朔条には下部助有・卦婁毛切・大古昂加らの使者名が記載されている。なお『日本書紀』にみえる前部能婁は、『新撰姓氏録』左京諸蕃下に福當連の祖として、その名がみえ、また前部志発という人物は、同じく左京諸蕃下の福當造の祖として記されている。

この間、新羅の文武王十年（天智天皇九年、六七〇）、新羅は、滅亡した高句麗遺民が擁していた高句麗王の外孫で大臣淵浄土の子である安舜（安勝）を王に立て、新羅の領域内に高句麗の国を再建させた。その新高句麗国が、日本に使者を送り、天武天皇元年（六七二）五月から同十一年（六八二）六月に至るまで、その関係がつづいたのである。こうした高句麗滅亡前後の高句麗では、五部の制の名称は、前部・南部（以上、旧称「灌奴部」）、上部（「順奴部」）、後部（「絶奴部」）、下部・西部（「消奴部」）という称呼が用いられていたことが知られる。そして、やがて高句麗の五部の名称が日本に渡来した氏族の姓に転化し、前部宝公（『続日本紀』天平十九年五月辛卯条）・南部馬仙文（天平末年『貢進歴名帳』『大日本古文書』二五―九四）・上部真善（『続日本紀』天平十七年正月乙丑条）・後部王同（同上、和銅五年正月戊子条）・後部高笠麻呂（同上、天平宝字元年九月辛巳条）・西部難男高（天平末年『貢進歴名帳』前掲）などの人名が記録にあらわれ、また『新撰姓氏録』には、後部薬使主・後部王（左京諸蕃下、高麗条）・後部高（未定雑姓・高麗条）など高句麗の五部名に由来する氏名を称する氏族の本系が登載されている。

このように高句麗の五部の称呼が、日本で氏族名になっているのであるが、前部・南部など高句麗の五部の名称としては新しいものが姓となっているのは理解できるにしても、西部の古称である消奴部の称呼が、「肖奈」「消奴」のような氏族名に転化することは、実際にありうることなのであろうか。こうした疑問は、当然生じてくるであろう。

7　高句麗五部の古称と肖奈氏

高句麗の五部の古称は、西暦二一〇年ころから四二七年まで、つまり三世紀の前半から五世紀の前半まで存続していたものとみなされており、その後、高句麗の滅亡まで中部（内部）・後部（北部）・上部（東部）・前部（南部）・下部（西部）の名称で呼称されていたと考えられている。[37] 五部については、高句麗の領域を五区分した行政区域、[38] あるいは都城内の区分であり、かつ貴族の組分け、[39] もしくは王都の五つの軍事集団と都外に五区分されて設けられた軍事管区であって、単なる地域区分や行政区画ではないとするなど[40]、さまざまな説があるが、武田幸男氏が五部は「王都の支配者集団の五分組織である」と指摘しているのが[41]、おそらく妥当であろう。

ともあれ高句麗の五部の古称に由来する名称は、史料的にやや疑問があるものの、『旧唐書』渤海靺鞨伝に、「祚栄遂率二其衆一。東保二桂婁之故地一」とみえ、また「開元七年（七一九）。祚栄死。……乃冊二立其嫡子桂婁郡王大武芸一」とあることからすると地域名として八世紀前半まで存続していたことがうかがわれる。

ところで平壌城城壁石刻の一つに西暦五六六年にあたるとみられている「丙戌十二月中」という年紀が刻まれている石刻に「後卩《部》文達」とみえ[42]、また五五五年に相当すると考えられる「乙亥年八月」の年紀がある泰川郡籠吾里山城石刻に「前部小大使者於九婁」という人名が刻まれていて[43]、六世紀半ばころに人名に「後部」や「前部」などの五部の名称を付した第一級の史料がある。また平壌城城壁石刻の一つに「己丑年三月」と書きだされている石刻に「内中百頭上位使尓丈」とみえる「内中」は、五部の一つ「内部」（「内卩」）の誤釈とされており、「己丑」の干支も「己酉」と釈読するのがよいという学説があるが[44]、「己酉」ならば五八九年のものになる。おそらく「内中」は、「内部」（「内卩」）と判読するのが正しいと考えられ、「内部」の名称が、六世紀の後半に使用されていたことを明証する記録として、この石刻は貴重である。さらにこれらとならんで注目されるものに、平壌城城壁石刻には年紀が記されていない石刻がある。それには、「卦婁盖切小兄加群」という人名が刻まれている。この石刻も前掲した「丙戌十二月中」とある石刻とほぼ同じころのものと考えられている[45]。「卦婁盖切小兄加群」は、あるいは「卦婁盖切」と「小兄加群」の二人の人名とも思われるが、他の石刻の例からみて、「卦婁」から「加群」まで一人の人物名を表記しているとみるほうが妥当であろう[46]。いずれにしても高句麗五部の古称である「桂婁部」に由来する名称が六世紀半ばころの人名

平壌城壁石刻

「丙戌十二月中」にはじまる石刻の4行目に「後卩」(後部)と刻まれている。「丙戌」は西暦566年とされている。(ピョンヤンの朝鮮中央歴史博物館所蔵，1986年4月15日，佐伯有清撮影)

に付けられているのに注目させられるのである。五部の名称として現実に存在していた「後部」「前部」などと同時に、五部の古称である「卦婁」が人名に冠せられてはいるが、前者と後者とを同じ性格のものであると、ただちにみなしてしまうわけにはいかない。後者は、当時の五部の制をあらわしたものではなく、地域名などとして残っていた古い五部の名称であったと考えられる。

一方、日本の古代史料にも「桂婁部」につながる人名が記録されている。すなわち『日本書紀』天武天皇十一年六月壬戌朔条に「高麗王遣㆓下部助有。卦婁毛切。大古昂加㆒。貢㆓方物㆒」とみえる「卦婁毛切」の「卦婁」、および『日本後紀』延暦十八年十二月甲戌条にみえる「卦婁真老」の「卦婁」は、高句麗五部の古称である「桂婁部」に由来する姓と考えてよいであろう(47)。『日本書紀』にみえる「卦婁毛切」、『日本後紀』に記されている「卦婁真老」が、ともに、六世紀半ばころの石刻にある「卦婁盖切」の「卦婁」と同じ表記であることも注意しなければならない。

さて『日本後紀』の「卦婁真老」のことがみえる記事の全文は、

又信濃国人外従六位下卦婁真老。後部黒足。前部黒麻呂。前部佐根人。下部奈弖麻呂。前部秋足。小県郡人无位上部豊人。下部文代。高麗家継。高麗継楯。前部貞麻呂。上部色布知等言。己等先高麗人也。小治田（推古）。飛鳥（舒明）二朝庭時節。帰化来朝。自レ爾以還。累世平民。未レ改二本号一。伏望依二去天平勝宝九歳四月四日勅一。改二大（本カ）姓一者。賜二真老等姓須々岐。黒足等姓豊岡。黒麻呂姓村上。秋足等姓篠井。豊人等姓玉川。文代等姓清岡。家継等姓御井。貞麻呂姓朝治。色布知姓玉井一。

というものである。佐伯有義校訂標注の『日本後紀』同条の頭注には、「後部、及前部上部下部は何れも高麗の部落の名にて其本国にありし時の部落を以て仮に氏とせしなり卦婁も同じく内部の旧名なり」[48]という説明が加えられている。ここに「消奴部」の後世の呼称「下部」とともに、後部・前部・上部という高句麗の五部の名称が氏名となっているのと同時に、内部・黄部・中部の旧名である桂婁部の称が「卦婁」として氏名となっているのは、下部・後部などとは性格を異にし、卦婁真老の祖先が高句麗の桂婁部に系統を引く「桂婁（卦婁）」と称する地域に居住していたことに由来する姓と考えたほうがよいであろう。

とすれば下部・西部・右部・白部などと後世に呼称された消奴部という部名も、後にながく「消奴」という地域名として存続していたという類推が可能となる。福信の祖父で高句麗から亡命して日本に渡来したという福徳は、[49]おそらく「消奴（肖奴・肖奈）」の地域に本拠を持っていた人物であって、日本に渡来したとき、肖奈福徳と称し、その子孫が「肖奈（消奈）」を氏名とするようになったものと考えられる。

これまでその氏称について疑われてこなかった背奈氏は、実は肖奈氏であって、その氏称は、「せうな（しょうな）」

であったとすべきであろう。したがって「はいな」と読むことには従うことができず、従来「背奈」を「せな」と読まれてきたのは、あるいは「せうな」の音が「せな」と転訛し、「肖奈」とは別に、「せな」の音の宛字として「背奈」の文字が使用されたという筋道も考えられなくはない。(50) しかし、この氏名が存在していた同時代の記録には、ひとつとして「背奈」と表記されたものがなく、また古写本も「肖奈」と記しているものが多いことによれば、やはり「肖奈」が、後世に「背奈」と誤写されたとみるのが本筋であって、今後、背奈氏は、肖奈氏とするべきであろう。

注

(1) 関晃『帰化人――古代の政治・経済・文化を語る――』、一九三頁、および同書を収録された『古代の帰化人』(『関晃著作集』第三巻)、索引I「一般」、一〇頁、ならびに索引II「改編新撰姓氏録諸蕃之部」、三一一―三二二頁参照。

(2) 太田亮『姓氏家系辞書』、一〇七六頁、同『姓氏家系大辞典』第五巻、四六四五頁参照。

(3) 太田亮『姓氏家系大辞典』第三巻、三一五七頁。この項目の次に「肖奈」の項目を掲げ、「セナ」の読みをつけ、「正倉院天平廿一年文書に「肖奈廣山」と云ふ者見ゆ。背奈に同じ」(三一五八頁)と説明している。

(4) 関晃「背奈氏の氏称」(『吉川弘文館の新刊』No.37)、二―三頁参照。

(5) 『万葉集』巻第十六、三八三六番の左傍に「右歌一首。博士消奈行文大夫作之」とある。山田英雄氏の教示によれば、『万葉集』古写本のいずれにも「消奈」の氏名の表記に異同がないという。

(6) 青木和夫他校注『続日本紀』二(『新日本文学大系』13)、六四一頁上段。

(7) 青木和夫他校注、前掲注(6)書、三五四頁校異頭注。

(8) 青木和夫他校注、前掲注(6)書、六四一頁下段。

(9) 村尾元融『続日本紀考証』(国書刊行会刊)、四三九頁。

(10) 村尾元融、前掲注(9)書、八頁。

(11) 村尾元融、前掲注(9)書、八頁。

(12) 佐伯有義校訂標注『続日本紀』上巻、二八三頁。

(13) 吉岡眞之、石上英一「書誌」(『続日本紀』一『新日本古典文学大系』12)、五五三頁参照。

(14) 青木和夫他校注、前掲注(6)書、八七頁、および一八七頁参照。

(15) 大野保『懐風藻の研究――本文批判と註釈研究――』、一〇頁参照。なお林古渓『懐風藻新註』の「従五位下大学助背奈王行文二首年六十二」に、「〇セナノ・ユキブミ。〇背奈王は背奈公とあるべし。天平十九年には《（ママ）》背奈福信（行文の甥）以下に背奈王の姓を賜はる。それ以前の歿なるべければ、その後の例にならへるならむ。天和本目録には、肖奈とあり。『武智麻呂伝』同じ。『正倉院文書』中にも肖奈の姓見ゆ。『万葉』にては消奈とす」（一三九頁）と記して、天和四年刊本目録、『武智麻呂伝』『正倉院文書』に「肖奈」とあるのに注意している。

(16) 大野保、前掲注(15)書、四五頁注(1)参照。

(17) 塙保己一編『群書類従』第五輯、三五二頁下段参照。

(18) 宮内庁書陵部編『図書寮典籍解題』歴史篇、七〇頁参照。

(19) 竹内理三編『寧楽遺文』下巻、八八五頁参照。

(20) 高木市之助他校注『万葉集』一、「解説」（『日本古典文学大系』4）、二五頁参照。

(21) 青木和夫他校注、前掲注(6)書、六四八頁上段。

(22) 青木和夫他校注、前掲注(6)書、六四八頁下段。

(23) 吉岡眞之、石上英一「書誌」（前掲注(13)書）、五四三頁参照。

(24) 吉岡眞之、石上英一、前掲注(23)論文、五四四頁参照。

(25) 吉岡眞之、石上英一、前掲注(23)論文、五四六頁参照。

(26) 『続日本紀』天平勝宝二年正月丙辰条参照。

(27) 『続日本紀』天平勝宝二年正月丙辰条、および宝亀十年三月戊午条参照。

(28) 『続日本紀』延暦八年十月乙酉条。

(29) 今西龍「高句麗五族五部考」（『朝鮮古史の研究』）、四一二頁。

(30) 池内宏「高句麗の五族及び五部」（『満鮮史研究』上世第一冊）、三二七頁参照。

(31) たとえば、杜佑『通典』巻第一八六、辺防二、東夷下、高句麗条に、「又其国有二五部一。皆貴人之族也。一曰二内部一。即後漢時桂婁部也。二曰二北部一。即絶奴部也。三曰二東部一。即順奴部也。四曰二南部一。即灌奴部也。五曰二西部一。即消奴部也」とあって、「消奴部」についてみえる。なおこの記事と同様の記事は、本文のなかで後に掲げる『翰苑』の注にもみえる。

(32) 竹内理三校訂解説『翰苑』、一五五頁。

(33) 湯浅幸孫校釈『翰苑校釈』、前言i頁。

(34) 今西龍、前掲注(29)論文に、「朱那と消那とは音近し」(四一三頁)とあるのを参照。

(35) 湯浅幸孫校釈、前掲注(33)書、七六—七七頁参照。

(36) 『日本書紀』天智天皇五年正月戊寅条。

(37) 末松保和「朝鮮三国・高麗の軍事組織」(『青丘史草』第一)、六六頁参照、のちに『高句麗と朝鮮古代史』(『末松保和朝鮮史著作集』3所収)、六二頁参照。なおこの論文は、最初「朝鮮古代国家の軍事組織」(『古代史講座』5、古代国家の構造(下)——財政と軍事組織——)として発表されたが、西部にあたる下部を、南部(前部)のもとに位置させている(二九〇頁参照)。この位置づけは誤認によるものであろう。

(38) 池内宏、前掲注(30)論文、三四三頁参照。なお池内氏は、「地方行政上の五大区画であつたことを疑はない。さりとてかくの如き五部と異つた他の五部が、高句麗内になかつたとはいはぬ。否な、さういはないばかりでなく、必ずあつたと主張したいのである」(三四三頁)とも述べている。

(39) 今西龍、前掲注(29)論文、四四一頁参照。

(40) 山尾幸久「朝鮮三国の軍区組織——コホリのミヤケ研究序説——」(朝鮮史研究会編『古代朝鮮と日本』)、一五八頁参照。

(41) 武田幸男「六世紀における朝鮮三国の国家体制」(井上光貞他編『朝鮮三国と倭国』、『東アジア世界における日本古代史講座』4)、四一—四二頁。

(42) 田中俊明「高句麗の金石文——研究の現状と課題——」(『朝鮮史研究会論文集』第十八集)、一二五頁参照。

(43) 田中俊明、前掲注(42)論文、一二七頁参照。

(44) 田中俊明「高句麗長安城城壁石刻の基礎的研究」(『史林』第六十八巻第四号)、一二四頁参照。

(45) 田中俊明、前掲注(44)論文、一四一頁参照。

(46) 田中俊明、前掲注(44)論文、一三六頁参照。

(47) 那珂通世「高句麗考」(那珂通世遺書『外交繹史』)、一〇七頁、および今西龍、前掲注(29)論文、四四五頁参照。

(48) 佐伯有義校訂標注『日本後紀』上巻、三七頁。

(49) 『続日本紀』延暦八年十月乙酉条に、「散位従三位高倉朝臣福信薨。福信武蔵国高麗郡人也。本姓肖奈。其祖福徳。属三唐将李勣抜二平壌城一。来二帰国家一。為二武蔵人一焉。福信。即福徳之孫也。小年随二伯父肖奈行文一入レ都」云々とあって、福信の祖父である福徳が、唐将李勣が平壌城を破り、高句麗が滅亡したさいに、「来二帰国家一」したという。ここに「本姓肖奈」「伯父肖奈行文」としたのは、青木和夫他校注『続日本紀』五（『新日本古典文学大系』16）、四四六頁本文による。なお青木和夫氏他の校注本が、「背奈」を「肖奈」と表記することになったことについては、同書三の「肖奈（背奈）」の補注（四六六頁）参照。

（50）杉本行夫註釋『懐風藻』には、背奈王行文の注釈として、

「消奈行文――土佐 藤原雅澄撰 萬葉集古義人物傳／消はセウの略音をセに用ひたるものか。略解には背の誤ならんと云ふ」（一四八頁）

とあって、「セ」は、「セウ」の略音ではないかと解している。

（『成城文藝』第一三六号、平成三年七月、補訂）

菊亭文庫本
新撰姓氏録所載の氏姓標目索引

本索引は，本篇第三の「菊亭文庫本　新撰姓氏録」，および第四の「菊亭文庫本　新撰姓氏録翻刻」の氏姓標目の索引である。100 代の数字は第三のページ数，200 代の数字は第四のページ数である。

あ

い

う

え

お

か

き

く

け

こ

さ

し

す

そ

た

に

ぬ

ね

の

は

ひ

ふ

へ

ほ

ま

み

む

め

も

や

ゆ

よ

わ

著者名・参考文献名索引

あ行

か行

さ行

た行

な行

は行

ま行

や行

わ

新撰姓氏録の研究 拾遺篇

二〇〇一年(平成十三)八月十日 第一刷発行

著者 佐《さ》伯《えき》有《あり》清《きよ》

発行者 林英男

発行所 株式会社 吉川弘文館
郵便番号一一三—〇〇三三
東京都文京区本郷七丁目二番八号
電話〇三—三八一三—九一五一〈代〉
振替口座〇〇一〇〇—五—二四四

印刷＝精興社／製本＝誠製本

Digital Publishing

新撰姓氏録の研究　拾遺篇（オンデマンド版）

2018年10月1日　発行

著　者　佐《さ》伯《えき》有《あり》清《きよ》

発行者　吉川道郎

発行所　株式会社 吉川弘文館
〒113-0033　東京都文京区本郷7丁目2番8号
TEL　03(3813)9151(代表)
URL　http://www.yoshikawa-k.co.jp/

印刷・製本　株式会社 デジタルパブリッシングサービス
URL　http://www.d-pub.co.jp/

佐伯有清（1925〜2005）
ISBN978-4-642-72368-8